思想的・睿智的・獨見的

經典名著文庫

學術評議

策劃　楊榮川

五南圖書出版公司 印行

經典名著文庫

學術評議者簡介（依姓氏筆畫排序）

- 丘為君　美國俄亥俄州立大學歷史研究所博士
- 吳惠林　美國芝加哥大學經濟系訪問研究、臺灣大學經濟系博士
- 宋鎮照　美國佛羅里達大學社會學博士
- 林玉体　美國愛荷華大學哲學博士
- 邱燮友　國立臺灣師範大學國文研究所文學碩士
- 洪漢鼎　德國杜塞爾多夫大學榮譽博士
- 孫效智　德國慕尼黑哲學院哲學博士
- 秦夢群　美國麥迪遜威斯康辛大學博士
- 高明士　日本東京大學歷史學博士
- 高宣揚　巴黎第一大學哲學系博士
- 張光宇　美國加州大學柏克萊校區語言學博士
- 張炳陽　國立臺灣大學哲學研究所博士
- 陳秀蓉　國立臺灣大學理學院心理學研究所臨床心理學組博士
- 陳思賢　美國約翰霍普金斯大學政治學博士
- 陳清秀　美國喬治城大學訪問研究、臺灣大學法學博士
- 陳鼓應　國立臺灣大學哲學研究所
- 曾永義　國家文學博士、中央研究院院士
- 黃光國　美國夏威夷大學社會心理學博士
- 黃光雄　國家教育學博士
- 黃昆輝　美國北科羅拉多州立大學博士
- 黃政傑　美國麥迪遜威斯康辛大學博士
- 楊維哲　美國普林斯頓大學數學博士
- 葉海煙　私立輔仁大學哲學研究所博士
- 葉國良　國立臺灣大學中文所博士
- 廖達琪　美國密西根大學政治學博士
- 劉滄龍　德國柏林洪堡大學哲學博士
- 黎建球　私立輔仁大學哲學研究所博士
- 盧美貴　國立臺灣師範大學教育學博士
- 薛化元　國立臺灣大學歷史學系博士
- 謝宗林　美國聖路易華盛頓大學經濟研究所博士候選人
- 簡成熙　國立高雄師範大學教育研究所博士
- 顏厥安　德國慕尼黑大學法學博士

經典名著文庫071

認眞對待權利

Taking Rights Seriously

朗諾・德沃金 著
(Ronald Dworkin)
孫健智 譯

經典永恆・名著常在

五十週年的獻禮・「經典名著文庫」出版緣起

總策劃 楊榮川

五南，五十年了。半個世紀，人生旅程的一大半，我們走過來了。不敢說有多大成就，至少沒有凋零。

五南忝爲學術出版的一員，在大專教材、學術專著、知識讀本出版已逾壹萬參仟種之後，面對著當今圖書界媚俗的追逐、淺碟化的內容以及碎片化的資訊圖景當中，我們思索著：邁向百年的未來歷程裡，我們能爲知識界、文化學術界做些什麼？在速食文化的生態下，有什麼值得讓人雋永品味的？

歷代經典・當今名著，經過時間的洗禮，千錘百鍊，流傳至今，光芒耀人；不僅使我們能領悟前人的智慧，同時也增深加廣我們思考的深度與視野。十九世紀唯意志論開創者叔本華，在其〈論閱讀和書籍〉文中指出：「對任何時代所謂的暢銷書要持謹慎的態度。」他覺得讀書應該精挑細選，把時間用來閱讀那些「古今中外的偉大人物的著作」，閱讀那些「站在人類之巔的著作及享受不朽聲譽的人們的作品」。閱讀就要「讀原著」，是他的體悟。他甚至認爲，閱讀經典原著，勝過於親炙教誨。他說：

> 「一個人的著作是這個人的思想菁華。所以，儘管一個人具有偉大的思想能力，但閱讀這個人的著作總會比與這個人的交往獲得更多的內容。就最重要的方面而言，閱讀這些著作的確可以取代，甚至遠遠超過與這個人的近身交往。」

爲什麼？原因正在於這些著作正是他思想的完整呈現，是他所有的思考、研究和學習的結果；而與這個人的交往卻是片斷的、支離的、隨機的。何況，想與之交談，如今時空，只能徒呼負負，空留神往而已。

三十歲就當芝加哥大學校長、四十六歲榮任名譽校長的赫欽斯（Robert M. Hutchins, 1899-1977），是力倡人文教育的大師。「教育要教眞理」，是其名言，強調「經典就是人文教育最佳的方式」。他認爲：

> 「西方學術思想傳遞下來的永恆學識，即那些不因時代變遷而有所減損其價值

的古代經典及現代名著，乃是眞正的文化菁華所在。」

這些經典在一定程度上代表西方文明發展的軌跡，故而他爲大學擬訂了從柏拉圖的《理想國》，以至愛因斯坦的《相對論》，構成著名的「大學百本經典名著課程」。成爲大學通識教育課程的典範。

歷代經典．當今名著，超越了時空，價值永恆。五南跟業界一樣，過去已偶有引進，但都未系統化的完整舖陳。我們決心投入巨資，有計畫的系統梳選，成立「經典名著文庫」，希望收入古今中外思想性的、充滿睿智與獨見的經典、名著，包括：

- 歷經千百年的時間洗禮，依然耀明的著作。遠溯二千三百年前，亞里斯多德的《尼各馬科倫理學》、柏拉圖的《理想國》，還有奧古斯丁的《懺悔錄》。
- 聲震寰宇、澤流遐裔的著作。西方哲學不用說，東方哲學中，我國的孔孟、老莊哲學，古印度毗耶娑（Vyāsa）的《薄伽梵歌》、日本鈴木大拙的《禪與心理分析》，都不缺漏。
- 成就一家之言，獨領風騷之名著。諸如伽森狄（Pierre Gassendi）與笛卡兒論戰的《對笛卡兒沉思錄的詰難》、達爾文（Darwin）的《物種起源》、米塞斯（Mises）的《人的行爲》，以至當今印度獲得諾貝爾經濟學獎阿馬蒂亞．

森（Amartya Sen）的《貧困與饑荒》，及法國當代的哲學家及漢學家余蓮（François Jullien）的《功效論》。

梳選的書目已超過七百種，初期計劃首爲三百種。先從思想性的經典開始，漸次及於專業性的論著。「江山代有才人出，各領風騷數百年」，這是一項理想性的、永續性的巨大出版工程。不在意讀者的眾寡，只考慮它的學術價值，力求完整展現先哲思想的軌跡。雖然不符合商業經營模式的考量，但只要能爲知識界開啓一片智慧之窗，營造一座百花綻放的世界文明公園，任君遨遊、取菁吸蜜、嘉惠學子，於願足矣！

最後，要感謝學界的支持與熱心參與。擔任「學術評議」的專家，義務的提供建言；各書「導讀」的撰寫者，不計代價地導引讀者進入堂奧；而著譯者日以繼夜，伏案疾書，更是辛苦，感謝你們。也期待熱心文化傳承的智者參與耕耘，共同經營這座「世界文明公園」。如能得到廣大讀者的共鳴與滋潤，那麼經典永恆，名著常在。就不是夢想了！

二〇一七年八月一日　於

五南圖書出版公司

導讀

在認真對待權利的背後

莊世同　台灣大學法律學系教授

《認真對待權利》是朗諾・德沃金（一九三一至二〇一三）生平的第一本著作。本書收錄他自一九六六年到一九七六年這十年間發表的十三篇文章，內容涵蓋了如德沃金自己所言，當時有關「法律是什麼」與「誰必須以及何時要遵守法律」的重大政治爭議問題，同時還附上他對批評者的回應文，因此可說是完整呈現其早期法律哲學與政治哲學思想全貌的代表性著作。

誠如本書〈譯序〉所述，權利命題（right thesis）不僅是德沃金法理學理論的核心學說，也是其自由主義政治道德哲學思想的重要命題。在主張我們應該認真對待權利的根本理念下，德沃金透過對法實證主義理論所作的全面性批判，建構旗幟鮮明的法理學學說，相繼提出「法律原則是法律不可或缺的一部分」、「每一個法律案件都有唯一正確答案」、「權利是法體系永遠勝出的王牌」這些重要論點，一舉奠立他在當代英美法理學界難以被取代的重要地位。

進一步來說，本書除了是德沃金早期法政哲學思想的集大成之作以外，也是探知他日後開展更爲宏觀完備的法律、政治、道德理論的關鍵鎖鑰。例如，他批評H. L. A. 哈特「規則模型」（model of rules）法理論的法律原則學說，一方面抨擊哈特主張「法律即規則」（law as rules）這項論點的理論缺失，包括它忽略了規範性規則與慣習性規則的區分，無法有力證成承認規則得以辨識法律原則的困境，以及司法裁量難以回應民主原則與不溯既往原則的挑戰等問題，另一方面也預示了德沃金將原則視爲法律之重要部分的觀點，無疑是形塑後來在《法律帝國》提出法律爲詮釋性概念（interpretive concept）這項主張的雛形觀點。

同樣地，法律案件永遠有唯一正解的論點，也初步刻畫出德沃金詮釋性法理學的理論藍圖。他認爲每一個法律案件的唯一正確答案，必須由法官探尋案件中構成法律體系整體一貫的原則論證方能得出。這個論點與後來的建構性詮釋（constructive interpretation）理論相互呼應，主張法官在具體個案中總是會基於自己對法律的本旨（point）是什麼的詮釋性觀點，力求建構最足以彰顯法律實踐之最佳形式或樣貌的詮釋，而法律的建構性詮釋，必須通過「符合」（fit）與「證立」（justification）兩項詮釋要件的考驗，並在法律實踐的論辯舞台上脫穎而出，擊敗眾多同樣宣稱自己是最佳詮釋的法律論證。可見，建構性詮釋毋寧是唯一正確答案更爲精緻深入的法哲學論述，兩者同爲德沃金前後期法理學思想的重要論旨。

至於權利作爲王牌的論點，更爲德沃金提出以平等（equality）爲核心的自由主義法政哲學理論奠定堅實的論述基礎。對德沃金而言，作爲制度性權利（institutional rights）的法律權利，無非來自政治社群中的公民所擁有的道德權利與政治權利，這些權利則共同構成將社群視爲人格化主體的融貫政治道德原則。據此，德沃金在《認眞對待權利》裡，早就爲其平等自由主義（egalitarian liberalism）的法政哲學理論預先鋪陳日後亟欲開展的論述路徑，他不但主張「平等關懷與尊重」（equal concern and respect）、「作爲平等之人來對待」（treatment as an equal）的權利，乃是每一個人應有的根本權利，同時堅稱自由與平等是可以相容而非相互衝突的政治道德價值。

平等作爲國家應該認眞對待每一位公民的根本權利，展現了一種德沃金稱爲整全性（integrity）的政治道德美德。它要求政府以原則一貫的詮釋性態度，對於每個人的生命價值抱以同等關注，同時平等尊重每個人追求自我美好人生理應善盡的個人倫理責任。從而，德沃金告訴我們，平等關懷與尊重作爲國家證立其統治正當性的整全性政治道德美德的核心權利，最終須立基在人性尊嚴（human dignity）的兩個倫理原則上，第一個原則是肯認每個人的生命都有其同等且客觀之重要性的「內存價值原則」（the principle of intrinsic value），第二個原則是強調每個人都負有實現自己美好人生願景的「個人責任原則」（the principle of personal responsibility）。換言之，國家對於每個人應予認眞對待的根本性權利，不外乎是以平等爲核心、以追求政治整全爲理想的人性尊嚴權利。

本書譯者不僅對法理學有高度的研究興趣與充分的學識素養，同時對德沃金的法政哲學思想更有深入的理解和掌握；尤其值得一提的是，譯者本人正是扮演德沃金筆下須認眞對待權利的主要角色——法官，在兼具法理學知識背景與司法審判實務經驗的難得條件下，格外使得這本譯作的完成深具意義。最後，如同本文前面所言，《認眞對待權利》一書既是完整呈現德沃金早期法政哲學思想的經典著作，也是掌握其後期理論發展脈絡與主要論點的關鍵著作；從法律原則學說、唯一正解命題到權利作爲王牌的主張，德沃金除了明確宣示法律應該認眞對待權利以外，在這項權利宣稱的背後，他毋寧還想進一步表達：**法律應該認眞對待平等，認眞對待人性尊嚴**。

譯序

今天誰都知道，廣納異見的能力是具有文化素養的良好表現。有些人甚至知道，文化素養較高的人不但不排斥一切敵對，更時常刻意挑起它，以測試自己是不是也有隱而未現的偏頗之處。但是，反駁相反意見的能力，對傳統、習俗、神聖之敵意所表現的坦然——它們更勝於上述兩種能力，才是我們文化裡眞正偉大、新穎且撼動人心的成就，是所有解放的知識的步伐中之一大步：這個誰知道？

——尼采，〈反駁的能力〉，《歡愉的智慧》

過去這幾年，對司法實務界來說頗感難堪：性侵案件爭議、最高法院法官爲子關說疑雲、高院法官收賄枉法、幽靈車禍案件、保密分案之廢除等事件，伴隨著輿論或正或誤的批判，法律人與社會大眾永遠無法對焦的雞同鴨講。本書繁體中文版在這個恥辱的年代面世，身爲譯者，寫寫停停、增增減減地著筆譯序，每當靈感耗盡，頓筆之際，都頗有「麒麟現而絕筆」之感。

正如德沃金所述，法官的判斷反映了社群的法律文化，在這個敵視理性、敵視法律、敵視法治的年代長成的法律人，很難對這些背景無動於衷，我的譯序也將不可避免地反映——無論是直接反映，或藉由反抗而間接反映——這個年代的印記。

不過，期待在此看到我針對這些事件大放厥詞的讀者恐怕要失望了，在德沃金這本傳世之作的譯本裡隨著流行的意見起舞，只是自貶身價。我毋寧打算與讀者分享，身爲法史學者、法理學的愛好者，以及身爲法官，我從《認眞對待權利》中學到了什麼。以下，我將首先簡介全書架構，次從「法律原則」[1]、「唯一正解」、「權利作爲王牌」三個面向，對本書提出一點自己的詮釋。

一、全書架構

德沃金開宗明義地指出，法理學無從迴避的核心議題，是政治道德議題（第一章）。對於「法律是什麼」這項經典的法理學問題，法實證主義認爲，一項規範是不是法律，要從形式上加以鑑別，不問內容；德沃金則指出，在法律論證裡，除了形式判準鑑別出的法律規則外，法律人還運用另一種名爲「法律原則」的規範，而法律原則與政治道德原則在內容上必有重疊，因此，要鑑別法律原則，必須從內容著手，不能只問形式；法實證主義無法妥善處理法律原則在司法實踐中的重要角色，試圖以社會實踐作爲法律規範的效力基礎與鑑別判準的種種理論，也未能窺得法律的全貌（第二、三章）。

順著對法律原則的闡述，德沃金提出其法理學理論的核心學說——權利命題（right thesis）：法官必須判斷當事人有沒有值得法律保障的權利；在疑難案件——法無明文，或既有規定是否適用有所疑義的案件，法官應當基於法律原則的論據做成裁判；由於法律原則具有分量的面向，適用原則論據時，價值判斷無可避免，同等適任而誠實的法律人未必會得出相同的結論，但在論證的過程中，他們必須面對相似的問題；即使在疑難案件，一方當事人仍然能夠享有法律權利，並得據以獲判勝訴，鑑別當事人的法律權利也仍是法官的責任（第四章）。

基於權利命題，美國釋憲實務中主動論、自限論的爭論，也就是，法院應否以自己的道德洞見詮釋美國憲法的爭議，其實是假象。任何法院都必須決定，應以何種概念觀（conception）詮釋美國憲法的偉大條款規定的各種概念（concept），因此，任何試圖詮釋美國憲法的法院，都必定是主動論法院（第五章）。

每當批評者試圖為德沃金定位，並套用學術界對既有法理學或政治哲學立場素常的批判時，批評者扣上的帽子、貼上的標籤，幾乎無不被德沃金脫掉、撕下。但德沃金堅持自己是自由主義者，而且是自由主義的平等論者（liberal egalitarian），他主張「作為平等者而對待」（taken as equals）的權利是根本的權利，而自由與平等並不衝突，人們所享有的自由權，也必然是相容於平等的自由權（第十二章）；德沃金也提出他對約翰・羅爾斯《正義論》的詮釋（第六章），並回應彌爾《論自由》遭受的批評（第十一章），以交代他與當代自由主義及古典自由主義傳統的關係。

德沃金接著轉向自由主義者關注的幾項政治議題（它們也同時是法律議題）：當政府拒絕承認公民所享有的道德權利，更以法律明文否定之，或當公民們確信如是，要求政府認眞對待權利的公民們可以做些什麼？認眞對待權利的政府，如何回應公民為了爭取權利所採取各種可能違法的作為（第七、八章）？「平等」固然是最根本的權利，但平權行動（affirmative action）——企圖藉由對弱勢群體提供優惠待遇以促進平等的作法，揭露了平等權惱人的面向：平權行動是不是對優勢群體的歧視，進而悖於平等（第九章）？德沃金也以同性戀爲例，以德福林爵士的演講爲題材，探討自由主義的老問題：政府在什麼程度上能透過刑法執行流行的道德立場（第十章）？

最後，德沃金一再指出，人民享有獨立於法律條文而存在、法律也必須加以尊重的道德權利，儘管道德權利多半有所爭議，但有爭議的權利仍是權利；即使在爭議之中，人們仍然可以享有（政治上與法律上的）權利，法律問題也仍有唯一的正確答案，他在本書終章說明其哲學基礎（第十三章）。

二、法律原則

德沃金既猛烈地攻擊以哈特爲首的當代英美法實證主義[2]，也戮力批判法現實主義（legal realism）[3]。法實證主義主張從形式上鑑別法律，不必考量內容，並主張合乎形式判準的法規範是有限的，法官對於既存法律所未規範的事項享有自由裁量權，得以引用法律以外的規範做成妥適的決定。

法現實主義是美國最具代表性的法學思潮，它的中心思想可以用一句名言表述：法律只不過是法官早餐吃下去的東西（what the judge ate for breakfast）[4]。法現實主義者懷疑甚至否認法律的存在；它認爲，法官其實沒有依法審判，只不過是根據自己的偏好、道德確信、對個案的感覺，甚至依對當事人的好惡來形成判決，再援引法律加以合理化。

「判決書就是法官把自己對個案的感覺用法律的語言說出來」，這句話或許聽起來令人不安，卻也沒有犬儒到難以下嚥。問題在於，法官能有或該有什麼感覺、所能或所該援引的話語，既非無窮無盡，亦不無中生有。在法條留白、判決先例沉默之際，法官腦海裡如福至心靈般地湧現，並能在法學的範疇內尋得適切的語言加以表述的感覺，說穿了，就是法律原則——法實證主義稱之為自由裁量權，現實主義者管它叫法官的早餐，德沃金則認為：「它們的來源，不是立法機關或法院的決定，而是在法律專業與公眾之中，長期發展而來的適切感（sense of appropriateness）。」

法律人對「適切感」的解讀，因其參與法律社群的面向與深度而異，既取決於觀念，也取決於經驗。認為法律不靠經驗也能運作是愚蠢的，至少與認為法律光靠經驗就能運作同等地愚蠢。拒絕一切經驗的法律詮釋將陷入法律萬能論：一切問題，法律裡自有答案，不必考量經驗；然而，企圖容納一切經驗的法律詮釋也會陷入另一種法律萬能論：一切問題，法律裡自有答案，只要考量經驗。

允許經驗進入法律詮釋通常有助於法律詮釋的品質，但哪些經驗應當納入？又該賦予它們多少分量呢？二十五歲的法官與五十二歲的法官，其立場與觀點必然因為經驗的差異而有所不同，但更多的經驗是否意味著更正確或更恰當的判斷？「更有經驗」意味著經歷過更多的事，這如何等同於更廣闊的視野或更透徹的觀點，而不只是更快的反應？尤有甚者，一旦承認至少有一部分的經驗是不可共量的（incommensurable），既不能以相同的尺度衡量，也無法不問質性而化約為多寡之別——一旦承認差異並不等同於良莠，經驗與經歷或年紀是否還有絕對甚或相當的關連？我認爲答案是否定的。正如有三十多年實務經驗的司法老兵不能理解，爲什麼有人晚上十點還要上網；結過二十次婚的人，也不見得比只結過一次的人更了解婚姻的眞諦。

當輿論聚焦於年齡，忙著把年輕當成原罪，經驗的諸多面向從而是經驗的交織性（intersectionality）被抹滅了。經驗的差異不只取決於年齡或世代，也同時取決於性別、階級與族群等等因素。僅以階級爲例，要求有工作經驗的人才能擔任法官的呼聲，從我念大學時起就沒停過，但法律人的工作多半仍屬白領範疇，以工作經驗爲應考資格，是不是變相主張法官只能出身於白領階級？工作經驗的要求，究竟擴大還是限縮了法官的社會經驗？加強或緩和了法律職業的白領本質呢？

我提出這些質問，不是要否認經驗的重要性，而是要指出經驗多樣分殊的本質，以及不可共量性帶來的侷限性。法律人常常忘記，「身爲法律人」是非常特殊的經驗，而在許多面向上，司法實務就據以立足。這無可避免，但正因爲這樣，光從法律之外汲取經驗，而不思挖掘內在於法律的經驗，是不健全的。

三、唯一正解

法律問題有唯一的正確答案嗎？法律人慣於聲稱：法學是社會科學[5]、社會科學沒有正確答案。儘管爲了國家考試、爲了勝訴、爲了判決不被上級審撤銷，職業法律人終其一生都在尋找正確答案，也常常找得到他們想要的正確答案。社會大眾一面推稱自己不懂法律，卻一面如見到殺父仇人般地咒罵他們厭惡的判決，顯然，他們心裡也有著正確答案。理論與實踐之間如此巨大的落差，不得不說是臺灣法學的七大不可思議之一。

法學不可能有「1+1=2」或「動者恆動，靜者恆靜」這樣客觀明確的正確答案，然而，光靠邏輯演繹或歸納本來就無法回答法律問題，必須透過詮釋、論證才能得出答案。正因爲法學是社會科學，套用自然科學的「正確答案」概念，以宣稱法學「沒有正確答案」，形式上合乎邏輯，實質上卻牛頭不對馬嘴。

當法律人衡量各種見解而認爲不分伯仲、難以取捨，這就是通常所謂沒有正確答案的情形。德沃金指出，「沒有正確答案」也是一種正確答案，因爲，這也是考量各種論據後得到的結論；只有在經過論證，並衡量、評價各方論據之後，「沒有正確答案」才能成爲答案，而且，誰要採取這個答案，誰就必須提出理由解釋爲什麼沒有正確答案，而不是一有爭議就可以走上第三條路。爭議的存在、甲說乙說的針鋒相對，並不當然意味著正確答案不存在。

當代語言哲學告訴我們，「論證」是受規則拘束（rule-bound）的語言活動，在不同學科的不同脈絡下，各有不同的論證規則，它們規定哪些論據允許提出、哪些論據又不適格[6]。只有立足於法律人的內在觀點[7]——也就是，在接受法學的論證規則，或至少把它們當成一回事的前提下，法律論證才有可能；從脫身於論證規則的外在觀點解讀法律論證固然有其意義也有其必要，但無論如何，這種解讀都算不上法律論證，從而無法證立任何法律命題，也無法說明何以沒有正確答案。事實上，外在觀點的觀察者必須兼有內在觀點的體會與共鳴，否則外在觀點無可存立。由外而內也好，由內而外也好，千萬不要「只外不內」！

在理論上確認正確答案的存在，自然不足以回答任何法律問題，不過，「唯一正解」只是德沃金法理學理論的一環，這整套理論的目的是以另一種方式理解法律詮釋，而在不同的理解下，法律詮釋將有不同面向，每個面向也將具有不同的深度與廣度。更重要的是，如果法律問題可以有正確答案，法實證主義的自由裁量權學說就無法成立，在法律詮釋中考量法律原則——儘管它們的存在與分量天生就有爭議——不但無可避免，更責無旁貸。畢竟，認眞對待法律，才能認眞對待權利，反之亦然。

唯一正確答案的存在也影響著法官的責任。即使在爭議之中，法官也不能兩手一攤，把兩造趕出法院；即使法無明文，人民仍然可以享有權利；即使權利存否有所爭議，權利仍然可以存在；即使在爭議之中，法官仍然負有提出正確答案的義務。與其閃閃躲躲地呢喃著「法學是社會科學」、「社會科學沒有正確答案」，坦白承認「這就是我的正確答案」，恐怕才是負責任的態度[8]。

四、權利作為王牌

作爲政治哲學家，德沃金的論述圍繞著個人權利開展，他的名言（或說標語）就是「權利作爲王牌」（right as trump）。德沃金不是要主張權利是絕對的，他的意思是，權利就是足以壓倒政治社群中的流行政治論據——在美國（或許在臺灣也是），那就是功利主義論據——的正當化理由；如果公民確實享有某種權利，多數人的最大利益也不能否定它。

一如書名所示，權利必須被認眞對待。德沃金不只要求政府認眞對待權利，更要求他的公民同胞們擔負起相同的責任。對德沃金來說，政治就是政治道德的詮釋事業（the enterprise of interpreting political morality），對公民而言，參與這項事業既是權利也是責任；對於法律承認哪些權利、它們的具體內容爲何，公民可以有異於政府的觀點，政府必須尊重他們，即使當公民的立場牴觸法律而可能招致刑責，國家在相當程度上也必須容忍公民的不服從。

在這裡，德沃金的政治觀與法理學理論有其共通之處。對於公民享有什麼權利，法院往往享有最後的發言權，而社群的政治道德，或者直接作爲法律原則，或者間接反映在法律規則而成爲法律的一部分，當政府與公民之間的爭議透過訴訟來到法院面前，判決就成了法院對政治道德的詮釋，因此，法官是政治道德詮釋事業當然的參與者；政府與公民可能對權利抱持不同觀點，而權利可以有爭議，爭議的存在並不當然表示沒有正確答案，也不表示當事人主張的權利不存在，因此，即使政府就特定爭議已有既定立場，它也必須承認，有可能誠摯的異議者才是正確的。畢竟，認眞對待權利，才能認眞對待法律，反之亦然。

對照臺灣的現實，這種說詞難免被譏爲陳義過高。對個人權利的蔑視是臺灣政治的魔咒，儘管社會大眾似乎抱持相反觀點，認爲個人權利才是妨礙公共利益的魔咒[9]。許多公職人員（包括法官、檢察官）不相信異議者可能是誠摯的；單一的正義觀透過科層體制執行，即使在法官手上，法律也常常被縮減爲操作規則，像電玩攻略一樣；道德、價值、理念，都顯得太沉重。

有趣的是，許多民眾也不相信異議者可能是誠摯的，他們不只如此看待抱持異議的公民，面對一切公共議題，他們也常常抱持相同的態度。舉例來說，當政治人物貪污或有其他違背操守的行爲，他所屬的政黨在什麼程度上應該負責？將這些行爲歸咎於政黨，或政黨斥之爲個人行爲，合不合理？這位政治人物的職位是經由考試、民選或政治任命而取得，在責任歸屬上有何影響？如果民主政治就是政黨政治，這些問題將值得深思，但我們的輿論卻往往聚焦在政黨與政治人物之間的切割是否成功、不切割的停損點在哪裡——它只從外在觀點問好不好，不從內在觀點問對不對。

這樣的態度，法官也無法逃離。當民眾對判決不滿，又不能或不願從法律人的內在觀點回應判決理由[10]，他們自然而然地轉往外在觀點，從操守、政治立場、素養、社會經驗等等方面聲討法官——總之，民眾不相信法官是基於法律與事實的確信做成引發反感的判決，而無可諱言地，我們的司法體系的素行紀錄不太漂亮，那些批判因而輕易地在人民對司法的不信任中引發共鳴，任何回到法律與判決理由本身的企圖，都會立刻被扣上「恐龍」的大帽子。

這些自命清高的冷言冷語終究無法解決任何法律爭議。它們堅持極端的外在觀點，不把法律當成一回事，沉迷於對法官的人身攻擊（還美其名爲「法律情感」、「素樸正義觀」）。然而，只有立足於法律的內在觀點，才能檢驗判決的正當性；尤有甚者，只有立足於內在觀點，批判者才能清楚地表述自己的立場。拒絕法律無異於拒絕權利，終究也無異於拒絕政治道德的詮釋事業。

五、謝辭

這份譯稿，我從大三起斷斷續續地翻譯。在大二的法理學課堂上，其實我沒聽懂顏厥安教授講的德沃金，只是隱約記得有一本叫做《認眞對待權利》的書，某天在臺大旁的結構群買了簡體中文版，既著迷於德沃金雄辯的行文風格，又無解於書裡錯綜複雜的論據。經過一個暑假，我從圖書館借了原文版，從中英對照到直接閱讀原文，從一天看不完半頁到一天可以看過一整章，心裡突然浮現重譯繁體中文版的大膽念頭，終於在研究所時完成初稿，接著展開無止盡的校對，最後有了出版這本譯作的機會。

簡體字版的譯者著力甚深，這點必須予以肯定，但該譯本確實有其瑕疵，也無可諱言。其中有用語上的差異，如 civil disobedience 簡體字版譯為「善良違法」，臺灣通常譯為「公民不服從」，應較貼近其文義與內涵；有譯文過於遷就英語語法而流於拗口，如原書第六十三頁：「Someone might take a different objection to my argument」簡體字版譯為：「有人可能對我的觀點持有反對意見[11]。」文義上脫漏「different」，且作：「或許有人會以別種方式反對我的觀點」應較合乎中文語法；有文義理解上的錯誤，例如原書第六十頁：「The disagreement between Hart and my self is about the first of these three theses. He proposes that thesis, and I deny it.」按其文義，爭議僅在三項命題中的第一項，簡體字版則譯為：「哈特和我的不同意見表現在這三個命題上，他提出了這些命題，而我否定這些命題[12]。」似乎也有因誤解德沃金的理論所導致的錯誤，例如第二、三章標題「the Model of Rules I」、「the Model of Rules II」，其中的「the Model of Rules」應指「規則模型」。德沃金認爲，法實證主義是由規則構成、也專爲規則設計的理論，而指出這套模型的不當正是這兩章的主旨，德沃金所批判的規則模型也只有一種，簡體字版卻譯作「第一種規則模式」、「第二種規則模式」。二〇〇八年的重譯版改進的幅度，仍有其限。

這本譯作的出版，要感謝許多人的幫助。感謝陳起行教授與莊世同教授的傾囊相授，也感謝莊世同教授慷慨跨刀撰寫推薦序；感謝澎湖地院的同仁在日常生活與工作上的照顧；感謝五南圖書的編輯團隊，因爲你們的用心，多年來的心血才有面世的機會，當然，一切文責，仍由小弟自負；感謝我的家人，特別是我的父母與我的妻子慧玲（兔），總是毫無條件地支持我對知識的追尋。

最後，我要將這件譯本獻給我的二叔、二嬸（基於保護隱私的考量，就不將他們的名字寫出來了），感謝他們在我遊學臺北時——也就是，這本譯作裡大多數的章節完成的那段期間——照顧我宛如親生兒子。

——二〇一三年五月，於澎院法官宿舍

◆注釋◆

【1】這裡必須先提醒法學背景的讀者，德沃金所講的「原則」與法學中通常使用這個詞的方式不太一樣，按照他的用法，「私法自治」是法律原則，「罪刑法定」其實是法律規則。

【2】法實證主義往往被理解為主張「惡法亦法」，並企圖使法律與道德脫鉤的邪惡理論，許多人還會以納粹德國例示法實證主義之惡。然而，第三帝國的法律體系不正建立在「亞利安人為神族後裔」、「必須為德意志民族尋求生活空間」等等意識型態上？國家社會主義何嘗不是一套自然法理論呢？

事實上，確保公民的自由是法實證主義的主要目的之一：法律所不禁止的事，就是人民的自由所在：如果法律懷著強烈的意識型態而伸入日常生活的每個細節，就沒有自由可言了。嚴格來說，法實證主義所要脫鉤的不是道德，而是倫理，它反對法律淪為強迫個人按其身分各安其位的工具，並力圖確保個人能依其理念參與社會實踐以自我實現。

【3】realism 通常譯為「唯實論」或「實在論」，意指認為「概念是實在的」的哲學立場。西洋哲學史上最經典的唯實論者莫過於柏拉圖。舉例而言，柏拉圖認為，世界上一切圓形的物體，像是球、圓盤、輪胎等，都體現了「圓」的概念，但是，儘管近在眼前，這些物體卻是虛幻不實的，最完美也最真實的其實是「圓」的概念，這是因為，「圓」這個概念的存在並不依賴任何圓形物體，反而是圓形物體非得依賴「圓」的概念才能存在。論及價值、德性時也是一樣：公平、正義等等概念是真實的，合乎公平與正義的事實是虛假的。

然而，legal realism 卻認為概念是最虛幻、最不真實的，法官的階級、性別、種族乃至於言行等等在經驗層次上看得見、摸得到的東西，才是最真實甚至是唯一真實的。因此，將 legal realism 譯為「法現實主義」才能反映出它「現實即真實、真實即現實」的立場，若譯為「法律實在論」或「法律唯實論」，反而會與哲學上的 realism 混淆。

【4】請容我提醒讀者，這句名言巧妙地隱喻了「下午拉出來」。

【5】有些學者認為法學不是社會科學，這種見解近年來引起不少迴響。我無法在此深入探討它，僅僅要指出：法學絕非實證主義意義上的科學，但至少在狄爾泰所謂「精神科學」（Geisteswissenschaft）的意義上，它不失為科學。

【6】法律經濟分析引人側目之處在於，它高舉著經濟理性的大纛，將效率或財富最大化、風險最小化或諸如此類的信條壓在法律人頭上，經濟學的話語與論證規則隨之過渡而來，法學的論證規則繼而消失在經濟帝國的地平線，千

年的法學傳統也被視為無物。

當然，不是要比年分，更不是要比期別，但法學有它既定的論證方法及賴以存立的價值，否則它不成學門。這些價值可能會變動，但它們未必能化約為經濟分析的算計；法學採取如是的論證方式，除了法律人不自覺的習慣以外，其目的也在容納法學上的各種價值。經濟分析帶給法律人不受尊重的感受還是其次（雖然這樣就夠糟了），價值遭到扭曲、毀棄的疑懼，才是法律人對經濟分析投以側目的原因。

【7】本書第三章稱為社群成員的立場；外在觀點則稱為社會學家的立場。

【8】從這個角度看，「唯一正解」揭示了法律詮釋的語用學面向：承認唯一正解，不過是承認「我做出這樣的判決，因為這是對的」。

【9】這種情形近年來有所改變。由於晚近幾項環境保護、食品安全與都市更新的爭議，許多人終於了解，看似合乎多數人的最大利益的措施，其實將他們的身家性命掛在懸崖上，權利意識於是萌生。

【10】順道一問，你真的有把所謂的恐龍判決拿出來讀過一遍嗎？

【11】朗諾・德沃金 Ronald Dworkin 著，信春鷹、吳玉章譯，《認真對待權利》，北京：中國大百科全書出版社，一九九八年，第九三頁。

【12】前揭書，第八九頁。

目次

前言

一

本書各章在重大政治爭議的時期內分別寫成，這些爭議涉及的是：法律是什麼？誰又在什麼狀況下必須服從它。在同一個時期，名為「自由主義」的政治態度——它一度幾乎是所有政治人物的姿態——似乎失去大半的魅力。中年人譴責自由主義的放縱，年輕人譴責它的死板、經濟上的不義，還有越戰。法律的不確定性反映了傳統政治態度的不確定性。

這些篇章界定並維護一套自由主義法理論。它們更尖銳地批評另一種理論，人們廣泛地認為，那種理論才是自由主義。這種理論相當流行而有影響力，因此，我稱為「支配性法理論」。「支配性法理論」包含兩個部分，它還堅持其間的獨立性。第一部分是「法律是什麼」的理論；套用尋常的說法，是法律命題眞值[1]之必要條件與充分條件的理論。它就是「法實證主義理論」，主張法律命題的眞值由關於「特定社會制度所採行的規則」這件事實構成，也完全只由這件事實構成。第二部分是涉及「法律應當是什麼？」、「我們熟悉的法律制度又應當如何運行？」的理論，也就是「功利主義理論」，它主張法律跟法律上的制度應該為一般福祉服務，也只應為它服務。「支配性理論」這兩個部分都衍生自邊沁[2]的哲學。

這些論文的批判性篇章同時批判這套理論的各個部分，並批判認為兩者相互獨立的前提假設。它的建構性部分則強調一項概念，這項概念也是自由主義傳統的一部分，卻在「法實證主義」或「功利主義」裡毫無立錐之地。它就是個體[3]人權這項古老概念，邊沁將這項概念稱爲「毫無根據的廢話」。

二

一般性法理論必須同時具備概念性與規範性。它的規範性部分必須處理下述範疇指出的眾多主題。它必須包含立法、裁判與服從的理論。這三套理論從立法者、法官與一般公民的角度來看待規範性法律問題。「立法理論」必須包含「正當性理論」和「立法正義理論」。「正當性理論」說明具體特定的個人或團體在什麼狀況下有權制定法律；「立法正義理論」說明他們得以制定或必須制定的法律。「裁判理論」必定也是複雜的，它必須包括「爭議理論」以及「管轄理論」。「爭議理論」提供法官裁判法律上疑難案件時所應運用的判準；「管轄理論」解釋出於什麼原因又在什麼狀況下，「爭議理論」所要求的決定，應該由法官而不是其他團體或機關做成。「服從理論」必須對比並討論兩種角色，必須包含「遵從理論」以及「執法理論」。「遵從理論」探討公民的守法義務在不同形式的國家裡、在不同狀況下的本質與界線；「執法理論」鑑別執法與刑罰的目標，並說明公權力機關應該怎麼回應不同範疇的犯罪或過錯。

一般性法理論將包括這些範疇以外的主題，屬於其中某個範疇的主題也可能同時屬於其他範疇。例如，政治上敏感的「憲政主義」議題屬於「正當性理論」的議題。多數群體所選出的代表，爲什麼不可以制定對他們而言既公平又有效率的法律呢？但有一個相關的問題也同時適用法理論概念性部分的議題。憲法上最根本的原則本身，也就是界定誰有權制定法律，又該怎麼制定的原則，能不能被認定爲法律的一部分？這項概念性問題顯然涉及其他關於正當性與管轄的問題。如果根植於憲法的政治原則是法律，至少初步看來，這就確認了法官判定「憲法規定了什麼」的權限；如果這些原則是法律，那麼，儘管它們不是社會或政治決定有意識的產物，「法律在那個意義上是自然產物」這件事實，就支持憲法加諸於多數群體的權力的限制。概念性問題與管轄及正當性問題在各方面顯然都涉及「服從理論」；例如，它涉及異議者能不能言之成理地甚或融貫地說，對於「憲法的根本規範規定了什麼」，他的想法比立法機關與法官的想法更好。

一般性法理論各部之間的相互依賴因而是複雜的。而且，在同一方面，一般法理論與其他哲學部門也多有關連。「規範理論」將根植於更一般性的政治哲學與道德哲學，後者可能又取決於涉及人類本質，或道德客觀性的哲學理論。概念性部分將有賴於語言哲學，進而有賴於邏輯與形而上學。例如，法律命題的意義、它又是否總是爲眞或爲假等等議題，與哲學邏輯裡非常困難的爭議性問題具有密切關連。因此，一般性法理論必須慣常地在性質上並非法律所專有的哲學問題上，採取某種爭議性立場。

三

邊沁是英美思潮中最後一位提出前述意義下的一般性法理論的哲學家。在他的著作裡，可以找到一般性法理論的概念性部分與規範性部分，並在後者當中找到個別的正當性、立法正義、管轄與爭議理論，它們都在功利主義的政治與道德理論，以及更一般性的經驗主義形而上學理論下適宜地相連。這套一般理論的每項成分業經不同學院法律人發展並精煉，但在英美兩國的法學院裡，支配性法理論仍然是「邊沁式理論」。

他的理論的概念性部分——法實證主義，已經大幅改進。實證主義最強而有力的當代版本是由哈特[4]所提出，而本書所批判的正是哈特的版本。透過經濟分析在法律理論上的運用，「邊沁理論」的規範性部分已經大幅改進。經濟分析提出標準，以鑑別並衡量構成社群之個體的福祉（儘管這些標準的本質大有爭議），並且判定，要回答正當性、立法正義、管轄與爭議等等問題，連同服從與執法問題，就必須認定法律制度構成一套系統，它的整體目標在於促成個體之間的最高平均福祉。這套一般性規範理論強調較早版本的功利主義常常忽略的事：依據某種將不同類型的問題分派給不同組織的組織適能理論，就能更穩固地助長整體目標，而不是認定所有組織都具有同等的能力，能夠計算任何特定政治決定對整體福祉的衝擊[5]。

既然法實證主義與經濟功利主義是複雜的學說，這套支配性法理論有著許多反對者，而許多反對者之間也相互對立。例如，各種形式的集體主義反對支配性理論。法實證主義認定，法律是由明確的社會實踐或制度性決定所創造的；它拒絕「立法可以是隱而未現的公意志或全體意志的產物」這種更浪漫也更隱晦的想法。經濟功利主義（儘管只在某個程度上）也是個體主義式的。它提出整體或平均福祉這項目標作爲立法正義的標準，但它將整體福祉定義爲各別個體之福祉的作用，並堅定地反對「社群作爲個別實體而具有獨立利益或權限」這種想法。

支配性法理論也因爲它的理性主義而遭受批評。在它的概念性部分，它教導著：法律是打算藉由這種決定、透過對他們的決定所創造之規則的普遍性服從，以改變社會的人們，做成的、明確而具目的性的決定的產物。它在規範性部分要求，決定必須以這種計畫爲基礎，它因此認爲，政治機關中的人們具有在高度複雜的社會裡、在相當不確定的條件下，有效率地做成這種決定的技能、知識與德性。

某些針對支配性理論的個體主義與理性主義加以批評的批評者，代表了政治討論中常被稱爲「左翼」的立場。他們相信，法實證主義的形式主義迫使法院以爲保守社會政策服務的淺薄程序正義感，取代更加豐富但有損於那些政策的實質正義。他們相信，就結果來說，經濟功利主義是不義的，因爲它使貧窮作爲達成效率的手段而永久存續，它的人類本質理論也是貧乏的，因爲它將個體當成社會的自利原子，而不是其社群感乃其自我感之重要成分的、先天的社會性存在。

另一方面，支配性理論的許多其他批評者也與政治上所謂的右派有關[6]。他們跟隨美國政治理論新近流行的愛德蒙・柏克[7]的奇特哲學，相信社群眞正的法律不只是法實證主義所認定的、排他而有意的決定，還包括瀰漫於各處而又對這些決定具有重大影響的習慣性道德。他們相信，經濟功利主義堅持，刻意的決定才能增進社群福祉，慣例性道德則不能，這算是無可救藥的樂觀。他們與柏克一同主張，最適於促進社群福祉的規則只能從那個社群的經驗浮現，從而應該更信賴既存的社會文化，而不是自以爲比歷史更博學的、功利主義者們的社會工程。

然而，支配性理論這兩種相去甚多的批評，都沒有挑戰我所提到的那套理論的一項特徵。雙方都沒有主張，支配性理論的錯誤在於它拒絕「個體享有先於明文立法所創造之權利的、對抗國家的權利」這種想法。相反地，在譴責支配性理論（如它們所認定的）對個體作爲個體之命運的過度關切上，左右兩翼的反對意見一氣同聲。對他們來說，本書所申辯的強意義個體權利概念，不過是支配性理論所患病症的誇張病例。

四

當然，許多哲學家已經以不同形式提出這項概念，但支配性理論拒絕那項概念而不問形式。法實證主義拒絕「法律權利能先於任何形式的立法而存在」這種想法；也就是，它拒絕：「在構成社群整體法律的明文規則集合所明文規定的權利之外，個體或團體還能享有得於司法審判中主張的權利」這種想法。經濟功利主義否認「政治權利能先於法律權利存在」這種想法；也就是，除了「特定決定事實上無助於一般福祉」之外，它否認公民還能在任何立論基礎上有理據地抗議立法上的決定。

支配性理論對自然權利的反對，大半是邊沁所提倡的一項想法所造成的：在可敬的經驗形而上學中，自然權利並無立錐之地。自由主義者不信任「本體論」這種奢侈品。他們相信，各種形式的集體主義的根本缺點就在於，它們有賴於集體意志或民族精神這種鬼魅般的實體，因而，對於任何似乎倚賴著同等可疑之實體的自然權利理論，他們懷有敵意。但這些論文申辯的個體權利概念並不預設任何鬼魅般的形式；事實上，這項概念的形而上學特徵與支配性理論本身的主要概念沒什麼不同。事實上，它寄生於功利主義的主要概念上，也就是「社群整體的集體目標」這項概念。

個體權利是個體持有的政治王牌。當出於某些原因，集體目標不是充分的正當化理由[8]，而不足以拒絕他們作爲個體所欲享有或想要做的，或並非對他們造成損失與施以傷害的充分正當化理由，那麼，個體就享有權利。當然，就這項描述沒有指出人們享有什麼權利，或確實擔保他們享有任何權利而言，這種描繪權利特徵的方式是形式性的描述。但它不認爲那種權利具有特殊的形而上學特徵，而這些論文所支持的理論因而不同於並不倚賴這種想法且較老舊的權利理論。

這套理論要求一組用以區分個體所享有的、各種不同類型的權利的詞彙。第四章就提出一組詞彙。在那裡，最重要的區分是兩種政治權利形式的區分：背景權利，也就是抽象地對抗社群或社會整體所做成決定之權利，以及更爲具體特定的制度性權利，也就是得以對抗具體特定機關所做成決定之權利。法律權利可以定位爲個別種類的政治權利，也就是，在法院的司法裁判功能中受其裁判的制度性權利。

以這組詞彙來說，法實證主義就是認爲「個體只享有明確的政治決定或明確的社會實踐所創造的法律權利」的理論。在第二章與第三章，那套理論被斥爲失當的概念性法理論。第四章提出另一種概念性理論以說明，在明確的決定或實踐所創造的權利之外，個體如何還能享有法律權利；也就是，即使在並無明確的決定或實踐要求做成任何判決的疑難案件中，他們也有權利獲得特定司法裁判。

第四章的論述在另外這套理論的概念性與規範性部分之間架起橋樑。它提供一套規範性裁判理論，這套理論強調原則論據與政策論據之間的區分，並爲「以原則論據爲基礎的司法判決相容於民主原則」這項主張申辯。第五章將那套規範性裁判理論適用於憲法裁判上核心且政治上重要的案例。它運用那套理論，以批判憲法上所謂司法主動論與自限論之間的爭議，並爲限縮於原則論據的司法審查的適切性申辯，即使是政治上有爭議的案件也一樣。

第六章討論立法權利理論的基礎。藉由分析羅爾斯強而有力且頗具影響的正義理論，它主張，我們對正義的直覺不只預設人們享有權利，更預設他們享有根本甚而公設性的權利。這最根本的權利是平等權的一項特殊概念觀，我稱爲受平等關懷與尊重的權利。

第七章與第八章爲一種規範性服從理論申辯。第七章考量個體的立法權利有所爭議的案件，儘管未必是法律上的權利。它沒有支持任何一組特定的個體權利，而僅僅支持承認個體享有外於且先於他的法律權利的某些立法權利時，所造成的某些後果。因而，這套服從理論的前提假定並不認爲人們確實享有的背景權利與立法權利具備任何特徵；它甚至不預設第六章的抽象結論。它因而滿足任何賦予權利顯著地位之政治理論的重要要求：在人們確實享有何種權利既不確定且有爭議的狀況下提供服從理論。

第八章則擴張法律權利之不確定性與爭議性的案例分析。它著手處理服從理論中兩項重要且常被忽略的問題：公民享有什麼憲法權利，並不確定，但他眞的相信政府沒有權利強迫他做他認爲錯誤的事，那麼，公民的背景權利與責任是什麼？誠摯而相信他（譯按：指那位公民）就「法律是什麼」抱持錯誤見解的政府機關，又負有什麼責任呢？

第九章回到第六章所敘述的、受關懷與尊重的權利。它說明，那套平等概念觀如何能用以詮釋美國憲法著名的第十四增修條款，也就是平等保障條款，而在這樣的運用下，這套概念觀如何確認我們對種族歧視的直覺，並支持名爲反向歧視且政治上有爭議的實踐。

第十章、第十一章、第十二章考量另一種權利的相競爭主張，它也被其他政治哲學家認爲是最根本的政治權利；也就是所謂的自由權，人們往往認爲，它不只與平等權敵對，至少在某些狀況下還不見容於那項權利。第十二章主張，這種自由權並不存在；事實上，認爲這種權利存在的想法本身就搞錯了。它並不否認「個體享有某些個別自由權」這種想法，像是第十章討論的個人道德決定權，或憲法上的權利法案所描述的自由權。相反地，第十二章主張，這些習見的權利不是衍生自這種更抽象的一般自由權，而是衍生自平等權本身。這些論文因而與「個體主義是平等的敵人」這種流行但危險的想法相牴觸。那個想法是痛恨平等的自由放任主義者與痛恨自由的平等主義者的共同錯誤；它們攻擊自己以其他名義出現的理念。

五

這些論文爲另一種法律理論提供主要架構，但是，儘管它們的寫作目的都在追尋那套理論，它們是分別寫成的，因此成群而言，它的重點和細節有所重疊也有所差異。它們未能預見將對它所說事物提出的一切反對意見，對於所考量的許多議題，它們也未能將我想要說的道盡。

例如，我的理論從來不認爲有任何能夠展示特定個體享有哪種權利的機械性程序存在，不論就背景權利或法律權利而言。相反地，這些論文強調，在政治上與法律上都有疑難案件，在這種案件裡，講理的法律人會對權利有所爭執，也不會有什麼論據必然能說服對方。或許有人會反駁，在這種情形下，認爲有任何權利存在都是胡說八道。這項反對意見預設某種一般性哲學理論，根據這種理論，至少在原則上，除非存在某種能夠以任何理性的人都會承認特定命題爲眞的方式，展示「這項命題爲眞」這件事的程序，否則就沒有任何命題得以爲眞。第十三章主張，我們不但沒有理由接受這種一般性哲學立場，更有拒絕它的好理由，特別是，就它適用於法律上主張的情形而言[9]。

然而，還會有人要說，在任何狀況下，作爲實踐問題，除非能展示權利主張的眞或假，否則，提出或討論權利主張並無意義。那項反對意見搞錯了。如果是那樣，我們就無法理解政治論證裡的誠摯或政治決定裡的責任等等重要概念；事實上，我們將也無法領會我們所參與的、一種稀鬆平常的實踐，也就是在疑難案件中討論權利。然而，重要的是，政治理論承認，許多權利的主張，包括某些非常重要的主張，是無法展示的，因而，當權利有所爭議，它提供原則以支配公權力機關的決定。就像我曾說過的，第七章與第八章所發展的服從理論，就提供這種原則。

第十二章提出支持承認某些具體特定的背景權利與制度性權利的論據。在這裡重複我在那裡所說的，會是明智的做法，也就是，那裡所敘述的權利，以及用來支持這些權利的方法，都不打算排除其他權利或其他論證方法。一般性權利理論允許不同種類的論述，它們各自足以確立某些理由，以說明通常對政治權利提供正當化理由的集體目標，爲什麼並不證立加諸於某個個體的特定不利益。

不過，對於政治權利，本書提出受到偏好的論證形式，也就是，從被認定爲根本且具公設性的抽象關懷與尊重權，推衍出具體權利。第六章說明，代表著處境最差的團體而支持經濟權利的熟悉論據，如何能追溯至那項抽象權利，而第九章與第十二章說明，從同樣的來源，另一種論據怎麼推導出常見的民權。而且，第十二章主張，在另一個面向上，在權利當中，受關懷與尊重的權利是最爲根本的，因爲它說明，集體目標這項概念本身如何能從那項根本權利推衍而出。如果是這樣，受關懷與尊重的權利，就是「作爲王牌而壓倒集體目標之權利」的一般性特徵描述所無法掌握的根本權利，除非把它當成限定性案例，因爲它既是集體目標之一般性權威的來源，又是對它們（譯按：指集體目標）的——證立更具體特定的權利的——權威之特殊限制的來源。

然而，在這些論文裡，政治理論上統一性的保證是模糊不清的。如果有爲它申辯的必要，就必須在別的地方提出。必須特別說明的是，證立經濟集體目標特有之交換的同一個平等關懷概念觀，如何也同時證立對這些交換之最大受害者的經濟權利形式上的豁免。這裡需要某種需要層次概念觀，從而能夠說明，當平等關懷證立給定層次上的緊急交換，它不允許犧牲層次上更緊急的需求，即使是爲了更大幅度地滿足更多較不緊急的需求。

第十二章與第十三章沒有發表過。第二章與第六章原本發表於《芝加哥大學法學評論》；第三章與第十章曾發表於《耶魯法學評論》；第四章曾發表於《哈佛法學評論》；第一章、第五章、第七章、第八章、第九章與第十一章曾發表於《紐約書評》。各篇論文都爲本書的出版而修正，有時包括篇名的修正。

◆注釋◆

【1】譯註：邏輯學上所謂「真值」（truth），指陳述是否為真，又在什麼程度上為真之狀態。以法律命題來說，「欠債還錢」在法律上有所依據，因此它的真值為「真」（true），「錢債肉償」在法律上並無依據，因此它的真值為「假」（false）。

【2】譯註：傑洛米・邊沁（Jeremy Bentham，一七四八至一八三二），英國哲學家、法學家，功利主義的代表人物。

【3】譯註：Individual 通常譯為「個人」，但在中國文化的影響下，臺灣社會仍有濃厚的封建式集體主義色彩，從而，「個人」或以「個人」之名所提出的訴求，動輒被扣上自私、短視，甚或無知、卑劣的大帽子。為避免以詞害意，individual 通常譯為「個人」之情形，本書改譯為「個體」或「個體的」，而 individualism 改譯為「個體主義」。相對地，「個人」或「個人的」即分別譯自 person 與 personal。

【4】譯註：哈特（H.L.A. Hart，一九〇七至一九九二），英國法哲學家，新分析法實證主義的代表性人物，著有《法律的概念》（*The Concept of Law*）（繁體中文版由許家馨、李冠宜翻譯，商周出版）等書。

【5】例如，見 H.M. Hart 與 A. Sach 富有影響力的教材《法律程序》（*The Legal Process*）（哈佛法學院出版的油印教材）。

【6】見 Hayek, *Law, Liberty and Lergislation.*

【7】譯註：愛德蒙・柏克（Edmund Burke，一七二九至一七九七），愛爾蘭政治家、哲學家。

【8】譯註：描述事實的命題成立與否，取決於這項命題所描述的事實存不存在，而藉由說明這件事實的存在，進而說明那項命題成立，這種做法通常稱為「證明」。然而，人文社會科學中，許多規範性的命題，既不描述事實，它們成不成立，也往往並不取決於特定事實存不存在，而要說明這種命題成立，就必須舉出理由解釋它的正當性。這個「舉出理由說明正當性」的行為，英文稱為 jusify，中文通常翻譯為「證立」或「證成」，本書從之；而所舉出以說明正當性的理由，稱為 justification，中文也有直接譯為「證立」者，惟為避免與作為動詞的「證立」混淆，以求明確，本書譯為「正當化理由」。

【9】亦見'No Right Answer', in *Law, Morality and Society: Essays in Honour of H.L.A. Hart*, London 1977.

第一章 法理學

當法律人[1]討論案件、爲客戶提供諮詢，或起草法律以達成特定社會目標，就哪些意見或證據具有關聯性，在這個專業裡已有普遍共識來說，他們面臨技術性問題。但法律人有時候必須處理這種意義上的非技術性問題，而該怎麼進行，並無共識。法律人不問某項法律有效或無效，而問它公不公平時，所呈現的倫理問題是一個例子。法律人試著以模糊的概念描述法律時，所產生的概念性難題也是一個例子。比方說，法律人可能會主張，侵權行爲法只要求人們對自己的過失所導致的損害負責。別的法律人會挑戰這種說法，而他們之間的爭論跟事實或學說都無關，卻涉及過失的意義。或再舉例來說，在一九四五年的種族隔離案件[2]，最高法院到底是遵守了既存原則還是制定了新法，法律人可能意見相左；他們之間的爭議可能衍生出「原則是什麼」、「適用原則又是什麼意思」等等問題。這種概念性議題該怎麼解決，並不清楚；它們確實處在實務法律人的慣用技術之外。

法律人稱這些難纏的問題爲「法理學問題」，可以想見地，解決這些問題究竟重不重要，他們也有不同看法。法學院通常開設名爲「法理學」、「法理論」或諸如此類的課程專門研究它們，但是，既然這些議題的特點恰好在於，它們是什麼樣的議題、又適用哪種研究技術，根本沒有共識，這些課程運用的研究方法也就天差地別。而且，研究方法的選擇也影響研究課題的選擇，儘管這項選擇也受到學術思潮與公共事務影響。比方說，人們有沒有服從法律的道德義務，這項爭議目前在全國的法理學課程中舉足輕重，但二十年前幾乎沒人提到它。

直到最近，英美兩國法理學的主流取向仍是所謂的職業取向。教授法理學的法律人承認，諸如上列的法理學問題之所以難纏，只因爲它們沒辦法套用通常的法律技術；但是，他們卻打算挑出這些技術所能處理的面向並忽略其餘部分，以解決這項難題。處理前面提到的技術性問題時，法律人混用三種技巧。法律人受過分析成文法與司法意見書，以從官方法源粹取法律學說的訓練。他們也受過分析複雜事實狀況，以精確摘要出重點事實的訓練。他們還受過藉由戰術方式思考，以設計制定法與法律制度，進而促成預定社會變遷的訓練。法理學的職業取向試著重新架構法理學議題，使其中一種或多種技術得以適用。這種取向只製造出進步的假象，卻將法律裡眞正重要的原則議題棄而不顧。

爲了支持這項嚴厲的指控，我必須說明法理學在本世紀中的處境。在英國，這個科目是以《Salmond 論法理學》[3]與《Paton 論法理學》[4]之類的標準教科書來講授。這些文本大半致力於所謂的分析法理學——它們小心翼翼地將它與「倫理法理學」，也就是「法律應該是什麼」的研究分開來。他們所謂的分析法理學，是指對某些詞彙（像是「過失」、「占有」、「所有權」、「疏失」以及「法律」）的仔細論辯，而這些詞彙，就它們不只出現在法律的某些部門裡、更貫穿法律學說的領域而言，是法律上的基本概念。這些（就像我剛剛提到的那些）概念之所以麻煩，是因爲法律人使用它們，卻又沒有精確地理解它們的意義。

但英國文本不從闡明它們在日常語言的意義著手研究這些概念，卻運用傳統的學術方法來展示它們在案例與成文法中特有的法律意義。他們研究法官與法律專家的意見，抽繹出眾多包含這些麻煩概念的法律規則與學說，但他們幾乎不把這些規則與外行人對過失、占有等等概念所做的法外判斷相聯繫。

然而，如果我們問道法律人爲什麼爭論著這些概念，就能發現對學說的強調爲什麼顯得不搭軋。法律人對過失的概念感到不安，不是因爲他不曉得法院怎麼使用這個詞，或者不清楚過失的法律意義由哪條規則決定，而是因爲他用法外的過失概念證立或批判法律。他出於習慣或信念而相信，處罰一個人的原因若不是他所犯的錯，這種做法在道德上是錯的；他想知道，法律要求雇主對受雇人的行爲負責，或要求疏忽的司機對他撞倒的人的死亡負責，儘管傷害很輕微，但受害者是血友病患並因而死亡，有沒有違反這項道德原則。他非常清楚法律學說，但他不清楚的是，這些學說有沒有牴觸這項原則。如果受當事人所指揮監督的他人造成傷害，或因爲不可能預見的狀況而造成傷害，這還是他的過失嗎？這些問題企求對作爲道德上的「過失」概念的分析，而不是法律人已經知道的法律概念；但英國法理學的教條態度所忽略的，正是概念在道德上的用法。

美國法理學的紀錄更複雜。它致力於英國理論相對忽略的議題：法院怎麼裁判疑難或爭議的案件？比起英國法院，在重塑十九世紀的法律以符合工業化的需求時，我們的法院扮演更吃重的角色，我們的憲法也使許多在英國只不過是政治問題的問題所引發的議題成爲法律議題。例如，規定最低工資的立法公不公平，在英國只是政治問題，但在美國，它是憲法議題，從而也是司法議題。美國的法律人因此更努力地對法院的所作所爲提出一套精確的論述，如果可能並證立它；當法院看起來不像正統法理論所要求地適用舊法，卻創設了政治上有爭議的新法時，這項要求就更急切。

本世紀初，約翰・奇普曼・葛雷[5]與後來的奧利佛・溫岱爾・霍姆斯[6]提出揭穿正統學說——法官只適用既存法律——面具的司法程序懷疑論。在一九二〇到一九三〇年代，這樣的懷疑論取向擴張並成爲強而有力的思潮，名爲「法現實主義」。它的領導者（像是傑洛米・法蘭克[7]、卡爾・羅威廉[8]、魏思禮・斯特格斯[9]以及摩里斯・柯亨[10]與菲力克斯・柯亨[11]）主張，正統理論誤入歧途，因爲它對法理學抱持教條態度，企圖以法官在判決裡提到的規則描述他們的所作所爲。現實主義者聲稱，這種做法是錯的，因爲法官其實是根據自己的政治或道德品味下判決，然後挑出適當的法律規則來將判決合理化。現實主義者要求「科學的」研究取向，也就是，專注於法官的行爲而不是法官的言論，以及他們的判決對廣大社群的影響。

美國法理學的主線追隨現實主義的召喚，並免於英國文本的教條態度。它強調另外兩種職業技術：法律人整理事實的技術，還有爲社會變革設計策略的技術。區分這兩種技術，將能更清楚地追溯現實主義較晚近的影響。對事實的強調發展成爲哈佛大學的羅斯科・龐德[12]所謂的社會法理學；他所指的是將法律制度當成社會過程的仔細研究，例如，不把法官當成教條的靈媒，而當成各種社會與個人刺激的回應者。某些法律人試圖推廣這種研究，像是傑洛米・法蘭克與羅斯科・龐德自己，但他們發現，除了內省而有限的方式外，法律人沒有描述複雜制度所必要的訓練或統計學工具。社會法理學因而成爲社會學家的天下。

對策略的著重在法學院裡影響較爲深遠。耶魯大學的麥爾・麥克杜噶爾[13]、哈洛德・拉斯威爾[14]，以及哈佛大學的朗・富勒[15]、亨利・哈特[16]與亞伯特・薩克斯[17]，儘管彼此不同，卻都堅持把法律當成促使社會朝向某些大目標變遷的工具，他們試著提問哪種方案最有助於達成目標，並工具性地解決法律程序問題。

但是，這種對事實與策略的強調卻跟英國的教條態度一樣，最終以扭曲法理學議題，也就是，以取消構成議題核心的道德原則論題收場。如果我們更詳細地討論社會法理學者與工具主義者探討的核心問題，這項失誤就會浮現：即使在疑難與爭議案件中，法官總是遵守規則，還是他們有時會創造新規則並溯及既往地適用它們呢？

法律人已經就這項議題爭論了幾十年，不是因為他們對法官的各種判決或所給的理由一無所知，而是因為他們不清楚「遵守規則」這項概念眞正的意思是什麼。在簡單的案件（例如，法律規定速限為時速六十里，而某人被控超速），認為法官只是把既存規則適用到新案件上似乎說得通。但是，當最高法院推翻判決先例並要求學校取消種族隔離，或宣告警察幾十年來使用、法院也認可的程序違法，這還說得通嗎？在這些戲劇性的案件，法院給了理由——它沒有引用成文法，卻訴諸正義原則與政策。這是不是表示法院仍然在適用規則，只不過是性質上更一般而抽象的規則？如果是這樣，這些抽象規則從何而來，又為什麼有效？或這是不是表示，法官其實是根據自己的道德與政治信念下判決呢？

提出這些問題的法律人與外行人不是無的生憂，也不是出於愚蠢的好奇心才發問；他們知道法官掌有強大的政治權力，而他們關切的是，一般而言或在具體個案裡，這項權力有沒有獲得證立。他們不見得相信創造新規則的法官做錯了什麼。但他們想知道，法官的政治權力在簡單的案件可得的正當化理由，也就是「法官適用既存規範」，在什麼程度上延伸到疑難案件，這些疑難案件還需要多少、哪些種類的補充性正當化理由。

正當化理由的問題具有複雜的影響，因爲它不只影響司法權威延伸的範圍，更影響人們在什麼程度上負有服從法官造法的政治義務與道德義務。它也影響人們能夠據以挑戰爭議意見的立論基礎。如果要求法官在疑難案件遵守既存判準仍然說得通，那麼，誠懇的反對者就能夠在法官判定某項法案合憲時，主張他犯了法律上的錯誤。但是，如果法官在疑難案件裡只能創造新法，這項訴求就毫無意義。因此，儘管「法官有沒有遵守規則」看起來像是語意問題，它也對於實踐表達了最起碼的關切。

我已經詳細解釋這些言外之意以說明，就像過失概念的例子，淺白的語意問題背後也潛藏著道德原則問題。法律的批評者們同樣出於習慣或信念接受一項原則：司法判決，如果體現既存規範之適用而不是新設規範之強加，會比較公正。但他們不清楚怎樣才算適用既存規範，而他們問道，即使在新奇案件，法官是不是眞的也在某種意義上適用了規則，以表達這種不確定性。法理學應當藉由探索道德論證的本質，試著澄清批評者設想的公正原則，看看司法實踐是不是確實合乎那項原則，以回應這樣的關切。

但美國法理學沒有這種打算。就社會學家來說，他們拒絕談論「遵守規則」，他們的立論基礎在於，這項概念太模糊，沒辦法以經驗方法或量化方法研究。他們指出，光是人們沒辦法對「遵守規則」的意義形成共識，就讓這項概念不具科學性質；如果每個研究者都運用自己對這個詞的感知，就不會有客觀的資料與共同的進展。因此，格蘭登・舒伯特[18]、赫曼・普里謝[19]以及斯徒阿特・耐格爾[20]等社會學家以看似相關而又更明確的問題取代：來自特定經濟或社會背景、或某種司法實踐、或具有特定政治立場或特殊價值觀的法官，他們的裁判會不會較偏向法人被告？審判涉及種族、工會或反托拉斯的案件時，最高法院的法官們有沒有基於不同立場而集結成不同群體？這些經驗性的問題看起來相關，因爲：如果法官的判決是由社會背景或預設立場決定，就表示他們沒有遵守規則。

但這些資訊，儘管有趣，就其他目的而言也是有用的，實際上卻對引發最初問題的原則議題毫無助益。法律人不需要證據說明法官們意見相左，法官的見解也往往反映他的背景與性格。然而，他們感到困惑的是，這只不過表示，法官們對法律基本原則的本質與本旨有不同看法，或這表示根本就沒有這種原則。如果這意味著前者，就表示法官正在試著遵守規則，而與他們意見不同的人們在法律上也還可能是對的；如果這意味著後者，那麼，就像前面所說的，這種主張就是荒謬的。法律人也不清楚，不管以哪種論述（譯按：指「基本原則存在」與「基本原則不存在」兩種論述）爲前提，對於事實上存在的分歧，究竟該感到懊悔，還是因爲它不可避免而接受它，或爲它的活力喝采，這一切又怎麼與政治義務與法律人面對的執法問題扯上關係。社會學研究取向正好在重構問題時取消了所有涉及這些議題的面向。

儘管方式不同，後現實主義的工具主義分支也重構了問題。哈特與薩克斯在他們討論法律程序的出色著作中主張，以這種方式提問就能迴避規則的概念性問題：法官以哪種方式形成裁判，最能有助於達成法律程序的目標？但他們以這種方式迴避難題的希望落空了，因爲，陳述法律程序的目標時，這些問題不可能不在較後面的階段出現。如果我們對程序目的泛泛而論（主張法律應當實現正義、應該促成合乎正義的狀態），那麼，就像許多人所認爲的，就不能不回答

「正義要不要求按照既存規則判決」；這個問題又反過來要求我們分析「什麼是遵守規則」。如果我們打算陳述更具體或精確的目標（例如，法律程序應增加國民生產毛額），這個運動就失去意義了，因爲，沒有人能保證這種目標是法律適切且排他的關切所在。

我們可能主張（就像某些作者所主張的），如果允許法官考量自己的判決在經濟上的衝擊，法律會在經濟上更有效率；但這麼做公不公平，或我們能不能認爲經濟標準是既存法律的一部分，或以經濟上的衝擊爲理論基礎的判決會不會因此更具分量或更加輕微等等，仍然懸而未決。例如，假設有位法官相信，如果他廢除舊規則並爲汽車工業的利益而創造新規則，它將會蓬勃發展，而且，如果汽車工業獲益，也將有利於整體經濟。這是改變規則的好理由嗎？我們沒辦法藉由僅僅連結手段與目的的分析判斷這類問題。

因此，基於同樣的潛在理由，法理學研究職業取向的眾多分支失敗了。它們忽略「法理學議題的核心是道德原則議題，不是法事實或策略」這件關鍵事實。它們執著於傳統法律立場以埋葬這些議題。但如果法理學要有所成就，就必須提出這些議題，並把它們當成道德理論議題而著手研究。

這件簡單的事實，解釋了哈特教授的重要性與他的成就。哈特是位道德哲學家；他有著原則議題的直覺，著手這些議題時，他具有非凡的澄澈清明。比方說，在他的第一本書，《法律的概念》，他討論了「法官有沒有遵守規則」這項議題，他的方法是，澄清它與另一項道德議題——在什麼狀況下，要求別人負擔義務是恰當的——的關聯。對於我們的社群做成及批評道德義務的論據時作爲慣例事項而遵守的規則，他提出了一套分析，他並且主張，我們的法官在論證法律義務時遵守著同樣的規則。在另一本書，《法律上的因果關係》，哈特與合著作者奧諾爾討論了我先前提到的關於過失的概念難題，但與哈特的前輩不同，他們試著解釋這項概念的日常意義與法律上的嚴格意義。就像哈特在牛津哲學院的同僚——特別是約翰・奧斯丁[21]，他們運用針對日常語言的研究以說明，社群成員習慣性地彼此歸屬過失與責任的方式；他們接著運用這些慣例性的判斷以解釋，例如，認定撞傷血友病患的肇事者應負全責的規則。

他們指出，在行為時既存的反常情境與後來才發生的異常巧合之間，日常語言已經有所區分。例如，它區分「粗心的司機輕微地撞傷他人，但那個人是血友病患並因而死亡」的情形，以及「粗心的司機輕微地撞傷他人，但那個人因為醫生的過失導致的血液感染而死亡」的情形。大多數人會說，在第一種情形，粗心的司機造成被害者的死亡，這是他的過失；但在第二種情形，他們不會這麼認為。這項區分反映了流行的因果觀念：一般人認定因果上有所影響的行為，是在既存狀態下運作的行為；同時存在的情形，像是血液疾病，是設定原因的階段之一，而不是相競爭的原因。但後來的事件，像是醫生的過失，則是打斷因果鏈結的干擾。因此，法律規則可以理解為流行道德與因果理論的延伸。

但哈特不滿於單純說明法律如何揉合普通人的道德判斷以解釋法律。他認為，這種分析是對法律與作為法律之基礎的流行道德進行批判性評價之前，必要的準備工作。直到搞清楚法律反映什麼樣的道德實踐或判斷之前，我們不能理智地評論它；但是，一旦知悉這點，我們仍然要問，這樣的實踐或判斷是否有意義、有道理，或與法律宣稱自己服膺的其他原則一致。

哈特更晚近的著作，《懲罰與責任》，就是這種批判程序絕佳例子。那本書收錄哈特一系列討論刑法上法理學議題的論文；這些論文多半處理一項問題：人們能不能因爲他的心智狀態而免於刑事責任。如果某人的行爲是意外造成的、或如果他的行爲出於過失而不是故意，或因爲他有精神疾病，他應不應該受到寬恕（或該不該減免其刑）？在這種案件，法律通常寬恕他或至少減免其刑，但當代某些批評者聲稱，這種政策是錯的。

他們說，如果刑法的目的是復仇與應報，這些精神抗辯的意義就很明顯，因爲，對出於錯誤或瘋狂的行爲人復仇，沒辦法滿足這個目的。但如果法律的目標只是要避免罪犯此後造成的傷害，並以他爲例而殺雞儆猴，這種抗辯似乎就有反效果。比起監禁爲了遺產而殺害父親的兇手，監禁容易肇事的司機能避免更多傷害；如果不接受任何寬恕事由，並使潛在罪犯不再僥倖地冀望被逮到時能假裝精神失常，就能增加法律的威嚇力量。因此，批評者主張，法律應該嚴格限制這些抗辯，而他的立論基礎在於，這種抗辯增加審判與法學教育的費用，而且也遭到濫用，它們所期望的開明刑事制度似乎也隱而不彰。

哈特不同意這種看法。他在回應中首先提醒我們，認爲刑法（或任何其他法域）具有一組至高無上、從而應裁剪法律的一切面向加以配合的目標，這種想法是錯的。刑法的目的確實是預防犯罪，但實現這項目標時，卻也必須受制於某些可能限制它達成目標之效率的原則；就算確實能減少犯罪，懲罰無罪的人來殺雞儆猴也是錯的。我們必須以這種觀點理解心智抗辯，從而，它們對犯罪預防的干擾就不是決定性的論據。但這只是個消極論點，心智抗辯有沒有正當性或應不應該改變，仍然懸而未決。哈特以我先前提到的方式著手這項議題；他首先問道，心智抗辯有沒有反映社群的任何道德傳統，或任何普遍性的目標或政策。

他首先討論某些刑法學者，像是傑洛米．豪[22]教授的意見，也就是，心智抗辯的本旨在於，確保法律只會把在慣例的標準下具有道德可責性的人們當成罪犯來處罰。這個迷人的想法有最起碼的說服力。在日常生活中，如果造成傷害的人不是故意的或只是不小心的，我們就不會譴責他（除非他也同樣是粗心大意的）；如果我們相信他嚴重心智失常，我們也不會這麼做。因此，我們可以合理地認爲，法官與立法者會把這些立場帶進刑法，表現爲「在這些狀況下，即使懲罰行爲人會更有效率，也不能這麼做」的這項原則。

然而，哈特拒絕這套理論，他的立論基礎在於，許多犯罪本身沒有道德上的可責性，像是違反英國鐵路運輸規範。他主張，這種犯罪的存在說明了，「僅譴責可責行爲」不是法律的一般性目的，從而證明這不可能是心智抗辯的主旨所在。

但是，哈特以這種方式反駁可責理論是錯的；我認爲，他混淆了違法在道德上之所以錯誤的兩項立論基礎。違反法律之所以是錯的，原因可能在於，法律所譴責的行爲（像是殺人）本身就是錯的。或它之所以是錯的，也可能是因爲，儘管受到譴責的行爲本身沒什麼錯，但它是法律所禁止的行爲，鐵路法就是適例。英國將鐵路國有化究竟明不明智或公不公平，或許有所疑問；然而，「一旦法律通過，每個人都有服從的道德義務」這點，仍然可能爲眞。

當然，這並不表示，行爲人每做一次法律禁止的行爲，都該遭到道德上的責難。因爲，如果法律過於不公平或不正義，而終止了服從法律的一般道德義務，他就不會受到道德上的譴責，而這正是許多法律的良心反對者所提出的主張（有待討論的是，美國憲法上正當程序與其他條款的本旨，是不是就在保障人們在這種情形下不受懲罰）。或者，如果他的行爲是意外、不小心，或他因爲精神疾病而無法對自己的行爲負責，他就是不可責的。傑洛米・豪教授的見解，也就是哈特太快駁斥的見解，就主張心智抗辯的本旨，在於保障人們不在這種情形下受懲罰。

然而，即使傑洛米・豪是對的，問題癥結還沒解決，因爲我們必須追問，我們對譴責與懲罰的習慣性態度在法律上是不是眞的相關。質疑心智抗辯之價值的人們認爲，既然刑法的目標是矯正與威嚇而不是懲罰，這些傳統見解也就不相干，心智抗辯也應該被廢除。他們提議把「懲罰」替換成「處遇」，以將這項主張推到極致。他們主張，如果有人犯了罪，社會該怎麼處遇他——應拘禁、治療、或釋放，應取決於哪種做法最能避免再犯。根據這項論點，討論行爲人做他所做的事情時在道德上有沒有可責性，混淆了議題，因爲，即使他具有可責性，處遇也可能不必要，即使沒有可責性，處遇也可能必要。我們必須問，心智抗辯是不是有助於任何與刑法的這項修正觀點相關的目的。

在收錄於最近那本著作的早期論文——〈法律責任與減免〉裡，哈特提出下列主張。心智抗辯減少法律在人們無法從自己的故意行爲預測的狀況下對個人的干預，以增加每個人控制自己命運的能力。如果廢除這項抗辯，我們就必須與這樣的事實共存：某些意外或一點點的疏忽，都會把我們送進監獄，或把我們捲入耗時、昂貴並貶低身分的審判。這種抗辯的存在讓我們得以確信，一般來說，我們只會因爲在明知追訴即將來到的狀況下的行爲而遭到追訴，而附帶的好處是，這至少滿足了「受到懲罰的人做成並實行違反法律之決意」這項要件。

但是，如果全然訴諸心智抗辯所帶來的個人安全，這會是薄弱的主張，因爲，所增加的安全微不足道。畢竟，這個社群已經接受太多使生活更危險的判決，像是促使商業競爭的判決、允許汽車存在的判決、還有導致戰爭的判決。這些判決大幅增加特定人受到無法預見、也不是自己的故意行爲導致的傷害的可能性；但出於效率、利益或國家政策的考量，社會仍然接受這些判決，甘冒它們帶來的風險。如果像哈特所要主張的，廢除心智抗辯會增加刑法預防犯罪的效率，那麼，它也會提升一般公民的個人安全以及他對自己命運的控制，程度上可能超過因爲意外而承擔刑責的風險。

我認爲，哈特在〈懲罰與責任減免〉提出以支持心智抗辯的、更一般性的正當化理由是更成功的：「人類社會是人的社會；人們不只將自己或彼此當成會運動的、有時以危險的方式運動而必須加以預防或矯正的物體。相反地，人們將彼此的行動詮釋爲意圖的展現……」在別的地方，他以同樣地方式指出，如果廢除這些抗辯，法律必定會把人當成工具而不是目的。

這些陳述將法律原則與範圍廣泛的道德傳統結合。它們極力主張的原則是，政府必須以社群成年成員彼此要求的尊重與尊嚴來對待它的公民。政府可以爲了個人自己的利益或一般利益而對他施加限制，但這項限制只能以他的行爲爲基礎，而且，政府必須竭力地以那個人自我判斷的方式判斷他的行爲，也就是，從他的意圖、動機及能力等立足點加以判斷。人們普遍地覺得他們選擇了自己的行爲，但在意外、脅迫、強暴或疾病等特殊情形下，他們不這麼覺得。我們每個人也不是只就自己做這樣的區分，判斷如何回應我們所尊重的他人時，我們也會做相同的區分。霍姆斯就曾經說過，即使是狗，也知道被踢倒與被絆倒的不同。

如果刑法忽略這項棘手的區分，並且在可能遏止未來的犯罪時，就監禁或強迫人們接受處遇，它可能會更有效率。但就像哈特的原則所顯示的，這會越過「待人如同胞」與「把人當成利益的來源」之間的界線，而根據我們社群的慣例與實踐，再也沒有更嚴重的汙辱。不管這個過程稱爲懲罰或處遇，這樣的汙辱都同等地嚴重。確實，我們有時拘束一個人或給予處遇，只因我們相信他無法控制自己的行爲。根據民事監禁法[23]，以及典型地，對於因爲瘋狂而免受重罪判決的人，我們會這麼做。但我們應當承認，這些政策隱含了原則的妥協；並且，只有在表現出明顯的危險時，才能以違反個人意志的方式對待他，而不是每當我們加以算計而發現可能會減少犯罪時就能這麼做。

當然，這套論述脈絡引發的問題多過解決的問題。某些哲學家認爲，基於當代心理學與心理病學，選擇與強制之間的現象學區分毫無意義。他們相信，人類所有行爲都由個體無法控制的因素決定，因此，我們通常感受到的自由選擇不過是幻象。但支持這項見解的科學證據遠遠不是決定性的，而就算認爲這些證據舉足輕重的人們，也必須決定法律該怎麼回應它，直到這件事實獲得證實（如果它曾被證實或能被證實）。例如，如果我們接受「所有的行爲都是被決定的」這項觀點，是不是表示我們該全然放棄「人類具有政府在道德上應當加以尊重的權利」這種想法？如果我們選擇不走得那麼遠，不論因爲科學證據還不是結論性的，或因爲我們無論如何都不願意拋棄權利的概念，那麼，以科學之名拋棄心智抗辯眞的前後一貫嗎？另一方面，如果我們保留這些抗辯，並像這項論據所主張的，接受選擇與非選擇做某事之間的現象學區分作爲這些抗辯的理論基礎，這又該怎麼引導我們對棘手案件——像是精神病患的犯行的態度呢？根據傳統行爲標準，精神病患能不能控制自己的行爲，或者他的案件是邊界案例，而這解釋了我們的混淆？限於篇幅，這裡沒辦法討論這些議題（哈特曾討論過一部分），我提及它們僅僅是要說明，強調原則的法理學研究取向，不能止於說明法律與社會實踐之間的關聯，還必須繼續基於一貫性與洞見的獨立判準，繼續檢驗並評論社會實踐。

以警方的效率爲代價而保護嫌疑犯的刑事程序規則中，心智抗辯不是唯一有爭議的面向——想想訊問、認罪協商與預防性羈押。對於這些議題，在學院法律人所給見解外指出更富哲學性的研究取向所具有的價值會是有用的。到目前爲止，自由主義的立場主要以工具性詞彙表達。自由主義者主張，刑法的適切目標包括保障個人自由與預防犯罪，而程序保障在這兩項目標之間找到平衡點。但這種論述方式暗示，兩個目標之間的平衡已然適切；它鼓勵其他人問道，爲什麼多數守法的公民們不能把平衡點推向自我保護那邊。

這個問題使自由主義者陷於兩難。他可能回應道，就他個人而言，比起提升自身的安全，他更重視別人自由權的價值，但他必須承認這是少數立場。他可能主張，長期而言，以一點點安全爲代價來保障自由將能提升多數人的處境，但是，儘管這種想法在自由主義者之間流行，卻顯然是錯的。刑法對吸毒黑人的威脅遠大於對中產階級白人的威脅，而即使長期來說，幾乎也沒有理由認爲，在辯護人不在場的狀況下審問前者或拘禁前者候審，會影響後者的自由。

哈特的一般立場在這裡也有幫助。它會認爲，與其引用法律各種相互衝突的目標，不如強調作爲法律之限制的道德原則以主張自由主義立場。焦點應該放在根植於我們傳統中的法理（像是「不自證己罪」與「無罪推定」等等信條），以支持「社會沒有權利在律師不在場的狀況下審問」、「被控告的嫌犯在審判前有權享有自由」等等主張，不論社會上的多數群體是不是因而獲益。當然，這些原則與實踐上的需要或許有所衝突，但這裡沒有什麼公正的妥協，相反地，如果非得有辱於原則，那將是羞恥與遺憾。

採取不同觀點而傾向於增進警方效率的人們也同意我提到的法理，像是不自證己罪特權。但他們否認這些原則擔保自由主義者主張的具體權利。他們會主張，例如，這項特權保護個人免受刑求取供，但不允許只因爲自白前未經考慮，就撤回自願性自白。因此，這項爭議必須以哲學用語表達：未經告知的自白、或預防性羈押的運用，是不是與既存信條背後的道德原則矛盾？我認爲答案是肯定的，但在法理論與道德理論之間，法理學仍然必須建築支撐這項主張的橋樑。

或許哈特引用的原則——即使對於刑事被告，政府也必須表現最起碼的尊重，把他當成人，而不是某種機會，有助於說明這項矛盾。例如，這項原則延伸爲無罪推定原則，並有助於說明以「具保釋放則可能再犯」這種預測而監禁待審者錯在哪裡。因爲，任何這類預測，如果眞的有道理，必須以「那個個體屬於具有某種特徵而較具犯罪傾向的階級」這樣的觀點爲基礎。也就是，這種預測必定是精算式的，就像保險公司對青少年發生車禍的可能性所做的預測。但基於這種階級判斷而將人們送進監獄違背了正義，因爲，不管多麼精確，它都否認了他作爲個體而享有平等尊重的主張。

◆注釋◆

【1】譯註：Lawyer 在中文通常譯為「律師」，但該字亦有「受過專業法律訓練之人」之意，也就是臺灣常用的「法律人」。在本書中，Dworkin 交互使用兩種意義，譯者參酌上下文，交替譯為律師、法律人或法學者。

【2】譯註：指 *Brown v. Board of Education of Topeka*, 347 U.S. 483（1954）案，中文世界多稱為「布朗案」或「布朗訴教育委員會」。該案推翻「隔離但平等」（separate but equal，即同樣的社會資源，縱使種族隔離，只要白人有、黑人也有，即不違憲）的判準，逕行認定種族隔離違反美國聯邦憲法。

【3】指《法理學》又名「法理論」（*Jurisprudence or the Theory of the Law*），作者為約翰・威廉・薩蒙（一八六二至一九二四），紐西蘭法學家，曾任紐西蘭最高法院法官。

【4】指《法理學教程》（*A Text-Book of Jurisprudence*），作者為喬治・懷德克羅斯・巴頓（George Whitecross Paton，一九〇二至一九八五），澳洲法學家，曾任墨爾本大學副校長。

【5】譯註：約翰・奇普曼・葛雷（John Chipman Gray，一八三九至一九一五），美國法學家，曾任哈佛大學法學院教授、院長。

【6】譯註：奧利佛・溫岱爾・霍姆斯（Oliver Wendell Holmes，一八四一至一九三五），美國法學家，曾任美國聯邦最高法院大法官。

【7】譯註：傑洛米・法蘭克（Jerome Frank，一八八九至一九五七），美國法學家，曾任美國第二巡迴上訴法院法官。

【8】譯註：卡爾・羅威廉（Karl Llewelyn，一八九三至一九六二），美國法學家，曾任律師、哥倫比亞大學法學院教授。

【9】譯註：魏思禮・斯特格斯（Wesley Sturges，一八九三至一九六二），美國法學家，曾任哈佛大學法學院教授。

【10】譯註：摩里斯・柯亨（Morris Cohen，一九一七至二〇一〇），美國法學家，曾在耶魯大學任教。

【11】譯註：菲力克斯・柯亨（Felix Cohen，一九〇七至一九五三），美國法學家，曾任哥倫比亞法學院教授，並參與新政之推行。

【12】譯註：羅斯科・龐德（Roscoe Pound，一八七〇至一九六四），美國法學家，曾任哈佛大學法學院教授、院長，及國民政府法律顧問。

【13】譯註：麥爾・麥克杜噶爾（Myres McDougal，一九〇六至一九九八），美國法學家，曾任耶魯大學法學院教授。

【14】譯註：哈洛德・拉斯威爾（Harold Lasswell，一九〇二至一九七八），美國政治學家、傳播理論學家，曾任耶魯大學法學院教授。

【15】譯註：朗・富勒（Lon L. Fuller，一九〇二至一九七八），美國法學家，曾任仲裁人、哈佛大學法學院教授，著有《法律的道德性》（*The Morality of Law*）等書，其《洞穴奇案》（*The Case of the Speluncean Explorers*）一書，經薩伯（Peter Suber）增補之版本以《洞穴奇案的十四種判決》之名，在臺出版。

【16】譯註：亨利・哈特（Henry Hart，一九〇四至一九六九），美國法學者，曾任哈佛大學法學院教授。

【17】譯註：亞伯特・薩克斯（Albert Sachs，一九一二至一九九一），美國法學者，曾任哈佛大學法學院院長。

【18】譯註：格蘭登・舒伯特（Glendon Schubert，一九一八至二〇〇六），美國政治學者，曾任密西根大學政治學教授。

【19】譯註：赫曼・普里謝（C. Herman Pritchett，一九〇七至一九九五），美國政治學者，曾任伊利諾大學政治學教授、美國政治學會主席。

【20】譯註：斯徒阿特・耐格爾（Stuart Nagel，一九三四至二〇〇一），美國政治學者，曾任伊利諾大學政治學教授。

【21】譯註：約翰・奧斯丁（J. L. Austin，一九一一至一九六〇），英國語言哲學家，曾任牛津懷特道德哲學講座教授，哈特曾受教於他。

【22】譯註：傑洛米・豪（Jerome Hall，一九〇一至一九九二），美國法學家，曾任加州大學哈斯汀法學院教授。

【23】譯註：其主要內容，係以受刑人的精神狀態為考量，在其徒刑執行完畢後，繼續監禁之。此類法律在十九世紀中首先由奧勒岡州制定，嗣有多州跟進，堪稱美國最重要的精神衛生法規。

第二章　規則模型（一）

一、尷尬的問題

法律人倚重法律權利與法律義務這兩項相連的概念。我們說某人享有法律權利或負有法律義務，進而把這項陳述當成主張、要求，或批評政府機關行爲的合理立論基礎。但我們對這些概念的理解卻相當脆弱，當我們試圖說明法律權利或義務的意義，我們就陷入泥沼。我們模糊地說，某人是不是負有法律義務，應在他的個案事實上適用「法律」來決定，但這個答案沒什麼用，因爲，對於法的概念，我們有著同樣的困難。

我們慣於將這些難題歸結爲法理學的經典問題：什麼是「法律」？如果雙方一如往常地爭論著「法的」命題，他們爭論著什麼，誰對誰錯又該怎麼判斷？爲什麼我們把「法律」所說的稱爲法律「義務」問題？「義務」是不是只是修辭用語，單純用來表示法律所說的？或法律義務與道德義務相不相關？能不能說，至少在原則上，我們履行法律義務的理由，與履行道德義務的理由相同呢？

這不是下雨天殺時間的字謎遊戲。它們持續不斷地造成尷尬，還吸引我們的注意。處理最終必須解決的具體問題時，它們令人難堪。假設有個新奇的隱私權案件來到法院，原告沒有訴諸任何制定法或判決先例。在法院的判決裡，「社群中大半的人們認爲，作爲私人的個體在『道德上』有權享有那項隱私」這件事實應當扮演何種角色？假如最高法院下令釋放某個囚犯，因爲警察在那個案件運用的程序，雖然過去的裁判認可，但最高法院現在宣告它違憲。爲求前後一貫，法院應不應該同時釋放經由相同程序定罪的囚犯呢[1]？法院必須面對這種問題時，「法律」與「法律義務」的概念性難題就益顯尖銳。

這群併發症是某種慢性病的徵兆。日復一日，我們把人們送進監獄、剝奪他們的錢財，或以力強制他們做不願意做的事，而我們說，他們違反法律、沒有履行他們的法律義務，或侵犯別人法律上的權利以證立這一切。就算在簡單的案件（搶銀行或嚴重違約），當我們確信某個人負有而又違反法律義務，這是什麼意思，或這爲什麼賦予國家強制或懲罰的權力，我們也提不出令人滿意的解釋。或許我們自信自己的所作所爲是適當的，但在確認我們所遵從的原則之前，我們無法確定它們是充分的，或它們的適用是不是前後一貫。在較晦澀的案件，由於種種原因，義務是否遭到違反有所爭議時，這些引人注意的問題越是高聲疾呼，而我們找尋答案的責任也愈加深重。

某些法律人（或許可以稱爲「唯名主義者」）極力主張，忽視問題就能解決問題。在他們看來，「法律義務」與「法律」的概念是神話，法律人出於自覺或不自覺的混雜動機而發明並維護它們。我們在這些概念裡碰到的謎題不過顯示它們是虛構的。它們之所以無解，正因爲它們虛假不實，我們對它們的關注正顯示我們受到奴役。我們最好把這些難題與概念全都擺到一邊去，並無拘無束地研究重要的社會議題。

這是個誘人的建議，但它有致命的副作用。在我們能夠判定法律與法律義務的概念虛假不實之前，我們必須先判定它們到底是什麼。至少要先能大略地說明，大家都認爲錯誤的那件事物到底是什麼。但癥結正好在於，對於這點，我們有重大的困難。實際上，當我們問法律與法律義務是什麼，我們要求一套理論，用以說明我們運用這些概念的方式，以及我們的運用方式所需要的概念性立場。找到這種一般理論之前，我們無法斷言自己的實踐是愚蠢或迷信的。

當然，唯名主義者認爲他們曉得我們使用這些概念的方式。他們認爲，談到「法律」時，我們所指的是鎖在概念倉庫裡等著法官發現且永恆不渝的規則，談到「法律義務」時，我們所指的就是這些神祕規則在我們身邊灑下的隱形鎖鍊。他們將認定這種規則與鎖鍊存在的理論稱爲「機械法理學」，並正確地嘲諷它的實踐者。但他們的難題在於，要找到實踐者作爲嘲諷對象。到目前爲止，在捕捉與展示機械法理學者時，他們的運氣不太好（仔細閱讀他們的著作後，所有被抓到的嫌疑犯——甚至包括威廉・布萊克史東[2]與約瑟夫・亨利・比爾[3]，都必須釋放）。

無論如何，談到法律與法律義務時，大半法律人所想的顯然不是這種東西。輕淺地檢驗我們的實踐就足以說明這點，因爲我們也談論變遷與演進中的法律，以及有時疑危難定的法律義務。從各方面可以察知，我們不對機械法理學著迷。

不過，我們確實使用法律與法律義務的概念，我們也認爲，社會對懲罰與強制的擔保以這種方式寫成。如果將實踐的細節赤裸裸地攤開來，我們所使用的概念或許會顯得愚蠢而淺薄，就像唯名主義者發明的幻象一樣。如果是這樣，我們就必須以其他方式描述自己的所作所爲，並且，要不提出其他正當化理由，要不就改變我們的實踐。但在找出這點並加以修正之前，我們不能接受唯名主義者幼稚的邀約，轉身離去而將我們目前的概念提出的問題置之不理。

當然，停止談論「法律」與「法律義務」的建議大半是虛張聲勢。這些概念深植於我們政治實踐的架構——它們無法像香菸或帽子一樣輕易丟棄。某些唯名主義者部分地承認此點，他們還說，他們所譴責的神話應當視為為了誘使民眾守秩序而留存的柏拉圖式神話。這項建議或許不像表面上看來的犬儒；也許這是猶豫不決的賭注下隱藏的兩面下注法。

如果將虛張聲勢擺到一邊去，唯名主義者的攻擊就縮減為對機械法理學的攻擊。透過它的攻擊路線，儘管有法律已死的英雄式呼聲，對於「法律」與「法律義務」等詞彙的正確用法，唯名主義者也自有一套分析，它與更古典的哲學家抱持的觀點相去不遠。唯名主義者將他們的分析表現為法律制度（特別是法院）「眞實運作方式」的模型。但他們的模型與首先由十九世紀哲學家奧斯丁[4]使之流行、並為眾多在法理學上有其立場的實務與學院法律人接受的理論，差別主要在強調面向的不同。我將帶著些許史學上的不嚴謹，將這套理論稱為「法實證主義」。我將檢驗法實證主義的正確性，特別是哈特教授所提出極具影響力的版本。我選擇把焦點放在他的立場，不只因為它的清晰與優美，更因為在這裡，就像在法哲學的任何地方，建設性思想都必須從討論他的觀點開始。

二、實證主義

法實證主義以幾項核心的構成性命題作為架構，儘管不是每位被稱為實證主義者的哲學家都贊同我的提法，他們都界定了我將要檢驗的一般立場。這些關鍵宗旨可以陳述如下：

（一）一個社群的法律，是這個社群爲了決定哪種行爲應該受到公權力的懲罰或強制，而直接或間接運用的一組特別規則。這些特別規則可以藉由特殊要素，也就是，藉由跟它的內容無關而涉及它的譜系，或關於它所由成立或發展之方式的判準加以鑑別。這些譜系判準可以用來辨認有效法律規則與（律師與當事人錯誤地認爲是法律規則的）虛假法律規則，以及他種社會規則（通常併稱爲「道德規則」），也就是，社群遵守但並未以公權力執行的規則。

（二）這組有效法律規則窮盡了「法律」，因此，如果個案沒有清楚地涵蓋在這種規則下（因爲似乎沒有適當的規則，或看似適當的規則模糊不清，或由於其他因素），那個案子就不能藉由「適用法律」加以裁判。它應該由某個機關，像是法官，「行使自由裁量權」來下判斷，這表示他必須跨出法律，尋找別種規範，以指引他創造新規則或補充舊規則。

（三）說某人負有「法律義務」，意思就是他的案件適用有效法律規則，這條規則要求或禁止他做某件事（說某人享有法律權利，或某種法律權力、法律特權、豁免權，就是以簡略的方式斷言，別人有實際上或假設性的法律義務，應當或不應以某種涉及那個人的方式行止）。如果沒有這種有效法律規則，就不會有法律義務；這表示，當法官行使自由裁量權以做成裁判，他不是在執行相關法律權利。

這只是法實證主義的架構。不同法實證主義者加上不同的血肉，有些還改變了骨架。不同版本的主要差別在於，對於規則要成爲法律規則所必須符合的基本譜系判準，它們有不同的描述。

例如，奧斯丁將他的版本的基本判準架構爲一系列相連的定義與區分[5]。他將負有法律義務定義爲規則之適用，將規則定義爲一般性命令，將命令定義爲「他人應以特定方式行止」之欲望的表達，並以對不服從者強制執行的力量與意願爲後盾。根據規則所呈現的一般性命令是以什麼人或什麼團體爲發布者，他區分各類（法律、道德或宗教的）規則。他認爲，每個政治社群裡都找得到主權者——特定人或特定團體，別人習慣性地服從它，但它沒有服從別人的習慣。社群的法律規則就是它的主權者所發布的一般命令。奧斯丁的法律義務定義源自他的法律定義。他認爲，如果某個人是主權者一般性命令的對象，而且，如果他不服從那種命令就有遭受懲罰的危險，這個人就負有法律義務。

當然，主權者無法以任何命令體系規範所有偶發事件，也必然有些命令模糊不清或邊界不明。因此（根據奧斯丁的說法），主權者賦予執行法律的人們（法官）自由裁量權，在新奇或難以處理的案件出現時更新命令。這樣，法官也能制定新規則或改正舊規則，主權者要不推翻他們的創作，要不就維持它並默示地確認它。

奧斯丁模型之美在於它的簡潔。它確立了法實證主義的第一教義，也就是「法律是一組特別揀選來支配公共秩序的規則」，它也提供簡單的事實性判準——主權者命令了什麼？——作爲鑑別這些規則的唯一要素。然而，試著運用奧斯丁模型的人們適時地發現，它太過簡略。人們提出許多反對意見，其中似乎有兩項最根本的批評。首先，奧斯丁關鍵的前提假定，也就是「每個社群裡，都找得到特定的團體或組織，最終地控制所有其他團體」這項前提假定，在複雜的社會裡似乎並不成立。現代國家的政治控制或多或少是多元且變動的妥協、合作、聯盟，因此，通常不可能聲稱有任何個人或團體擁有充分的強大支配力，而足以成爲奧斯丁式的主權者。或許有人要說，以美國爲例，「人民」就是主權者。但這幾乎毫無意義，它本身也沒有提出任何判準，能用來判斷「人民」命令了什麼，或區分它的法律與社會命令或道德命令。

其次，批評者開始了解，奧斯丁的分析全然而無法說明甚或認可我們對「法律」所採取的態度當中某些關鍵事實。在法律與搶匪的一般性命令之間，我們有著重要的區分。我們覺得，法律的結構以及它的約束之所以不同，因爲它們有法律以外的命令所欠缺的義務性。奧斯丁的分析沒有爲這種區分留下空間，因爲它將義務界定爲「對力之威脅的屈從」，並將法律的權威全然建立在主權者傷害不服從者的能力與意願上。或許我們感受的區別是個幻象——或許我們對於與法律相連的特別權威的感覺，建立在宗教的後遺症或某種集體性的自我欺騙上。但奧斯丁沒有說明這點，而我們有權堅持，對我們的法律概念的分析，要不就承認並解釋我們的態度，要不就說明它爲什麼是誤解。

哈特版本的法實證主義在兩個方面上比奧斯丁的版本複雜。首先，他承認而奧斯丁否認，邏輯上有不同種類的規則（哈特區分爲兩種，他稱爲「初級」與「次級」規則）。其次，他拒絕奧斯丁「規則是某種命令」的理論，並以對「規則是什麼」更精細的一般性分析取代它。我們必須在這兩個論點上暫停，注意它們怎麼融合於哈特的法律概念。

哈特在初級規則與次級規則之間的區分十分重要[6]。初級規則是對社群成員賦予權利或課以義務的規則。禁止我們搶劫、謀殺，或開得太快的刑法規則是初級規則的適例。次級規則則是規定這種初級規則應以哪種方式、由什麼人形成、承認、修正或廢除的規則。規範國會怎麼組成、怎麼制定法律的規則是次級規則的適例。關於締結契約、執行遺囑的規則也是次級規則，因爲它們規定，支配特定法律義務的特定規則（也就是，契約或遺囑的條款）如何發生與變更。

他對規則的一般性分析也很重要[7]。奧斯丁說，每條規則都是一般命令，而且，如果某人不遵守就有遭受傷害的危險，這條規則就課以那個人法律義務。哈特指出，這取消了受**強制**做某事與**有義務**做某事的區別。如果某人受規則拘束，他就負有義務而必須做那條規則所規定的事，而不只是受強制這麼做，從而「受規則拘束」與「不服從命令時有受傷害的危險」必然不同。在規則與命令的種種差異中，相當重要的一點是，規則具有**規範性**，它提出行爲規範，而那項行爲規範對規範對象的誡命超越執行這項規範的威脅。規則絕不可能只因爲具有物理力量的某人要它有拘束力就具有拘束力。他必須掌有發布規則或宣告規則不存在的**權威**，這種權威只能來自另一條對受命者已經具有拘束力的規則。這就是有效規則與搶匪命令之間的差別。

因此，哈特提出一般性規則理論，這套理論不把規則的權威建立在它的作者的物理力量上。他告訴我們，如果檢驗不同規則所的誕生方式，並注意初級與次級規則之間的區分，就會發現規則的權威有兩種可能的來源[8]：

（一）規則之所以拘束一群人，可能因爲這個團體透過它的實踐接受這條規則作爲它的行爲標準。光是那個團體遵循某種方式行爲還不夠：儘管大半的英國人在週六晚上看電影，他們沒有接受要求他們這麼做的規則。只有在遵守這種實踐的人們認爲規則具有拘束力，並承認這條規則是他們自己行爲的理由或正當化理由，或者認爲它是批評不服從者之行爲的理由，實踐才能構成對規則的接受。

（二）規則的拘束力可能有另一種很不一樣的來源，也就是，以規定「這麼制定的規則具有拘束力」的次級規則所規定的方式制定。例如，如果某個俱樂部的章程規定，成員中的多數可以制定自治規範，以這種方式投票通過的特定自治規範就對所有人具有拘束力，不是因爲任何接受這項自治規範的實踐，而是因爲章程這麼規定。我們在這個環節上使用效力這項概念：以次級規則所規定的方式創造，並因此具有拘束力的規則，就是所謂的「有效」規則。

這麼一來，我們就可以這麼記載哈特的基本區分：規則之所以具有拘束力，要不（一）因爲它被接受了，要不就是（二）因爲它是有效的。

哈特的法律概念由這些區分構成[9]。原始社會只有初級規則，它們的拘束力只能來自接受的實踐。這種社群不能說是有「法」的社群，因爲它不能按照實證主義第一教義的要求，從各種社會規則中區分出法律規則。不過，當社群發展出規定如何鑑別法律規則的基本次級規則，「法律規則」的概念，從而是法律的概念就誕生了。

哈特將這種基本次級規則稱爲「承認規則」。特定社群的承認規則可能相對簡單（「王所制定即爲法」），也可能相當複雜（美國憲法，以及它在詮釋上的一切難題，可以視爲一條承認規則）。因而，要說明一條規則的效力，必須順著複雜的效力鏈，從具體特定規則終極地往上追溯到基本規則。紐黑文市的停車規範有效，因爲它是市議會根據康乃迪克州的自治法規所明訂的程序與權限制定的，這套自治法規是州政府根據康乃迪克州憲法規定的程序與權限制定的，而康乃迪克州憲法又是依照美國憲法的規範制定的。

當然，承認規則本身不可能是有效的，因爲它在預設上就是最終的，不可能符合更基本的規則規定的判準。承認規則是法律體系中唯一因爲接受而具有拘束力的規則。如果我們想知道一個法律社群採用或遵守什麼承認規則，就必須觀察它的公民們如何行止，特別是它的公權力機關。我們必須觀察，他們接受哪種最終論據來說明特定規則的有效性，又運用哪種最終論據來批評其他機關或組織。我們無法運用機械性判準，但社群的承認規則與道德規則之間也沒有混淆的危險。承認規則由立法、司法、官署、警察等政府機關運作範疇上的相關事實鑑別。

哈特以這種方式從奧斯丁的錯誤挽救實證主義的基本教義。他同意奧斯丁的見解，認為透過公務員與政府組織的行為能創造有效法律規則。但奧斯丁認為，這些機關的權威只在武力的獨占。哈特則在作為它的行為背景的架構性標準，也就是，在它所統治的社群——以「基本承認規則」的形式——接受的架構性規範背景裡發現它們的權威。這個背景使政府的決定具有法律上的正當性，並賦予它們（奧斯丁赤裸裸的主權者命令缺乏的）法律義務的角色與稱呼。哈特與奧斯丁理論的差異也在於，他承認不同社群使用不同最終判準，而且，其中某些判準在立法機關的審議行為之外，還承認其他制定法律的方法。哈特提到「長期的慣習實踐」以及「（規則）與司法裁判的關係」，他認為這是其他常用的判準，儘管它們與立法判準並用，還從屬於立法判準。

因此，哈特版本的法實證主義比奧斯丁的理論更複雜，他用以鑑別有效法律規則的判準也更精緻。不過，這兩個模型在某個方面卻也非常類似。哈特跟奧斯丁一樣，承認法律規則有模糊邊界（他稱為「開放結構」），他也像奧斯丁一樣，以「法官享有並運用自由裁量權，以新制定的法律下裁判」這種說法解釋難以處理的案件[10]（稍後我將試著說明，為什麼認為法律是一組特定規則的人，幾乎不可避免地會以「某人行使自由裁量權」這種說法來處理疑難案件）。

三、規則、原則與政策

我要對法實證主義發動總攻擊，每當我需要具體的批判對象，我就拿哈特的理論當靶子。我將圍繞下述事實架構我的戰略：當法律人論證或爭論法律權利與義務，特別是在疑難案件——我們對於這些概念的問題，似乎最為尖銳的情形——他們使用了某些規範，這些規範的運作方式跟規則不一樣，而是像原則、政策與他種規範那樣，以不同的方式運作。我將主張，實證主義是由規則體系構成的模型，也是專為規則體系設計的模型，而它的核心概念，也就是單一的法律基本判準，迫使我們忽視規則以外的規範扮演的重要角色。

我剛剛提到「原則、政策與其他種類的規範」。我通常使用「原則」一詞泛指規則以外的規範；不過，我偶爾會更精確地區分原則與政策。儘管這項區分跟當下的討論無關，我仍將說明我怎麼區別它們。一項規範，如果提出一組應達成的目標——通常是社群的經濟、政治或社會狀況的提升（雖然有些目標是消極的，也就是，要求維持當下某些狀況），我就稱它為「政策」。一項規範，如果它之所以應該受到遵守，不是因為能夠達成或確保可欲的經濟、政治或社會狀態，而是因為這是正義或公正或其他道德方面的要求，我就稱它為「原則」。從而，「應減少車禍」是政策，「無人得由自身之錯誤獲利」是原則。如果將原則解釋為社會目標的陳述（也就是「無人得由自身之錯誤獲利之社會」這項目標），或將政策解釋成原則的陳述（換言之，「政策所欲達成之目標即有價值」這條原則），或如果我們接受功利主義命題，也就是「正義原則是偽裝下的目標陳述」（確保最大多數人的最大幸福），這項區分就會崩潰。在某些脈絡下，這項區分是有——在它不成立的狀況下，也將不會存在的——用處的[11]。

然而，我當下的目的是將廣義的原則與規則區分開來，而我將從例示前者著手。我舉的例子是隨機選取的；法學院的案例書裡，幾乎任何案件都是同等的適例。一八八九年，在著名的 *Riggs v. Palmer* 案[12]，紐約州法院必須判斷，某人被他的祖父的遺囑指定爲繼承人，如果他爲了遺產而謀殺他的祖父，他還能不能依據那份遺囑繼承遺產。法院在論證開頭承認：「確實，規範遺囑之做成、見證與效力，以及財產繼承的制定法，如果作文義解釋，而且，如果在任何狀況下都不控管或修正它的效力與效果，則財產歸屬於凶手[13]。」但法院繼續說道，「所有法律與所有契約，運作上都受到普通法上一般且基礎的格律支配。法律不允許任何人從自己的錯誤獲利，或利用自己的錯誤，或基於自己的不當行爲提出請求，或透過犯罪取得財富[14]。」兇手沒有獲得他的遺產。

在一九六〇年的 *Heningsen v. Bloomfield Motor, Inc.* 案[15]，紐澤西州法院面臨重要的問題：在汽車有瑕疵的情形下，汽車製造商能不能（或在什麼程度上能）限制他的責任。漢寧森買了一輛車，所簽訂的買賣契約上寫著，製造商對瑕疵的責任限於「修復」有瑕疵的部分——「此擔保意在取代其他擔保、義務、或責任。」漢寧森主張，至少在本案，製造商不應受到這項限制責任的保障，而必須對車禍傷者的醫藥與其他費用負責。他沒辦法指出任何禁止製造者主張這條契約條款的制定法或既存法律規則。但法院同意漢寧森的看法。法院的論證裡，好幾個地方訴諸以下規範：（一）「我們必須牢記此一般原則：在未受詐欺之情形下，簽約前未閱讀契約者，嗣後不得免於契約之拘束[16]。」（二）「適用此規則時，『適格當事人之契約自由』此基本原則乃重要因素[17]。」（三）「契約自由並非永恆不變、從而在系爭法域不見容於任何修正之原則[18]。」（四）「在我們這種社會裡，汽車是日常生活中常見且必要之工具，汽車之使用對駕駛、乘客與大眾具有潛在危險，在這樣的社會，製造商對汽車的製造、推銷、販售負有特別義務。因此，法院必須仔細檢視買賣契約，以判斷消費者與公共利益是否受到公正對待[19]。」（五）「在英美法律的歷史上，還有什麼基本原則比『法院不允許自己淪爲不公不義的工具』還要熟悉或更根深蒂固於我們的法律體系呢[20]？」（六）「更具體地說，法院一般拒絕使自己實現此種『便宜』——即一方不正義地自他方獲取經濟上必需品的工具……[21]。」

引文所提出的規範不是我們設想的那種法律規則。它們似乎與「公路上的最高速限爲時速六十哩」或「遺囑非經三位見證人簽名則無效」這種命題相去甚遠。它們之所以不同，因爲它們是法律原則，不是法律規則。

法律原則與法律規則的差異是邏輯上的區別。這兩種規範都在具體的情境中指出關於法律義務的特定決定，但它們所給的指示性質不同。規則全有或全無地適用。假如給定了規則所規定的事實，要不規則有效而必須接受它所給的答案，要不它無效而對判決毫無影響。

如果我們跨出法律，看看在其他受到規則支配的事業中，例如遊戲，規則怎麼運作，它全有或全無的性質就更顯清楚。棒球規則規定，如果打者獲得三個好球，他就出局。如果裁判認爲這確實是棒球規則，卻又判定獲得三個好球的打者沒有出局，就是前後不一。當然，規則可以有例外（如果捕手沒接到第三個好球，獲得三個好球的打者就沒有出局）。然而，規則的精確描述必須考慮到例外，否則就是不完整的。如果例外的清單非常長，每次引用時都必須重複一次，那將顯得笨拙；但在理論上，沒有理由能說明爲什麼不能加上所有的例外，而且，列出的例外越多，對規則的陳述就越詳細。

如果以棒球規則作爲範例，我們就會發現，「遺囑非經三位見證人簽名則無效」這種法律規則，相當符合這個範例。如果三位見證人的要求是有效的法律規則，那麼，只有兩位見證人簽名的遺囑就不可能有效。這條規則可能有例外，但如果是這樣，單純陳述規則而沒有列舉例外，將是不精確且不完整的。至少在理論上，有可能列出所有例外，而且，列出的例外越多，對規則的陳述就越完整。

但在前引判決裡，作爲範例的原則不是這樣運作的。即使是看起來最像規則的原則，也沒有在規定的條件出現時就應當自動出現的結論。我們說，我們的法律尊重「無人得由自身之錯誤獲利」這條原則，但這並不表示法律從來不允許人們從自己犯的錯誤獲利。事實上，人們經常全然合法地從自己在法律上的錯誤獲利。最惡名昭彰的例子是時效取得——如果我侵犯你土地的時間夠長，有一天我將會獲得自由穿越的權利。有些例子不那麼戲劇性。如果某人違約離職，接下薪水更高的工作，他必須賠償原雇主，但他通常能合法地保有新工作的薪水。如果某人棄保逃亡而穿越州界，並在別州做了成功的投資，他會被送回監獄，但他仍然可以保有他的收益。

我們不認爲這些以及其他極易想像而數不盡的例外，意味著「從自身錯誤所獲利益」這條原則不是我們法律體系的原則，我們也不認爲它不完整，還要指出例外加以補正。我們不認爲反例是例外（至少不是捕手漏掉第三個好球那種例外），因爲我們不能寄望藉由更大篇幅地描述那條原則以掌握這些反例。即使在理論上，它們也無法列舉，因爲，必須包括在內的不只是法律明文規定、得以合法保留藉由錯誤獲得的利益的情形（像是時效取得），還必須包含無盡的、想像的、事前就知道原則不適用的情形。列出部分例外會有助於理解原則的分量（稍後我將談談這個面向），但不會使原則的陳述更精確或更完整。

「無人得由自身之錯誤獲利」這種原則，甚至不試著規定它在什麼條件下必須適用。相反地，它提出理由，指出某個論證的方向，而不指定特定判決。如果某人已然接受或將要接受某個物件，他又曾為取得那個物件而施行不法手段，那麼，判斷他在法律上能不能保有那個物件時，這是法律會納入考量的理由之一。或許有其他原則或政策提出的論據指向其他方向——例如，權利安定性的政策，或將刑罰侷限於立法規定範圍之內的原則。如果是這樣，我們的原則或許無法主導判決，但這並不表示它不是我們法律體系的原則，因為在下個案件，當相反地考量不存在或不那麼重要時，這條原則就會具有決定性。這一切表示，當我們說某條原則是我們法律體系的法律原則，那麼，如果這條原則與個案相關，公權力機關就必須把它當成指向某個方向的論據而加以考量。

如果考量看起來根本不像規則的原則，規則與原則之間的邏輯區分就顯得更清楚。看看 *Henningsen* 案的意見書裡「（四）」項底下的理由：「製造商對汽車的製造、推銷、販售負有特別義務」。它甚至不打算界定這項特殊義務產生的特殊責任，它也沒有告訴我們，汽車消費者因而獲得什麼權利。它只說明——在 *Henningsen* 案判決的論證，這是重要的環節——汽車製造商必須受到比其他製造商更高標準的規範，也更不能主張「契約自由」這條相競爭原則。這並不表示他們絕對不能訴諸那條原則，也不表示法院可以隨心所欲地重寫汽車買賣契約；這僅僅表示，如果特定條款看似不公平或造成負擔，比起領帶的買賣，法院更沒有理由執行這項條款。「特別義務」提出某種支持不執行汽車買賣契約條款的判決的理由，但它本身不足以決定這種結果。

規則與原則之間的第一項差異造成另一項差異。原則具有規則沒有的面向——分量或重要性的面向。當原則相互交錯（例如，保護汽車消費者的政策與契約自由原則相互交錯），負責解決這項衝突的人就必須衡量兩者的相對分量。當然，這樣的衡量不可能是精確的，哪條原則或政策較爲重要經常有爭議。不過，完整的原則概念包含這個面向，討論原則有多重要或多有分量也是有意義的。

規則沒有這個面向。我們可以談論規則在**功能**上重要或不重要（「三振出局」的棒球規則，比「投手犯規時，跑者可以推進一個壘包」重要，因爲前者發生時，戰局改變較大）。在這種意義上，一條法律規則會比另一條規則重要，因爲就對行爲的規範而言，它扮演更吃重或更重要的角色。但我們不能說，由於某條規則比法律體系的其他規則重要，從而在規則衝突時，這條規則因爲它的分量而取代其他規則。

如果兩條規則牴觸，其中一條就不可能是有效的規則。要決定哪條規則有效、哪條必須廢除或修改，必須訴諸超越系爭規則本身的因素。法律體系可能以其他的規則處理這種衝突，例如，母法優於子法、後法優於前法、特別法優於普通法，或諸如此類的規則。法律體系也可能傾向於由更重要的原則支持的規則（我們的法律體系同時運用這兩種方法）。

單就形式而言，一項規範是規則還是原則有時並不清楚。「遺囑非經三位見證人簽名則無效」與「無人得由自身之錯誤獲利」在形式上沒什麼不同，但略懂美國法的人都知道，前者所陳述的是規則，後者則是原則。在許多狀況下，區分往往很困難——規範應該怎麼運作，可能懸而未決，它本身可能就是爭議所在。美國憲法第一增修條款規定，國會不得立法限制言論自由。這是規則，從而如果法律限制言論自由，它就必然違憲？聲稱第一修正條款是「絕對規範」的人們就主張，必須以這種方式看待它，也就是，把它當成規則。或者它只是原則，從而，只有在缺乏足以允許限制的政策或原則時，對言論的限制才是違憲的？主張所謂「明顯而立即的危險」判準或另爲「衡量」的人們，就採取這種立場。

規則與原則有時扮演幾乎相同的角色，兩者之間只有形式上的差別。薛曼法案[22]第一節規定，限制貿易的契約無效。最高法院必須判斷，應該按照它本身的用語而把這條條文當成規則（宣告一切「限制貿易」的契約無效，而幾乎所有契約都限制了貿易），或把它當成原則，而認爲它在缺乏有力的相反政策時提供宣告契約無效之理由。法院認爲它是規則，但又認爲這條規則隱含了「不合理」一詞，只禁止貿易的「不合理」限制[23]。這使這條條文的運作在邏輯上近似於規則（每當法院發現限制「不合理」，就必須宣告契約無效），在實質上則近似於原則（法院必須考量許多原則與政策，以決定特定經濟環境下的特定限制是不是「不合理」）。

「不合理的」、「過失的」、「不正當的」、「顯著的」等等用語通常就發揮這樣的功能。這些詞彙使含有它們的規則，在適用上相當程度地取決於規則之外的原則或政策，也使規則本身更像原則。但它們沒有使規則成爲原則，因爲，這些詞彙，不管多麼模糊，也都限縮了這條規則所以立足的那種原則與政策。如果規定「不合理」的契約無效、或不應履行極「不公平」契約的規則拘束著我們，比起忽略這類詞彙的狀況，我們要做更多判斷。但如果在個案中，某些政策或原則上的考量要求，儘管這項限制不合理，或儘管它很不公平，契約仍然應該被履行，我們的規則將會禁止履約，只有在它被廢棄或修正後才允許履行契約。然而，如果我們處理的不是規則，而是「反對執行不合理契約」這項政策，或「不應執行不公平契約」這條原則，那麼，就算法律沒有改變，也能履行那份契約。

四、原則與法律的概念

一旦確認法律原則是法律規則之外的另一種規範，我們就會突然發現，它們圍繞著我們。法學教師教授它們，法律書籍引用它們，法史學家讚揚它們。但它們在 *Riggs* 案與 *Henningsen* 案這類疑難案件裡，似乎最具活力而角色吃重。在這類案件，在支持特定法律權利與義務之判斷的論據裡，原則扮演關鍵角色。案件判決之後，我們就能說那個案件支持某條規則（例如，兇手不能根據被害人的遺囑取得繼承人地位）。但在案件判決之前，這條規則並不存在；法院引用原則，以證立新規則的採納與適用。在 *Riggs* 案裡，法院引用「無人得由自身之錯誤獲利」這條原則作為解讀遺囑法的背景規範，並以這種方式證立那項制定法的新詮釋。在 *Henningsen* 案，法院創設新規則以規範製造人對汽車瑕疵所負的責任，它引述大量交錯的原則與政策作為那條規則的權威。

因此，法律義務概念的分析必須考量，原則在做成法律上具體特定的判決時所扮演的重要角色。我們可能提出兩種相去甚遠的論述：

（一）我們可能以對待法律規則的方式對待法律原則，並說某些原則作爲法律而具有拘束力，判斷法律義務的法官與律師們就必須考量它們。如果採取這種策略，我們就應當主張，至少在美國，「法律」包括原則與規則。

（二）另一方面，我們可能認爲原則不像規則那樣具有拘束力。相反地，我們會主張，在 *Riggs* 或 *Henningsen* 這類案件，法官越過他必須適用的規則（也就是，超越「法律」），以尋找法律之外的原則，而那是他所能隨心所欲地引用或拒斥的。

或許有人認爲這兩條途徑沒有兩樣，不過是怎麼使用「法律」這個詞的口語問題而已。但這是錯的，因爲這兩種論述之間的選擇，對法律義務的分析有著無可比擬的影響。這是兩種法律原則**概念**的抉擇，我們可以比較兩種法律規則概念的抉擇以澄清這點。有時我們說，某人使做某事「具有規律性」（make it a rule），意思是他選擇遵守某種做法。例如，我們說某人使在早餐前慢跑一哩具有規律性，因爲他想要健康，而他相信某種養生法。這種說法的意思不是他受到「早餐前必須慢跑一哩」這條規則的**拘束**，更不表示他認爲這對他具有拘束力。接受某條規則具有拘束力不同於使做某事具有規律性。如果沿用哈特的例子，說英國人有每周看一場電影的規律性，與說英國有條規則規定每個人每個禮拜必須看一場電影是不一樣的。後面這種說法暗示，如果有英國人不遵守這條規則，他就會受到批評或譴責，但前面那種說法卻不是這樣。第一個說法沒有排除遭受**某種**批評的可能——我們可以說，不看電影的人忽略自己的育樂，但這並不表示，他只因未遵守規則而犯了什麼錯[24]。

如果把社群裡的法官視爲一個團體，就能以兩種方式描述他們遵守的法律規則。例如，我們可以說，在某個狀況下，法官使「若無三名以上之見證人，則不執行該遺囑」具有規律性。這不表示執行這種遺囑的少數法官因此就犯了什麼錯。另一方面，我們可以說，在這種狀況下，有條法律規則要求法官不執行這種遺囑；這確實表示執行這種遺囑的法官犯了錯。當然，哈特、奧斯丁與其他法實證主義者會堅持以後面那種方式描述法律規則；他們全然不滿於「使之具有規律性」的說法。這不是哪種說法正確的口語問題。問題在於，哪種論述較精確地描述了社會情境。其他重要議題使接受哪個描述成爲關鍵所在。例如，如果法官僅使不執行某種契約「具有規律性」，在判決之前，我們不能認爲任何人「有權」要求某種結果，這項命題也不能進入爲判決提出的任何正當化理由之中。

這兩條著手原則的途徑對應於兩種關於原則的論述。第一條途徑認爲，原則對法官有拘束力，因此，當它們顯然跟案件相關，不適用原則的法官就犯了錯。第二條途徑認爲，原則只是個簡要的說法，用來說明法官在非得超越具有拘束力的判準的情況下，他們「原則上採取何種做法」。兩條途徑之間的抉擇，會在 *Riggs* 案與 *Henningsen* 案這種疑難案件裡影響甚或可能決定，我們對「法官有沒有試著執行既存法律權利與義務」這個問題的答案。如果選擇第一條途徑，我們就能自由地主張那位法官仍然是在適用有拘束力的法律規範，他們也是在執行法律權利與義務。但如果選擇第二條，這就不是法院能夠依法判決的議題，我們也就必須承認，*Riggs* 案中兇手的家人與 *Henningsen* 案中的製造商，被溯及既往地適用的司法裁量剝奪了財產。這大概不會嚇到太多讀者——司法裁量權這個概念早就滲透、瀰漫整個法律社群，但這顯示了使哲學家爲法律義務心煩的謎團中，最令人惱怒的難題。如果在這種案件裡，無法訴諸既存義務以證立財產的剝奪，就必須找出其他正當化理由，而到此爲止，仍然沒有任何令人滿意的答案。

在前面提出的實證主義理論架構裡，我列出司法裁量權學說作爲它的第二教義。實證主義者主張，如果案件無法適用清楚的規則，法官就必須行使他的裁量權，根據新創造的法律下判決。這套學說與兩種法律原則立場的抉擇或許有著重要關連。所以我們想知道這套學說正不正確，它是不是像表面上看起來的預示著第二種立場。然而，討論這些議題前，必須先釐清我們對裁量權這項概念的理解。我將試著說明，對這項概念的混淆——特別是這項概念的各種意義之間的混淆——爲什麼讓裁量權學說廣爲流行。我將主張，在「這套學說確實涉及看待原則之方式」的意義上，實證主義者用來支持它的論據全然無法支撐這套學說。

五、自由裁量權

實證主義者從日常語言抽繹出自由裁量權的概念，要理解它，就得暫時把它放回原處。在日常生活中，說某人「享有自由裁量權」是什麼意思呢？首先應當注意到，這項概念只適用於某些非常特殊的脈絡。例如，你不會說我有或沒有爲我的家人選擇房屋的自由裁量權。對於這項選擇，我不是沒有裁量權，但說我確實享有裁量權也幾乎同等地令人疑惑。只有在一種脈絡下，自由裁量權概念才能適得其所：某人普遍地負有根據某個特定權威設定的規範做決定之義務的狀況下。談論必須服從長官命令的中士所享有的裁量權，或受規則手冊或比賽規則支配的運動與競技裁判所享有的裁量權，是有意義的。自由裁量權就像圓圈中間的洞，如果擦掉周圍的線，就成爲空白而不復存在。它因此是相對的概念。問「哪種判準下的裁量權？」或「關於哪個權威的裁量權？」都是有意義的。一般來說，脈絡會顯現答案，但在某些時候，政府機關只在某種觀點下享有自由裁量權，在別種觀點來看就沒有。

與幾乎所有語詞一樣，「自由裁量權」的精確意義受到脈絡影響。運用這個詞時所理解的資訊背景總是會影響它的意義。儘管有許多灰色地帶，粗略地分辨幾種主要的意義仍然有所幫助。

有時我們在一種弱意義上使用「自由裁量權」一詞，意思只不過在於，某個機關必須適用的規範，出於某些原因而無法機械性地適用，而必須經過判斷。當脈絡沒有顯示規範的意義，或當規範對象所理解的背景裡頭沒有這樣的資訊，我們就使用這種弱意義的裁量權。這樣我們就能說，對於不曉得中士的命令是什麼，或不知道這項命令爲什麼模糊不清或難以執行的人來說，「上尉的命令留給他很大的裁量權」。我們也可以全然合理地擴充論述以補充道，上尉命令中士找五個最有經驗的人去巡邏，但誰最有經驗，很難判斷。

有時我們在另一種弱意義上使用這個詞，僅僅表示某些公權力機關享有做成最終決定的權威，而不受其他機關的審查與修正。當系爭機關是機關階層的一份子，而且，在這套階層架構中，雖然某些機關享有較高的權威，但它掌握不同模式的權威，所支配的也是別種決定，我們就這麼說。這樣一來，如果我們的意思是，就算主審不同意，也沒有另做裁決的權力，我們就可以說，棒球裡某些裁決留待二壘審的自由裁量，像是跑者或球先到達二壘的裁決。

我稱這兩種意義爲弱意義以與強意義區別。有時候我們使用「裁量權」一詞，意思不只是某個機關適用其他權威爲之設定的規範時必須經過判斷，或沒有人能審查它的判斷，而是指對於某些問題，他不受系爭權威所設置的規範拘束。我們在這個意義上說，受命選五個人去巡邏的中士享有裁量權，或者狗展裁判在規則未規定順序時，有判定萬能梗在拳師狗之前出場的裁量權。我們使用這種意義上的裁量權，不是要評論規範的模糊或困難，也跟對規範的適用享有最後發言權的人無關，而是涉及規範的適用範圍以及它所要支配的決定。如果中士受命選五個最有經驗的人，他沒有強意義的裁量權，因爲，這項命令的目的就是支配他的決定。同理，必須決定哪位拳擊手比較勇猛的裁判，也沒有強意義的裁量權[25]。

如果有人說，中士或裁判在這些狀況下享有裁量權，如果脈絡允許，我們就應該把這種說法理解爲兩種弱意義裁量權中的一種。例如，假設上尉命令中士挑五個他認爲最有經驗的人，並補充說道，中士有選擇的裁量權。或者規則規定，裁判應將一個回合判給較勇猛的拳擊手，而他有選擇的裁量權。我們應該在第二種弱意義上理解這些說法，認爲它們所涉及的是決定的審查。第一種弱意義——決定必須經過判斷——沒有幫助，而這些敘述本身就排除第三種，也就是強意義的裁量權。

我們必須避免一種誘人的混淆。強意義的裁量權不等於放縱不羈，也不免於批評。人類行爲的任何情境（包括無關特定權威下的決定，從而無關裁量權的情境）都涉及理性、公平或效益等等規範。我們用這些規範批評彼此的行爲，當行爲落在特定權威的中心而不是落在周圍之外時，就沒有理由不這麼做。因此，咱們可以說，擁有選擇士兵去巡邏的（強意義）裁量權的中士，如此地愚蠢、惡意或粗心，或握有決定順序之裁量權的狗展裁判犯了錯，因為他讓拳師狗在先，儘管只有三條萬能梗卻有許多拳師狗。公權力機關擁有裁量權，並不表示它做決定時不必考量理智與公平，而只表示它的決定不受特定權威——我們提出裁量權問題時所設想的那種權威——所設置的規範拘束。當然，後面那種自由是重要的；那就是強意義裁量權存在的原因。擁有第三種意義裁量權的人仍然可能遭受批評，但不是因為他的不服從，就像在士兵的例子一樣。我們可以說他犯了錯，但不能說他剝奪了別人對決定的參與權，就像在運動比賽或狗展裁判的例子那樣。

現在，我們可以帶著這些觀察回到實證主義者的司法裁量權學說上。這套學說主張，如果案件不受既存規則支配，法官判決時就應該行使裁量權。我們想要檢驗這套學說，並檢驗它能不能幫助我們處理原則；但首先我們必須問，應該在哪種意義上理解它。

某些唯名主義者聲稱，就算涉及清楚的規則，法官也總是享有裁量權，因為法官是終極的法律最後仲裁者。這種裁量權學說運用那個詞彙的第二種弱意義，因為它的主旨在於，最高法院的判決不受更高權威的審查。因此它無法處理我們關於原則的論述，甚至無助於處理規則。

實證主義者不認為這是他們學說的意涵，因為他們說，如果有清楚的既存規則存在，法官就沒有裁量權。仔細檢視實證主義者用來支持這套學說的論據後，我們可能懷疑他們在第一種弱意義上使用裁量權這個詞，僅僅表示法官有時必須在適用規範的時候下判斷。他們的論據要求我們注意，某些法律規則是模糊的（例如，哈特教授就曾說過，所有法律規則都有「開放結構」），而某些案件（像是 *Henningsen* 案）可能找不到適合的既存規則。他們強調，法官有時必須在他們的法律觀點之間苦痛掙扎，而同樣熟練且同等聰明的法官們也常常意見不一。

這是常見的看法；對任何略懂法律的人來說，這是常識。實際上，如果認定實證主義者在這種弱意義上使用「裁量權」這個詞，這就是難題所在。「找不到清楚的規則時，就必須運用判斷意義上的司法裁量權」這項命題只是循環論證。而且，對於怎麼處理法律原則，這種說法沒有任何幫助。例如，認爲 *Riggs* 案的法官必須自己下判斷，又同時受到「無人得由自身之錯誤獲利」這條原則拘束而必須遵守它，這種想法前後全然一貫。實證主義者把司法裁量權學說講得像是眞知灼見而不是循環論證，像是它有助於「該怎麼看待原則」這項問題。比方說，哈特就曾經說過，當法官行使裁量權，我們就不能再認爲他受到規範的拘束，而毋寧必須說那是他「典型地運用的」規範[26]。哈特認爲，如果法官享有裁量權，我們就必須在第二種立場上看待他們引用的原則，也就是，認爲法院「原則上採取哪種做法」。

因此，似乎至少在某些時候，實證主義者認爲自己的學說所指的是第三種，也就是強意義上的裁量權。在這種意義上，它涉及我們處理原則的方式；確實，在這種意義上，它不只是重新陳述我們的第二種立場。「規則用盡時，法官——在他不受任何法律權威所設置的規範拘束的意義上，就享有裁量權」，跟「法官引用的、規則以外的法律規範，對他們沒有拘束力」這兩種說法是同一回事。

如此一來，我們就必須檢驗強意義的司法裁量權學說（以下我將在這種意義上使用「裁量權」這個詞）。法官在 *Riggs* 或 *Henningsen* 這類案件引用的原則是不是支配他的裁判，就像上尉「挑五個最有經驗的人」的命令，或裁判「決定哪個拳擊手比較勇猛」的責任那樣支配他們的決定？實證主義者會提出哪種論據以說明不是這樣呢？

（一）實證主義者可能主張，原則不可能具有拘束力，也不可能帶來義務。這是錯的。當然，特定原則實際上對執法機關有沒有拘束力，永遠是問題所在。但原則不會因爲它的邏輯特性而無法拘束他。假如 *Henningsen* 案的法官完全沒有討論「汽車製造商對消費者負擔的責任」或「法院應該保障磋商地位上的弱者」等等原則，而單純引用契約自由原則判決被告勝訴。它的批評者不會滿於指出法院沒有考量其他法官有時會注意的觀點。大部分人會說，探討這些基準是法官的責任，原告也有權要求他討論它們。當我們說規則對法官具有拘束力時，我們的意思不過是，如果這條原則適用，法官就必須遵守它，否則他就因而犯了錯。

認爲在 *Henningsen* 案那種案件裡，法院只在「道德上」有義務考量某些原則，或認爲它只負有「制度性」義務，或這項義務只涉及司法「技藝」，諸如此類的說法是沒有用的。問題仍然在於，爲什麼這種義務（不論怎麼稱呼）與規則加諸法官的義務不一樣，這又爲什麼允許我們認爲原則與政策不是法律，而是「法院典型使用」的、法律以外的規範。

（二）實證主義者可能主張，儘管就法官必須將它們納入考量來說，某些原則具有拘束力，但它們不能決定特定結果。這項論點更難回應，因爲，規範「決定」結果的意思並不清楚。或許這表示，每當那項規範適用，它就支配了結果，而不必有其他的考量。如果是這樣，個別原則確實無法決定結果，但這只是「原則不是規則」的另一種說法。只有規則能以這種方式支配結果。如果結果改變了，就表示規則被廢除或變更了。原則不這麼運作；它們指出判決的走向，儘管不是決定性的，而就算沒辦法支配結果，它們仍然完整無缺地存留下來。似乎沒有任何理由認定，由於一整組的原則可以支配結果，非得衡量原則的法官就因而享有裁量權。如果法官相信他所應承認的原則指向某個方向，而指向其他方向的原則（如果有這樣的原則存在）具有不同分量，他就必須照著判決，就像他必須遵守他認爲具有拘束力的規則。當然，他衡量原則時可能犯錯，但判斷規則有沒有拘束力時，他也可能犯錯。我們還可以補充，中士與裁判常常處境相同。沒有任何因素單獨決定哪個士兵最有經驗或哪個拳擊手最勇猛。政府機關必須判斷各種因素的相對分量；對於這點，他們沒有裁量權。

（三）實證主義者還可能主張，原則算不上法律，因爲它們的權威，甚而它們的分量，天生就有爭議。確實，我們通常沒辦法像說明規則的效力那樣，指出國會的法案或權威法院的意見以展示特定原則的權威或分量。相反地，我們訴諸龐雜的實踐與其他原則——也就是立法史與司法史的意涵所呈現的原則，還有社群的實踐與理解，以支持原則的存在跟它的分量。對於這種判斷的正確性，沒有可供檢驗的石蕊試紙，這是判斷問題，而講理的人們可能有不同意見。但同樣地，這不會讓法官跟其他並未享有裁量權的機關有什麼不一樣。中士沒有檢驗經驗的石蕊試紙，裁判沒有檢驗勇猛的石蕊試紙。他們都沒有裁量權，因爲他們必須理解命令或規範的要求，他們也都知道那是自己行爲的前提，不管那些命令或規範有沒有爭議。這也是法官的責任。

當然，如果實證主義者的其他學說——每個法律體系裡，都有用來檢驗有效法律的終極判準，像是哈特教授的承認規則——是正確的，這就表示原則不是有拘束力的法律。但原則與實證主義理論之間的不相容，很難用來要求我們以特定的方式看待原則。這乞題[27]了；我們對原則的地位感興趣，因爲我們想評估實證主義的模型。實證主義者不能在定義上爲承認規則理論辯護；如果那項判準不適用於原則，他就必須提出其他理由說明它爲什麼算不上法律。既然原則似乎在法律義務的論證中扮演某種角色（同樣地，參看 *Riggs* 案與 *Henningsen* 案），比起排除這種角色的模型，將它包含在內的模型先天上就更具優勢，而且，對於後者，光靠它自身還沒辦法適切地評斷它。

在實證主義者最可能用來支持強意義裁量權學說與第二種原則立場的種種論據當中，這些是最明顯的。我將提出有力的相反論據來反對這種學說並支持第一種立場。我主張，除非承認至少有些原則對法官具有拘束力，成組地要求他們做成某種判決，否則，沒有任何規則或只有很少規則能拘束他們。

在美國與現今的英國，大半的司法體系中，上級法院拒絕既存規則的情形並不罕見。普通法規則——由法院先前的判決發展而成的規則——有時直接被推翻，有時則因進一步的發展而有劇烈變動。制定法規則受制於詮釋與再詮釋，有時候，判決結果沒有實現所謂的「立法者意圖」[28]。如果法院享有改變規則的裁量權，這些規則對法官當然就沒有拘束力，從而根據法實證主義的模型，它們不是法律。法實證主義者因而必須主張，必定有某些對法官具有拘束力的規範存在，以決定在什麼狀況下允許法官推翻或改變既存的規則、在什麼狀況下又不允許他們這麼做。

那麼，法官在什麼狀況下得以改變既存規則呢？這個問題的答案在兩方面涉及原則。首先，必要但不充分的是，法官認爲改變將能體現某條原則，從而使那條原則證立改變。在 *Riggs*

案，改變（遺囑法的新詮釋）是由「無人得由自身之錯誤獲利」這條原則證立；在 *Henningsen* 案，法院原本承認的、關於汽車製造商責任的規則，則因爲我從法院意見書所摘錄的原則而改變。

但是，不是任何原則都能證立改變，否則就不會有任何穩定的規則。必定有某些原則算數而某些不算數，某些原則分量更重而某些較輕。這不能取決於法官在可觀的法外規範——它們當中，任何一條原則上都適格——之海中的偏好，因爲，如果是這樣，我們就不能認爲有任何具有拘束力的規則存在。我們總是能想像一位法官，他對法律以外的規範具有特殊偏好，即使是最根深柢固的規則也會被修改或受到基進的再詮釋。

其次，任何打算改變既存法理的法官，都必須考量某些反對背離既存法理的重要規範，這些規範大半也都是原則。其中包括「立法至上」理論，這組原則要求在必要程度上服從立法機關的決定。此外，還包括先例拘束理論，這組原則反映衡平與一貫性的效率。立法至上與先例拘束原則傾向於在它們的範疇之內**維持現狀**，但它們不是維持現狀的誡命。然而，法官不能在構成這些法理的原則與政策之間自由地挑選，否則，同樣地，就不能認爲有任何規則具有拘束力。

因此，我們可以想想，認爲特定規則具有拘束力的人們究竟是什麼意思。他們的意思，可能是規則穩固地受到（法官不能視而不見的）原則的支持，而且，它們加起來的分量比要求變更規則的原則更重。如果不是這樣，他的意思或許是（法院不能任意忽略的）立法至上與先例拘束等保守原則的組合足以譴責一切變更。通常，他的意思包含兩者，因爲，作爲原則而非規則，如果拘束法院的實質原則全然無法維護它們，這些保守原則通常也就不足以挽救普通法規則或老化的制定法。當然，不論哪種想法，都把原則與政策當成像是規則那樣的有效法律；它們都認爲，規則與原則是對社群的政府機關具有拘束力的規範，控制著他們關於法律權利與義務的決定。

我們被這個問題纏住了。如果實證主義者的司法裁量權理論因爲在弱意義上使用「裁量權」一詞而瑣碎無關，或因爲一切可以用來支持它的論據都不能成立而毫無依據，爲什麼有那麼多細心而明智的法律人擁護它呢？除非妥善地回應這個問題，否則我們沒辦法自信地處理這套理論。光是指出「裁量權」有許多不同意義而可能招致混淆還不夠（儘管這或許有所助益）。如果我們所設想的不是法律，就不會混淆這些意義。

至少有部分原因在於，法律人將法律與規則相連繫，並認爲「法律」是規則的集合或體系的自然傾向。多年前就曾診斷出這個傾向的羅斯科・龐德認爲，英語中「法律」跟「法」用了同一個字，只換了冠詞，說英語的法律人因而誤入歧途（相反地，其他語言用了不同的字：例如，「loi」與「droit」，以及「Geszet」與「Recht」（譯按：分別爲法語與德語中的「法律」與「法」））[29]。對英美世界的實證主義者來說，或許有這樣的效果，因爲「法律」確實意指規則。但把法律與規則相連繫則有著更深刻的原則性理由，我認爲理由就在於，長久以來，法學教育的內容就是教授並檢驗構成法律前緣的既存規則。

無論如何，如果法律人認爲法律是規則體系，並承認（他必須承認）法官會變更舊規則、引進新規則，他自然就會接受強意義的司法裁量權理論。在他所知道的其他規則體系（像是比賽）裡，規則是唯一支配裁判決定的特別權威，從而，如果裁判可以改變規則，他對那條規則的規範對象就享有裁量權。裁判改變規則時可能提到的任何原則都只是他們「個人特有的」偏好。實證主義者把法律當成以這種方式修正以後的棒球。

認定法律就是由規則構成的體系還有另一種更微妙的影響。實證主義者眞的注意到原則與政策時，他們把這些規範當成不適格規則。他們認爲，如果這算是法律規範，它們非是規則不可，因此，實證主義者把它們解讀爲試著成爲規則的規範。當實證主義者聽到別人主張「法律原則是有效的法律」，他把這種想法理解爲所謂「較高的法」理論，也就是，這些原則是關於法律的法律規則[30]。他指出，人們有時遵守有時又違反這些「規則」，而每條像是「無人得由自身之錯誤獲利」之類的「規則」，總是有另一條相競爭規則存在，例如「法律傾向權利安定性」，而且我們找不到判準來檢驗這種「規則」的有效性，據以反駁這項理論。他的結論是，這些原則與政策不是法律上的有效規則，這是對的，因爲它們根本不是規則。他的另一項結論是，它們是法官行使裁量權時可以隨心所欲地揀擇的法外規範，這是錯的。這就像是動物學家證明魚類不是哺乳類以後，進而主張它其實是植物。

六、承認規則

我們的討論從法律原則的兩種相競爭論述開始。我們已經討論過實證主義者的司法自由裁量權學說似乎接受的第二種論述，也發現重大的困難。是回到岔路的時候了。改採第一種論述會怎樣呢？對實證主義的骨架性結構會有什麼影響呢？當然，我們要先放掉第二教義，也就是司法裁量權學說（或者謹記這項學說只能理解爲「法官必須常常下判斷」）。第一教義，也就是「運用像哈特教授的承認規則那樣的宗師原則所包含的判準，就能鑑別法律」，應不應該一起丟棄或修正呢？如果 *Riggs* 案與 *Henningsen* 案引用的那類原則要算得上是法律，而且，如果我們無論如何都想保留法律宗師規則的概念，我們就必展示某些判準，也就是，所有（且任何）算是法律的原則都要符合的判準。我們就從哈特所提出、用以鑑別有效法律規則的判準開始，看看它是不是也適用於原則。

根據哈特的說法，大半的法律規則之所以有效，是因為某個有權機關制定它們。某些由立法機關以制定法的形式制定。其他的則由法官創造，也就是，法官提出它們以裁判具體個案，並使它們在未來成爲判決先例。但這種譜系判準不適用於 *Riggs* 案與 *Henningsen* 案裡的原則。作爲法律原則，它們的來源不是立法機關或法院的決定，而是在法律專業與公眾之中長期發展而來的適切感。它們持續的力量有賴於適切感的維持。如果人們不再覺得允許人們從自身之錯誤獲利並不公平，或者不再認爲在製造具有潛在危險商品的寡占廠商身上施加特別負擔的做法合乎公平，那麼，在新的案件，這些原則就不會扮演那麼重要的角色，儘管它們不曾被推翻或廢除（事實上，說這種原則被「推翻」或「廢除」不太可能說得通。當原則消逝，它們遭到磨損而不是破毀）。

確實，如果我們遭到質疑，而必須爲「某些原則是法律原則」這項主張申辯，我們會提到某些引用這條原則，或這條原則出現在它的論證裡的判決。我們也會提到看似例示這條原則的制定法（如果這項制定法的前言、委員會報告，或其他附隨的立法文件引用這條原則，再好不過）。如果找不到這種制度性支柱，我們的主張可能就不成立，而找到越多支柱，就越能賦予那條原則更多分量。

然而，要使原則成爲法律原則需要哪種制度性支柱，我們提不出任何判斷公式，更沒辦法對它的重要性排序。我們與一群涉及制度性責任、制定法詮釋、各種判決先例之說服力、這些材料與當下道德實踐的關連性，以及其他一長串這類變遷、發展中且相互影響的規範（它們本身就是原則而不是規則）搏鬥，以支持特定原則。這一切不能塞入單一「規則」，即使是複雜的規則；就算可以，結果也跟哈特的承認規則圖像——它的圖像是相當穩定的宗師規則，這條規則指明「某個或某些特徵，如果規則具有這個或這些特徵，人們就會認爲，這些特徵是決定性的正面指示，指出這是一條法律規則……」[31]——無關。

而且，我們用來支持其他原則的技術，不能建立在與它們所支持的原則全然不同的層次上（像哈特的承認規則在設計上就是）。哈特在承認與有效性之間的嚴格區隔沒辦法成立。如果要支持「人們不該從自己的錯誤獲利」這條原則，我們可以引用法院與立法者例示這條原則的行爲，但這種說法似乎既指原則的接受、又指原則的效力（說原則有效是很奇怪的，這或許是因爲效力是全有或全無的概念，它對規則來說適當，卻與原則的分量面向並不相符）。如果有人要我們提出理由（這常常發生），爲我們在論證中使用的判決先例裡頭的某條原則或某種制定法詮釋技術申辯，我們確實會引述別人運用那項學說或技術的做法。但我們也會引用據信支持這套實踐的其他一般性原則，而這在接受的和弦加進了效力的音符。例如，我們可能主張，我們對早期案件與制定法的運用受到對立法實踐或判例原則之要旨的某種分析支持，或者受民主理論的原則，或由國家與地方之適切分權的特定觀點，或某種諸如此類的東西支持。這種論證途徑也不是通往僅以接受爲基礎的最終原則的單行道。我們的立法、判決先例、民主或聯邦制原則等也可能遭受挑戰；當它們面臨挑戰，我們爲它們申辯的方式不只訴諸實踐，更訴諸它們彼此之間的關係與司法判決與立法決定的潛在趨勢，儘管後者可能隱含對——透過我們正試著支持的原則證立的——同一件詮釋信條的訴求。換句話說，在這個抽象層次上，原則「束在一起」而不是「連在一起」。

所以，儘管原則從具有法定組織的機關的官方行爲獲取支持，它們與這些行爲沒有單一或直接的關聯，沒辦法以某條最終的宗師承認規則所指明的要素架構這樣的關聯性。還有其他的途徑能使原則受到這種規則的支配嗎？

哈特確實說過，宗師原則指明爲法律的，不只是特定法律機構制定的規則，還包括習慣所建立的法律。他想到了困擾其他實證主義者——包括奧斯丁——的問題。我們的法體系裡許多最古老的法律規則，從來沒有經過立法機關或法院以明文制定。它們第一次出現在法律意見與文書時，人們就認爲它們已經是法律了，因爲它們代表社群或其中特定區塊（如商業社群）的慣習性實踐（常見的例子，是貿易實踐的規則，例如，規定依標準商業文書將發生哪種權利的規則）[32]。既然奧斯丁認爲，所有的法律都是既定主權者的命令，他也斷定這些慣習性的實踐得到（作爲主權者代理人的）法院承認前，算不上是法律，而法院放縱地假裝它們早就是法律。但這似乎是武斷的。如果每個人都認爲習慣本身就是法律，奧斯丁理論所陳述的事實就不具說服力。

對此，哈特將奧斯丁的觀點倒反。他說，宗師規則可能規定，即使還沒有受到法院的承認，某些習慣已經算是法律。但他沒有面對這對他的一般性理論帶來的困難，因爲他不打算提出宗師規則在這裡可能運用的要素。它不可能把「社群認爲這套實踐具有道德上的拘束力」當成唯一要素，因爲，這將使習慣法規則無法與道德習慣規則區分，而且，不是社群所有的長期慣習性道德義務都藉由法律執行。另一方面，如果判準是「社群認不認爲這套習慣性實踐在法律上具有拘束力」，則至少就這類法律規則來說，宗師規則毫無意義。哈特說，宗師規則標誌了從原始社會到具有法律的社會之間的轉變，因爲它在接受之外提供了判斷法律社會規則的判準。但如果宗師規則所談的，不過是「社群接受並認爲具有法律上拘束力的其他一切規則，在法律上就具有拘束力」，那麼，它沒有給予我們任何這種判準，也就是，在我們應當使用的判準之外，別無宗師規則。（在這些狀況下）宗師規則成了非承認規則；我們得以認爲，每個原始社會都有次級承認規則，也就是，一切人們接受並且認爲具有拘束力的就有拘束力。哈特自己就曾在討論國際法時談到，有些人認爲這種規則是承認規則，他嘲笑這種想法，他說，這種規則「只不過空洞地反覆這樣的事實：系爭社會……認爲某些行爲規範是義務性規則[33]。」

其實，哈特處理習慣法的方式無異於承認，必定有些法律規則之所以具有拘束力，不是因爲它根據宗師規則所設置的標準而有效（就像宗師規則本身），而是因爲社群接受它們並認爲它們具有拘束力，它們才具有拘束力。我們在哈特的理論裡找到整齊的金字塔建築上的這個破洞：我們再也不能說，只有宗師規則是透過接受而具有拘束力，其他規則都基於宗師規則而有效。

這或許只是個破洞，因爲哈特所設想的習慣法在法律裡已經不再重要。但這確實顯示，哈特不願意把我們剛剛討論的、關鍵的原則與政策歸入「習慣法」並進而擴大損害。如果他要稱它們爲法律，並且承認它們的效力的唯一判準在於，整體或部分的社群在什麼程度上認爲它們是法律，那麼，他將會大幅減低宗師規則對法律的支配範圍，而不只是使這些原則與政策逃離它的支配，儘管這樣就已經夠糟了。一旦我們同意這些原則與政策是法律，從而認爲它們是法官判定法律義務時必須遵守的規範，那麼，首先在 *Riggs* 案與 *Henningsen* 案宣布的那種規則，它們的效力至少就部分地來自於原則與規則的權威，從而，它們的效力也就並不全然來自於宗師承認規則。

因此，就算爲了遷就原則而修正承認規則，我們也無法接受哈特版本的法實證主義。在原則與立法之間提不出任何的譜系性判準，他的習慣法概念（它本身就是法實證主義第一教義的例外）也無法既用來承擔這種作用、卻又不拋棄這條教義。不過，我們還要討論另一種可能。如果沒有用以鑑別原則的承認規則，爲什麼不能說原則就是最終的並構成法律承認規則呢？對「美國司法體系的有效法律是什麼」這項一般性問題的答案，將會要求我們陳述這一刻在這個司法體系裡一切有效的原則（包括最終的憲法規則），以及對於它的分量的適當配置。法實證主義者可能因而認爲這整組規範就是法律體系的承認規則。這項回應帶有似是而非的魅力，但它是法實證主義者的無條件投降。如果以「一整組有效的原則」稱呼承認規則，我們得到的只不過是「法律就是法律」的循環論證。相反地，我們沒辦法列出一切有效的法律原則，我們不會成功。它們是有爭議的，它們的分量都很重要，它們是無可盡數的，它們變遷得太快，所以，還沒列到一半，名單的開頭就已經過時了。就算成功，它也不是法律的鑰匙，因爲沒有什麼東西還留待開啓。

我的結論是，如果我們認爲原則是法律，就必須拋棄實證主義的第一教義，也就是「社群的法律可以透過某種宗師規則形式的判準而與其他社會規範區別」。我們也已經決定拋棄第二教義，也就是司法裁量權學說——或者澄清，它瑣碎而沒有助益。那麼，第三教義，也就是實證主義者的法律義務理論呢？

這套理論認爲，如果（而且也只有在）既存法律規則使人們負擔義務，法律義務就存在。這表示，在疑難案件——也就是找不到這種既存規則的情形——裡，在法官爲未來的案件創造新規則前，法律義務並不存在。法官可以把新規則適用到案件的兩造，但這是溯及既往的立法，而不是既存法律的適用。

實證主義者的（強意義）裁量權學說需要這種法律義務觀，因爲，如果法官享有裁量權，就不會存在他必須執行的法律權利或義務——也就是，按他的權利所應得的。然而，一旦拋棄這套學說，並將原則當成法律，那麼，法律義務既可來自於既存規則，也可以來自於原則的彙集。每當支持這項義務而以各種有拘束力的法律原則表述的論證強過反對這項義務的論證，就能判定法律義務存在。

當然，接受這種法律義務觀之前，還有許多問題有待解答。如果承認規則不存在，那種意義上的法律判準也就不存在，那麼，提出這種論點時，我們怎麼判斷哪條原則算數、又具備多少分量呢？要怎麼決定哪個論點好過另一個論點呢？如果法律義務立基於這種無法展示的判斷，它又怎麼對判定一造負有法律義務的司法裁判提出正當化理由呢？這種義務觀與律師、法官與外行人所談論的相不相同，又與我們對道德義務的態度相不相符呢？這套分析是不是有助於處理關於法律本質的古典法理學難題呢？

我們必須面對這些問題，但即使是這些問題，所帶來的已經遠遠超過實證主義了。就它自身的命題來說，實證主義在這些產生對法理論之需求的，而又令人疑惑的疑難案件面前止步。解讀這些案件時，實證主義者將我們提交給裁量權學說，那是條無言的死路。他的法律圖像是規則體系，這個圖像固執地霸占我們的想像，或許因爲它過於簡要。擺脫規則模型後，才能建立更貼近實務的複雜與精密的新模型。

◆注釋◆

【1】見 *Linkletter v. Walker*, 381 U.S. 618（1965）

【2】譯註：威廉・布萊克史東（Sir William Blackstone，一七二三至一七八〇），英國法學家、法官、政治家。

【3】譯註：約瑟夫・亨利・比爾（Joseph Henry Beale，一八六一至一九四三），美國法學家，芝加哥大學法學院首任院長。

【4】約翰・奧斯丁（John Austin，一七九〇至一八五九），英國法學家。

【5】J. Austin, *The Province of Jurisprudence Determined* (1832).

【6】見 H.L.A. Hart, *The Concept of Law*, 89-96 (1961).

【7】*Id*. at 79-88

【8】*Id*. at 97-107

【9】*Id*. *passim*, particularly ch6.

【10】*Id*. Ch. 7.

【11】見第四章。並見 Dworkin, 'Wasserstrom: The Judicial Decision,' 75 Ethics 47 (1984), reprinted as 'Does Law Have a Function?', 74 *Yale Law Journal* 640（1965).

【12】115 N.Y. 506, 22 N.E. 188（1889).

【13】*Id*. at 509, 22 N.E. at 189.

【14】*Id*. at 511, 22 N.E. at 190.

【15】32 N.J. 358, 161 A.2d 69（1960).

【16】*Id*. at 386, 161 A.2d at 84.

【17】*Id*.

【18】*Id*. at 388, 161 A.2d at 83.

【19】*Id*. at 387, 161 A.2d 58.

【20】*Id*. at 389, 161 A.2d at 86 (quoting Frankfurter, J., in United States v. Bethlehem Steel, 315 U.S. 289, 326 [1942]).

【21】*Id*.

【22】譯註：Sherman Antitrust Act，即美國聯邦反托拉斯法，由前俄亥俄州參議員 John Sherman 提案，於一八九〇年七月二日通過。

【23】*Standard Oil v. United States*, 221 U.S. I, 60 (1911); *United States v. American Tabacco Co.*, 221 U.S. 106, 180 (1911)

【24】這項區分實質上與羅爾斯的區分相同，'Two Concepts of Rules', 64 *Philosophical Review* 3 (1955).

【25】我還沒談到法理學的寵兒，也就是「限縮的」裁量權，因為，如果我們記住裁量權的相對性，這項概念就不會引發什麼特殊難題。假如中士受命「在」（'amongst'）經驗豐富的人當中挑選，或「將經驗納入考量」。我們可以說，他挑選巡邏者時有（限縮的）裁量權，或者也可以說，他享有在經驗豐富的人當中挑選，或決定還有沒有其他考量的（完整）裁量權。

【26】H.L.A. Hart, *The Concept of Law*, 144（1961）.

【27】譯註：「乞題」（beg the question）是邏輯謬誤的一種，指以贊同特定結論的人才會接受的命題當成論證的前提，但這項前提本身又未經驗證。

【28】見 Wellington and Albert, 'Statutory Interpretation and The political Process: A Comment on Sinclair v. Atkinson', 72 *Yale* L.J. 1547（1963）.

【29】R. Pound, *An Introduction to the Philosophy of Law* 56（rev. ed. 1954）.

【30】例見'The Law Behind Law (pts. 1 &2)', 29, *Columbia Law Review* 112, 245 (1929).

【31】H.L.A. Hart, *The Concept of Law* 92 (1961).

【32】見 Note, 'Custom and Trade Usage: Its Application to Commercial Dealings and the Common Law ', 55 *Columbia Law Review* 1192 (1955), 以及在同刊第九十三頁引用的資料。正如那引號注所顯示的，法院鑑別貿易習慣時的實際做法，所運用的是一組一般原則與政策，而不是得以歸結為承認規則的判準。

【33】H.L.A. Hart, *The Concept of Law* 230 (1961). 宗師規則可能指出習慣所具有而獨立於社群態度的某種具體特徵：例如，它可能規定，一切古老的習慣或一切與可轉讓文書相關的習慣都算是法律。然而，我想不出確實有任何這類特徵真的鑑別出已經在英國或美國被認定為法律的習慣。某些不能作為法律執行的習慣比可以執行的習慣更為古老，某些關於商業文書的實踐被當成法律執行，而其他實踐則沒有，以此類推。無論如何，即使找到鑑別一切由習慣建立的法律規則的特殊特徵，仍然不太可能找到這種能鑑別原則的特徵——原則的主旨與譜系天差地別，而且，某些原則的主旨與譜系是晚近才產生的。

第三章　規則模型（二）

我在第二章聲稱，我稱爲法實證主義的法理論，因爲核心命題的錯誤而必須被拋棄[1]。我特別主張，像那套理論那樣，認爲每個法律體系裡都有用來判斷哪種規範是、哪種規範不是法律的共認基本判準，這種想法是錯的。我主張，在複雜的法律體系，例如美英兩國的現行法律體系裡，找不到這種基本判準，在這些國家，沒辦法像實證主義者所堅持的、終局地區分法律與道德規範。

先前的論證可以摘要如下。我曾說過，如果只看出現在制定法或白紙黑字地印在教科書裡的那種簡單法律規則，「共認法律判準存在」這項命題還說得通。但律師與法官討論及裁判案件時不只引用這種白紙黑字的規則，他們還引用我稱爲法律原則的別種規範，像是「無人得由自身之錯誤獲利」這條原則。這樣的事實使實證主義者面臨下述兩難的抉擇。他或許會試著說明，引用這種原則時，法官所引用的不是法律規範，而只是在行使自由裁量權。或他可能試著說明，與我的疑惑相反地，總是存在著某個共認判準，能夠辨認法官認定爲法律的原則，並與算不上是法律的原則區分開來。我認爲，這兩種策略都是失敗的。

我榮幸地受到一些法學者的回應；拉茲博士的文章就是個傑出的例子[2]。他用以反對我的主張的主要論點似乎是這樣的。（一）據說，雖然不太清楚，但我的命題其實只不過修正了實證主義學說。仔細閱讀哈特教授──我把他的作品當成法實證主義最爲明晰的例子──的著作就會發現，只要小幅修正他的理論，就能涵括我的結論[3]。（二）據說，我自己的論據在這方面前後不一：我用以批判自由裁量權理論的論據認爲，實際上，某些原則算是而某些原則不算法律，但如果是這樣，我所否定的那種法律判準就必定存在[4]。（三）而且，我的論證本身就預示了這種終極判準的形式。我曾說過，法官至少部分地參酌原則在先前的法律論證扮演的角色以鑑別原則，我稱之爲「制度性支柱」[5]，它可以提供——我認爲找不到的——終極原則判準。（四）我認爲法官在原則問題上沒有裁量權，但這項主張忽略了法官有時被迫行使裁量權，因爲哪些原則算數、又具有多少分量，並不清楚[6]。（五）我的論證所立足的、規則與原則之間的區分其實站不住腳[7]。

或許還有更進一步的反對意見，但我將不試著回答。以這種方式使用「法律」這個詞，而使實證主義的命題在定義上爲眞，我對這種論據無話可說。也就是，它可以在定義上令使用這個詞的人只承認法官與律師所引用、也確實能藉由某種共認判準鑑別的法律規範。「法律」這個詞無疑可以這樣使用，或許某些法律人就這樣使用它。但我所關切的，是我認爲關於法律的概念目前的一般性用法的討論，而我認爲，它就是規定政府至少在原則上有責任透過法院與警察這些熟悉的組織，加以承認並實現的權利與責任的規範的概念。我的論點是，實證主義，還有它的法律基本共認判準學說，錯誤地將這個概念的部分當成全部。

然而，轉向前面列出的具體反對意見之前，我要討論一項非常一般性的反對意見，雖然沒有羅列在上，但出於即將明白的理由，我認爲它是前述意見的基礎，原因將在下面說明。這項一般性反對意見的立論基礎是哈特在《法律的概念》支持的命題[8]，它既屬於道德哲學、又屬於法律哲學。其中最強的版本主張，只有在承認權利與義務的制式社會實踐下，權利與義務才能存在。如果是這樣，且如果法律像我所設想的，是權利與責任問題，而不只是公權力機關的裁量權，制式社會實踐形式的共認法律判準就必定存在，我的主張就必然是錯的。

我將在本文第一節討論這項有力的命題，我將特別注意法官將特定規範當成法律而加以適用的責任。接著我將主張，我們必須拒絕這項命題。在剩下章節的在某些地方，我將重述我原來的論證，以說明爲什麼它們與這項命題不相容。

一、社會規則

我首先將提出，討論自己或他人的行爲時，所運用的幾種概念之間的兩種區分。有時我們說，在一切考量下，某人「應當」或「不該」做某件事。在其他的狀況下我們說某人負有做某事的「義務」或「責任」，或他「無權」做某事。它們是不同的判斷：例如，說某人應該捐款是一回事，說他有責任這麼做是另一回事，說他不該喝酒或抽大麻是一回事，說他無權這麼做又是另一回事。我們可以輕易設想該準備提出第一種而不是第二種主張的場合。

而且在特定狀況下，問題可能就在於我們覺得哪個主張具有正當性。責任的判斷通常強過應該做某事的判斷。我們可以要求人們服從義務或責任，有時候還對不服從的行爲施加處罰，但如果問題僅僅在於，整體而言某人該做什麼，那麼，不論要求或處罰都不恰當。義務或原則的要求——有別於關於行爲的這種一般性要求——怎樣才算適切的問題，因而是道德哲學的重要問題，儘管也是相對遭到忽略的。

法律不只規定公民應該或不該做什麼；它規定他們有責任做什麼，或無權做什麼。而且，它不只建議法官或其他機關應該做什麼決定；它規定他們有承認並執行某些規範的責任。或許在某些案件裡，法官沒有下特定判決的責任；在這種狀況下，我們必須滿於「他應當做什麼」的說法。我認爲，當我們說法官在這種狀況下享有「自由裁量權」，就是這個意思。但除了美國法律現實主義者這種極端例外，每位法哲學家都認爲，至少在某些案件，法官負有做成特定判決的責任，而最明顯的理由就是「法律這麼規定」。

但對法理論而言，解釋法官爲什麼負有這種責任卻是令人生畏的問題。例如，假設有個制定法規定，在無遺囑繼承的情形，被繼承人的財產應由最近卑親屬取得。法律人會說，法官有責任判決財產按照這項制定法的規定分配。但法官爲什麼負有這種義務？我們或許會說，法官受到規定「法官必須按照立法機關所說的去做」這條一般性規則拘束，但不清楚的是，這條規則從何而來。我們不能說立法機關本身就是「法官必須按照立法機關所說的去做」這條規則的來源，因爲這種解釋預設了我們正試著證立的規則。或許我們可以找出某份基本法律文件，像是憲法，而這份文件明文或默示地規定，法官必須遵守立法機關的決定。但又是什麼使法官負有服從憲法的責任呢？我們不能說憲法使他負擔這種責任，因爲這同樣乞題了。

如果我們只滿於說法官應當服從立法機關或憲法，問題就不會那麼嚴重。支持這項有限主張的理由要多少有多少；例如，衡量之下，如果法官這麼做，長期而言每個人都會過得更好。但如果我們想要像法律的概念所認定的，主張法官負有服從立法機關或憲法的責任，這種理由就沒有說服力。我們不只要找到法官應該這麼做的理由，還得找到斷定這項責任存在的基礎，這就使我們面臨剛剛提到的道德哲學問題。責任與義務會在什麼狀況下產生呢？

哈特的答案可以摘要如下[9]。規定那項責任的社會規則存在時，那項責任就存在。滿足那條規則的實踐條件時，這種社會規則就存在。社群成員以特定方式行動時，就能滿足這些實踐條件；這種行止**構成**社會規則，並使人們負擔責任。假設有群教堂會眾遵守下列實踐：（一）每個男人進入教堂前都脫掉帽子；（二）被問道爲何這麼做時，他會訴諸要求他這麼做的「規則」，並且：（三）如果有人忘記在進教堂前脫帽，他會受到別人的批評甚或懲罰[10]。哈特認爲，在這些狀況下，就滿足了使人負擔義務的規則的實踐條件。社群「有」一條規定人們不能在教堂戴帽子的社會規則，這條社會規則使人們負有不在教堂戴帽子的責任。藉由創造義務，這條規則從人們可能以「他們該做什麼」這種用語爭論的議題中，將在教堂戴帽子的問題提取出來。社會規則的存在——從而是責任的存在，不過是事實問題。

哈特接著將他的分析適用到司法義務議題上。他相信，在每個法律體系，課以義務的社會規則要能鑑別某些規範並把它們當成法律適用，它的實踐條件都由法官的行爲滿足。在特定社群，如果這些機關：（一）裁判時規律地適用立法機關制定的規則；（二）訴諸「法官必須服從立法者」這條「規則」以證立這套實踐；並且（三）非難任何不遵守這條規則的機關；那麼，根據哈特的理論，就能斷定這個社群具有「法官必須服從立法者」這條規則。如果是這樣，這個社群裡的法官就有這麼做的責任。探討過我們先前的爭執之後，如果我們現在問，爲什麼法官負有遵守社會規則的責任，哈特會說這種問法沒有抓到重點。根據他的理論，責任由他所說的那種社會規則創造，這就是責任概念的一部分。

但到目前爲止，哈特的理論可能受到一種批評，而那種批評可以說明如下。當社會學家說特定的社群「有」或「遵守」特定規則，像是不在教堂裡戴帽子的規則，他只是要描述社群在某方面的行爲。他只是要說，那個社群的成員認爲自己負有特定責任，而不是社會學家同意他們確實負有這項責任。但是，當社群成員本身爲了批評自己或別人的行爲而訴諸規則，他不只是要描述別人的行爲，而是要評價它。他的意思不只是別人相信自己負有某種責任，而是他們確實負有這項責任。因而，我們必須承認這兩種都使用規則概念的敘述之間的區別。我們會說，社會學家斷言社會規則（social rule）存在，教堂會眾卻斷言規範性規則（normative rule）的存在。我們會說，如果某種事實上的狀態發生，也就是，如果社群以哈特的例子所描述的方式行止，社會學家對社會規則的斷言也就爲眞（或有根據）。但我們也想說，只有在某種規範上的狀態存在時，也就是，只有在個體確實負有——他們在哈特的例子裡認爲自己確實負有的——責任時，教堂會眾的規範性規則斷言才會爲眞（或有根據）。審判法律上案件的法官處於會眾的位置而不是社會學家的位置。他不只要說，作爲冷酷的事實，大半的法官相信他們有責任遵從立法機關的決定；他的意思是他們確實負有這種責任，他還引用這項責任，而不是別人的信念，來證立自己的判決。如果是這樣，單是社會規則本身，還不能是他認爲自己所負責任的來源。

哈特預見這項批評，這展現在構成他理論核心的論述。他承認我在「社會規則」的斷言與「規範性規則」的斷言之間的區分，儘管他不使用這些詞。然而，他至少在他所討論的例子裡，否認兩種不同的斷言算得上斷言兩種不同的規則。相反地，他要求我們區分規則的存在與系爭社群個別成員對規則的**接受**。當社會學家斷言社會規則的存在，他只是斷言它的存在。他所說的，只是規則的實踐條件已經獲得滿足。當教堂會眾斷言它的存在，他也聲稱實踐條件獲得滿足，但**除此**之外，他更主張自己**接受**那條規則作爲指引自己行爲與判斷他人行爲的規範。他既確認社會實踐，也指出他在行爲上順從它的立場。不過，到此爲止，就每個人都指涉規則而言，這是同一條規則，也就是，由系爭社會實踐構成的規則。

那麼，社會規則的敘述與規範性規則的敘述之間的差異，就不是它們斷言兩種不同類型的規則，而毋寧是各自對同一條社會規則展現的不同態度。當法官訴諸「立法者制定的就是法律」這條規則，他對社會規則採取內在觀點；他所說的爲眞，因爲這麼規定的社會規則存在，但他所說的也僅止於此。他標誌自己的立場：認爲社會規則是他服從那條規則的正當化理由。

這麼一來，哈特提出了義務與責任概念的一般性理論，以及這套理論對法官執法責任的具體適用。爲了平衡這個初始章節，我的主要關切是對這套一般性理論的批評，我將稱這套理論爲社會規則理論，我還區分那套理論的強版本與弱版本。基於強版本，每當有人斷言責任的存在，就必須認爲那項斷言預設了社會規則的存在，而且，那項斷言也表示他接受那條規則所描述的實踐。這樣一來，如果我說人們有不說謊的責任，我的意思至少必然是有一條這麼規定的規則存在，而且，除非它確實存在，否則我的說法就是錯的。基於較弱的版本，只有在某些時候必須認爲，斷言責任存在的人預設了規範那項責任的社會規則存在。例如，或許我們必須以這種方式理解認爲人們在教堂中不能戴帽子的教堂會眾，但這並不表示我們也應該以這種方式理解斷言人們有責任不說謊的人。他所斷言的，或許是事實上並不依賴社會規則之存在的責任。

在《法律的概念》的相關章節，哈特沒有明白地說明他採用哪種版本的社會規則理論，儘管他所說的大半暗示了強版本。但是，採取哪個版本的社會規則理論，當然會影響他的一般性理論在司法責任問題上的適用。比方說，如果強版本的社會規則理論是對的，談論著「立法者所說的就要當成法律」的法官，就必然預設了這麼規定的社會規則。但是，如果弱版本的社會規則成立，它就只是理解這些法官的方式之一，我們也就需要進一步的論證以說明確實是這樣（譯按：指法官確實預設社會規則的存在）。

如果強版本社會規則理論打算解釋人們訴諸責任的一切情形，或甚至人們訴諸規則作為責任來源的情形，它就不可能正確。那套理論必須承認，某些規範性規則的斷言不能解釋為對社會規則的訴求，原因在於，沒有相對應的社會規則。例如，素食者可能會說，我們沒有殺生取食的權利，因為基本的道德規則規定，在任何情形下、殺害任何形式的生命都是錯的。顯然地，沒有社會規則這麼規定：素食者將會承認，現在幾乎沒有人承認這種規則或這種義務，而這確實只是他的抱怨。

然而，那套理論可能主張，規則與責任概念的這種用法假設了特殊案例，而且，這種用法其實屬於另一種道德實踐，那種道德實踐寄生於那套理論所要解釋的標準實踐上。根據這種說法，不應該把素食者的眞意理解為「人們在此時此刻負有不殺生的責任」，而毋寧必須理解為「既然聲稱人們不該殺生的立論基礎相當有力，這麼規定的社會規則就應當要存在」。他對「規則」的訴求或許表示某條這類的規則已經存在，但這只是一種圖像化的說法，是他捕捉社會規則的祈使力，並將它延伸到另一種相當不同的主張上的企圖。

但這項辯解誤解了素食者的主張。他想說的不只是「社會重新安排它的制度，而使任何人都沒有殺生的權利」這種做法是可欲的，他的主張其實是，就現狀而言，事實上從來就沒人享有那種權利。確實，他會強調尊重生命的道德責任的存在，以解釋社會爲什麼應當要有這種社會規則。強版本的社會規則理論不允許他提出這種想法。所以，那套理論必須堅持曲解他的說法，才能容納他的主張。

因此，如果社會規則理論要有說服力，它至少必須要弱化到這個程度。它必須準備好，只在一種狀況下解釋責任的主張（或責任之規範性規則的斷言）的意義，也就是，在社群裡絕大多數的人們都認爲這種責任確實存在的情形下。這套理論不適用於素食者，卻適用於教堂會眾。這樣的弱化不太會影響那套理論在司法責任問題上的適用，因爲，法官決定該承認什麼是拘束他們的法律時，實際上似乎遵守大致相同的規則。

但即使以這種弱化版本而言，這套理論也不能自圓其說。它沒有注意到兩種社會道德的區別，我們或許可以稱爲**協同**道德與**慣例**道德。當社群成員同意相同或大致相同的規範性規則的斷言，但他們不認爲，這種合意的存在是他們斷言那條規則存在的立論基礎之重要成分，那個社群就展示了協同道德。當他們認爲合意的存在是這條規則存在的基礎，它就展示了慣例道德。如果教堂會眾相信每個人都負有在教堂裡脫帽的責任，但如果沒有這種具備一般性效力的社會實踐，就沒有這項責任，這就是慣例道德的例子。如果他們也相信每個人都負有不說謊的責任，而且，就算大半的人都說謊，它們也還是負有這種責任，這就是協同道德的例子。

社會規則理論必須弱化到只適用於慣例道德。在協同道德，像是說謊的例子，可以滿足哈特描述的那種實踐條件。人們大半不說謊，他們會引用「說謊是錯的」這條「規則」作爲那種行爲的正當化理由，他們也會譴責說謊的人。根據哈特的理論，這樣的行爲構成社會規則，而社會學家說那個社群「有一條規則」反對說謊，這種說法也能獲得證立。但是，認爲他們訴諸社會規則，或假定他們認爲，這條社會規則的存在對於他們的主張來說是必要的，這種想法將會扭曲社群成員的主張。相反地，既然這是協同道德的例子，事實就是他們不這麼認爲。因此，社會規則理論必須限縮到慣例道德內。

那套理論更進一步的限縮，很可能縮減它對司法責任問題的影響。很可能至少有部分的法官相信，他們必須展現協同道德而不是慣例道德。例如，許多法官會相信，他們有責任執行民主選舉產生的立法機關的決定，而他們的立論基礎，在於他們認爲具有獨立價値並因而接受的政治道德，而不只是因爲其他的法官與公權力機關也接受它們。另一方面，相反地想法也具有最起碼的說服力，至少典型法律體系裡的那群法官會認爲，對於任何關於他的司法責任的主張，某種一般的司法實踐都是必要的。

然而，社會規則理論甚至不能適切地說明慣例道德。之所以不適切，是因爲它不能解釋，即使當人們認爲社會實踐是斷言某種責任存在時的必要基礎，他們對責任的範圍也還會有爭議。例如，如果社群「有一條規則」規定，男人不能在教堂中戴帽子，但對於「那條」規則適不適用於戴嬰兒帽的男嬰，社群成員其實有兩派見解。雙方都相信自己對嬰兒或父母的義務的觀點較爲正確，但兩種觀點都算不上以社會規則爲基礎，因爲對於那個問題，根本沒有社會規則。

在這點上，哈特對社會規則實踐條件的描述相當明白：規則由社會大眾的服從行爲構成。他無疑會認爲，某種行爲，如果每個人都同意它是社會規則在特定狀況下所會要求的行爲，它就算是服從行爲，就算那些狀況還沒有發生。因此，社會規則會「包含」紅頭髮的人，儘管社群裡正好沒有這種人。但如果一半的教堂會眾主張嬰兒也必須脫掉嬰兒帽，另一半的會眾否認這種主張，這種行爲構成什麼社會規則？我們既不能說所構成的規則是「嬰兒必須脫掉嬰兒帽」，也不能說是「他們沒有這種責任」。

我們可能想說，關於「男人在教堂戴帽子」的規則在嬰兒的問題上是「不確定的」。但這正好隱含了社會規則理論所要避免的混淆。當我們已經知道所有涉及社會行爲的相關事實，就不能說社會規則不確定，在這個例子裡就是這樣，因爲這會違反「社會規則由行爲構成」這項命題。還不清楚人們的行爲時，或如果嬰兒的問題還沒出現，從而社群中的大眾是否想法一致並不清楚時，關於在教堂戴帽子的規則就可以說是不確定的。但這種不確定性在這裡毫不存在；嬰兒的問題出現了，而我們也知道社群成員意見不一。因此我們必須說，在這種例子，不是關於在教堂戴帽子的規則不確定，而毋寧該說，社群的行爲唯一構成的社會規則是禁止成年男人在教堂中戴帽子。這種規則的存在是確定的，而且，同等確定的是，對於嬰兒的問題，沒有任何社會規則存在。

但這一切對社會規則理論似近乎致命，原因在於：當人們斷言規範性規則的存在，即使是在慣例道德的情形，他們通常斷言了在範圍與細節上不同的規則，或者，如果更詳細地說明他們的規則，這些規則無論如何會有所差異。但擁有不同規則，或如果詳細敘述他們的規則將有所差異的兩個人，所訴諸的不可能是同一條社會規則，而且，至少有一個人根本沒有訴諸規則。涉及他們都同意的規則時，就算他們在大半確實發生或可能發生的狀況下意見一致，情況也會是這樣。所以，社會規則理論如果要能存續，就必然要弱化到令人無法接受的形式。它必須只適用在某些事例上，也就是，參與者都同意，如果責任有爭議就根本沒有責任可言的情形，像是遊戲。這樣，它就不適用於司法責任了。

社會規則理論可能試著以許多不同方式避免這個結論。一開始，它可能主張，當某人在爭議案件訴諸規則，他的意思必須分成兩段理解：首先，它鑑別確實代表社群共識的社會規則（成年男子在教堂中絕不能戴帽子），接著它強調這條規則應當擴張到更具爭議的情形上（教堂裡的嬰兒）。換句話說，對關於規則的爭議性訴求，這套理論的態度可能跟我在討論素食者時提到的一樣。但我討論素食者時提出的反對意見在這裡仍然適用，而且，作爲對那套理論的一般性批評，它反對的力量更強大。人們，至少是活在哲學教科書外的人們，在有爭議的狀況下大舉地訴諸道德規範。當他們這麼做，他們不是要說那項規範應當適用到系爭案件——不管那是什麼意思——而是這項規範確實適用；不是人們應當負有那項規範所規定的責任，而是他們確實負有這種責任。這套理論不太可能聲稱，所有這類主張都是責任概念特別的或寄生性的用法；如果是這樣，它就把自己的適用限縮到瑣事上了。

此外，人們可能以另一種很不一樣的方式爲這套理論申辯：改變它所使用的社會規則概念。它的做法可能是把焦點放在這件事實上：至少在慣例道德的情形，規則的某種措詞形式往往成爲標準形式，像是「男人在教堂中必須脫帽」這種形式。基於這項修正概念，當社群接受關於他的責任的特定措詞形式，並使用這種形式作爲行爲與批評的指引，社會規則就會存在；如果人們同意，爭議案件必須基於系爭詞彙的某種詮釋而裁判，在社群對標準形式中的某個或某些詞彙應當如何適用並無共識的程度上，就可以說規則「不確定」。對於我所提出的主張，這樣的修正也有它的答案。教堂會眾確實接受關於戴帽義務的單一社會規則，也就是「男人在教堂中絕不可戴帽子」這條規則。但這條規則是不確定的，因爲「男人」包不包括男嬰、「帽子」包不包括嬰兒帽，有所爭議。

但是，這種修正概念的方式過於看重這樣的偶然事實：系爭社群成員能不能或在事實上是不是把他們對於責任的爭議，置於已然流行的措辭形式中某些關鍵詞彙詮釋上的爭議。教堂會眾可以藉由這種方式進行爭論，但這並不表示他們都會這麼做。如果背後的社會事實不變，規則的口語形式也可能改變，就像人們習慣上說，只有女人可以在教堂中把頭包起來；在這個例子，爭議就不能架構爲「女人」是不是包括「男嬰」，而是流行版本有沒有正確地描述正確的規範性規則。

而且，如果以這種方式修正，那套理論最初的解釋力就消失大半了。最初提出時，它掌握——儘管也錯誤地表述一項重要事實，這項事實就是，至少在證立某些關於個人責任的規範性規則時，社會實踐扮演核心角色。但重要的是一貫的實踐，而不是口語行爲的偶然事實。我們的道德實踐不是制定法詮釋運動。

最後，社會規則理論可能維持哈特最初對社會規則的定義，也就是，將社會規則定義爲對制式實踐的描述，但從另一條路撤退以減少損失。它或許放棄「社會規則設定責任的限度」這項主張，卻保留「社會規則設定責任的門檻」這個想法。這樣一來，或許可以說，社會規則在道德中的功能是：社會規則不只在它們描述共識所涵蓋之區域的事實意義上判定責任規定了什麼，更在概念性意義上判定，當這種共識存在時，那個社群的成員至少負有它所包含的責任，這點將無可否認，儘管他們可能甚或經常拒絕榮耀這些責任。但即使在慣例道德的領域，社會規則也沒有規定，在它的文詞之外別無權利或責任；社會規則無法擴張至某些案例，像是教堂裡的嬰兒，這樣的事實毋寧表示，在那類案例裡斷言責任存在的人，除了單純訴諸實踐，還必須倚賴別的論證。

如果社會規則理論經過這樣的修正，它就不再像原本的理論那樣，以我所說的方式支持哈特的社會承認規則理論。如果法官仍然負有做成特定判決的責任，就算沒有社會規則使他負擔這項責任，哈特的主張，也就是「以社會實踐解釋司法責任」這樣的主張就失去意義了。然而，我還要指出仍然存在於這種修正社會規則理論的缺點。就算主張社會規則規定權利與責任的最低限度，也不符合我們的道德實踐。眾所公認的是，即使作爲慣例道德的特徵，毫無意義或原則上不相容於我們的道德要求的實踐並不使人們負擔義務，儘管在社會規則存在的情形下，當然只有很少數的人會認爲這項規定確實適用。當社會規則存在，例如，當男人將某種正式禮儀延伸到女士身上，大半的人會說女士有權利受到這種禮儀，但不論性別，認爲那種禮儀其實是汙辱的人就不會同意。

這件涉及慣例道德而又被社會規則理論忽略的事實相當重要，因爲，比起那套理論，對於社會實踐與規範性判斷之間的關連，它指出更佳的理解。確實，規範性判斷往往預設社會實踐作爲支持那項判斷的論證的重要成分；就像我曾經說過的，這是慣例道德的標記。它相信，社會實踐

構成那項規範性判斷所接受的規則；事實上，社會實踐有助於證立規範性判斷所陳述的規則。「在教堂脫帽的實踐存在」這件事實證立「這麼規定的規範性規則存在」這種斷言——不是因爲那套實踐構成規範性判斷描述並支持的規則，而是因爲那套實踐創造了冒犯或引發這種期待的途徑，也就是，對於作爲斷言在教堂脫帽的責任或斷言規定人們必須脫帽的規範性規則存在之適切基礎的期待。

社會規則理論之所以失敗，是因爲它堅持，在某個層面上，實踐必須與個體以那條規則的名義斷言的規則具有相同**內容**。但如果我們只認爲實踐可以證立規則，那麼，以這種方式證立的規則可能跟那套實踐的內容一樣，也可能不一樣；實踐的內容可能少於也可能多於那條規則。如果我們以這種方式看待社會實踐與規範性主張之間的關係，我們就可以平順地說明社會規則理論費力解釋的問題。如果有人發現社會實踐毫無意義、愚蠢、或汙辱人，他就會相信，即使在原則上，它也不證立任何行爲責任或規範性規則的斷言，在這種情況下，他不會說那使他負有他所拒斥的責任，相反地，不管別人怎麼想，他會說這不使人們負擔任何責任。

而且，如果社群裡有某種實踐，像是不在教堂中戴帽子的實踐，它的成員很可能斷言好幾條相異的規則，而這些規則據說都由那種實踐證立，這樣的情形並不令人訝異。嬰兒可不可以戴嬰兒帽，他們意見不一，因爲在一切考量之下，對於那套實踐的存在能不能證立那項責任的斷言，他們也意見不一。有些人會持肯定態度，因爲他們認爲，整體來說，那套實踐構成某種汙辱或不尊重，嬰兒的父母可能代他（譯按：指嬰兒）犯下那種汙辱或不尊重。出於千千萬萬種理由，其他人可能會有不同看法。事實上，即使在這種瑣碎的事情上，他們也會將他們的爭議架構爲「關於在教堂戴帽的『規則』怎麼規定」的爭議。但所對照的不是由通常舉止構成的規則（也就是社會規則），而是由通常舉止證立的規則（也就是規範性規則）。他們爭論的就在於，那條規則是什麼。

或許司法實踐是慣例道德的案例。這並不表示有某條社會規則陳述了司法責任的限度甚或門檻。例如，當他們引用「法官必須服從立法機關」這條規則，他們可能訴諸某種社會實踐所證立的規範性規則，而對於那條規範性規則的精確內容，他們可能有不同看法，而且，他們的爭論所涉及的不只是其他法官的舉止。實證主義者可能是對的，但他必須解釋自己的看法，而且，不能藉由社會規則理論試著提出的捷徑。

二、我跟哈特真的意見不同嗎？

有人主張，至少就哈特提出的那種法實證主義來說，我與實證主義的歧異其實沒有我所說的那麼廣泛。或許我說明了，要言之成理地解釋法律，對原則與規則都得留下一席之地。但哈特的理論裡似乎沒有什麼說法拒絕這種主張。確實，他只談到規則，但他沒有以我在第二章的狹隘定義界定「規則」，因此，當哈特提到規則，就可以認爲，他的意思同時包括了原則與狹義的規則。或許我說明了，任何法律基本判準，如果要包括法律原則與規則，就必然比哈特提出作爲承認規則樣本的例子還要複雜。但哈特說過，承認規則可能是複雜的；實際上，它可能由好幾個按照階層排列的要素構成。他所舉的簡單例子——像是「女王議會制定的就是法律」這條規則，只不過是舉例。

那麼，爭議在哪裡？確實，第二章看似否定哈特的命題——每個法律體系裡，都有以承認規則的形式存在的基本法律判準。但就像薩托流斯教授指出的，我眞正的意思，不是缺乏鑑別法律規則與原則之基本判準的法律體系能夠存在[三]。我確實認爲，某些原則必須被認定爲法律，它們也因而出現在司法論證裡，其他的原則則不是這樣。但如果這種說法爲眞，就必定存在著某種能用來區分兩者的判準。因此，「沒有這種基本規則」的說法就必須被理解爲「基本規則必然太複雜，沒辦法以一條單純的規則陳述」。但是，既然哈特從來沒有主張基本規則必然是單純的規則，這點差異也就是有限的。

這就是我要討論的第一個反對意見。撰寫第二章時，我認爲實證主義者的命題——每個法律體系都存在著法律基本判準——夠清楚而不必多加解釋。我以爲，只要以哈特教授對這項命題的詳細表述爲例，就解決所有模稜之處。剛剛提到的反對意見使我相信這麼想是錯的，而我將試著更清楚地說明我對法實證主義之主張的理解、那項主張爲什麼又跟我所要提出的主張不一樣，以修復這項錯誤。

我將先提出三個不同的命題，它們都涉及法律基本判準的概念。說明這幾項命題時，我將運用上一節提出的區分，也就是「透過社會規則概念描述社會舉止」與「透過規範性規則概念斷言規範性地位」之間的區分。（一）第一命題主張，在每個具有成熟法律體系的國家，法官與執法機關社群內部都存在著某條或某組社會規則，這些規則爲法官將任何其他規則或原則認定爲法律的責任設下限制。例如，如果作爲群體的英國法官們，在判斷法律權利與義務時承認這樣的責任：只將國會制定、司法判決確立或長期的習慣建立的規則與原則納入考量，而且他們也作爲群體而認爲自己沒有考量任何其他事物的責任，那麼，這項命題在英國就成立。哈特提出第一命題；事實上，他的理論——每個法律體系都存在著社會承認規則，可以說是他對實證主義傳統最重要的貢獻之一。（二）第二命題主張，在每個法律體系，某條特定**規範性**規則或原則或一組這類的複雜規範，是法官用以鑑別更具體的法律規則或原則的適切判準。例如，某些接受這項命題的人認爲，在英國，法官負有只將制定法、判決先例與清楚的習慣認定爲法律的責任，不管他們實際上是不是以這種方式形成判決。（三）第三命題主張，在每個法律體系，大半的法官都接受支配他們——接受其他規範作爲法律規範的義務的——某項規範性規則或理論。例如，這項命題主張，如果有人研究不同英國法官的判決模式，他就會發現每位法官都或多或少自覺地遵守指明排他法源的特定規則，或者他會發現，有某套規定如何發現法律的複雜理論。這項命題並不表示大半的英國法官遵守**同樣地**規則或理論，儘管它也可能爲眞；如果是這樣，第一命題對英國也同樣成立，但如果不是這樣，就不會成立。

哈特與我的差異涉及這三項命題中的第一項。他提出這項命題，而我否定它。這項議題很重要：正統觀點，也就是「法律規範原則上可以整群地與道德或政治規範區分」這種想法的正確性就取決於這點。如果第一命題正確，那麼，每個法律體系都存在某個社會規則形式的、共同接受的法律判準，而且它足以區分法律與道德的規則與原則。但如果第一命題爲假，就沒有這種判準。

光是某種版本的第二或第三命題成立還不夠。假設我自己接受某個從第二命題推想而得的規範性法理論。如果沒有別人與我一樣支持這套理論，我的理論就會包括爭議性的規定；比方說，它可能包括有爭議的判決先例理論，它主張，比起過時的判決先例，法院必須賦予晚近的判決先例更多分量。我接著會**被要求**為這種主張申辯：我的判決先例觀點正確地陳述了法官的責任，而作為回應，我只能開展出關於判決先例制度的本旨或價值的進階理論。我用來支持這套進階理論的論證，無疑地有賴於爭議性的原則或政治道德，例如，關於司法機關在民主制度裡的適切地位的原則。實證主義最急著否認的，正是這種依賴關係。

我在這三個不同命題之間的區分，說明了薩托流斯的反駁為什麼沒有抓到重點。他認為，如果我說法官有責任運用某些而不是其他原則或賦予一條原則特定分量而不是更多分量，這表示我自己也接受「法律基本判準存在」這種想法。這確實表示我接受某種版本的第二命題，也就是，我認為，對於法官應該如何裁判疑難案件，可能提出有說服力的論證以支持某套理論而不是別的理論。但這並不表示我也必須接受第一命題，也就是，法官之間存在著某種規範那項議題的社會規則。這是哈特的命題，但它不是也不必是我的。

然而，哈特理論的一項特徵使我相信，我歸給他的理論過於刻板。他小心地說，社會承認規則在某些狀況下可能是不確定的，因此，它無法處理一切可能發生而又涉及「什麼算是法律」的爭論[12]。只要能夠解決大半的這類問題，就足以使這種規則存在。他舉了例。他說，無疑地，國會所制定的就是法律，這至少是英國承認規則的一部分。但不確定的是，例如，假設現在的國會試著制定某條法律規則，同時規定除非有三分之二多數同意否則不得廢除，以使這條規則及牢固條款牢不可破，它有沒有拘束未來國會的權力。如果發生這種事，而未來的國會以一般多數決廢除這些規則，法律效果如何，法官們很可能立場分歧。如果法官有這樣的分歧，這表示，承認規則在那個問題上並不確定，而只有在某個法院做成特定判決，並證明它有做成這種裁判的政治權力，才能解決問題並澄清承認規則。

因此，哈特似乎不認爲，每個法律體系都存在著能夠處理一切「什麼規範算是法律」這個問題的社會規則。他可能會說，人們認爲，有一條足以支配一切法律上決定的社會規則，儘管它的精確程度還不是永無爭議，這就足以使第一命題成立。他或許會補充道，在現實上，當法官意見分歧時（例如，他們對牢固條款的態度，或再以前例來說，對於判決先例應有的拘束力），他們就顯現出大半確定的社會規則裡的不確定領域。

但哈特的限定，也就是，認爲承認規則在特定問題上可能不確定的做法，不只會讓他的理論具有彈性並更爲複雜。相反地，基於我試著在上一節說明的理由，這損害他的理論。在哈特現在設想的意義上，社會規則可能是不確定的，而這種說法就是不符合哈特的社會規則概念用法。如果後來的國會試著廢除牢固條款，而對於自己該做什麼，法官們確實立場分歧，那麼，有沒有任何支配那項決定的社會規則，不是不確定；相反地，確定的是，沒有任何這種規則支配他的決定。這個例子說明了，嚴格來說，「在英國，法官之間存在著社會規則，規定國會制定的就是法律」這樣的陳述並不精確，儘管就大半的目的而言，它或許已經夠精確了。

沿著這幾條路線，就能運用社會規範的概念仔細陳述那項立場。在法官之間存在著規定「凡是國會所制定的，只要不是打算拘束未來的國會的法律，它就是法律」的社會規則。在「現在的國會能不能拘束未來的國會」這項議題上，沒有社會規則存在；法官在這項議題上立場分歧。某些認爲可以，他們因而負有「不承認任何廢除牢固規則的提案爲法律」的責任。其他法官認爲不可以，他們因而負有「不承認廢除牢固規則的立法是法律」的責任（這種簡單的說法，忽略了不同法官事實上可能採取，且更加複雜的立場）。

但是，以這種方式看待這項問題，當然會對第一命題，也就是「總是存在著某種就法官所應承認爲法律者規定必要且充分之條件的社會規則」這項命題提出反例。如果在法官之間，這種爭議只限縮在牢固條款之類異常且稀少的案件，這種反例也會很少，也就不會眞的威脅到那項主張。但如果就像我所設想的，這種爭議常見於法官之間，每當上級法院試著裁判困難或爭議案件時，它確實就會出現，那麼，這項論據所揭露的一般缺陷就是致命的。

現在或許有人要說，我對待哈特「承認規則是特定社群的成員（例如法官與其他公職人員）的共同行爲構成的社會規則」這種說法的方式太拘泥於文義。他或許想要以我在上一節提出的方式修正這個嚴格的概念，並且主張，當法官們接受關於他們的責任的特定口語表達形式，像是「凡是國會制定的就是法律」，承認規則就以社會規則的形式存在。如果是這樣，哈特或許會說，社會承認規則存在，但當社群成員爭論著這種口語表達形式對於特定具體案件適當的適用方式時，它就是不確定的。如此一來，「凡是國會制定的就是法律」這條承認規則就作爲社會事實而存在，但在法官對牢固立法之類的特定個案意見不同的程度上，它並不確定。

但就像我先前說的，以這種方式修正那項概念，過度倚重語言與歷史的偶然。目前的例子證實這點。「凡是國會制定的就是法律」這種說法或許常見。但是，關於牢固立法的爭論，不太可能架構爲對於慣用表達形式裡各項詞彙的適切詮釋的爭論。沒有人會說爭議在於「凡是」的意義，或應賦予「制定」這個詞哪種力量。我想到的那些平凡且眾多的爭議，像是應賦予較古老的判決先例較少分量的爭議，也沒有幾個能描述成對於某種既定口語形式中的詞語意義的爭議。

可能會有人對我的主張提出不同批評。他會提醒我，我在上一節的區分，也就是「法官應當做的事」與「法官有責任做的事」這兩種陳述之間的區分。第一命題並未主張，在牢固條款案件這種爭議案件，規定法官應當做什麼的社會規則總是存在。它僅僅主張，社會規則規定的是「法官在這種案件被要求做什麼」；也就是，規定著他的責任的限制。如果法官們眞的對於該不該執行打算廢除牢固規則的制定法有所爭論，那麼，根據這項批評，「爭論」本身就顯示法官沒有責任以特定方式下裁判。直到某個法庭藉由它的裁判而促使其他法官同意那項裁判創造了責任，問題只能留待他們的自由裁量。

如果是這樣，第一命題就免於我所提出的批評。但爲什麼我們就該這麼認爲？它假定責任原則上不能有爭議。它假設，如果法官負有什麼義務並不清楚，哪些進一步的證據能解決這項問題也沒有共識，他就不可能負有任何義務，而我們只能談論他該做些什麼。但這個假設至少可以遭到質疑。它與我們在道德論述中運用義務概念的方式不相符。素食主義者不必同意我們的責任以毫無爭議或得以展示者爲限。這甚至不符合法律人對待司法義務議題的方式。例如，在牢固條款的爭議裡，爭論者的共同基礎就是「這不是法官能夠自由行使裁量權的問題」這項命題。認爲國會有權力拘束後繼者的人們也相信，法官沒有權利承認後來的廢除提案。相信國會沒有這種權力的人們則相信法官有義務承認後來的廢除。確實，某些法官可能不太確定，但他們是不確定自己的義務是什麼，而不是確定自己沒有任何義務。當然，如果強版本的社會規則理論是對的，我所提到的假定就有道理。但既然那套理論爲假，就必須找出其他理由來支持它，而我認爲根本就找不到。

我希望沒有人會說，在這種狀況下，法官爭論的是他們身爲法官的政治責任或道德責任而不是法律責任。在這種脈絡下，做成這項區分的唯一基礎顯然乞題。我區分出的第一命題就是用來解釋實證主義者在法律義務與其他種類的義務之間的區別。哈特自己就說，只有在「巴黎那根標準米尺是一米」[13]的意義上，基礎承認規則才是法律規則[14]；如果法官負有執行牢固條款的責任，這必定是那種意義上的法律責任。但重點不在術語。如果法官判斷法律規定什麼的時候，就算沒有社會規則規定，也有適用某條規則或原則的義務，那麼，不管怎麼描述那項責任，第一命題都是錯的。

三、「制度性支柱」構不構成承認規則？

我在第二章指出，像「國會制定的就是法律」這種單純的承認規則沒辦法掌握原則，像是「無人得由自身之錯誤獲利」這種原則。我說，實證主義者面臨抉擇。他可以主張這些原則不是法律的一部分，因爲法官沒有考量它們的責任，而只有考量它們的裁量權。或者他可以承認它們是法律，並說明可以建構出更複雜的社會承認規則以掌握這種原則。當然，實證主義者也可以結合這兩條策略：他可以主張，某種更複雜的承認規則可以掌握法官引用的部分原則，而又主張法官沒有在這些原則之外執行其他原則的責任。

拉茲博士就打算以這種方式結合這兩條策略。他主要的立足點是這樣的主張：法官有運用某些原則的裁量權，而不是責任。我將在下一節討論它。但他也相信法官至少負有考量某些原則的責任，而透過他所謂的「司法慣例」，這些原則可以歸到某種社會承認規則之下[15]。假設在一段時間內，許多法官實際上引用特定原則作爲他們必須納入考量的原則。他指出，這個關鍵做法會構成一條獨立的社會規則，那條規則會與哈特所設想的那種慣例式承認規則，一起作爲提供法律判準的社會規則的一支。

但是，要支持這項論據，這種司法慣例概念的效果有限，原因有二。首先，法官引用的原則與政策，至少就它們的分量來說，大半是有爭議的；例如，「無人得由自身之錯誤獲利」這條原則分量上的爭議，就足以產生 *Riggs v. Palmer* 案的不同意見書[16]。其次，許多對原則的引用，所引用的原則不屬於任何既存司法實踐；我從 *Henningsen* 案舉出的幾個例子就是這樣，那個案件包含了先前未曾以同樣的方式提出的原則，像是「汽車製造商對大眾負有特殊責任」這條原則。

所以，對於法官認爲他們必須納入考量的眾多原則，拉茲的司法慣例概念沒有加以區別。因此，我們應當非常認眞地考慮他的主張：法官事實上沒有責任執行不在這項司法慣例涵蓋之列的原則。但首先我要討論另一種更複雜的想法，它涉及的是，社會承認規則如何能用以掌握原則，就像它適用於規則那樣。

薩托流斯教授和我都認爲，法官在疑難案件裡引用原則時，他們不是在行使裁量權[17]。因此，如果他要接受我區分出的第一命題，他就必須說明，存在著事實上能夠掌握或至少支持所有這些原則的、某種形式的社會規則。這是他所要做的，而他打算用我的論證來反對我。他承認，法律最終判準的建立極爲費力，但他相信這原則上是可能的。而且他認爲，這種最終判準的關鍵，就是我在第二章提出的「制度性支柱」。他引用下面這段作爲他的立場的權威基礎：

確實，如果我們遭到質疑，而必須爲「某些原則是法律原則」這項主張申辯，我們會提到某些引用這條原則，或這條原則出現在它的論證裡的判決。我們也會提到看似例示這條原則的制定法（如果這項制定法的前言、委員會報告，或其他附隨的立法文件引用這條原則，則再好不過）。如果找不到這種制度性支柱，我們的主張可能就不成立，而找到越多支柱，就越能賦予那條原則更多分量[18]。

當然，薩托流斯教授打算發展比這更詳細的制度性支柱學說。我自己將以下述方式詳細論述它[19]，而他的文章顯示，他將會接受這樣的論述。假設我們蒐集美國某州所有顯然有效的法律規則，並加上所有關於制度性權限的規則，也就是，我們據以主張第一組規則確實是那個司法體系之有效規則的規則。現在我們有了一組龐大的法律材料。我們接著可以問道，要證立採取所列出的明文法律規則與制度性規則的做法，哪組原則是必要的。假設那個州的每位法官與律師都要發展出一套「法理論」，它描述那組原則並對每條原則各自分派相對分量（我忽略了「一生的勞力也不足以完成這項工作之開端」這件事實）。他們每個人都主張自己那組原則必然是系爭法律體系的原則。

我們可以用這種方式架構這套說詞提出的法律判準：一條原則，如果出現在——能作爲系爭司法體系的明文實質制度性規則之正當化理由的、最有理的理論中，它就是法律原則。薩托流斯所設想的，顯然就是這種判準，他並且說道：「儘管從哈特版本的實證主義看來，這或許是一種不錯的做法，它合乎 Dworkin 描述的基本實證主義教義，也就是，『一個社群的法律……可以用無關於……內容，而涉及……譜系的特定要素加以鑑別[20]。』」

但現在必須有所澄清。薩托流斯的意思不可能是：任何特定法律人的法理論都提供了一條社會承認規則。如果我就特定司法體系發展出一套法理論，我會在前面區分出的第二命題的意義上，主張它是司法責任的規範理論。如果那個司法體系裡大多數的法官都各有一套這種理論，對那個司法體系而言，第三命題就會成立。但每位法官的理論或多或少都有差異。支持的原則不同，相同原則就會具備不同分量。這些差異將確保沒有任何法律人的理論本身算得上第一命題要求的那種複雜社會規則。

所以薩托流斯要說的，不是任何特定法律人的法理論提供了承認規則，而毋寧是制度性支持判準本身就是這種社會規則。也就是，他可能說道，社會承認規則就是「如果某條原則是最有理的法理論的一部分，就必須作爲法律適用，還必須依照那套理論賦予的分量而適用」這條規則。基於這項觀點，就社會規則如何適用於具體個案而言，不同法律人所提供的不同法理論就是不同的理論。

但我看不出爲什麼能以這種方式處理這項問題，而又同時認爲制度性支持判準提供特定的「譜系」而不是「內容」要素。就我的描述方式來說，法理論的概念不認爲原則與政策像法史學家那樣，藉由鑑別採用這些規則的人們的動機，或把焦點放在影響它的制定的壓力團體上，以解釋既存規則。如果法理論要爲司法責任提供基礎，它所提出的原則就必須藉由鑑別——在抱持這套理論的法律人看來，事實上支持這些規則的——社群在政治上或道德上的關切與傳統，以試著證立既存規則。證立的過程必然帶著法律人深入政治與道德理論，深入的程度，必然會讓「能用來決定我們的政治制度的兩種不同證立當中哪種比較好的『譜系』『判準』存在」這種說法，顯得不夠精確。

我先前舉的簡單例子說明這點。如果我與其他法律人爭論著應該賦予古老判決先例多少相對效力，我會力挺一套法理論，它既支持我的論證又對判決先例的本旨採取這種觀點。我會說，判決先例原則的本旨是「法律之前的平等對待」，而當兩個情形之間經過的時間增加，對待的相似性就變得較不重要，甚至是有害的。他可能回應道，判決先例的本旨遠遠不是平等，而是裁判的可預測性，而忽略兩個判決先例的年代差異將會最有助益（譯按：指「有助於可預測性」）。我們兩個都將指向支持其中一種觀點而反對另一種觀點的司法裁判特徵。那麼，就像我在引文所說的，如果我們當中有誰一無所獲，他的論證就是虛弱的。但我們兩種觀點之間的選擇，不只取決於各自能找到的特徵。它也將同時取決於針對我的論據預設的平等對待義務提出的道德論證，因爲，「這項義務證立判決先例」這項命題預設這種義務的存在。

我的意思不是找不到選擇其中哪種理論的立論基礎。相反地，既然我拒絕下一節描述的那種裁量權學說，我就認爲可以提出有說服力的論據以認定其中一種理論優於別種理論。但這些論據必須包括規範性政治理論議題的論據，像是社會平等義務的本質，而這超越實證主義者判斷法律是什麼之後，對相關考量所受限制抱持的概念觀。制度性支柱的判準沒有提供任何能用來判定某種法理論最有道理的機械性、歷史性或道德中立的基礎。事實上，它甚至不允許哪個法律人從他廣泛的道德或政治原則中區分出一組法律原則。他的法理論通常幾乎包括他所贊同的整組政治與道德原則；事實上，除了被憲法上的考量排除，很難想到哪條社會或政治道德原則，既在他的社群裡流通，他個人也接受，卻又在證立法律實體所必要的詳盡方案中，沒有一席之地也沒有任何分量。所以，實證主義者將以拋棄其餘底本為代價，接受制度性方案的判準以扮演最終法律判準的角色。

如果是這樣，這對法理論有可觀的影響。法理學提出問題：什麼是法律？大多數法哲學家試著區分代表法律權利與責任而出現在論據之中的判準，以回答這個問題。但如果提不出這種判準的排他清單，就必須找出別種方法來區分法律上的權利義務與別種權利義務。

四、法官非得有自由裁量權嗎？

我必須再次討論在上一節開頭處區分的、兩種支持實證主義的論證策略中的第二種。它主張，當法官們爭論原則問題，他們爭論的不是法律怎麼規定，而是他們應該怎麼行使自由裁量權。也就是，當問題不在裁判責任的內容，而在法官並無責任做成特定判決的情形下，基於一切考量，他們應當怎麼裁判。

我曾在原來的文章裡試著解釋，這個說法其實建立在裁量權概念的模稜之處上。討論責任時，我們以三種不同方式運用這個概念。首先，我們說某人享有裁量權，如果他的責任受到某些規範的界定，但講理的人們會以不同方式詮釋那些規範，像是中士被告知挑選五個最有經驗的人去巡邏時，就享有裁量權。其次，我們說某人享有裁量權，如果就沒有更高權威得審查並推翻那項決定來說，他的決定是終局決定，像是參賽者有沒有出界是由線審決定時，就是這樣。再次，我們說某人享有裁量權，當某組使他負有責任的規範實際上並未規定他負有做成特定決定的責任，像是租賃契約中某條條款授權承租人自行裁量，選擇要不要更新契約的情形。

顯然地，如果沒有社會規則清楚地要求法律上的特定決定，而在這個專業裡，對於實際上應該做成的判決也意見不一，法官就享有第一種意義的裁量權，因爲他們必須在既存判決的適用之外加以創設及判斷。同等顯然地，如果這些法官構成最高上級法院，他們就享有第二種意義的裁量權。但是，除非我們接受強意義的社會規則理論（只有社會規則能創造責任與義務），這些法官就不因此享有第三種意義的裁量權。法官可能同時享有第一與第二種意義的裁量權，卻又適切地認爲，他的判決所涉及的是他身爲法官應有的責任，而他必須深思他認爲適當、重要的不同考量要求他怎麼裁判，才能解決這項問題。如果是這樣，那位法官就沒有第三種意義的裁量權——也就是，如果實證主義者要主張司法責任排他地由最終的社會規則界定，就必須主張的那種裁量權。

我的論據沒有說服拉茲[21]。他重複我在這三種意義的裁量權之間的區分，但重複之後他就忘掉了。他顯然認爲我的意思是：（一）當法官們都同意一組特定判決是決定性的，他們對自己的判決就沒有裁量權。（二）就算沒有法律規則規範那件個案，有時也是這樣。（三）因此，沒有規則規範系爭個案時，法官絕對沒有裁量權。

這是個荒謬的論點；所幸這不是我的論點。法官有時對一組原則採取相同立場。但就算在他們對原則意見不一，他們有時也認爲這項議題是司法責任議題，也就是，他們認爲這項議題提出的問題是，作爲法官，他們負有什麼責任。在這種狀況下，他們享有我區分出的第一種意義的裁量權，但這無關緊要。他們無論如何不認爲自己享有第三種意義的裁量權，但這種意義才是重要的。

爲什麼拉茲會忽略我提出的區分呢？他認爲，任何法律體系都具有將帶來這種後果的特徵：如果沒有社會規判直接或間接地規定法官應該做成什麼判決，而使法官享有第一種意義的裁量權，他們就一定享有第三種意義的裁量權，從而，他們的判決就不是司法責任問題所在。法官對此可能犯錯：他們可能誤用責任的語言。但就像 Raz 所說的，我們絕不能只因爲錯誤普遍存在就使它們繼續存在。我們仍然必須說明錯在哪，而拉茲忽略這點。他可能會提出什麼樣的論據呢？

拉茲將第一種裁量權轉換爲第三種的傾向，在法哲學家當中極爲普遍[22]。我們必須試著診斷病因。法官面對疑難裁判時，在他開始研究案件之前，他必須假設原則上有三種可能的結果。在總合考量之後，他必須納入考量的那些規範可能要求他判決原告勝訴、被告勝訴，或並未要求卻允許兩者。但對第三種可能來說，它與前二者面臨的不確定性應該一樣；法律可能賦予他做成任何一種判決的、第三種意義的裁量權，但是不是眞的這樣，問題在於，總和考量法律材料後，得到怎樣的結果，而這些材料是不是證立那項結論，它又能不能證立其他兩項結論，可能是同等不確定的。

拉茲顯然認為，如果第一或第二種可能成不成立有所疑問，就表示第三種可能成立。也就是，他認為，如果法官不確定應該判決原告或被告勝訴，這就確定地表示他享有裁量權，判決哪一造勝訴都可以。我只能想到兩種能支持這個反常結論的論據。

第一項論據以我先前所說的道德哲學假定為前提，也就是，責任原則上不能有所爭議。這是拉茲的假定，因為他從「法官對原則——特別是它們的分量——有所爭議」這件事實，推論出「法官必定有我所否定的、那種意義上的裁量權」這項結論。除非那項前提成立，否則這將會前言不對後語，但就像我曾說過的，一旦拒絕強版本的社會規則理論，就沒有理由認為它成立。

第二項論據以另一種想法為前提，也就是，每個法律體系裡都有一條裁判規則，它明白規定，法官在疑難案件裡有裁量權。或許某些法律體系有這樣的規則。但這不是英國與美國的制度。它們沒有這種明文規則，而且就像拉茲所說的，司法行為也沒有默示地承認這種規則。

相反地，對我們來說，「法官對某些問題有第三種意義的裁量權」這項命題，必須基於論據的衡量而從正面加以證立，不能光靠反證。那有時確實是法官們的結論；例如，根據規定刑度上下限的刑事制定法裁判的情形，或在一般衡平法的管轄下構想公正救濟的情形。在這種案件，法官相信沒有人享有獲得任何判決的權利；他們認為，自己的任務是在一切考量之下，選出整體而言最佳的判決，而在這裡，他們所說的無關他們必須做的，而是他們應該做的。然而，在大半的疑難案件，法官擺出我先前所說的那種姿態。他們認為爭論在於他們不可以或必須考量什麼規範，或者，基於像是我在上一節提到、用以例示制度性支柱理論的那種論證，他們必須賦予這些規範哪種相對分量。在這種狀況下，某些法官支持第一種可能，其他法官支持第二種，其他法官則懸而未決；但他們都排除第三種。顯然地，將要求判斷的裁量權轉化為排除責任的裁量權的社會規則，甚至連影子都還沒見到。

五、規則真的不同於原則嗎?

在第二章，我藉由分辨兩種形式的規範在論證中所具有的不同作用區分規則與原則。這種做法有雙重目的：首先，使讀者們注意到，我認為在理解法律人的論述時具有重要性的一項區分，其次，使讀者們注意到，法官與律師們引用的某些規範對法實證主義提出特別的問題，因為，按照哈特的承認規則那樣的法律基本判準，沒辦法掌握這些規範。這兩個目的是分離的；儘管我在規則與原則之間所主張的特別邏輯區分可能為假，我所提到的那些規範，不論怎麼鑑別，也不管是不是歸類為規則，這種判準都沒辦法掌握它們。因此，如果我不能成功地區分規則與原則，這無論如何都不表示我用以反對法實證主義的一般性論證是錯的。

不過，我確實仍然認為我對規則與原則的區分是眞實且重要的，我也將為它申辯。當然，我的意思並不是法律規範不能另作別種類型區分，我也不認為，除了我的區分，別種區分方式誤用了「規則」與「原則」這些詞彙。

對於我的區分，拉茲主要的反對意見可以敘述如下[23]。我曾說過，我提到的那種原則彼此衝突、互動，因而與特定法律問題相關的每條原則都提出一項理由，指向而不是決定某個特定解答。因此，必須解決問題的人必須處理競爭且衝突的相關原則，他必須消化這些原則，而不是找出一條「有效」的原則。拉茲主張，不是只有原則會以這種方式相互衝突，規則也會，而他相信這樣的事實取消了我劃下的區分。他同時舉出道德論證與法律論證的例子。我將依序討論它們。

拉茲所設想的是，一個人可能同時接受「絕不說謊」與「承諾必須遵守」這兩條規則作為指引行為的道德規則。他指出，在某些具體狀況下，這兩條規則相互衝突，使接受這些規則的人，根據特定情形下哪條規則分量較重、較重要，或基於其他立論基礎而選擇其中一條。他的結論是，道德規則也有我用來描述原則的邏輯特性，也就是，對於道德議題，它們指出某個方向，儘管並不必然是決定性的。

但從一開始，雖然可能有人以這種論證設想的方式接受道德規則以指引自己的行為，但大半認真對待道德的人都不會這麼做。對大多數人來說，道德論證或道德決定問題，是對某些行為過程合不合乎道德提出支持或反對的理由，而不是引用事先制定的規則，不論那些規則是由社會或個人的決定制定的。確實，當講道德的人必須在說謊與違約之間抉擇，他會發現自己身處困境，但這不表示他接受了在此議題上相互衝突的規則。他可能僅僅承認，說謊與違約原則上都是錯的。

當然，我們可以將他的困境描述成「被迫面對兩條道德規範之間的抉擇」，儘管他自己不以這種方式看待這回事。但在這個例子裡，如果以我的區分來看，我們就得說，他被迫處理兩條相競爭的原則而不是規則，因為，以這種方式形容他的處境，較為精確。他承認，沒有什麼道德考量本身就具有壓倒性或優越性的效果，在某些狀況下，任何反對某個行爲的理由都必須受制於相競爭的考量。因此，任何哲學家或社會學家如果要以規範法典的語彙說明那個人的道德實踐，就必須指出，對他來說，道德是原則問題而不是規則問題。

但是，可能有人會以拉茲設想的方式，接受某些道德規則以指引自己的行爲。例如，他或許會說，他以「絕不說謊」爲個人信念。如果他可以以這種方式接受一條道德規則，他也就能接受其他道德規則，而它們可能會以那個例子敘述的方式相互衝突。這樣，以我的區分來說，認爲那個人僅僅接受原則上可能相互衝突的一組原則，這種想法是錯的，因爲，這錯誤地描述他對——他認爲自己已然接受的——幾項信念所抱持的態度。他相信自己接受其不同規範作爲規則，也就是，作爲「在它們指定的情形下要求特定行爲方式」這種命題。

但在我原來的文章裡，我沒有否認規則之間的衝突。我說，在我們的法律體系裡，這種衝突是緊急狀況，這種狀況要求我們做決定，而這項決定會戲劇性地改變整套規範。實際上，這種描述也合乎當下的法外案例。如果我們的道德英雄了解他所運用的一切概念，他就再也不能認爲，解決這次衝突後，他仍然同時遵守作爲單純規則的兩條規範。如果他仍然希望能把自己的道德視爲前後一貫的典章，他就會修正其中一項或同時修正兩者，以使它從規則成爲原則。他也可能兩者都不做，但在衝突發生時宣稱自己陷入道德上進退兩難的難題，然後撒手不管，或以擲銅板等法體系不允許的非理性方法做決定。無論如何，就這位非凡之人的行爲對這項區分造成的問題而言，我在規則與原則之間的區分確實仍然是解釋問題所不可或缺的。

拉茲從法律舉出其他例子。例如，他要我們注意刑法規則，像是禁止人身侵犯的規則；他說，這條規則與允許出於自衛而侵犯人身的規則相牴觸。他的結論是，在這裡，我們有兩條法律規則，它們都顯為有效而又相互衝突。他相信在這兩條規則確實相互衝突的個案（如在某人因自衛而犯了人身侵犯），法官就必須衡量兩條規則並適用較重要的規則——結果總是允許因自衛而侵犯人身的規則。他舉這個例子以說明，兩條規則在緊急狀況之外發生衝突，這種情形是可以理解的。

但這個例子的前提其實是怪異的衝突概念。如果刑法典裡有條一般性規則規定，出於自衛的行為一概不負刑事責任，這條規則就不會與定義個別犯罪的規則衝突，儘管那條具體規則沒有提到自衛。關於自衛的一般性規則必須解讀為，不管個別刑法規則怎麼規定，出於自衛的行為一概不構成犯罪。確實，規定一般防衛的規則通常以這種方式制定，但就算不是這樣，也必須以這種方式理解它們。但一項規則，如果它所規定的是另一項規則的例外，它與另外那項規則就沒有衝突，至少沒有這個意義上的衝突：如果被指控人身侵犯的人證明自己的行為是出於自衛，法官就必須面對朝著相反方向拉扯的兩條規則——對於這兩條規則，他必須衡量它們彼此的分量以形成判決。在這個意義上，這兩條規則一起決定結果：法官不必在兩者之間抉擇，也不必決定它們之間相對的重要性。

為什麼拉茲會認為，當一條規則顯然是另一條規則的例外時，這兩條規則仍然有所衝突呢？我認為，答案在於他談到的法律個體性。他認為，對於他「禁止人身侵犯的規則與允許出於自衛而侵犯人身的規則相互衝突」這項論點，我的回答會是這兩條規則其實是同一條規則的兩個部分。他說，我提出這種主張，只能以接受難以接受的法律個體理論為代價，他預測我將犯下這種錯誤，便說我沒有充分關注法律個體性這項一般問題。他的說法太慷慨了，因爲我根本完全沒有注意到這個問題。我實際上不以「規則與它的例外其實算是一條規則」這樣的主張爲前提，我也不打算主張它們「其實必定是兩條規則」。

拉茲對他的法律個體理論有兩種不同的想法。他有時把個體理論當成展示策略，也就是，關於「一國法律體系最具啓發性的說明方式」的理論。舉例而言，刑法教科書的作者顯然就需要展示策略。它必須區分**罪責原則**與必要性原則，並將這些抽象原則與它們作爲限制與豁免而貫穿的、更具體的規則區分。當然，儘管某些展示策略可能悖理或造成誤導，因爲它們以無法掌握或無法吸收的方式描述法律，但許多不同的策略可能或多或少都適用。

然而，拉茲似乎在其他時候認爲，法律個體性問題無關學生或法律人說明法律是什麼時所使用的策略，卻涉及「法律是什麼」這項更具哲學性的問題。他說，這涉及法律形式結構的問題，而這對法哲學家（而不是教科書作者）來說很重要。他以這種方式提出核心問題：「什麼算是一項完整的法律？」接著他引述邊沁對這個問題的論述。「什麼是法律？什麼是法律的部分？我們必須注意到，這些問題的主旨是**邏輯的**、**理念的**、**智識的**整體，而不是**物理性**的[24]……。」

這種問題使我們遠離法律展示的基本問題：它將我們帶往另一點，拉茲博士認爲，在這裡，法理論的成敗由它對「什麼算是一項完整的法律」這個問題的答案決定[25]。對我來說，這扯得太遠了。假設你剛念完一本地質學的大書，而我要你告訴我書裡的資訊，你會以一系列事實命題回應。但現在，假設我首先問，書裡包含多少事實命題，你又依據哪種理論來計算它，你會認爲我瘋了，不只因爲這個問題困難到荒謬的程度，就像問沙灘上有多少沙一樣，也不是因爲回答這個問題需要困難的概念區分，就像我問你包含一位剛懷孕的孕婦的某個團體有多少人。你認爲我瘋了，因爲我對你手上的材料問了全然錯誤的問題。書裡有一大堆的資訊；命題是呈現資訊的方式，但所用命題的數量將視資訊內容的考量而定，例如，像是命題提到「岩石」這個一般辭彙還是特定種類岩石的名稱。

同樣地，法律人運用規則與原則報導法律資訊，而認爲哪種陳述是正統的陳述方式，都是錯誤的想法。縱使是所謂的制定法規則也一樣，因爲，如果法律人只是重複那項制定法所使用的語言，他們也常常錯誤地呈現制定法所制定的規則，這司空見慣。兩位法律人可能以不同的文字摘要特定制定法的效果，其中一人可能比另一位使用更多規則；他們所說的可能仍是同一回事。

我的論點不是「法律」包含了固定數量的規範，其中某些是規則而其他的是原則。實際上，我所要反對的，正是「『法律』是一組（某種類型的）固定標準」這種論點。我的論點毋寧在於，對於法律人判斷具體法律權利義務問題時必須納入的考量的精確摘要，會包含具有原則之形式與效力的命題，而法官與律師本身常常在證立他們的結論時，運用必須以這種方式理解的命題。我相信，這一切都不會讓我接受預設任何個體理論的法本體論。

我說過，法律規則的「完整」陳述應包含它的例外，忽略例外的陳述是「不完整的」。早知道拉茲會這樣反駁，我就不會以這種方式提出這項論點。我會清楚地說，例外可以透過獨立規則的形式陳述，就像自衛規則的例子，也可以用原來規則的修正敘述來陳述。但假使我這麼做，我也會說明，這主要是說法的不同。這無關規則與原則的區別。我可以指出一條規則——像是「人身侵犯是犯罪」這樣的規則——以及一串既存例外的清單，以摘要一項法律。如果我的摘要是完整的，犯了人身侵犯的人就有罪，除非我提到的例外也同時適用；如果他無罪，要不我錯了，要不法律改變了。原則不是這麼回事。假設我說，原則上人們不能從自己的錯誤獲利，但實際上有人以這種方式獲利。我的陳述不必修正，甚至不必更新，因爲人們不只合宜地（在這些字彙的當然意義上）從自己的錯誤獲利，不只在適用人們承認的例外時是這樣，當個案特別因素使其他最近獲得承認的原則或政策影響決定時，也是這樣。

使拉茲走向他奇特的衝突觀的，正是第二個本體論式的法律個體性之調性。如果有誰認眞看待「某種形式的法律規則是『無缺』且『完整』的」這種想法，他必定也要認爲，無缺且完整的法律也同樣彼此獨立，因此我們必須認爲，定義人身侵犯的規則是一條單純的指示，它規定做特定行爲的人必須受到懲罰。但如果認爲這項法律規則的陳述只不過是要說明某些制度性決定的法律效果，我們就不會認爲有任何衝突。這時我們只會說，關於人身侵犯的規則就像其他關於犯罪的規則一樣，在自衛的情形下受到例外的限制；我們就不會管到底描述了一條還是兩條規則。

拉茲對我還有另一項反對意見，而我不太了解它的意義。他主張，規則與原則會相互衝突，這使兩者的區分失去立足點；例如，我們會認爲，取得時效的規則與「無人得由自身之錯誤獲利」這條原則相衝突。我不認爲將那些規則與那條原則的關係描述爲衝突具有任何啓發性。就像我曾說過的，這種規則的存在就證明了，不從自己的錯誤獲利的原則其實是原則而不是規則。如果哪天取得時效的規則修正了，不論是明文的立法決策或司法的再詮釋所致，原因必定在於，比起那項規則制定當時，那條原則現在更重要。然而，我們仍然可以說規範取得時效的規則反映了那條原則，而不是與那條原則衝突，因爲，這些規則的樣貌，與它們在那條原則於決定中不具任何重要性的情形下所可能具有的樣貌不一樣。例如，如果不再認爲它與那條原則相互牴觸，透過取得時效取得權利通常所必要的時間就會更短。實際上，我區分原則與規則的理由之一，就是要說明規則怎麼體現以這樣的方式競爭的原則之間的妥協，而如果我們放肆地談論與原則牴觸的規則，這項論點就會消失或被淹沒。

無論如何，我看不出這個現象怎麼挑戰我要在規則與原則之間劃下的區分。拉茲認爲，這表示規則與原則一樣都具有分量，因爲他認爲，當規則與原則牴觸，就必須決定要選擇哪一個，而要做這樣的決定，就必須賦予那項規則一定的分量，並與原則的分量相衡。但這種說法其實錯誤地詮釋規則與原則的互動。如果法院決定推翻一條既存的普通法規則，那項規則規定，過失錯誤告知[26]不生法律責任，法院引用一些原則以證立這項決定，這些原則包括「因他人之錯誤而受苦是不義的」。我們必須這樣理解：法院決定，整體來說，在那種狀況下，比起要求維持規則的原則——包括先例拘束原則——要求推翻既存規則的那組原則——包括剛剛提到的正義原則——分量更重。法院判斷應該保留哪一條規則時必須衡量兩組原則；因而，「法院比較規則與規則或規則與原則之間的分量」這種說法造成誤導。實際上，當拉茲描述法律或道德規則的衡量時，他所講的其實就是這些規則體現的原則與政策之間的衡量，因爲，當他談到規則的「目標」，這必定就是他的意思。

我無法回應拉茲在他的文章提出的所有詳細論點，但我願意簡要回應其中幾點：

（一）對於原則與規則之間的區分，拉茲提出與我不同的區分方式[27]。他偏好另一種區分，根據這種觀點，規則規定相對具體的行爲，而原則規定相對抽象的行爲[28]。「行爲是高度抽象的，」拉茲說，「如果在不同情形，得由各該情形中各式各樣的異質種屬行爲之履行所表現[29]。」但這還不夠，因爲除了舉例，他沒有指出「種屬行爲」的異質性要素，而他的例子造成混淆而不是帶來啓發。他說「承諾必須遵守」這項命題是規則，並且用這項命題例示他的命題：「規則之間可能相互衝突。」但在不同狀況下，天差地別的異類行爲都可能是爲了遵守承諾而做成的，因爲人們所能做的一切都能拿來當成承諾的內容。另一方面，拉茲說「指示法官與所有公權力機關保護言論自由的法律」就是原則。但公權力機關依照這條原則而必須做的行爲，或許只是下命令或投票表決，而這些似乎是同質的，而且，比起他們作爲個體爲遵守承諾而必須做的，它們也更加同質。當然，作爲遵守承諾的行爲，所有爲遵守承諾而做的行爲都是相似的。但所有保護言論自由的行爲，或甚至促進平等的行爲，在同一個方面也是相似的。一群行爲是不是同質，要按照考量這些行爲時所依據的描述而定，而直到拉茲提出正統描述的理論前，我們都無法運用他的區分。

（二）拉茲正確地認爲，某些以「我們的法律原則在於……」開頭的陳述，應理解爲其他規範的摘要[30]。但他錯誤地認爲，法院對契約自由原則的引用——就像我在 *Henningsen* 案討論過的，也應該以這種方式理解。相反地，這些引用承認了原則決定具體法律權利與責任的力量，以及評估——有時候是限制——這些力量的嘗試。

（三）拉茲誤解了我對規則中類似「不合理」之類詞彙的用法的解釋[31]。我的意思，不是這種詞彙的功能在於「使法律免於」體現在某些原則上的一般性考量[32]。我的意思毋寧在於，它們的功能是使規則接受某些原則的影響，但也只是某些原則。如果一切不合理的貿易限制都無效，「貿易的不合理限制無效」這條規則仍然是規則，儘管有其他執行它而不是緩和它的不合理性的理由。拉茲引用並認爲與這種規則全然一致的原則，也就是「法院一般而言拒絕執行不正當的交易」這條原則，就它所使用的詞彙來說，在這個意義上有所不同。在某些不常見的情形下，這條原則認爲實際上仍然可以執行不正當交易；例如，找不到其他可以保護善意第三人的手段時或許就是這樣。如果立法者制定一條規則，規定不正當的交易無效而不能執行，情況或許就會不一樣。

（四）拉茲正確地認爲，幾乎沒有大型社群共享一貫的道德信念法典，但他誤解了訴諸社群道德的法官們，他控訴他們炮製有害的幻象[33]。他沒有區分兩種社群道德規範的概念。這個詞所指的，或許是對於特定議題可以透過蓋洛普民調得知的、信念上的共識。或者它所指的可能是，在這些原則於本章先前討論的那種有效法理論裡占有一席之地的意義上，作爲那個社群的制度與法律之基礎的道德原則。一條原則是不是這種意義上的社群的原則，有待討論而不是有待發現，儘管問題通常在於原則的分量而不是它的存在。拉茲批評的法官在第二種意義上使用這個概念，儘管他們有時候藉由與第一種意義相符的語言使用它。他們沒有注意到這項複雜的區分，拉茲卻誤認這是他們的虛僞。認爲他對這項區分的忽略反映他對社會規則理論的依賴，是不是過於牽強？如果那套理論的強版本是正確的，就不能主張社群在它的制式社會實踐所接受的道德外，透過它的傳統與制度接受任何責任的道德，而那一般來說沒什麼意義。我認爲，這是社會規則理論對法理學最重要的影響，也是堅持那套理論貽誤最令人信服的理由。

◆注釋◆

[1] 見原書頁十六以下，本書第二章。

[2] Raz, 'Legal Principles and the Limits of Law', *81 Yale* L. J., 823 (1972). 亦見G. Carrio, *Legal Principle and Legal Positivism* (1971); Christie, 'The Modle of Principle', 1969, *Duke* L. J. 649; Gross, Jurisprudence', 1968/69 *Annual Survey* of A. L. 575; Probert, 'The Right Way', Human Rights 163 (E. Pollack ed. 1971); Sartorius, 'Social Policy and Judicial Legislation', 8 *Am. Phil. Q*. 151 (1971); Tapper, Callum, 'Dworkin on Judicial Discretion', 60 J. Phil. 638 (1963). 我不打算回應甚或提及這些文章呈現的所有論點。我已選出最常被提出，或學生認為最有說服力的論點來討論。譯註：約瑟夫・拉茲（Joseph Raz），英國法學者、政治哲學家，任教於牛津大學，曾受教於哈特。

[3] 例見 Carrio 頁二二一。

[4] Sartorius 頁一五五。

[5] 同前註頁一五六。

[6] Raz at 843 ff., Carrio at 27; Christie at 669; MacCallum *loc. cit.*

[7] Raz at 834-854, Christie at 656 ff.

[8] H. L. A. Hart, *The Concept of Law* 79-88 (1961).

[9] 哈特的分析，*loc. cit.*, 是「義務」概念的分析。我在這裡也使用「責任」這個詞，因為比起法官執行法律的義務，關於法官責任的討論更常見，也因為哈特有意把他的分析同時適用於這兩個辭彙：確實，他在《法律的概念》裡就交替使用它們。見 *id.* at 27,238

[10] 哈特出於不同目的而使用這個例子。見 Hart, *op. cit.*, at 121. 我抽出這個例子，從而這裡涉及的社會規則會是課以義務（或責任）的規則，例如，假設在要求服從的社會壓力相當嚴峻的情形。

[11] Sartorius, *op. cit.* at 155.譯註：羅夫・薩托流斯（Rolf Sartorius），哲學家，明尼蘇達大學哲學系教授。

[12] Hart, *op. cit.* at 144.

[13] 譯註：國際度量衡局在一八八九年製作的鉑銥合金尺，存放於巴黎，按規定，這根尺兩端刻痕在攝氏零度時的距離，即為一公尺的長度。

[14] Hart at 106.

【15】Raz at 825. Carrio at 25使用同樣地用語及概念。

【16】115 N.Y. 506, 22 N.E. 188 (1889).

【17】Sartorius at 155.

【18】*Id*. at 156,

【19】這樣的論述是第四章漫長論證的摘要。

【20】Sartorius at 159，引用我原書第二章十七頁。

【21】Raz at 843 ff. 見 MacCallum, *loc. Cit*.

【22】註六所引用一切文章都是這樣。

【23】這在拉茲那篇文章的頁八二九以下發展而來。

【24】Raz at 825.

【25】Raz at 825, 827-8.

【26】譯註：指締約磋商的一方，就締約上重要事項，因過失而對他方做錯誤的告知，進而促使契約成立。在大陸法系屬「締約上過失」的範疇。

【27】Raz at 838 ff.

【28】Raz at 838.

【29】*Ibid*.

【30】Raz at 838-839.

【31】Raz at 827-828.

【32】See Raz at 837.

【33】Raz at 828-829.

第四章　疑難案件

一、前言

法實證主義提出一套疑難案件理論。根據這套理論，當特定訴訟無法適用某個機關事先制定的清楚法律規則，法官就有做成勝訴或敗訴判決的自由裁量權。他的意見書寫得像是認定其中一造享有事前就存在而能據以勝訴的法律權利，但這種想法純屬虛構。實際上，他創設新的法律權利，並溯及既往地適用到手上的案件。我在前兩章主張這套裁判理論全然不當；在本章，我將提出更好的理論並為它申辯。

我將主張，就算沒有能適用於系爭案件的既存規則，一造當事人還是可能享有獲得勝訴判決的權利。就算在疑難案件，法官的責任仍然是發現當事人享有什麼權利，而不是溯及既往地創設新權利。然而，必須立即澄清的是，這套理論裡，沒有能夠展示疑難案件當事人權利的機械性程序。相反地，這項觀點認為，對於法律權利，講理的律師與法官常常意見相左，就像公民與政治人物對政治權利有所爭論。本章提出法官與律師必須捫心自問的問題，但不保證他們對這些問題都會給出相同答案。

某些讀者可能反駁，如果即使在原則上，也沒有任何能夠展示疑難案件當事人權利的程序，這就表示他們沒有任何權利。這種反對意見預設了爭議性的一般性哲學命題，也就是「至少在原則上，除非命題能被證明為眞，否則它就無法為眞」這項命題。沒有理由認為這是一般性眞理理論的成分，相反地，我們有很好的理由，拒絕它適用在法律權利命題上[1]。

二、權利命題

（一）原則與政策

裁判理論變得越來越複雜精巧，但最流行的理論仍把裁判置於立法的陰影內。故事大綱十分熟悉。法官應該適用其他機關制定的法律；他們不該創造新法。這是理想，但由於種種因素，實際上無法完全實現。制定法與普通法規則常常模糊不清，適用於新奇案件之前也必須經過詮釋。而且，某些案件引發的議題太奇特，就算擴張、再詮釋既存規則，也沒辦法下判決。因此，不論隱密或公然，法官有時候必須創造新法。但法官造法時，他們的行動必須像是理想立法機關的代理人，制定他們認為如果立法機關考慮過這個問題就會制定的法律。

這實在太熟悉了，但在普通的故事背後，隱藏著人們有時忽略的、更深層的從屬關係。就它的預期而言，當法官造法，他們不只扮演立法機關的代理人，他們就是代理立法機關。他們會制定法律以回應某些證據與論據，而這些證據與論據的性質與優位機關（譯按：指立法機關）自己動手時將會考量的證據與論據一樣。這是更深層的從屬關係，因為它使對於法官在疑難案件裡所作所為的理解，全然寄生於對立法機關一切行為的前理解。這種深層的從屬關係因而既是概念性的，也是政治性的。

然而，法官其實不是也不該是代理立法者，認爲法官跨出其他機關的政治決定時就是在立法，這種熟悉見解造成誤導。它忽略我將簡單地介紹的、政治理論裡一項根本區分的重要性。那就是原則論據與政策論據的區分[2]。

政策論據說明某項政治決定促進或保障整體社群的某項集體目標以證立這項決定。主張補助航空器製造商將保障國防以支持補助的論據，屬於政策論據。原則論據說明某項政治決定尊重或保障個體或群體的權利以證立這項決定。主張少數群體有受平等尊重與關懷的權利以支持反種族隔離法的論據，屬於原則論據。這兩種論據沒有窮盡政治論據。比方說，政治決定的立論基礎，有時可能是公眾的慷慨或德性而不是政策或原則，像是允許盲人更高免稅額的決定。但原則與政策是政治正當化理由的兩大主要立論基礎。

不論繁簡，立法計畫的正當化理由通常同時需要兩種論據。即使主要屬於政策問題的立法計畫，像是對重要產業的補助，也會需要原則來證立它的具體安排。例如，補助計畫平等地補助產能不同的製造商，原因在於，規模較小的航空器製造商，也享有不因政府干預而被逐出產業的權利，儘管沒有了它們，這個產業會更有效率。另一方面，主要建立在原則上的計畫，像是反歧視法，也會反映「權利不是絕對的，當政策的考量相當強烈，它就不能成立」這種想法。例如，那項計畫可能規定，有致生格外的混亂與危險之虞時，公平雇用規則就不適用。可以說，就補助而言，那項法律授予的權利生於政策而又受到原則的限制；就反歧視而言，它們生於原則而又受到政策的限制。

立法機關顯然適於追求政策論據並採用生於這種論據的立法計畫。如果法院是代理立法機關，對它們來說，同樣的做法也必然適宜。當然，非原創性司法裁判——僅僅執行顯然有效的制定法上清楚規則的裁判，總是受到原則論據的證立，就算那項制定法本身生於政策。假設有位航空器製造商訴請給付制定法所給與的補助。他主張自己獲得補助的權利；他的論證是原則論據。他主張的，不是對他提供補助將有助於國防；他甚至可能承認，就它所由制定的政策基礎來說，那項法律是錯誤立法，或就政策來說，那項法律早就該廢除了。他獲得補助的權利不再取決於政策論據，因為制定法使它成為原則問題。

但如果系爭案件是疑難案件，沒有既存規則指示裁判方向時，適切的判決似乎既可生於政策，也可生於原則。例如，看看晚近 *Spartan Steel* 案裡的問題[3]。被告的員工破壞了電力公司的電纜，那條電纜是用來輸送電力給原告的，而原告的工廠在電纜修復時關閉。法院必須決定，該不該允許原告因為別人的財產遭到過失侵犯而承受的經濟上損失請求賠償。法院審判時，可能考慮處於原告地位的公司有沒有賠償請求權，這是原則問題，或者它會問，以原告建議的方式分配意外責任，在經濟上明不明智，這是政策問題。

如果法官是代理立法者，法院就該準備接受前後兩種論據，並照那項論據的建議做成原告勝訴判決。我想，「在 *Spartan Steel* 案這種新奇案件，法院必須自由地基於政策判決」這流行的想法就是這個意思；確實，在這個案件，丹寧（Denning）勳爵就以這種方式陳述他的意見[4]。我不認為他有意以我的技術性方法區分原則論據與政策論據，但無論如何，他不排除技術意義上的政策論據。

不過，我要提出的命題是：即使在 *Spartan Steel* 案那種疑難案件，民事案件的司法裁判典型地生於原則，也應該生於原則而不是政策。這項命題顯然還需要詳加論述，但我們應該注意到，政治理論與法理學的某些論據支持這項命題，即使是這項命題的抽象形式。這些論據不是決定性的，但它們足以說明這項命題的重要性，並證立更仔細的討論所需要的關注。

(二) 原則與民主

「司法裁判必須從屬於立法機關的決定」這套熟悉的說詞，受到兩種反對司法原創性的意見支持。第一種反對意見主張，社群應由多數群體所選出、並對多數群體負責的人們治理。既然法官大半不是民選產生的，他們實際上也不像議員那樣對選民負責，法官造法似乎就違背那項命題。第二種反對意見則主張，如果法官造法並溯及既往地適用於面前的案件，則敗訴一造受到懲罰，就不是因為他違反早就存在的責任，而毋寧是事後創造的新責任。

這兩項論據結合起來支持「司法裁判應該盡可能地不具原創性」這項傳統理念。但它們反對的，主要是生於政策的司法裁判，而不是生於原則的。談到作為政策的法律——也就是，作為個別目標與目的在追尋社群整體福祉時的妥協的法律——第一種反對意見，也就是「法律應由民選且對選民負責的機關制定」這項主張似乎沒有例外。客觀地達成這種妥協所必要的、個人之間的效用與偏好的比較如何可行，即使在理論上也有疑義；但無論如何，實際上無法做出適當的計算。所以，政策決定必須經由用以精確描述應納入考量的各種不同利益的政治程序而做成。代議民主政治體系在這方面可能運作得不夠好，但它好過允許非民選——而且沒有信差、說客或壓力團體的——法官在研究室裡妥協衝突利益的政治制度。

就生於政策的判決來說，第二種反對意見也具有說服力。我們都同意，以事後創造的新義務的名義犧牲無辜者的權利是錯的；因此，只爲了增進整體經濟效率，就從個體手中拿走財產並交給別人，似乎也是錯的。但這正是證立 *Spartan Steel* 案判決所必要的政策論據。如果原告沒有獲得賠償的**權利**，被告也沒有提出賠償的責任，法院只能以明智的經濟政策證立它剝奪被告財產並交給原告的做法。

但另一方面，假設在 *Spartan Steel* 案那種疑難案件，法官成功地以原則而不是政策爲立論基礎而證立判決。也就是，如果他能說明原告有獲得賠償的權利。剛剛所說的這兩項論據就不太能算是對這項判決的反對意見。當法院衡量原則，第一種反對意見較不相干，因爲原則論據的基礎，通常無關於各種遍布於社群的、不同要求與關切的本質與強度。相反地，原則論據將焦點放在它描述的權利之倡議者所呈現的某種利益，這種利益據稱具有某種特質，使任何可能反對它的政策論據上的區別都因而不相干。隔絕於（其利益將被系爭權利壓倒的）政治上多數群體之要求的法官因而更適於評估這種論據。

第二種反對司法原創性的主張也無力反對原則論據。如果原告享有得以對抗被告的權利，被告就負有相應的責任，證立原告勝訴判決的正是這項責任，而不是在法庭上創造的新責任。儘管那項責任不是由既存的明文立法課予，但與已有明文規定的情形相比，執行那項責任沒有造成不義，而只有些許差異。

差異當然就在於，如果責任是由制定法創造的，原告就能更清楚地注意那項責任，也能更合理地期待他安排自己的事務以合乎那項責任的要求。但原則論據要求我們以新的方式看待被告

「突襲性裁判不公平」這項主張。如果原告眞的有獲得勝訴的權利，他就能主張那項權利。如果他顯然且毫無爭議地享有那項權利，被告就絕對不能只因爲那項權利不是隨著制定法的公布施行而產生，就主張自己受到不公平的突襲。另一方面，如果原告的主張有所疑義，在某個程度上，法院就必然突襲了其中一造；如果法院判定，衡量之下，原告的主張比較有力，它也會判定，衡量之下，原告的期待較有正當性。當然，法院的結論可能是錯的；但犯錯的概然率不是論據的原創性導致的，因爲沒有理由認爲，對於原則，比起不受非原創性受拘束的法院，到這種拘束的法院比較不會犯錯。

（三）法理學

因此，就這些政治考量來說，我們有充足理由更詳細地討論，是不是就算在疑難案件，也不能認爲司法論證生於原則論據。在一項常見的法理學問題裡還有額外的理由。法律人相信，法官造法時，他們的判決受到司法傳統的拘束，卻也仍然是個人且原創的。據說新奇判決反映法官自己的政治道德，但也反映根植於普通法傳統中的道德，兩者可能相異。當然，這只是法學院的說詞，但它確實提出了問題：對鑑別與調和各種影響疑難案件判決的因素的方式提出解釋。

有個流行的解答建立在某種立體圖像上；它說，普通法傳統壓縮法官倚賴他的個人道德的自由裁量空間，但沒有完全消滅那個空間。但這項答案在兩方面無法令人滿意。首先，它沒有說明「某些道德根植於其他法官從前做的那群判決」這種說法有什麼意義，而這頂多只是個引發爭執的隱喻。其次，它對司法裁判提出全然不當的現象學論述。裁判疑難案件時，法官並未使用二階式程序——首先檢查制度性限制的界限，然後把書本擺到一邊去，自己大步邁進。他們所感受的制度性限制無所不在，還延續到判決本身。對於個人與制度性道德之間的互動，我們因而需要一套論述，既較不隱喻性，也能更成功地解釋那無所不在的互動。

權利命題，也就是「司法裁判實現既存政治權利」這項命題，提出在這兩方面都更成功的解釋。如果這項命題成立，制度史就不是法官的政治判斷的限制，而是那項判斷的成分，因爲，制度史是任何關於個體權利的、言之成理的判斷都必須調和的背景之一。政治權利同時是歷史與道德的產物：在公民社會裡，個體有權享有的，同時取決於它的政治制度的實踐與正義。司法原創性與制度史之間假想的緊張關係就這麼消解了：對於來到他面前的兩造的權利，法官必須做成嶄新的判斷，但這些政治權利反映而不是反對過去的政治決定。當法官在判決先例確立的規則，與某些人們認爲更公平的規則之間選擇，他並不是在歷史與正義之間選擇。他做成的，毋寧是要求通常在任何政治權利算計中結合，但在這裡相競爭的考量之間，應該有所折衝的判斷。

因而，對於法官如何在疑難案件裡運用判決先例，權利命題提出比起任何更看重政策的理論都更令人滿意的解釋。法官就像所有政治機關，受到政治責任原則的支配。就它最一般性的形式來說，這項學說主張，政治機關所能做成的政治決定，以他們能在一套同時證立他們打算做成的其他決定的理論內加以證立的決定爲限。在這種一般性的形式上，這條原則似乎無關緊要；但即使就這種形式來說，它也譴責所謂（套用羅爾斯的話說）直覺主義式政治運作[5]。它譴責的做法是，做成孤立來看似乎正確，但無法納入與人們也認爲正確的決定一貫的、一般性原則與政策之整全理論的決定。假設某位國會議員在「任何形式的人類生命都是神聖的」這種立論基礎上，把票投給反墮胎法案，但他接著又投票允許天生殘缺的嬰兒的父母不給予維持這種嬰兒的生命所必要的治療。他可能會說自己覺得有所差異，但責任原則如果嚴格地適用，就不會允許他投下這兩票，除非他能將這項差異揉入他誠摯地主張的一般性政治理論。

可以說，這條原則要求清楚的一致性。但涉及政策時，這項要求相對無力。政策對政治決定的影響是集合性的，「個體獲得同等對待」這項要求不在達成集體目標的負責任策略之列。所以，責任原則並不表示，如果立法機關在某月補助某航空器製造商，它在下個月也應補助另一家。然而，在原則問題上，這條原則堅持個案之間分配上的一貫性，因爲它不允許會因系爭利益的不平等分配而更能實現的策略觀點。例如，如果公權力機關相信，某種性自由是個體權利，它就必須在它認爲享有這種權利的群體當中，合理而平等地分配這項利益，以保障那項自由權。如果他允許一對夫妻使用避孕器，因爲他認爲，不這麼做就會侵犯那項權利，那麼，只要他不推翻先前的決定，他就必須允許下一對夫妻擁有相同的自由。他不能說，第一項決定已給予社群它所需要的性自由，因此，做成第二項決定時，就不需要更多的性自由。

至少在涉及政治責任原則的廣泛意義上，司法裁判是政治決定。如果權利命題成立，至少在抽象層面上，剛剛提出的區分就能說明法官對判決先例與假設案例的特殊關懷。基於責任原則，只有在能夠說明所引用的原則與尚未被推翻的判決先例、以及那個機關將在假設的狀況下做成的判斷相互一致的情形下，原則論據才能爲具體裁判提供正當化理由。這不令人意外，但如果法官將判決建立在政策論據上，這項主張就不成立了。他們將能不受拘束地主張，在系爭案件，爲了體現某些政策而做成的判決將適切地有助於那項政策的實現——像是某些受創產業受補助的權利，這樣，就不必認爲先前的裁判或假設的未來判決體現了同一項政策。

當然，一致性在這裡的意思，是系爭原則適用上的一致性，而不只是以原則的名義宣告的特定規則適用上的一致性。例如，如果「無人有修復自己的疏失所導致、卻遙遠或無法預期之損失的責任」這條原則被用來證立 *Spartan Steel* 案的被告勝訴的判決，就必須說明，其他案件所制定的、允許就過失錯誤告知請求賠償的規則也與那條原則一致；而不只是說明過失陳述的相關規則與 *Spartan Steel* 案的規則不一樣。

（四）三個問題

我們因而在政治理論與法理學的這些論述裡，找到支持抽象形式的權利命題的某些理由。然而，任何更進一步的申辯都有待更精確的描述。這項命題必須朝三個方向進一步發展。首先，它立足於個體權利與社會目標之間的一般性區分，那項區分必須更清晰地說明，而不只是舉例說明。而且，那項區分的說明必須能回應下列問題。當政治人物訴諸個體權利，他們所設想的是關於非常抽象且根本的利益的偉大命題，像是自由、平等或受尊重的權利。這些偉大的權利似乎不適用於法律上的疑難案件，或許憲法案件除外；就算適切，它們也似乎過於抽象，在論證上沒什麼作用。如果權利命題要成功，就必須說明，對性格與細節上與確實出現在法律論證裡的論據相同的論據來說，如何能維持原則論據與政策論據之間的一般性區分。我將試著在本章第三節說明，在適切地詳論下，抽象與具體權利之間的區分足以滿足那個目的。

其次，對於判決先例與制度史在疑難案件裁判中的角色，這項命題提出一套理論。我曾在上一節概述這套理論，但在能按照我們關於法官實際上如何判決的經驗而加以檢驗之前，它必須再擴張、闡明。而且，它的擴張必須意識到下述問題。沒有人認爲，實然而言，法律完全合乎正義。假如判決先例發展的某條路徑其實不合乎正義，因爲它拒絕將公民的某些政治權利當成法律權利來執行。儘管裁判疑難案件的法官因而反對這些判決先例，清楚的一致性原則卻要求，他的論證必須考量它們。他的論據似乎不可能是原則論據，也就是，不可能是用以確立當事人政治權利的論據，因爲，由於考量到判決先例，關於這些權利的錯誤意見腐化了他的論證。如果要爲那項命題申辯，就必須說明這個第一印象錯在哪裡。單是主張這項論據確立當事人有別於政治權利的法律權利，從而是原則論據，還不足夠。權利命題認爲，獲得勝訴的權利是眞正的政治權利，儘管那項權利顯然不同於其他形式的政治權利，像是被當成平等者對待的權利，而光是注意到這項差異，還不能說明早先的錯誤判決爲什麼能改變前面那種權利。爲了理解法律論證的那項特色，必須討論制度性權利的一般性特質——這點將在第四節討論——以及作爲制度性權利的法律權利具有什麼特殊性質——這點將在第五節討論。

但我對制度性權利與法律權利的說明爲權利命題提出第三個不同的問題。這項解釋說明，爲了決定當事人享有什麼法律權利，法官有時必須做政治道德上的判斷。因此，會有人認爲那項命題受到我前面提到的、針對司法原創性的第一種挑戰。會有人說，這項命題無法成立，因爲它騙取了多數人爲自己判斷政治道德問題的權利。我將在第六節討論這項挑戰。

這就是權利命題的完整敘述必須面對的三個問題。如果完整的敘述顯示，這項命題的反對意見是誤解，這也同時顯示，這項命題不像乍看之下的基進。那項命題沒有對法官的所作所爲提供新奇的資訊，而是提出一種新的方式來描述我們對他們的行爲的了解；這種新描述的長處在於，它不是經驗性的，而是政治性且哲學性的。

三、權利與目標

（一）權利的類型

原則論據是以確立個體權利爲目的之論據；政策論據是以確立集體目標爲目的之論據。原則是描述權利的命題；政策是描述目標的命題。但權利與目標是什麼，又有什麼差別呢？很難有個不乞題的定義。例如，言論自由是權利而不是目標，因爲公民們有權獲得作爲政治道德問題的自由，而增加軍火工業的產量是目標而不是權利，因爲它有助於集體福祉，但沒有哪個廠商有權獲得政府的契約，這種說法很自然。然而，這無助於我們的理解，因爲賦權的概念使用而不是解釋權利的概念。

在本章，我將把焦點放在權利主張的分配性特徵，以及這些主張在政治論述中對抗具有另一種分配性特徵的相競爭主張的力量，以區分權利與目標。也就是，我將提出形式上的區分，它不打算說明人們實際上享有什麼權利，甚或他們到底有沒有權利。它毋寧提供用以發現特定政治理論認爲人們應當享有之權利的指引。當然，對於更根本的問題，這項形式區分有它的立場：它建議我們藉由尋找能夠證立具有適當分配性特徵的主張的論據，以發現人們實際上享有什麼權利。但那項區分本身並不提供這種論據。

我從「作爲通用政治正當化理由的目的」這項概念著手。如果對於某套政治理論來說，「某個政治決定可能促進或保護某種事態」得以支持那個決定，且「這個決定會推遲或危及那種事態」得以反對那個決定，這套政治理論就把那種事態當成政治目的。政治權利是個體化的政治目的。如果某個決定有助於促進或保障個體享有某項權利時的事態，這點就得以支持那項決定，縱使那無助於其他政治目的，又有損於其他政治目的，並且，如果某項決定會推遲或危及那種事態，這點得以反對那項決定，縱使其他某些政治目的因而受損，那麼，個體就享有獲得某種機會、資源或自由的權利[6]。目標是非個人化的政治目的，也就是某種事態，它的具體化不以這種方式要求給予特定個體任何特定機會、資源或自由。

集體目標鼓勵在社群內部爲對社群整體產生最大利益而交換利益與負擔。經濟效率是集體目標：它要求以將產生某種定義下的最大集合經濟利益的方式，分配機會與責任。某種平等概念觀也可以視爲集體目標；社群可能把「最大財富不多於最小財富的兩倍」的分配當成目標，或者，它可能基於不同的概念觀而主張某種分配方式，不使任何種族或族群比其他團體差太多。當然，基於給定的事實，任何集體目標都會提出某種特定的分配。作爲集體目標的經濟效用會主張，特定產業應在某些狀況下獲得補助，但在其他狀況下應受懲罰性課稅。作爲目標的平等會在某些狀況下建議立即且完全的重分配，在其他狀況則主張部分且差異性的重分配。在這些例子裡，分配原則都從屬於某種集團性集體利益的概念觀，從而，光是主張能促成更大的整體利益，就足以證立賦予某人較少利益的做法。

集體目標可以是但不必是絕對的。社群可以同時追求不同目標，它可能為一項目標而犧牲另一項。例如，它可能追求經濟效率，也同時追求軍事力量。所追求的分配將由兩個政策的分量決定，而這將增進可能交換的變更與組合。無論如何，這些變更與組合會爲個別目標與二者之組合的實現提供相競爭的策略。補助所有農人而不補助製造商，可能有助於經濟效率，加倍補助某些農夫而完全不補助其他農夫，效果可能更好。要追求任何一組集體目標，都會有可供選擇的各種策略，而且，特別在目標的數目增加時，就不太可能以逐件或個案討論的方式，決定什麼是最能實現整組目標的分配。加倍補助某些農夫而完全不補助其他農夫是不是好的政策，取決於眾多其他已然或將會做成的政治決定，這些決定是爲了追求這項特定決定所必須符合的、非常一般性的策略才做成的。

權利也可以是絕對的：認爲言論自由是絕對權利的政治理論，它要求每個人都應該享有自由，而任何不保障這一點的理由，它就不予認可；它認爲這種理由毫無理由，完全站不住腳。權利也可以不那麼絕對：一條原則可能對另一條原則退讓，或對在特定事實上相競爭的急迫政策退讓。假定權利不是絕對的，權利的分量就能定義爲它承受這種競爭的能力。從權利的定義可知，所有社會目標的分量都不大於它。爲求簡化，我們可以規定，除非任何政治目標具有最低限度的、對抗一般性集體目標的分量，否則就不稱它爲權利；比方說，除非任何對於政治運作上一般尋常目標的訴求都沒辦法超越它，而只有特別緊急的目標能超越它。例如，假設有人說，他承認言論自由權，卻又補充道，每當言論自由的行使造成大眾的不便，它就應該退讓。我認爲他的意思是，他承認集體福祉這項普遍性目標，而且，他認爲必須按照那項集體目標在特定狀況下的建議分配言論自由。集體目標窮盡他的政治立場；這項推想的權利毫無作用，承認它是權利也毫無意義。

這些定義與區分說明，政治目的作爲權利或目標的特徵，取決於它在個別政治理論中的地位與功能。同樣的詞語，在某套理論中可能指稱權利，在另外一套理論裡則指稱目標，或在某套理論中指稱絕對或有力的權利，在另一套理論中則指相對較弱的權利。如果公權力機關運用某種類似於融貫政治理論的想法，以——即使是直覺地——證立所做成的特定決定，它的理論就會承認各式各樣的權利，依照被賦予的概略相對分量排列。

比方說，任何適切的理論都會區分背景權利——爲抽象意義的社會所做成的政治決定提供證立的權利，與制度性權利——爲某個具體特定政治機關所做成決定提供證立的權利。假如我的政治理論認爲每個人都有權獲得他人的財產，只要他更需要它。我會承認，就立法來說，他沒有這種立法權利；也就是，我會承認他沒有制度性權利，得以主張當下的立法機關應該制定違反憲法的法律，如果那項制定法大概也會違憲。我也會承認他沒有制度性權利，得以要求寬恕竊盜的司法判決。就算我確實做了這些讓步，我仍然可以主張，整體來說，人民修改憲法或發動叛亂，並把目前這種形式的政府整個丟掉以廢除財產權，這種行爲具有正當性，以保有我原初的背景主張。我會主張，每個人都有得以證立或要求這些行爲的剩餘背景權利，儘管我承認，就目前制度的構成來說，他無權獲得特定制度性決定。

任何適切的理論也會運用抽象權利與具體權利，從而是抽象原則與具體原則的區分。這是程度上的區分，但我將討論那項區分所涉及的、尺度兩極上相對清楚的例子，從而將它當成一種獨立的區分。抽象權利是一般性的政治目的，它的敘述並不指出，在特定情形中，那項一般性目的怎麼與其他政治目的衡量或折衝。政治措詞中的偉大權利在這方面是抽象的。政治人物談到言論自由、尊嚴或平等權，雖然沒有暗示這些權利是絕對的，卻也不打算主張它們對特定複雜政治情境的影響。

另一方面，具體權利這種政治目的有更具體的定義，從而能更清楚地表達它們在特定情形下與其他政治目的之間的比重。假如我不只主張公民享有言論自由權，更主張報紙有刊登列爲機密的防衛計畫的權利，只要不對軍隊造成立即的物理性危險。對於我的原則所認知的抽象言論自由權利與軍人之安全權或國防上迫切需求的衝突，它也提出特定解決方案。抽象權利以這種方式提出論據以支持具體權利，但具體權利的主張比任何支持它的抽象權利都更具決定性[7]。

(二) 原則與效用

權利與目標之間的區分並不排斥流行的道德人類學當中的一項命題。像那項命題那樣，認爲特定社群的成員具有說服力的原則，在因果上由那個社群的集體目標決定，這種想法全然合理。如果社群裡有許多人相信，每個個體都有權獲得他人最低限度的關懷，作爲文化史問題，這點可以用「那項信念有助於它的集體福祉」這件事實解釋。根據這項命題，如果某種新穎的權利配置更能增進他們的集體福祉，我們就可以期待他們會在適當時機改變自己的道德信念，以支持新的配置。

我不知道在我們的社會或任何社會裡，這項人類學命題在什麼程度上成立。就我所提出的簡單形式來說，它確實沒辦法檢驗，我也不曉得「權利在心理上或文化上由目標決定」這項主張，爲什麼先天上就比相反地主張更具說服力。或許人們選擇合乎既存個人權利感的集體目標，而不是根據集體目標描繪權利。然而，無論是哪種情形，其間必然有時間上的空隙，從而在任何給定的時間上，人們多半會承認權利與目標之間的衝突，也就是這兩種政治目的之一般性區分所預設的那種衝突，至少在個案上是這樣。

那項區分預設了進一步的區分，也就是，「特定權利在政治理論中具有的力量」與「那套理論爲什麼賦予這項權利的因果解釋」之間的區分。這是這個觀點的形式提法，而且就像我現在所認爲的，只有在我們可以鑑別出特定政治理論，並區分「它規定什麼」這項分析性問題與「它爲什麼這樣規定」這項歷史問題時，它才是恰當的。因而，當我們談到社群的道德，卻沒有指明我們設想的是各種社群道德概念觀當中的哪一個，這就遮蔽了那項區分。如果沒有更詳細的討論，我們甚至沒辦法建構起模糊或抽象的政治理論，以在任何特定時點作爲那個社群的理論，我們也因而沒辦法做成——爲了理解原則與政策的概念，而在分析上必要的——理由與作用力的區分。「人類學命題毀去兩者的區分」這種主張因而得以無情地攻擊我們；我們說得好像自己想到什麼融貫的理論，能夠作爲社群道德的理論；但是，我們只因爲自己其實想不到任何特定理論，就否認它基於言之成理的論述而區分原則與政策，一旦參酌社群道德，搞清楚我們想要什麼，繼而——即使是粗糙地——指出我們認爲那項道德原則是什麼，也就馴服了人類學命題。

然而，有些政治理論不是因果地連結權利與目標，而是使權利的作用取決於它作爲權利而有助於集體目標的能力。我想到幾種通稱爲規則功利主義的倫理學理論。例如，那種理論的一種流行形式主張，如果接受要求某種行爲的規則將有助於社群成員的平均福祉，這種行爲就是正確的[8]。例如，政治理論支持言論自由的前提假設可能是，如果法院與其他政治機關普遍地接受那項權利，長期以降，將有助於社群的最高平均效用。

但是，在這種理論裡，我們至少還能區分制度性權利與集體目標。如果那套理論要求，每當某個政治決定對任何個體的言論自由的保障是不可或缺的，特定組織的機關做成某個政治決定具有正當性，如果不做成那個決定就不具正當性，而不論那個決定對集體目標的衝擊，這套理論就使言論自由成爲權利。那套理論基於「如果所有政治機關都以這種方式執行那項權利，實際上將有助於實現重要集體目標」的前提假設而支持這項權利，這並不重要。重要的是，它接受使權利的訴求在具體個案裡具有決定性的政府體制。

所以，對於原則論據與政策論據之間的區分，人類學命題或規則功利主義都提不出任何有效的反對意見。出於謹慎，我將討論可能對那項區分提出的進一步的挑戰。不同的原則論據與政策論據能用來支持同樣地政治決定。假設有個機關打算支持公共場合的種族隔離。他可能提出政策論據，主張種族混雜導致的不悅多於安心。或他可能提出原則論據，訴諸在去種族隔離的過程所可能導致的暴動中被殺害或因而傷殘者的權利。或許有人認爲，這些論據之間的相互可替代性推翻了原則論據與政策論據之間的區分，或使那項區分因下列理由而較無實益。假設人們承認，種族平等權的強度足以勝過一切政策論據，除了最急切的政策論據，而且，它也只會因爲相競爭原則論據的要求而妥協。如果總是找得到原則論據來代替——如果沒有這條原則論據就會被提出的——政策論據，這種讓步就是空泛的。

但是，認爲總是找得到某種原則論據來取代政策論據，從而原則論據會與適切的政策論據同等貼切或有力，其實是個謬誤。如果少數群體對反種族隔離法的主張本身就以政策爲基礎，而訴諸總體一般福祉或效用就能夠推翻那項主張，那麼，引述多數群體的不悅或不安，已然足夠。但如果這項主張引用——除非有同等有力的相競爭原則論據，否則必然可以獲勝的——平等權，唯一可得的這種論據就過於虛弱，就像這裡的情形一樣。除了極端案例，在適切的管理與監督下，種族隔離對任何特定人的性命造成的危險都很輕微。我們因而要承認，在這裡，相競爭的生命權提出對抗平等權的論據，而我們卻也要堅持，這項論據的分量微不足道；或許足以減緩去種族隔離的腳步，卻也無法減緩太多。

（三）經濟學與原則

權利命題在它的描述面主張，疑難案件的司法裁判典型地生於原則而不是政策。近來針對經濟理論與普通法的關係的研究似乎抱持相反觀點：法官幾乎總是基於政策而不是基於原則判決。然而，我們必須小心地區分兩項據稱由那項研究確立的命題。首先，據說法官在侵權行爲法、契約法與財產法這些不同領域建立的每條規則，幾乎都能說是體現使資源配置更有效率的集體目標[9]。其次，他們主張，在某些案件，法官明白地把他們的判決建立在經濟政策上[10]。這兩項主張都沒有推翻權利命題。

第一項主張無關於——做成建立有助於經濟效益之規則的裁判的——法官的動機。它不認爲這些法官曉得他們規則的經濟價值，甚或他們承認那種價值是支持他們判決的論據。證據大半指向相反見解。例如，建立令人遺憾的「同事原則」[11]的法院認為，那條規則是公平而不是功利的要求，而那條規則之所以被推翻，是因為不同世代的法律人認為，他們所要的論據，應該以公平而不是功利為立論基礎[12]。

如果第一項主張成立，對上一節提到的人類學命題來說，或許會是重要的證據。他們會認為，這表示反映著他們那個時代的普遍道德態度的法官與律師，認為法人與個人所擁有的，正是直言不諱的規則功利主義者將立法制定，而有助於一般福祉的權利。但第一項主張也同等地支持我提到的相反結論，也就是，我們目前關於一般福祉的想法反映我們對個體權利的想法。例如，波斯納教授預設某種效率資源配置的概念觀以支持這項主張。他說，某種稀少資源對特定個人的價值，由他願意為那種資源支付的金額決定，因此，當每項資源都置於比任何人都願意支付更多的人手裡，社群福祉就被最大化了[13]。但這不太可能是自明或中性的價值概念觀。對支持競爭的政治理論來說，這種想法氣味相投，但對更具平等主義色彩的理論來說，就不是這樣，因為它使窮人低人一等——他們願意支付的較少，因為他們能花用的較少。所以，波斯納的價值概念觀似乎既可以是個人權利理論的原因，也可以是它的結果。然而，第一項主張的人類學命題無論如何沒有為權利命題造成任何威脅。就算我們承認法官的權利理論取決於經濟價值直覺而不是別的東西，我們也仍然可以主張，他根據那套理論——而不是經濟分析證立疑難案件的判決。

然而，我們區分出的第二項主張似乎呈現更嚴厲的挑戰。如果法官在某些案件明白地訴諸經濟政策，就不能輕易地認為這個案件是支持人類學命題的證據。雷恩德・漢德[14]的過失理論就是明確訴諸經濟學的著例。粗略地說，他的意思是，被告的行為理不理性並從而具有可訴性，判斷標準在於經濟判準，而這項判準問道，被告能不能以低於意外發生時原告可能遭受之傷害的成本避免這場意外，再扣除意外不發生的機率[15]。或許有人認爲，這項經濟判準所提出的是政策論據而不是原則論據，因爲它所判斷的是，允許意外發生或花費必要成本來避免它，哪種做法能促進集體福祉。如果是這樣，運用漢德公式之類判準的判決，不論數量上有多低，都是權利命題的反例。

但是，認爲任何一種經濟計算都必然是政策論據的想法，忽略了抽象與具體權利的區分。抽象權利，像是在政治事項上發言的權利，並不考量相競爭權利；另一方面，具體權利反映這種競爭的影響。在某些狀況下，從相競爭抽象權利到具體權利之間的論證可以使用經濟學的語言。考慮「社群的每個成員都有權要求，其他成員以人類同胞最低限度的正當尊重對待他」這條原則[16]。這是非常抽象的原則：它在個案中要求，在受保障者之利益與——由於那條原則的要求，而必須在某種程度上表現關懷與尊重的人們所享有的——自由權之間取得平衡。比較兩造在不同狀況下的效用額，以界定適切的平衡，這種做法相當自然，特別是在經濟詞彙流行的時候。如果一個人在行爲時可以預見自己行爲將傷害他人，從而他們兩個人的集體效用將因爲那個行爲而大幅降低，他就沒有表現出必要的關心與關懷。例如，如果他比別人更能以便宜或有效率的方式防護那項傷害或爲它投保，那麼，除非他事先預防或投保，否則他就沒有表現必要的關心與關懷。

論據的這項特性絕對不是什麼新鮮事，儘管它的經濟學外衣可能是。長期以來，哲學家討論著那種假設性案例，以判斷個別社群成員應該給予其他成員哪種程度的關懷。例如，如果有人溺水了，另一個人可以救他，且救援的風險極小，那麼，第一個人就有受到第二個人救援的道德權利。這項命題能輕易地套用經濟詞彙：如果救援行動可以大幅增進這兩個人的集體利益，溺水者就有權獲得救援，救援者也就有責任救他。當然，相對應的法律命題會更複雜。它可能指出特別的情境，在那個情境裡，關鍵的問題不在能不能促進當事人的集體效用，而僅僅在於，能不能在邊際上有所增益。例如，當某人——有別於消極不作爲——的積極作爲對別人的人身或財產製造直接而可預見傷害的風險，它就可能提出後面這個問題。當然，如果權利命題成立，就不會有任何法官會訴諸那項法律命題，除非他相信最低尊重原則提出了抽象法律權利；但如果他引用那項命題，他或許會以經濟學的形式提出他的論證，而又不因此就把它的性質從原則轉變爲政策。

既然漢德的判準以及關於救援溺水者的相對應論據，都是調和相競爭權利的方法，它們只考量到系爭抽象權利人的福祉。它們沒有替社群總體的成本與效用留下適用餘地，除非它們反映在系爭權利人身上。我們可以輕易想像不承認這些限制的論據。假設有人主張，應修正要求最低風險救援的原則，以使那項決定無涉受害者與救援者的集體效用，而卻涉及它對社群整體邊際效用的影響，從而，救援者不只必須考量自身與受害者的相對風險，還必須考量兩個人相對的社會重要性。這可能表示，微不足道的人必須冒生命風險營救銀行總裁，但銀行總裁甚至不必費舉手之勞去救任何人。這項論證不再是原則論據，因爲它不認爲受害者享有任何權利，而只有基於總體效用的期待。漢德公式——以及其他更詳盡的變化——不是這種性質的論據；它們不使個人權利從屬於集體目標，而是提出一套調和相競爭抽象權利主張的機制。

疏失案件不是法官調和抽象權利以界定具體權利的唯一案例。比方說，如果法官訴諸公共安全或某些重要資源的稀少性作爲限制抽象權利的立論基礎，他的訴求就可以理解爲，對安全將受犧牲之人的相競爭權利的訴求，或對於——在抽象權利具體化之後——其分享資源之份額受威脅者的權利的訴求。如果他的論據尊重這種論據的分配性要求，並且遵守前一節提到的限制，那項論據就是原則論據：相競爭原則的分量可能少於適切的相對應政策。我們可以在熟悉的論據裡——不應允許某些種類的法律案件，因爲這將使法院「陷入」訴訟負擔——找到另一種例子。法院認爲，如果它受理那類案件，它就不會有時間迅速並充分地審判其他案件，而總體而言，那些案件所要維護的權利比它因而打算拒絕的案件裡的權利還要重要。

這是提及權利命題之若干限制的時機。權利命題在通常的民事案件裡成立，在這類案件，最根本的前提是「一造享有獲得勝訴判決的權利」；但這項前提不成立時，它只能不對稱地適用。如果刑事案件的被告是無辜的，他就有權獲得勝訴判決，但如果他有罪，國家並沒有獲得有罪判決的相對應權利。所以法院可以在某些疑難案件——像是涉及證據法的案件，基於政策論據——這種論據並不認爲被告有權獲得無罪開釋，而做成有利被告的判決。在 *Linkletter v. Walker* 案[17]，最高法院認爲，先前的 *Mapp v. Ohio* 案[18]判決就是這種判決。最高法院說，它改變允許違法採證所得證據的規則，不是因爲 Mapp 小姐有權主張，即使沒有違反其他證據法則也不能使用那項證據，而是爲了嚇阻警察未來不再搜取這種證據。我的意思不是建立在這種基礎上的憲法判決是適當的，甚或法院精確地描述了之前的判決。我只是要指出，刑事訴訟的幾何構造——案件裡沒有設定對抗的相反權利——與權利命題能對稱適用的標準民事案件不一樣。

四、制度性權利

權利命題主張，法官確認或否認具體權利以裁判疑難案件。但法官引用的具體權利必然還有其他兩項特徵。它們必須是制度性權利而不是背景權利，它們也必須是法律權利而不是別種制度性權利。因此，不進一步闡述這些區分，就沒辦法評估或檢驗這項命題。

在各具不同特色的制度裡，都找得到制度性權利。如果棋手將死對手，他就有在大賽中獲得點數的「棋」權。民主制度中的公民有立法上的權利，得主張制定保障他的言論自由所必要的法律。在西洋棋的例子，制度性權利由專屬於這種遊戲或這次大賽的構成性與規範性規則確定。在這個意義上，西洋棋是個自治制度；我的意思是，它的參與者都理解，沒有人能直接訴諸一般性道德進而主張制度性權利。例如，沒有人能主張，基於他的一般德性，他有被宣告爲優勝者的權利。但在這種意義上，立法機關的決定只是部分自治的。有一些定義立法機關、它的成員、表決方式，還規定它不得創立國教的特別構成性與規範性規則。但這些專屬於立法決定的規則，很少足以判定公民有沒有要求制定某項法案的制度性權利；例如，它們沒有規定他有沒有權利主張制定最低工資立法。公民們主張這些權利時，就能預期他們訴諸政治道德的一般性考量。

某些制度完全自治而某些部分自治，這個事實具有前面提到的影響，也就是，政治理論承認的制度性權利可能與它所主張的背景權利分歧。不過，制度性權利是眞正的權利。儘管我們認爲，窮人有從富人身上取得金錢的抽象背景權利，但對棋賽裁判來說，將獎金判給最窮而不是積分最高的棋手，不只出乎意料，更是錯誤的。認爲由於大賽的權利僅僅說明，比賽要能稱爲西洋棋比賽必須符合什麼條件，只要裁判分配獎項時沒有使用「西洋棋」這個字，他的行爲就是正當的，這種想法毫無理由。參與者進入比賽時，他們知道西洋棋規則將會適用；他們享有主張適用且僅適用這些規則的眞正權利。

制度性自治使機關的制度性責任孤立於大半背景政治道德之外。但這種孤立性的影響能延伸多遠？即使在西洋棋這種全然孤立的制度，在機關能夠在某些狀況下適用某些規則之前，這些規則仍要經過詮釋與闡述。假設西洋棋賽有某條規則規定，如果一方「不合理地」在比賽過程干擾他方，裁判就應該沒收比賽。這條規則的語言沒有定義什麼算是「不合理的」干擾；例如，它沒有確定，像是俄羅斯西洋棋大師米哈伊爾・塔爾[19]曾對羅伯・詹姆士・費雪[20]做的、持續朝著對手微笑以使他不耐煩，算不算不合理干擾。

判決這個疑難案件時，裁判不能毫無拘束地引用他的背景信念。作爲政治理論問題，他可能認爲，不論智力如何，個體有享平等福祉的權利。在沒收規則之下，他不能拿那項信念當成裁判這件疑難案件的立論基礎。例如，他不能說，只要能減少智力對誰贏誰輸的影響，干擾就是合理的。參與者及系爭社群會說，他的責任恰恰相反。既然西洋棋是智力遊戲，他就必須以能夠保障而不是危及智力在比賽中的角色的方式，適用沒收規則。

我們有了西洋棋裁判，以例示某種機關——在理解上，應當認爲這種機關涉及制度性權利的決定受到制度性限制的支配，就算這些限制的作用不明確時，也是一樣的。我們不認爲他能在不精確規則中的「開放結構」裡自由地做間隙性的立法[21]。如果沒收規則的一種解釋得以確保那個遊戲的特質，而另一種解釋不能，參與者就有權主張第一種詮釋。我們或許希望在這個相對簡單的例子裡發現，在這件疑難案件，制度性權利的特徵當中，與法官在法律上疑難案件的裁判相關者。

我說西洋棋遊戲具有裁判判決時必須尊重的特質，這是什麼意思？裁判怎麼知道西洋棋是智力遊戲，而不是手指芭蕾？他會從眾所皆知的事情著手。每個制度都被它的參與者置於某種粗略的制度範疇；人們認為它是遊戲，而不是宗教儀式、某種運動或政治程序的運作。因此就西洋棋而言，它是比賽而不是手指技術的運動，這是西洋棋的定義。展現在態度、舉止與歷史上的這些常規是決定性的。如果每個人都認為西洋棋是機會的比賽，從而，棋子被吃掉時，人們純粹怨嘆自己運氣差，那麼，西洋棋就成了機會的比賽，儘管是很爛的那種。

但慣例會用盡，還可能在裁判找到充分的基礎以判決塔爾的微笑之前，就已經用盡。然而，重要的是，要注意到慣例是怎麼用盡的。它們不是像缺了最後一頁的書那樣不完整，而是抽象的，因此，只有在允許不同概念觀的概念中，才能掌握它們的完整作用；也就是，在受有爭議的概念中[22]，裁判必須選擇其中一種概念觀以執行而不是補充那些慣例。他必須自問各種不同的問題，以建構遊戲的特質。假定西洋棋是個智力遊戲，它是不是像撲克牌那樣，包含了心理恫嚇的能力？或者它像數學那樣，並不包含那種能力？第一組問題要求他更詳細地觀察這個遊戲，以決定它的特徵支不支持某種智力概念觀。但他也必須自問另一組問題。假如西洋棋是智力遊戲，那麼，這表示，在西洋棋比賽，什麼樣的行為才算是合理的行為呢？心理恫嚇的能力或承受這種恫嚇的能力眞的是智力的性質嗎？這些問題要求他更仔細地考察智力概念本身。

如果裁判的計算是自覺的，他的計算會在這兩組問題之間擺盪，進而限縮下個階段討論的問題。首先，藉由反思那項概念，他必須辨認不同的智力概念觀。例如，他可能在第一階段認爲，在芭蕾舞中展現的、肉體上的優雅，是某種形式的智力。但他接著必須根據那個遊戲的規則與實踐檢驗不同概念觀。這套判準會排除一切肉體性的智力觀。但它不區分包含與排除心理恫嚇的概念觀，因爲，根據一般正統的解釋方法，這兩種概念觀對規則與實踐的論述都沒有顯然贏過對方。他接著必須自問，這兩項論述中，哪一項對智力的論述比較深刻或比較成功。就這點來說，他的計算在心智哲學與他所闡述的制度之實態之間擺盪。

當然，這只是對從未眞實發生的計算做的想像的重構；任何機關對遊戲的認知都在他的生涯中逐漸建立，而他會在自己的判斷中運用而不是揭露這些認知。但這樣的重構使我們了解，遊戲特質的概念如何能夠剪裁以處理特定制度性問題。自治的制度一旦建立，而參與者根據專屬於那個制度的規則而享有制度性權利，那麼，就它的本質來說，必須認爲所產生的疑難案件有它的答案。如果塔爾眞的沒有要求繼續比賽的權利，這必定是因爲，適切理解下的沒收規則證立了裁判的調停；如果是這樣，費雪就有立刻獲勝的權利。在這種情形，說什麼裁判的「裁量權」是沒用的。如果所指的是弱意義的裁量權，這種說法毫無幫助；如果是強意義的裁量權，以致於塔爾不再享有獲勝的權利，這必然同樣是因爲，適切了解之下的規則取消了他本來應該享有的權利[23]。如果我們說，在這種情形下，當事人都有權期待裁判做出最佳判斷。在某種意義上，這全然爲眞，因爲，就裁判的判斷來說，他們所能要求的，也只不過是裁判必須作出最好的判斷。但在比賽的各種狀況下，對於哪種行爲是不合理的行爲，他們仍然有權要求裁判做出他的最佳判決。「那個問題有個『正確』答案」這項命題，並不表示西洋棋的規則詳盡無疑且清晰可見；相反地，它複雜地陳述機關與參與者的責任。

　　但如果疑難案件的判決必定是針對當事人權利的判決，機關對那項判斷提出的理由，就必定是證立而不是否認權利的那種理由。對於判決，他必須提出一套一般性理論以說明，就它的制度來說，規則怎麼創造或取消任何權利，而他必須說明，那套一般性理論在疑難案件中要求做出哪種判決。在西洋棋裡，制度性權利的普遍基礎必定是當事人默示的同意或理解。他們參加比賽時就同意適用某些規則，而且也只適用那些規則，而我們很難想像有任何其他得以認定他們享有任何制度性權利的一般性基礎。但如果是這樣，而且，如果疑難案件的判決所判定的是他們實際上享有什麼權利，那麼，支持那項判決的論據必然將這項一般性基礎適用於疑難案件。

　　我們可以說，疑難案件提出政治理論問題。它問道，怎麼解釋參賽者對沒收規則的同意才公平。遊戲特質的概念是架構那項問題的概念工具。這是個備受爭議的概念，它將制度性的一般性正當化理由內化，使它能在制度本身內部有所區分。它認定，參賽者不只同意了一組規則，更同意一項自有特徵的事業；因而，當問題出現——他同意它時，究竟同意了什麼——應當研究這整組事業以獲取解答，而不只是研究規則。

五、法律權利

（一）立法機關的決定

在疑難案件，法律論證涉及備受爭議的概念，這些概念的本質與功能很像遊戲特徵的概念。包括用以陳述法律的幾個實質概念，像是契約與財產的概念。但也包括兩項與目前的討論有重大關聯的概念。第一項概念是特定制定法或制定法條款的「意圖」或「目的」。這項概念在「制定法創造權利」這項一般概念的政治正當化理由，與問道「特定制定法創造了什麼權利」的疑難案件之間提供橋樑。第二項概念則是「『潛藏於』或『體現於』實證法規則背後的原則」。這項概念在「相同案件，相同處理」這條原則的政治正當化理由，與那條一般原則將如何適用並不清楚的疑難案件之間提供橋樑。這些概念共同將法律權利定義為政治權利的某種功能，儘管是非常特殊的功能。如果法官接受他的法律體系的既定實踐——如果他接受它特有的構成性與規範性規則所提供的自治，那麼，根據政治責任原則，他就必須接受能證立這些實踐的一般性政治理論。立法目的與普通法原則的概念，是將一般性政治理論適用到法律權利之爭議問題上的媒介。

因此，我們最好看看，在適當的案件裡，對於立法目的與法律原則規定了什麼，具有哲學氣質的法官會怎麼發展理論。我們將發現，他建構這些理論的方式與具有哲學氣質的裁判建構遊戲特徵的方式一樣。出於這項目的，我創造了一位具有超人技術、學識、耐心、才智的法律人，我將稱他為「海格力斯」[24]。我假設海格力斯是某個代表性美國司法制度裡的法官；我假設他接受那套法律體系中，主要不具爭議的構成性與規範性法律規則。也就是，他認爲制定法有創造、消滅法律權利的一般性作用，且法官有責任遵守他所屬的法院或上級法院的判決先例，只要它的理論基礎——就像法律人所說的——延伸到系爭案件上。

1. **憲法**

假設在海格力斯的司法體系裡有一部成文憲法，它規定，創立國教的法律無效。立法機關通過法律，打算讓教區的學童免費通學。這項給付算不算創設國教[25]？憲法條款的文字似乎同時支持肯否兩面的觀點。海格力斯卻必須決定，他面前的孩童有沒有搭乘公車的權利。

一開始他可能問道，憲法到底爲什麼具有創造或推翻權利的權力。如果公民們——就像許多人所相信的——有權透過國教教會獲得救贖，這必定是個重要的權利。一群人在好幾世紀以前的表決，爲什麼能把這項背景權利排除在法律權利外？他的答案必須以下列形式陳述。憲法提出一般性政治方案，出於公正性，它具有一定的正當性而足以認爲它是既定的。公民因爲生活在制度上按照這套方案安排與統治的社會而得利，他們同時也必須承受它的負擔，至少在新方案生效之前是如此，不論因爲抽象的修正或普遍的革命。但海格力斯接著必須問的，正是這套既定原則方案是什麼。也就是，他必須建構一套憲法理論；既然他是海格力斯，我們可以假定他能發展出一套得以證立整體憲法的完整政治理論。當然，這套理論必須與憲法的具體條款相符。它必不能包含對於國教的強烈背景權利。但是，在各種完整詳細的理論中，符合那條具體宗教條款的有好幾套。例如，某套理論認爲，政府不應制定任何會造成強烈社會緊張或失序的法律；從而，既然創立國教有這種效果，就不該賦予立法機關建立宗教的權限。另一套理論則主張背景宗教自由權，並主張創立國教之所以錯誤，不是因爲它造成社會的破裂，而是因爲它侵犯那項背景權利。在這種情形，海格力斯必須轉向其餘憲法規則與這些規則下的既定實踐，以決定這兩種理論中，哪個能更平順地契合整體憲法方案。

但是，在這個判準下，較佳的理論還沒有具體到足以裁判某些案件。假如海格力斯判定，國教條款由宗教自由權而不是任何社會秩序之類的目標證立。他仍要更精確地問，什麼是宗教自由。宗教自由權包不包括不把人們繳的稅用在維持任何宗教的存續？或只要不拿人們的稅金協助某個宗教而犧牲其他宗教就好？如果是前者，免費通勤法就侵犯那項權利，但如果是後者，就沒有侵犯。規則與實踐的制度性結構或許沒有詳細到足以排除這兩種宗教自由概念觀中的任何一種，也不能使其中哪套顯然比另一套更適合證立那個結構。在生涯的某個時刻，海格力斯因而必須考量這個問題，不只把它當成理論與制度規則契合的問題，更要當成政治哲學議題。他必須決定，哪個概念觀能更令人滿意地說明一般性的宗教自由概念。他必須回答那項問題，因爲他無法以其他方式深入討論他所提出的問題。他無法充分詳細地回答「憲法建立了什麼政治方案」這個問題。

所以，這個計畫使海格力斯迫切需要一套論證程序，這套程序與自覺的西洋棋裁判的思考程序相當類似。他必須發展出一套憲法理論，它的形式是，證立政府方案的原則與政策的複雜組合，就像西洋棋裁判必須發展出一套遊戲特質理論。他必須交替參考政治哲學與制度性細節，以發展這套理論。他必須提出幾種可能證立這套方案各個面向的理論，以基於寬泛的制度檢驗那套理論。當那項判準的鑑別能力耗盡，他就必須闡述這個成功的理論所運用的、具有爭議性的概念。

2. **制定法**

海格力斯的司法體系裡有一項制定法規定，故意在跨州貿易運送「任何非法地俘虜、監禁、誘拐、誘捕、綁架、劫持，或以任何諸如這類的手段帶走的任何人……」是聯邦法上的犯罪。海格力斯必須判定，基於這項制定法，要是一個男人說服了一個年輕女孩，使她相信與他私奔且違反法院命令地與他結成所謂的神聖婚姻[26]，是她在宗教上的責任，這構不構成那個聯邦犯罪[27]。那項制定法在著名的綁架案之後制定，以賦予聯邦機關偵辦綁匪的權限。但它的文字夠寬鬆而得以適用這個案件上，而在立法紀錄或附隨的委員會報告裡，沒有任何字句宣稱它不適用。

適用嗎？海格力斯本人可能鄙視神聖婚姻，或者厭惡未成年人的腐化，或讚揚孩子對父母的服從。但新郎仍然享有自由權，除非在適切理解下，那項制定法剝奪那項權利；認爲法官有權溯及既往地將行爲入罪化的想法牴觸任何言之成理的憲法理論。這項制定法剝奪了那項權利嗎？海格力斯一開始必須問，爲什麼制定法有改變權利的權力。他會在自己的憲法理論裡找到答案：例如，它可能主張，民主選舉產生的立法機關，是做成行爲該不該入罪化之集體決定的適格機關。但同一套憲法理論也會使立法機關負擔某些責任：它不只讓立法機關受到反映個體權利的限制，也使它負有實現界定公共福祉的集體目標的責任。在疑難案件，那件事實爲海格力斯提供有用的判準。他會問道，哪種詮釋更令人滿意地連結立法機關使用的語言與它的憲法責任。也就是，就像裁判對遊戲特徵的提問。它要求的，不是建構關於特定立法者心智狀態的假設，而是基於立法機關更一般的責任，比任何其他理論更佳地建構證立這套制定法的特定政治理論【28】。

哪種原則論據與政策論據說服立法者制定這項制定法呢？它不該追求「只要憲法允許，就以聯邦刑事執法取代州的刑事執法」這條政策。這將表現出對必然包含在海格力斯的憲法理論內的聯邦主義的不當干預。然而，它可能負責任地遵從這種政策：挑出一切具有跨州性質又有礙州之執法的犯罪，改由聯邦執行。或它可能負責任地只選出具有那項特徵而又特別危險或常見的犯罪。這兩種負責任的政策中，哪個對實際制定的制定法能提出更佳的正當化理由？如果那項制定法規定的刑度很高，因而合乎後者而不是前者，就應該以後者爲準。文義所允許的各種不同詮釋中，哪個更有助於那項政策呢？答案顯然是：在這個案件裡，誘拐不是制定法所規定的聯邦犯罪。

我已經描述一項簡單甚或不具代表性的制定法詮釋問題，因爲現在我無法詳細發展制定法詮釋理論。我只想提醒應該怎麼支持「法官對制定法目的的計算是政治權利的計算」這項一般主張。然而，即使針對這個簡單的例子，也必須提到兩個重點。首先，宣稱海格力斯是在補充立法機關制定法律時的作爲，或試著決定如果立法機關曾想過系爭個案的問題則可能會做的決定，這種說法並不精確。就像這些描述所認定的，立法機關的行爲並不具有某種既可測量、又可謂耗盡於特定爭點的力量；它毋寧是內容有所爭執的事件，而爭執的方式，就像參加比賽時，對規則的「同意」之內涵所遭受的爭執。在這裡，海格力斯將他的政治理論建構爲對於「立法機關所做的事」的論述。相反地主張——立法機關其實沒做他說的那些事——不是現實的常識，而是關於系爭事件眞實內涵的相競爭主張。

其次，重要的是，注意到實際制定法的權威性詞彙在前述程序扮演多麼重大的角色。它們對就個案的本質來說，原本不受限制者加上限制。海格力斯發展來詮釋制定法的政治理論——它的特徵是，要求由聯邦政府執行危險犯罪之刑事條款的政策——會證立許多立法機關就其個案實際上並未做成任何決定的判決，而不論基於文義上的任何詮釋。例如，它會證立將謀殺者離開犯罪地州的行爲入罪化的制定法。立法機關沒有遵守特定政策路線的一般性責任，而如果海格力斯認爲，在某種意義上，立法機關已經制定了後續的制定法，這顯然錯誤。它們確實制定的制定法所使用的文字，使詮釋程序得以運行無誤；它允許海格力斯主張立法機關將某項政策推到他所使用文字的極限，而又不必同時認爲它將這項政策推向某種不確定的極限。

(二) 普通法

1. 判決先例

某天，律師會向海格力斯提出無關制定法的疑難案件；他們會爭論，在適切的理解下，海格力斯的法院先前的普通法判決是不是賦予一造獲得勝訴判決的權利。*Spartan Steel* 案就是這種案件。原告並未主張任何制定法賦予他就經濟上損失獲得損害賠償的權利；相反地，他指向先前允許他種損害賠償的判決，並主張這些判決背後的原則也要求對他做成勝訴判決。

海格力斯一開始必須問道，爲什麼這種形式的論證——即使在原則上——成立，他也不會發現唾手可得或明顯的答案。當他自問關於立法的相對應問題，他會在一般民主理論中發現已然存在的答案。但他現在必須證立的、判決先例實踐的細節，抗拒任何相對簡單的理論。

然而，他可能被這個回答吸引。法官判決特定普通法案件時設下一般性規則，它們的目的就是以某種方式嘉惠社群。其他裁判後續案件的法官因而必須執行這些規則以實現這些利益。如果這種論述足以證立判決先例的實踐，海格力斯就能宛如先前的判決就是制定法般地，運用先前就制定法詮釋提出的技術以判決這件普通法案件。但如果他過度運用這套理論，他會遇到致命的困難。更詳細地討論這個問題將有所助益，因爲，這套理論的錯誤會導向更成功的理論。

就像我們剛剛看到的，制定法詮釋取決於文字正統形式的可得性，不論多麼模糊或不具體，它就人們對「制定法做成哪種政治決定」的認定設下界線。海格力斯會發現，當事人引爲先例的許多意見，並不包含任何能當成那個案件所設下的規則之正統形式的特別命題。試著建立這種正統敘述從而人們此後就能參酌，像是 *Rylands v. Fletcher* 案[29]的規則，這在十九世紀末與二十世紀初確實是英美的裁判風格。但即使在這段期間內，對於應當認定著名意見書的哪個部分具有這種特徵，法律人與教科書作者仍有爭議。無論如何，在今日，就算是重要的意見書，也很少嘗試那種立法起草者式的立法形式。他們以判決先例與原則的形式，引用理由以證立判決，但這些判決先例與原則用以證立的，是這項判決而不是新宣告的法律規則。有時候法官會公開承認，自己所裁判案件的完整影響將留待後續案件決定。

當然，海格力斯可能會判定，當他在更早前的案件找到正統的文字形式，他就會運用制定法詮釋的技術，以判定這些文字構成的規則適不適用於新奇案件[30]。他大可承認所謂的判決先例立法作用。但他會發現，在判決先例確實具有這種作用的情形下，它對後續案件的影響不應該以此爲限。法官與律師不認爲判決先例的作用就像制定法那樣，被特定詞彙的限制耗盡。如果

Spartan Steel 案是紐約的案件，原告的訴訟代理人會認爲卡多佐〔31〕在 *MacPherson v. Buick* 案〔32〕的判決，支持委託人的賠償請求權（在那個案件，一位女性就製造上有疏失的汽車所造成的傷害獲得損害賠償），儘管在之前這個案子沒辦法言之成理地主張，經過詮釋以後，有任何語言能支持那項權利。他會極力主張，先前的判決對後來的判決具有某種引力，即使後來的判決不在它特有的軌道上。

這種引力是海格力斯的一般性判決先例理論必須掌握的實踐之一。在這個重要面向上，司法實踐跟其他機關不一樣。在西洋棋，機關以前提假定上完全自治的方式遵守既有規則，它們只在偶然適用的規則，像是沒收規則所要求的程度上具有原創性。因此，西洋棋裁判的每個判決，都可說是由西洋棋的既存規則直接規定並證立的，儘管某些判決建立在規則的詮釋上，而不只是它明顯且當然的意義。

某些法哲學家寫作關於普通法裁判的著作時，寫得像是普通法就是西洋棋那樣，只是比起西洋棋規則，法律規則更需要詮釋。例如，哈特教授認爲，疑難案件的產生只是因爲法律規則有他所謂的「開放結構」，這種想法就是基於這種出發點〔33〕。事實上，法官往往不只爭論某條規則或原則應該怎麼詮釋，他們更爭論法官引用的規則或原則到底算不算規則或原則。在某些狀況下，多數意見與不同意見都承認先前某些案件是相關的，但他們爭論，對於這些判決先例建立哪種規則或原則，這點應該怎麼認定。司法裁判跟西洋棋不一樣，支持某條特定規則的論述可能比從那條規則到特定案件的論述還要重要；訴諸沒人聽過的規則而做成判決的西洋棋裁判可能會被開除或被認爲是神經病，但如果法官做同樣地事，卻可能在法學院課堂上受到宣揚。

不過法官們似乎同意，對於新的爭議性規則的形成，先前的判決確實有所影響，而且影響方式不同於詮釋；他們同意先前的判決具有引力，就算那股引力是什麼，他們有所爭論。決定某些議題要怎麼表決時，立法者自己常常只關心背景道德或政策。他不必說明自己投下的那一票與他在立法機關中的同僚或之前的立法機關一致。但法官很少具有這種獨立性。他總是要試著連結他對原來的判決所給的理由與其他法官或機關過去採取的理由。

事實上，當好法官試著以一般的方式解釋它們如何運作時，就算在他們認爲自己正在制定新法的情形下，他們也找尋以描述他們所感受之限制——那些限制，就算他們就是立法者，也不恰當——在言語上的表現方式。例如，他們說，他們發現內在於整體法律的新規則，或者它們透過某些哲學上而非政治學上的方法執行法律的內在邏輯，或他們是法律藉以自我淨化的代理人，或者法律有自己的生命，雖然那屬於經驗而不是邏輯。海格力斯絕不能自滿於這些著名的隱喻與擬人法，他也必定不能自滿於任何司法程序的描述，如果它忽略它們對最佳法律人的吸引力。

任何理論，如果認爲判決先例的整體作用只是它做爲立法片段所具有的立法作用，就沒辦法掌握判決先例的引力。但這種取向不當預示了更優越的理論。對於判決先例引力的解釋不能訴諸執行立法決議的學問，而應當訴諸「相似案件相似處理」的公平性。判決先例是先前政治決定的記述；「那項決定做爲政治史的一部分而存在」這件關鍵事實，提出某種在未來以類似方式裁判其他案件的理由。判決先例引力的這種一般性解釋，爲它那推翻立法理論的特性——判決先例的作用不受用以表達意見的語言限制，提出解釋。如果某個社群的政府讓瑕疵汽車的製造商賠償因爲那項瑕疵而受傷的女性，這項歷史事實至少提出某種理由來解釋，爲什麼同一個政府應該要求透過受僱人的瑕疵行爲造成經濟上損失的承攬人負責修復損害。檢驗這項理由時，我們不會過問在適當的詮釋下，先前裁判的語言要不要求締約者給付賠償金，我們會提出別的問題，也就是，對於在第一種狀況下介入的政府來說，在第二種狀況下拒絕伸出援手究竟公不公正。

海格力斯的結論會是，公平原則爲整套判決先例的運作提出唯一適當的論述。對於他自己裁判疑難案件時所應承擔的責任，他會提出幾項後續的結論。最重要的是，他必須把先前判決的引力限縮到證立這些裁判所需要的原則論據上。如果認爲判決先例全然由某種政策論據證立，它就完全沒有引力。它作爲判決先例的價值就會縮減到它的立法作用，也就是，只針對能以意見書的特定文字掌握的案件。就像我們先前看到的，集體目標的分配性作用，是偶然事實與一般立法策略問題。如果政府爲 MacPherson 太太介入，不是因爲她有任何要求政府介入的權利，只是因爲明智的策略支持以政府的介入爲手段追求某些集體目標，像是經濟效率，那麼，就不會有出於公平的有效論據得以主張，政府也應爲 *Spartan Steel* 案的原告介入。

要理解爲什麼是這樣，我們必須回想我們以一貫性之名而對立法機關——當它們的決定生於政策論據——提出的微小要求[34]。假設立法機關打算刺激經濟，而且他們打算以大致相同的效率，透過住宅補助或增加政府在新路上的開銷達成這個目的，道路建設公司沒有權利要求立法機關選擇道路建設；如果是這樣，建築公司也同樣沒有基於一貫性原則，要求立法機關補助的權利。立法機關可能判定道路建設計畫能帶給經濟足夠的刺激，而不需要其他的計畫。就算它現在承認在一開始就補助建築業的做法會更有效率，它也可以做這種決定。或它甚至可能承認必須對經濟施加更多刺激，卻又決定它打算等待更多證據，或許是道路建設計畫成敗的證據，以判斷補助能不能帶來更有效的刺激。它甚至會說，它現在不希望在經濟政策上花更多時間與精力。立法機關追求集體目標時所做的區分，或許只在一定限度上可以是恣意的。儘管在南加州建更多船塢會更有效率，人們或許還是會認爲這麼做不公平，在政治上也不明智。但這些禁止極不公平分配的微弱要求，顯然符合給予未獲得其他利益的團體更大利益的做法。

因此，不可能有出於公正性的普遍性主張得以要求，在某種狀況下、以某種方式追求某個集體目標的政府一定要以這種方式追求它，甚或每當相應的機會出現時也是一樣。我的意思，不只是政府可以改變自己的想法並對先前決定的目標或方法感到後悔。我的意思是，負責任的政府可以漸進並偶爾地追求不同目標，從而，儘管它沒有後悔，還繼續執行某條用以實現特定目標的規則，它仍然可以拒絕制定其他用以追求同樣目標的規則。例如，它可以制定一條規則，規定製造商必須對自己製造的汽車之瑕疵所造成的損害負責，卻又拒絕就洗衣機製造商制定相同規則，更不用說造成 *Spartan Steel* 案那類經濟上損失的承攬人了。當然，政府必須理性又公正；它所做的決定，總體而言必須有助於實現能獲證立的集體目標集合，卻又尊重公民所享有的一切權利。但這項一般要求並不支持有利於 MacPherson 太太之司法判決被認定事實上具有的引力。

所以，定義特定判決先例的引力時，海格力斯必須考慮的就只有證立那項判決先例的原則論據。如果有利於 MacPherson 太太的判決認爲她有獲得賠償的權利，而不只是認爲使她獲得賠償的規則有助於某些集體目標，那麼，作爲這項判決之基礎的、公正件的論證就會成立。當然，這並不表示，因爲別人的過失而受到任何傷害的任何人都必定享有與她相同的、獲得賠償的權利。或許在後來的案件——不存在於她的案件的相競爭權利要求妥協。但這就表示，後續案件的原告有同樣地抽象權利，而且，如果是這樣，引用相競爭權利的特定論證就必須說明，在後續案件裡，相反判決會是公平的。

2. 萬無一疏的網

海格力斯的第一項結論——判決先例的引力由支持這項判決先例的原則論據界定，引出第二項結論。既然他所屬社群的司法實踐認爲先前的裁判有一般性的引力，那麼，只要認爲那項權利命題在那個社群中成立，就能證立這種司法實踐。某個判決先例所服務的目標已經充分地實現，或法院現在最好致力於相對被忽略的目標，或許回到那個判決先例在其他情形下服務的其他目標，這從來就不是反對判決先例引力的充分論據。判決先例的實踐並不假定，建議做成某些司法判決的立論基礎能以這種方式逐案地體現。如果人們承認特定判決先例是由特定理由證立的；如果那項理由也建議在系爭案件做成特定結論；如果先前的判決沒有被推翻或被認定爲制度性錯誤；那麼，就必須在後續案件做成那種判決。

海格力斯必須認定，在他的社群裡，雖然沒有明白承認，但那個社群了解，必須認爲司法裁判是由原則論據而不是由政策論據證立。他現在了解法官用以解釋他們基於判決先例所做論證的熟悉概念——也就是「體現於或藏在普通法背後的原則」這項概念本身——只是權利命題的隱喻。他今後會在普通法的疑難案件判決使用這項概念。它對這種案件的裁判提出普遍判準，某種類似西洋棋裁判所抱持的遊戲特徵概念，也類似他自己的立法目的概念。它提出問題——哪組原則最佳地證立這些判決先例，而在判決先例運作的一般性正當化理由（也就是公正），與他自己對這些普遍正當化理由在特定疑難案件要求的決定之間，它建築了一道橋樑。

現在，海格力斯必須給予每個相關的判決先例一套能證立那項判決先例的原則體系，以發展自己的原則概念。現在，在這項概念與他在制定法詮釋中運用的制定法意圖概念之間，他會發現更重要的差異。他發現，對於制定法，必須就系爭特定制定法的意圖選擇一套理論，而且，只在必須於兩套大致同等契合的理論之間選擇的情形下，才參看立法機關制定的其他法案。但如果判決先例的引力取決於「公正性要求權利的一貫執行」這項概念，海格力斯必須發現的原則就不只要契合於一造用以引起注目的特定判決先例，更要契合那套法律體系裡一切其他的司法判決與制定法，也就是，必須契合於一切應視為生於原則而不是生於政策的事項。只要他引用的既存原則本身與他的法庭所要維持的其他判決不相容，就沒有滿足他說明自己的判決與既存原則相一致——從而是公正的——的責任。

例如，假設他能引用某種抽象平等原則——那條原則主張，每當意外發生，導致意外發生的人當中最富有的那個必須承擔損害——以證立卡多佐判定 MacPherson 太太勝訴的判決。但他無法說明，那條原則在其他意外事故的案件裡同樣受到尊重，甚或如果他能加以說明，就算在因為承認那條原則而遭受重大衝擊的法域，它也同樣受到尊重。如果他訴諸這項假想的平等權，以做成不利未來意外中比被告富有之原告的判決，原告就可以抗辯這項判決與政府在其他情形下的行為不一致，宛如 *MacPherson* 案根本被忽視。法律或許不是萬無一疏的網；但原告仍有權要求海格力斯必須這麼對待它。

現在你會了解為什麼我稱我們的法官為海格力斯。他必須建構一套抽象與具體原則的方案，它對一切普通法判決先例，與只要能基於原則而證立的憲法及制定法條款提出融貫的正當化理由。在海格力斯必須證立的龐大法律判決材料中區分垂直與水平秩序，或許就能掌握這個事業的重要性。權威層次的區分樹立了垂直秩序；也就是，政府機關的決定得以支配在較低階層所做決定的層次。在美國，垂直秩序的大略特徵是明顯的。憲法結構占據最高層，最高法院（或許還有其他詮釋這個結構的法院），占據第二層，各立法機關的決定在更下一層，從中發展出普通法的各法院判決則在底下各個不同階層。海格力斯必須在各個階層布置原則的正當化理由，從而，那項正當化理由與在較高階層提供正當化理由的原則一貫。水平秩序只要求，在某個階層證立某個判決的原則，也必須與那個階層上其他判決的正當化理由一貫。

假設海格力斯打算利用他非凡的技術事先完成這整套體系，從而，他準備好以應當是爲了證立任何特定判決所必要的整套法律理論面對當事人。遵守著垂直秩序，他會從提出並精煉他已然使用的憲法理論開始。那套憲法理論與其他法官會發展出的理論多少有所差異，因爲憲法理論必須對制度性契合的複雜議題下判斷，還有政治與道德哲學的判斷，而海格力斯的判斷不可避免地跟別的法官不一樣。在垂直秩序高階層的差異，對於每位法官在較低階層會提出的體系將有可觀的影響。例如，海格力斯可能認爲，將對抗國家的抽象隱私權認爲理所當然，將能最佳地證立憲法上對立法權的某種實質限制，因爲他相信，這種權利是從憲法保障的、更抽象的自由權推論而來。如果是這樣，他就會認爲，侵權法沒有具體地承認用以對抗公民同胞的、相對應的抽象隱私權，這並不一貫。如果另一位法官沒有共享他對隱私與自由之關係的想法，從而也不認爲他的憲法詮釋有說服力，那位法官也會反對侵權法的那項發展。

所以，海格力斯自己的判斷將影響廣泛，儘管其中某些可能有爭議。但它們進入他的計算的方式，不會使他所建構理論的不同部分分別歸屬於他的獨立信念，而毋寧會歸屬於他必須證立的法律總體。他不會允許我先前提到的古典裁判理論，也就是，認爲「法官遵守制定法或判決先例，直到它們清楚的指示耗盡，接著他可以隨心所欲」的理論。他的理論毋寧涉及「制定法或判決先例本身要求什麼」，儘管做成這項判斷時，當然會反映他自己在智識與哲學上的信念，這與只因爲這是他的信念就認爲它們在他的論證中具有獨立作用，是兩回事[35]。

3. 錯誤

現在我將不更詳細發展海格力斯的法律理論。不過，我要提出他將會面臨的兩項問題。首先，他必須決定，爲一組判決先例建構證立方案時，要給予這些案件的法官對自己的判決提出的論證多少分量。他不見得能在這些意見書中找到任何精確到能讓他當成制定法來詮釋的命題。但這些意見幾乎總是包含論證，而這些論證的形式，是法官認爲建議做成這項判決的命題。海格力斯將決定，在他的正當化理由的體系裡只賦予它們初始或表面的地位。這套方案的目的是滿足「政府必須將它認爲某些人享有的權利，擴張適用到所有人身上」這項要求。政府某個機關提出某條原則作爲他的決定的立論基礎，這件事實可以當成表面證據，證明政府在那個程度上有賴於那條原則。

但背後的公平論據的主要作用是前瞻而不是後顧的。*MacPhereson* 案的引力不只有賴於「她就自己的別克汽車獲得賠償」這件事實，更有賴於政府未來也打算允許其他處在相同立場的人獲得賠償。如果法院打算推翻這項判決，就不會有專注於那個案件的實際判決、而得以支持 *Spartan Steel* 案原告的實質公平論據。所以，如果可以在卡多佐引用的原則之外找到其他原則

來證立 *MacPherson* 案，而且，如果這條原則也能證立卡多佐的原則所未證立的眾多判決先例，或者它與其他用來證立垂直秩序中較高階層判決的論據更為契合，就未來的裁判而言，這條新原則會是更令人滿意的基礎。當然，如果新原則更抽象，而且，如果卡多佐的原則可以視為這條更抽象原則的具體形式，就不必反對沿用卡多佐的原則論據。在這種狀況下，海格力斯就揉合而不是拒絕卡多佐對他的判決的論述。事實上，卡多佐就這麼運用他先前在 *Thomas v. Winchester* 案【36】——這是他所引用的判決——的意見。然而，新原則可能提出不同路線，從而在與它的意見相當不同的立論基礎上，證立一個或一系列的判決先例。布蘭戴斯與華倫關於隱私權的著名論證【37】就是引人注目的例示：他們主張，法律不是不知道這項權利，相反地，它由眾多判決展示，儘管審判這些案件的法官沒有提到這種權利。或許他們的論述在這種表述之下並不成功，而且，如果海格力斯處在他們的位置也會形成不同結果。無論如何，海格力斯的理論說明了，至少就他們的企圖心來說，為什麼他們有時被當成出色騙局的論據是有效的。

海格力斯也必須面對另一項更重大的問題。如果他的法院的歷史錯綜複雜，他會在實踐中發現，他所接受的整體一貫性要求太強烈，除非他進一步發展這項概念以包含這樣的想法：適用這項概念的要求時，他能將制度史的某些部分認定為錯誤。因為，即使以他超人的想像力，也找不到一組能夠調合一切既存制定法與判決先例的原則。這不令人驚訝：不是所有過去的立法者與法官都有海格力斯的能力與洞見，他們也並未享有同樣的心智與意見。當然，任何一組制定法與判決都可以歷史地、心理學地，或社會學地解釋，但一貫性要求正當化理由而不是解釋，正當化理由還必須言之成理而不能虛假不實。如果他建構的正當化理由提出武斷的區分，更展現毫無吸引力的原則，它就根本算不上正當化理由。

假設在海格力斯的司法體系，關於疏失與意外的法律有以下簡化的虛構發展。一開始有個判決承認「就製造上有瑕疵而又極度危險的器具所造成的、身體上的傷害可以請求賠償」。接著，它們在具有里程碑意義的判決——就像在 *MacPherson* 案裡——被重新詮釋，而認爲它們受「對於其行爲可能傷害別人的人身或財產的人們，每個人都可以要求合理的注意」這項非常抽象的權利所證立。這條原則接著在不同方面擴張與限縮。例如，法院判定，不能對在準備財務報告時犯有疏失的會計師主張任何具體權利。它們也判定，這項權利在某些狀況下不得拋棄；例如，在汽車買賣的定型化契約上。立法機關加上一項制定法，規定在某些工業意外案件裡賠償一概允許，除非被告能清楚地證明錯全在原告一方。但它同時規定，在其他狀況下，像是空難，賠償僅限於可能遠低於實際損失的一定數額；稍後它又補充，汽車乘客不能告車主，就算車主粗心地駕駛、乘客因而受傷。假設在這樣的背景下，海格力斯現在承審了 *Spartan Steel* 案。

他找得到以公正性要求的方式證立這段歷史的一組融貫原則嗎？他可能嘗試「除了故意造成的損害，人們沒有請求賠償的權利」這項命題。他會主張，在疏失案件允許他們獲得損害賠償，只是出於政策的理由，而不是因爲承認這種抽象的賠償請求權，而且他會引用以限制責任保護航空公司與保險公司的制定法與排除會計師責任的案件作爲證據，以證明當政策提出相反的主張，就應該拒絕賠償的請求。但他必須承認，這項制度史分析與普通法判決——特別是承認疏失案件一般賠償請求權的里程碑判決——並不相容。他不能相容於他的理論的其他部分地說，這些判決能在政治基礎上獲得證立，如果他出於權利命題而主張，法院只有在回應原則論據而非政策論據時才能擴張責任範圍。所以，他必須把這些案件當成錯誤並擺到一邊去。

他還可能嘗試其他策略。他可能提出一條原則，根據這條原則，只在特定案件判決他們有這項權利時，人們才享有獲得賠償的權利，但他們沒有獲得損害賠償的一般性權利。例如，他可能承認允許就在原告車裡受到的損害請求賠償的權利，但拒絕會將那項權利擴及到其他損害的法律原則。但儘管他可以用這種方式裁剪他對制度史的正當化理由以精確地契合他的理論，他也會了解，這些正當化理由立足於武斷的區分上。如果在某人開自己的車時受傷的情形允許某項抽象權利，但如果是乘客或在飛機上受傷就否認這項權利，這種區分在他自己的政治理論找不到容身之處。他已然提出不可能作爲任何融貫正當化理由的論據。

所以他可能承認，除非預設就過失行爲請求損害賠償的一般性抽象權利，否則無法理解制度史；但他可能主張這是相對較弱的權利，從而會對相對次要的政策考量退讓。他會引用限制責任的制定法與案件，支持他認定「這是一項弱權利」的觀點。但他接著面臨難題，如果——儘管限制空難責任的制定法從來沒有被廢除——飛機具有充分的安全性，所能採取的保險機制也有效率且便宜，只有認爲這項抽象權利太弱從而相對淺薄的政策論據就足以擊敗它，才能證立這項制定法之存續。如果海格力斯認爲這項權利這麼薄弱，他就不能證立眾多支持作爲具體權利而對抗——比航空公司目前所能引述的論據還更強烈的政策論據之權利的判決。他必須在「航空意外責任限制法的存續」與「賦予這項權利更高價值的普通法判決」之間選擇，將其中一項認定爲例外。

因而，無論如何，海格力斯必須擴張理論，以包含「制度史的正當化理由，可能顯示這段歷史有一部分是錯誤」這種想法。但他不能肆無忌憚的運用這套機制，因爲，如果他能無拘無束地將制度史中不完備的部分認定爲錯誤，而對他的一般性理論又毫無影響，一貫性的要求就毫無意義了。他必須發展一套制度性錯誤理論，這套錯誤理論必須包含兩個部分。它必須說明認定某項制度性事件爲錯誤的後果是什麼；它必須限制可以這種方式處理的事件之數量與性質。

他會以兩組區分建構這套錯誤理論的第一部分。他首先會區分任何制度性事件的具體權威——也就是，它作爲制度性行爲而影響所描述具體制度性效果的力量與它的引力。如果他將某個事件歸爲錯誤，他沒有否認它的具體權威，但他否認它的引力，也不能在其他論證裡一貫地訴諸那股力量。他也會區分根深柢固的錯誤與可修正的錯誤；根深柢固的錯誤是，它的具體權威固定不動，從而可以承受引力上損失的錯誤；可修正的錯誤是，它的具體權威有賴於它的引力，從而無法承受這種損失的錯誤。

他的理論的憲法層次會決定哪些錯誤是根深柢固的。例如，他的立法至上理論，將確保他認定爲錯誤的任何制定法會失去它的引力而不是具體權威。如果他否認航空事故限制責任法的引力，那項制定法並不因而被廢除；這是根深柢固的錯誤，從而具體權威仍然存在。他必須繼續尊重那項制定法對責任所設下的限制，但在某些案件裡，他不能用它來支持更弱的權利。如果他接受嚴格的判決先例理論，並指出某個司法裁判——像是在疏失案件否認對抗會計師之權利的判決——是錯誤，這套嚴格理論會保存那個判決的具體權威，它可能被限縮於它的立法作用，但這個判決會失去引力；套用弗蘭克福特大法官[38]的話，它會變成殘骸或船難時投棄的貨物。判斷它屬於哪一個，並不必要。

這相當直截了當，但對於錯誤理論的第二部分，海格力斯必須花更多力氣。他賦予判決先例之一般實踐的正當化理由，要求他必須以原則體系的形式爲整體制定法與普通法判決提出更詳細的正當化理由。但將一部分證立對象指爲錯誤的正當化理由，比起未加指明的乍看之下較弱。他的錯誤理論的第二部分必須說明，比起不承認任何錯誤或承認另一組錯誤的正當化理由，它仍然更有力。這項說明不能是只從理論建構的簡單規則出發的推論，但如果海格力斯記住他先前在判決先例與公平性之間建立的關聯，這項關聯會爲他的錯誤理論提供兩項指引。首先，公平性不只將制度史定位爲歷史，更把它定位爲一套政治方案，也就是，政府提出並打算在未來繼續適用的方案，它會掌握判決先例前瞻的，而不是後顧的言外之意。如果海格力斯發現，先前的某個決定，不管是制定法或司法裁判，目前在相關專業的某個分支中廣受哀悼，這件事實本身就使它成爲脆弱的判決。其次他必須記得，在政府必須抽象地、或法官必須具體地回應的論據中，出於公平性而要求一貫性的論據不是唯一源自公平性的論據。如果他相信，在一貫性的論據之外，特定制定法或判決依據社群自己的公平觀念，因爲不公平而錯誤，那項信念就足以區辨那項政治決定並讓它站不住腳。當然，他必須在他的整體正當化理由之垂直結構的意義上適用這兩項指引，從而較低層級的決定比較高層級的決定更容易被認定爲錯誤。

因而，海格力斯至少將在他錯誤理論的第二部分中運用兩句格言。如果他能以歷史論據或某種法律社群感的訴求說明特定原則，儘管曾經具有充分吸引力而說服立法機關或法院做成某項法律上的決定，現在卻已然無力而不太可能提出任何這種決定，這樣一來，支持那條原則的公正性論據就失去了立足點。如果他能以政治道德論據說明，這種原則，儘管流行卻是不義的，支持那條原則的公正性論據就被推翻了。海格力斯會很高興發現這些區分常見於其他法官的實踐中。他的事業在法學上的重要性，不在於他現在創造的疑難案件理論有多新奇，而在於這套理論的稀鬆平常。

六、政治上的反對意見

權利命題有兩個面向，它的描述面向解釋司法裁判制度目前的結構，它的規範面向對那套結構提出政治上的正當化理由。海格力斯的故事說明了，從對那項命題的普遍接受怎麼發展出我們熟悉的司法實踐。詳細地說明它的含義就立刻澄清了這項命題，並提供了有力的——假設是特別的——論據以支持它的描述面向。但這個故事同樣提供進一步的政治論據以支持它的規範面向。海格力斯算計的起點不只是複製其他法官之作爲的意圖，而是執行一切來到法院的人們的眞正制度性權利。如果他可以形成滿足我們正義感的判決，這就支持那項命題的政治價值。

然而，現在可以藉由反例而指出，海格力斯的故事裡，某些特徵違反這項命題的規範面向。在本章前言部分，我提到對司法原創性常見的反對意見：出於民主的理念而認爲民選立法者具有做成政治判斷之優越性格的論據。我曾說，這種論據在原則判決上很薄弱，但海格力斯的故事引發同一方面的新疑問。這個故事說明，海格力斯許多關於法律權利的判決取決於政治理論上的判斷，而不同法官或不同的社會大眾會做出不同的判斷。對這項反對意見來說，到底是原則或政策的判決並不重要。重要的是，這是講理的人會有爭議的、針對政治信念做成的判決。如果海格力斯基於這種判斷來裁判案件，他就是基於自己的信念與偏好而判決，這似乎不公正，悖於民主還僭越法治。

這就是我將在最後這節考量的反對意見的一般性形式。首先必須澄清它的一個重要面向。這項反對意見指控海格力斯依賴自己的政治道德問題信念。這項指控模稜兩可，因爲公權力機關做成這種判斷時，可能有兩種依賴自己意見的方式。就法官來說，其中一種是越權，另一種卻是不可避免。

有時候公權力機關提出「某人或某團體支持特定信念或意見」這件事實作爲它決定的理由。立法者可能提出「他的選民相信墮胎是錯的」這件事實，作爲投票支持反墮胎法的理由。這是一種訴諸權威的方式：提出這種訴求的公權力機關本身沒有擔保所訴諸信念的實質意義，也不認爲這項信念的有效性是他論據的一部分。我們可以想像法官以這種方式訴諸「他自己具有某種政治偏好」這件事實。對於政治道德問題，他可能是哲學上的懷疑論者。他可能會說，人們對於這種問題的意見，不比任何其他人的意見更有價值，因爲雙方都沒有任何客觀的立足點，然而，因爲他自己剛好支持墮胎，他將判定反墮胎法違憲。

那位法官把「他主張某種政治觀點」這件赤裸裸的事實當成判決的正當化理由。但法官可能在另一種意義上依賴自己的信念，也就是，依賴那項信念的眞實性或有效性。例如，假設他相信，作爲法律問題，憲法上正當程序條款使任何對基本自由的限制無效，而反墮胎法限制基本自由。他可能依賴這種信念的有效性，而不是「他自己——而不是別人——偶然支持它們」這件事實。法官不需要以這種方式依賴任何特定信念的有效性。假設他的多數同僚、或某份重要法學期刊的編輯、或在公投當中投票的社群多數群體就墮胎採取相反觀點。他會認爲，對於憲法要求了什麼，他有責任順從他們的判斷，就算他認爲他們的觀點是錯的。但在這種情形下，他依賴自己的信念——他的制度性責任，就在於順從他人對這項問題的判斷——的有效性。也就是，要做出任何判斷，他就必須倚賴自己就某項論點所做判斷的實質內容。

海格力斯不以這兩種方式中的第一種依賴自己的信念。例如，他不認爲「他自己恰好支持某種宗教自由觀」這件事實，提出支持有助於那項概念觀之判決的論據。因此，如果我們正在考量的反對意見是中肯的，它必定是針對第二種運用信念之方式的反對意見。但在這種狀況下，它不能是反對他依賴自己所抱持的任何信念的空白反對意見，因爲他不可避免地非得依賴某些信念。這項反對意見所要反對的，毋寧是他對自己某種信念的有效性的依賴；它主張，他應當在某些判斷上順從其他人，儘管在他看來，他們的判斷是錯的。

然而，要判斷這項反對意見認爲他應該把哪種判斷歸給別人，有所困難。如果海格力斯同意而不是反對常見的裁判理論就不會有這種問題。就像前面所說的，古典法理學認爲法官的裁判有兩個步驟：他們找到法律明文規定的限制，接著行使獨立裁量權，以就法律所未涵蓋的議題創立新法。根據這套理論，在最近的墮胎案[39]，最高法院的大法官們首先決定，正當法律程序條款與最高法院先前的判決之文字並未指示肯否兩方的判決。接著他們把憲法與案例丟到一邊去，並且判定，在他們看來，國家在第一期禁止墮胎是根本的不公正[40]。

讓我們想像另一位名爲赫伯特的法官，他接受這套裁判理論並打算在他的判決中遵循它。赫伯特或許同時相信女性有流掉她們所懷胎兒的背景權利，而公民多數抱持相反想法。目前的反對意見主張，他必須以利於民主的方式化解這項衝突，從而，當他行使裁量權以裁判墮胎案件，他的判決必須支持那項禁止墮胎的制定法。赫伯特可能同意，在這種情形下我們應該說，他把自己的道德擺到一邊去以支持人民的道德。事實上，這種說法有點造成誤導。他自己的道德使「人民採取特定觀點」這件事實具有決定性；它沒有因爲支持那項觀點的實質內涵而退縮。另一方面，赫伯特也可能有不同意見。他或許相信，即使在立法機關裡，一般性背景權利或這項特定權利也應該壓倒流行意見，從而行使立法裁量權時，他有責任宣布那項制定法違憲。在這種狀況下，目前的反對意見主張他錯了，因爲他在自己的政治理論中低估了民主原則的分量。

然而，無論如何，作爲反對海格力斯的論據，這些受到赫伯特裁減的論據令人疑惑。海格力斯的做法不是先找到法律的極限，接著開展自己的政治信念以補充法律的規定。他運用自己的判斷以決定面前的兩造當事人享有什麼法律權利，當那項判斷做成，就沒有什麼留待他自己或公眾的信念決定了。它們的差異不只是用不同方式描述同一件事情：我們在第四節看到，制度性權利的判斷，像是棋賽裁判關於沒收規則的判斷，相當不同於在規則的開放結構造成的空隙之間做成的獨立政治道德判斷。

確立當事人的法律權利之前，赫伯特不考慮是否參酌流行道德。但海格力斯在確立法律權利時，就已經把社群的道德傳統考量在內了——至少考量整體制度性紀錄所掌握、而應由他所屬的機關詮釋的那些。假設對於最高法院先前適用正當程序條款的判決，能夠提出兩套融貫的正當化理由。第一套正當化理由包含了無法與各州大半刑事法調和的極端自由原則，但另一套沒有包含這種原則。海格力斯不能拿前者當成在墮胎案件許可墮胎的正當化理由，就算他自己是極端的自由主義者。他自己抱持的、偏好早先案件更開明的正當化理由的道德信念必然失敗，因爲，它們與形塑他的正當化理由過程中，同時必須解釋的刑法傳統不相容。

當然，就某些議題，海格力斯的技術有時可能要求他做成反對流行道德的裁判。假設先前憲法判決的正當化理由中，找不到包含足以要求允許墮胎之判決的開明原則。不論流行道德對墮胎的譴責有多強烈，海格力斯也絕不能形成這項判決。在這種狀況下，他不是以自己的信念對抗社群的信念。他毋寧判定社群的道德在這項議題上不一致：它的憲政道德——也就是，必須賦予它的法官所詮釋之憲法的正當化理由，在墮胎議題上譴責他的抽象判斷。這種衝突在個體道德上是常見的；如果我們希望在政治道德理論裡使用社群道德的概念，我們也就必須承認這種衝突。當然，這種衝突必須解決，這毫無疑問。個體有權利要求，他們的制度所依賴的原則適用上必須一貫。海格力斯必須加以申辯，以對抗——不管多麼流行——任何不一致的意見的，正是這項按社群的憲政道德界定的制度性權利。

這些假設案例說明，針對赫伯特提出的批評，對於海格力斯來說是無力的。海格力斯的裁判理論沒有引發「自己的政治信念」與「他所認定的社群總體政治信念」之間的抉擇。相反地，他的理論鑑別出某種就法律問題而言，具有決定性的社群道德概念觀；這項概念觀認爲，社群道德是那個社群的法律與制度所預設的政治道德。當然，對於那套道德的原則是什麼，他必須依賴自己的判斷，但這種依賴是我們區辨出的第二種依賴，那在某種程度上不可避免。

在某些案件，海格力斯對社群道德內容的判斷——從而是他對法律權利的判斷——會有爭議，這全然爲眞。每當必須訴諸公平、自由或平等這類備受爭議的政治概念以證立制度史，但這項概念又過於模糊，而這項概念的各種觀念觀當中又只有一種可以證立它，這項爭議就會存在。先前我提出海格力斯對免費通學案的判決作爲這種判決的例子；我們現在可以提出更切合時事的例子。例如，只有預設某種重要的人性尊嚴權才能證立早期的正當程序案件，但這些案件本身沒有清楚的指示，尊嚴要不要求對個人子宮之使用的完全支配。如果海格力斯承審墮胎案件，他就必須對這項議題下判斷，判斷時也必須運用自己對尊嚴的理解。

否認這是個政治判決，或否認來自不同次文化的不同法官會做不同的判斷，會是愚蠢的。儘管如此，這個判決與女性有沒有——在全盤的考量之下——墮胎的背景權利的判斷極爲不同。海格力斯可能認爲尊嚴的概念不重要；如果他參與制憲大會，他可能對正當程序條款投反對票，或將它修正並排除一切尊嚴的概念。不過，他仍然能夠判斷，在適切的解讀之下，這項概念適不適用於墮胎案。他的立場跟厭惡精英主義但仍然能考量智性包不包含心理恫嚇的西洋棋裁判一樣。

當然，海格力斯必須對尊嚴的概念有所理解，儘管他詆毀這項概念；他會注意認爲這項概念重要的人們怎麼運用它，以形成他的理解。如果這項概念出現在一系列憲法判決的正當化理由，在當時的政治修辭與爭議中，它必然是個突出的概念。海格力斯將從這項概念在這些脈絡中的生命獲取對它的意義的理解。他會盡其所能地理解，這項概念對它所訴求的對象提出了什麼訴求，他會盡其所能地想出解釋這項訴求的概念觀。

實用上，這個程序可以理解爲兩個階段。僅僅作爲對他所操持的、清楚的語言的理解，海格力斯會注意到適用這項概念的既定案件。例如，他會注意到，如果一個人把另一個人當成僕人，儘管他不是那個人的雇主，那麼，他就會被判定侵犯那個人的尊嚴。接著他會盡其所能地把自己置於珍視這項概念的人們的信念與態度的一般性體系，以透過他們的觀點來觀察這些清楚的案件。例如，假設他們相信某種亞里斯多德式的、自我實現之急迫性的學說，或他們認爲自立更生是非常偉大的德性。海格力斯必須建構這項概念的一般性理論，以解釋爲什麼採取這項信念或接受這項德性的人們也同樣讚揚尊嚴；如果他的理論也能解釋爲什麼他——不接受那項信念或德性的人——不讚揚尊嚴，這套理論將因而更加成功。

海格力斯會接著運用他的尊嚴理論回答制度史留下的問題。他的尊嚴理論可能將尊嚴與獨立相連結，從而，每當一個人被迫違背意願地在大半的行動上以別人的利益爲依歸，這就侵害了他的尊嚴。在這種狀況下，他可能支持「女性有憲法上的墮胎自由權」這項主張，作爲他們承認的、憲法上尊嚴權的面向之一。

這就是海格力斯詮釋他所不珍視的概念以形成——如果作爲背景道德問題他就會拒絕的——判決的方法。然而，海格力斯不太可能經常發現自己處於這種處境；比較可能的情形是，他會珍視大半出現在他自己社群制度之正當化理由中的概念。在這種狀況下，他對這些概念的分析就不會表現出與社會學式探索相同的自覺神態。他會從支持那項概念的價值體系的內部著手，而不是外部，他也可以就賦予那項概念價值的深層道德來質問自己——而不是假設的自我。背景道德與制度性道德的嚴格區分將會消逝，不是因爲個人信念取代了制度性道德，而是因爲個人信念成爲制度性道德最可靠的指引。

當然，這不表示，對於系爭概念遭受爭議的案件，海格力斯會得到與其他法官完全相同的結論。相反地，他會變得像是具有反思能力，也願意爭論公正、平等或自由在某個狀況下要求什麼的社群成員。但我們現在知道，認爲在這種爭議中，具備反思能力的公民們只不過是以自己的個人信念相互對抗，這種想法是錯的。他們爭論的是他們就共享概念各自認定的不同概念觀；他們也爭辯著，那項概念的不同理論中，哪一套最能解釋提出這項概念的、已經解決或清楚的案件。他們確實珍視所爭辯的概念，從而也以更直覺或內省的方式論證，而不是局外人可能採用的社會學模式，而這種作法掩蓋這種爭辯的性質。但是，將他的主張作爲關於共享概念的主張而提出，它與局外人的主張就具有相同的結構。我們可以將這些重要的論點歸結如下：至少在這些議題上，社群的道德不是它的成員所抱持的、各種相競爭主張的某種總和、組合或功能；它毋寧是各種相競爭主張所自我宣稱的。當海格力斯在先前區別的第二種意義上依賴自己的尊嚴觀，他也仍然依賴自己對「社群道德要求什麼」的理解。

因此顯然地，如果目前的反對意見是反對海格力斯的武器，它就必須重塑。但如果要更針對海格力斯，它就喪失了吸引力。假設我們說，海格力斯不該聽從自己對於他的社群制度性道德的判斷，而要聽從社群大半成員的判斷。對於這項建議有兩種常見的反駁。首先，他要怎麼發現流行判斷是什麼，並不清楚。街上行人反對墮胎或支持將它入罪化的立法，這並不表示那個人曾經想過，在一貫的適用之下，憲法預設的尊嚴概念支不支持他的政治立場。這是需要辯證技巧的複雜問題，儘管當一般人自覺地爲自己的立場辯護時也可能會展現這種技巧，但這不保證他偶然地表達或反映在選票上的政治偏好經過那種形式的驗證。

但就算「一般人認爲尊嚴不要求墮胎權」這件事實令海格力斯感到滿足，問題仍然在於，海格力斯爲什麼應該認爲一般人對那項議題的意見是決定性的。假設海格力斯認爲一般人是錯的；也就是，對於社群的概念要求什麼，他的意見錯了。如果赫伯特處於同樣地處境，他就有順從一般人的判斷的好理由。赫伯特認爲，當法律實證規則模糊或不確定，當事人就沒有任何制度性權利，從而任何可能做成的裁判都是新立法。既然就他們手上有什麼權利而言，他所決定的一切絲毫沒有欺騙當事人，「當他立法時，他應該把自己當成多數群體的代理人」這項論據至少就言之成理。但海格力斯不能採取這種觀點。他知道自己應該判斷的問題，是當事人的制度性權利問題。他知道，如果他做了錯誤的判決，也就是，如果他遵守一般人的指引就會造成的那種錯誤，對於當事人有權享有什麼，他就欺騙了他們。海格力斯與赫伯特都沒有使通常的法律問題屈從於流行意見；既然海格力斯認爲，當事人在疑難案件與簡單案件中都享有權利，在疑難案件，他也不會屈從於流行意見。

當然，任何法官對於疑難案件當事人之權利的判斷都可能有錯，這項反對意見最後的努力，可能會試著利用那件事實。它可能承認，至少就論辯的目的而言，對於在前提假定上具有偉大道德洞見的海格力斯來說，海格力斯的技術是適當的。但它否認同樣的技術也普遍地適合沒有這種洞見的法官。然而，處理這項挑戰時，我們必須小心考量別的可能。法官弄錯法律權利就會造成不義，不論這些錯誤有利於原告或被告。這項反對意見指出，他們有時會犯這種錯，因爲他們本來可能會犯錯，也常有爭論。但當然，作爲社會上的批判者，儘管我們知道這種錯誤可能發生，我們也不知道它什麼時候會發生，因爲我們也不是海格力斯。我們必須推薦理應能基於——可能扮演不同角色的——一般人的相對能力做成的判斷，以減少整體錯誤的裁判技術。

海格力斯的技術鼓勵法官就制度性權利作出自己的判斷。可以說，司法可誤性的論據提出其他兩項選擇。第一項選擇主張，既然法官可能犯錯，他們根本不該試著判斷他面前的當事人享有什麼制度性權利，而應該只基於政策立場裁判疑難案件，或根本不加判斷。但這以廢爲常；它主張，法官將常常不幸地做成不義的判決，所以他不該試著做成正義的判決。第二項選擇主張，既然法官可能犯錯，他們應該將疑難案件引發的制度性權利問題交由別人決定。但交給誰呢？沒有理由認爲其他哪個特定團體有更好的道德論證能力；或如果有這種團體，需要改變的是揀擇法官的程序，而不是他們所應使用的裁判技術。所以，這種形式的懷疑論本身並不反對海格力斯的裁判技術，儘管對任何法官而言，它都是有用的備忘錄，它提醒法官他的政治判斷可能有錯，因此，他應該謙遜地裁判疑難案件。

◆注釋◆

【1】見第十三章。

【2】我在第二章討論過原則與政策的區別。本章中更精細的構想是個進展：它的功用在於，避免這項區別在前章所說的（不自然的）前提假定下崩潰。

【3】*Spartan Steel & Alloy Ltd. V. Martin & Co.*, [1973] I QB. 27.

【4】*Ibid*. 36.

【5】見第十章。

【6】我把法人算作個體，這樣一來，社團也能享有權利；認為特殊團體——像是種族團體，是社群裡的某種協同存在的政治理論，因而會論及群體的權利。

【7】完整的政治理論也必須承認我在這章默示地使用的其他兩項區分。首先，是對抗國家的權利與對抗公民同胞的權利的區分。前者證立要求某個政府單位有所作為的政治決定；後者證立對特定個體施以強制的決定。如果最低限度的居住權是可接受的，它就作為對抗國家的權利而被接受。就違約獲得損害賠償，或以救助者的最低風險為代價而避免重大危險，是對抗公民同胞的權利。通常，言論自由同時是兩者。將公民們彼此對抗的權利定義為政治權利看似奇怪；但我們現在只在它們證立另一種政治決定的限度上考量這種權利。現在提到的區分，是背景權利與制度性權利之外的區分；後者在個人與必須做成政治決定的組織之間區分，前者則在個人與那項決定所指示、應有所行止的組織之間作區分。法律上的一般民事案件，也就是本文主要的討論對象，包含了對抗公民同胞的權利；但我也討論某些憲法或刑事法議題，從而也觸及對抗國家的權利。第二項區分，是普世與特殊權利之間的區分；也就是，政治權利賦予社群裡所有個體（除了失權或受懲罰等例外現象）的權利，與它賦予社群某個區塊或可能僅僅賦予一位成員的權利之間的區分。在本文中，我將假定所有政治權利都是普世的。

【8】見 Brandt, 'Toward a Credible Form of Utilitarianism', in H. Castenada and G. Nakihnikian (eds.), *Morality and the Language of Conduct* (1963) 107.

【9】例見 R. Posner, *Economic Analysis of Law* (1972) 10-104.

【10】例見 Coase, 'The Problem of Social Cost', 3 *J. Law & Econ*. I, 19-28 (1960).

【11】譯註：同事原則（the fellow-servant rule），指在工作上受同事侵害者，僅得請求該名同事賠償，雇主並無責任。

[12] 見 Posner, 'A Theory of Negligence', I J. *Legal Stud.* (1972) 29, 71.

[13] Posner, *Economic Analysis*, 4.

[14] 譯註：雷恩德・漢德（Learned Hand，一八七二至一九六一），美國法官，Dworkin 曾擔任他的助理。

[15] *United States v. Carroll Towing Co.*, 159 F.2d 169, 173. (2dCir. 1947). Coase, 22-3, 提出其他例子，多半是詮釋「對原告財產使用的『合理』干預並不構成氣響侵入」這項原則的氣響侵入案件。

[16] 更詳盡的原則論據，能對漢德判準提出比這條簡單原則更好的正當化理由。我在一九七五年三月西北大學法學院的 Rosenthal 講座系列演講說明了更詳盡的論據。然而，這項單純的原則足以為目前的論點提出好論據。

[17] 381 U.S. 618 (1965). 譯註：該案被告引用 *Mapp v. Ohio* 案所宣示的證據排除規則，尋求救濟。美國聯邦最高法院認為，這項證據排除規則不能溯及既往的適用到本案中，駁回上訴。

[18] 367 U.S. 643 (1961). 譯註：美國聯邦最高法院在該案判定，藉由違反美國聯邦憲法的搜索扣押而取得的證據，在州法院的刑事審判不得作為證據。該院原本持相反見解，在本案中改變見解。

[19] 譯註：米哈伊爾・塔爾（Mikhail Tal，一九三六至一九九二），前蘇聯西洋棋手，出生於拉脫維亞。

[20] 譯註：羅伯・詹姆士・費雪（Robert James "Bobby" Fischer，一九四三至二〇〇八），美國西洋棋手。

[21] 一般的論述，見 H.L.A. Hart, *The Concept of Law* (1961) 121-132.

[22] 見 Gallie, 'Essebtially Contested Concept', 56 *Proceedings of the Aristotlian Sosiety* (1965) 167, 167-168.亦見第十章。

[23] 見第二章。

[24] 譯註：海格力斯（Hercules），希臘神話中的大力士。Dworkin 給他假想中的超人法官取這個名字，以隱喻法官的重要角色與強大的（政治）權力。

[25] 見 *Everson v. Board of Educ.*, 330 U.S. 1 (1947).

[26] 譯註：屬天婚姻（celestial marriage）為摩門教教義之一，因涉及一夫多妻之婚姻形態而備受爭議。

[27] 見 *Chatwin v. United States*, 326 U.S. 455 (1946).

[28] 政策運用在制定法詮釋的前例例示了這種形式的建構。在 *Charles River Bridge v. Warren Bridge*, 24 Mass. (7 Pick.) 344 (1830), *aff'd*, 36 U.S. (11 Pet.) 420 (1837)中，法院必須判斷，該不該認定某件許可建造跨越 Charles 河的憑證具有排他性，從而再也不能核發其他憑證。麻州最高法院（Supreme Judicial Court）的 Morton 大法官判定，不能認定它具有排他性，並提出下列論據以支持那項論據：如果已然核發的憑證自由且廣泛的建構，導致如此不相符

於本州的進步與繁榮的結果，那麼，如果所用條款允許，我們就應當採用更受限且限縮的建構，而不是將這種淺見歸給立法機關。「認為許可具有排他性」實質上等同於一項盟約，也就是，我們一部分的共同利益——行動與運輸的便利——在原告憑證有效期間內將停滯不前。總體來說，我難以抗拒地獲致這項結論，也就是，跟這種建構不相協調的，除了明智的理性、司法權威及立法歷程，還有我們自由的制度之原則。*Ibid.* 460.

【29】(1866) L.R. 1 Ex. 265. aff'd, (1868) L.R. 3 H.L. 330. 譯註：Rylands 在自己的土地上建造蓄水池，因施工不當，蓄水池破裂，池中的水流進 Fletcher 的礦坑，Fletcher 請求賠償。英國上議院廢棄下級審的判決，認定 Rylands 應該負責，並指出：土地所有人若為了自己的利益，而將任何一旦脫逸將可能造成災害的物品帶到自己的土地上，並在土地上收集並保管該物品，就負有保管該物的責任，若有違反保管義務，則除非在有相反證據的情形下，對於該物脫逸自然而然地造成的所有損害，土地所有人均應負責。

【30】但是，既然海格力斯會進而接受權利命題，見下述頁一一五至一一六，在一個重要的層面上，他對司法造法的「詮釋」就會與他對制定法的詮釋不同。當他詮釋制定法，他把重點放在某種制定法語言，就像我們曾看到的，也就是，自立法機關所負責任觀之，將對該語言提供最佳正當化理由的原則論據或政策論據。他的論據仍會是原則論據；他運用政策以決定立法機關已然創造出什麼。但當他「詮釋」司法造法，他只會把原則論據與相關的語言相連繫，因為權利命題主張，只有這種論據能免除「立法」之法院的責任。

【31】譯註：班傑明・內森・卡多佐（Benjamin Nathan Cardozo，一八七〇至一九三八），美國法學家，曾任美國聯邦最高法院大法官。

【32】*MacPherson v. Buick Motor Co.*, 217 N.Y. 382, 111 N.E. 1050 (1916).

【33】H.L.A. Hart, *The Concept of Law*, 121-132.

【34】在 *Williamson v. Lee Optical Co.*, 348 U.S. 483 (1955)中，Douglas 大法官提議，生於政策的立法不必一致或一貫：立法分類是反覆發生的問題，並無任何原則性定義。相同領域中的罪惡可能具有不同面向與分量，而要求著不同的救濟。或者立法機關可以這麼認為。或者改革可能一次走一步，讓自己進入從立法機關的觀點看來是最尖銳的問題階段。立法機關可能選擇某個領域的某個階段，並在那裡給予救濟而忽略其他部分。平等保障條款的禁制僅止於令人不悅的歧視。Ibid. 489（引註省略）。

當然，這裡的論點在於，就原則與政策而言，一貫性的要求並不相同，而就理解平等保障條款的晚進歷史而言，這件事情非常重要。這點躲藏在區分「舊的」與「新的」平等保護，或建立「可疑」分類的企圖之後，它也提出比這些企圖所提出者更為清晰且明智的區分。

【35】見以下頁一二三至一三〇。

【36】6 N.Y. 397 (1852). 譯註：Winchester 錯誤地將毒藥包裝為無害的藥品，並透過藥房轉賣給 Thomas，紐約州上訴法院判定，儘管兩造之間沒有契約關係，但 Winchester 將包裝錯誤的毒藥放到市場上，並對人命帶來急切的危險（imminent dange），即應對終端的消費者負責。

【37】Warren & Brandeis, 'The Right of Privacy', 4 *Harv.* L. *Rev.* (1890) 193. 譯註：路易・布蘭戴斯（Louis Brandeis），美國法學家，曾任美國聯邦最高法院大法官；山繆・華倫（Samuel Warren），美國律師，與 Brandeis 曾為合夥人。該文著名之處在於，發表當時美國法上還沒有「隱私」的概念，但兩位作者從既有的判例中，推導出隱私權的概念；換句話說，按其推論，儘管法院尚未承認，但隱私權早就存在於美國法了。

【38】譯註：費利克斯・弗蘭克福特（Felix Frankfurter，一八八二至一九六五），美國法學家，一九三九年至一九六二年間任美國聯邦最高法院大法官。

【39】*Roe v. Wade*, 410 U.S. 113 (1973); *Doe v. Bolton*, 410 U.S. 179 (1973).

【40】譯註：在 *Roe v. Wade*, 410 U.S. 113 （1973）案中，美國聯邦最高法院將懷孕期間分為三期，每期三個月。在第一期，孕婦得自行決定是否墮胎，政府不得禁止；在第二期，政府得基於保護孕婦健康之必要而限制墮胎；在第三期，則只在保護孕婦的生命或健康所必要時允許墮胎。

第五章　憲法案件

一

尼克森[1]競選總統時承諾，會提名能代表他的法哲學的人到最高法院去，也就是，會提名他所謂的「嚴格建構主義者」。然而，他後來實際的提名沒有完全闡述那套法哲學；舉國對Hayneswoth與Carswell的評估幾乎跟法理學完全無關，沒有眞正被提名的Hershell Friday與Mildred Lilly[2]就更不用說了。但總統成功地選擇路易斯・鮑威爾[3]與威廉・藍奎斯特[4]來例示他的法理論，並藉這個機會向全國的電視觀眾詳述那套理論。他說，法律是什麼，這些人就會照著執行，而不是像尼克森對華倫法院[5]所指控的，「扭曲或篡改」法律，以使法律合乎他們的個人信念。

尼克森宣稱，他反對華倫法院的種族隔離案件判決，還有別的判決，不只因爲在個人立場或政治立場上對判決結果的好惡。他主張，這些判決違反了法院應當遵守的裁判標準。在他看來，法院篡奪應該歸屬於其他機關的權力，包括各州——最高法院打算改革它們的教育體系——的立法權。當然，這不是他一個人的觀點。好一陣子以來，認爲最高法院越權，都是保守派的一貫立場。尼克森、福特[6]以及許多國會議員與民意代表討論過立法限制法院權威的方法。例如，尼克森要求國會透過立法推翻重要判決，包括*Swann v. Charlotte-Mecklenburg Board of Education*判決——這個判決賦予聯邦法院將通學命令[7]當成某些事實上種族隔離之矯治手段的廣泛權力，而傑克遜參議員【8】與其他人曾推動意旨相同的憲法修正案。

我將不討論法院任何爭議判決的正確性，到目前爲止不成功的、各種以立法或修憲制衡法院的嘗試，究竟明智或愚蠢，我也將不討論。我關心的毋寧是，反對法院的政治人物們認爲自己秉持的憲法裁判哲學。我將主張，這些政治人物根本無法前後一致地訴諸任何融貫的哲學。我也將試著說明，我在第四章闡述並申辯的一般裁判理論爲什麼支持華倫法院的憲法哲學——如果不是支持它所做的具體特定判決。

尼克森不再是總統，他的罪行深重，不可能還會有誰關心他的法哲學。不過，以下我還會使用「尼克森」這個名字，不是指尼克森本人，而是指任何政治人物，只要他支持尼克森在政治活動中提出的、那套看待最高法院的立場。幸好，真正的尼克森只有一個，但在我使用這個名字的特殊意義上，卻有許多尼克森。

尼克森反對華倫法院爭議判決的複合性立場，它的立論基礎可能是什麼呢？他不能只因爲這些判決越出先前的法律就反對它們，他也不能說，最高法院絕對不能變更見解。實際上，柏格法院【9】自己似乎就打算限縮華倫法院的開明判決，像是 *Miranda* 案【10】。確實，憲法對「法律上的平等保障」的擔保沒有明文判定「隔離但平等」的教育場所違憲，也沒有判定種族隔離不義而使法院得以採取英勇措施以扭轉它的影響。但它也沒有規定，作爲憲法問題，法院作出這種結論是錯的。它將這些問題留待法院判斷，而法院一如往常地造法，就像它當時拒絕宣告北卡州的制定法違憲。它可以判定平等保護條款的涵攝範圍沒有這麼廣，以創造判決先例。

所以，我們必須進一步爲尼克森的立場尋找理論基礎。當然，認爲尼克森眞有一套法理學或許是愚蠢的。他可能只是把保守修辭的煽動說法串連起來，也可能只是彙集對——擴張個人對抗憲法權威之權利的——司法判決的厭惡。但尼克森無論如何都是法律人，許多法律人與某些傑出的法學者無論如何都支持他的保守觀點。因此，重要的是，在什麼程度上，能把他的保守立場當成原則問題而不只是偏見並爲它申辯。

二

我們的政府所以立基的憲法理論不是單純的多數決理論。憲法，特別是權利法案，是用來保障個別公民與團體以對抗公民的多數群體所要做成的決定——就算多數群體認爲它的行動有助於一般利益或共同利益。某些憲法上限制的形式相當精確，例如，要求聯邦刑事程序必須由陪審團參與的規則，或禁止國會限制言論自由的規則。但其他限制屬於通常所謂的「模糊」規範形式，例如，規定政府不能拒絕人們正當法律程序的條款，或是法律平等保障條款。

對民主實踐的干涉需要正當理由。憲法起草者認爲，訴諸個體所享有的、對抗多數群體的道德權利——可以說，憲法條款（包括「模糊」與「精確」的）承認並保護它們——可以證立它。

「模糊」規範是起草並採用它們的人們刻意選擇，以取代他們那時大可選用的、更具體特定的規則。但他們決定使用這種語言，這已經造成許多法律與政治上的爭議，因爲，舉例來說，試著闡述正當程序條款或平等保護條款所納入法律的道德權利時，即使是具有良善意志而又講理的人們也會意見相左。當他們試著把這些權利——不管怎麼定義——適用到複雜的政治運作的問題上，像是種族隔離的教育實踐，他們也會意見相左。

我們已經發展出指涉爭議中的「嚴格」與「自由」兩方的做法，從而可以套用這種說法，以主張最高法院在種族隔離案件裡站在「自由」那邊，而它的批評者站在「嚴格」那邊。尼克森自稱「嚴格的憲法建構主義者」時，所設想的就是這種區分。但這項區分其實造成混淆，因為它涉及兩個必須區別的議題。我們可以認為，涉及「模糊」憲法保障的一切案件都提出兩個問題：（一）嚴格的，也就是，對憲法文本或文本制定者之意圖的忠實遵從，會要求做成什麼樣的判決？（二）對個體用以對抗社會的道德權利採取嚴格觀點，也就是狹窄觀點的政治理論，要求做成什麼樣的判決？一旦區分這些問題，它們顯然就會有不同的答案。例如，第一增修條款的文本規定，國會不得立法限制言論自由，但狹窄的個人權利觀點會允許制定許多這類的法律，從誹謗與猥褻法到史密斯法案[11]。

然而，就正當程序與平等保護條款那種「模糊」條款來說，法律人同時考慮這兩個問題，因為他們大半不自覺地把某種意義理論當成自己的立論基礎，這項理論可以表述如下：如果憲法制定者使用模糊的語言，就像他們譴責侵犯「正當法律程序」的行為時使用的那種語言，他們所「說」或「意指」的，限於他們所設想並認定為侵犯的那些政府機關行為，或至少限於如果他們想過也就會認定為侵犯的事例。如果負責將正當程序條款加進憲法的人們相信，為不同種族提供分離教育是根本的不義，或抱持著某種形成這種結論的、關於正義的詳細觀點，就可以認為種族隔離判決是適用他們制定的原則的結果，並據以支持這種判決。否則就不能以這種方式為這個判決申辯，反而必須說明，法官以他們自己對正義的觀點取代憲法起草者所要制定的觀點。

這套理論使文本的嚴格詮釋屈服於狹隘觀點下的憲法權利，因爲它將這種權利限定於特定一群人在歷史上給定的某一天承認的權利。它迫使支持另一組更開明的權利的人們，承認自己背離嚴格的法律權威，而這樣的背離，只能以他們獲得了可取的結果爲訴求，才能獲得證立。

但這項論據所以立足的意義理論過於僵硬；它忽略了哲學家提出的而法律人還沒有注意到的區分。假如我只告訴我的孩子，我希望他們不要待人不公。無疑地，我想到一些我希望他們不要做的行爲，但我不認爲我的「意思」限於這些例子。原因有二，首先，我期望我的孩子把我的指示運用到我還沒有注意到也沒辦法注意到的狀況上。其次，如果我的孩子能在事後說服我，我也準備好承認，某些行爲，雖然在我說話當時覺得是公平的，但它們實際上是不公的，反之亦然；在這種狀況下，我所要說的是，我的指示涵蓋他舉的例子，但我沒有改變我的指示。我會說，我的意思是這個家庭應該受到公平的**概念**指引，而不是我所設想的、公平的任何具體**概念觀**。

這是個值得停下來討論的關鍵區分。假設有個團體相信，一般來說，行爲可能具有他們稱爲「不公正」的道德瑕疵，而這種行爲由利益與負擔的不正當分配或讚揚與譴責的不正當配置構成。同樣，假設他們共享一大群「不公正」的標準案例，並以這些案例爲基準來檢驗其他更有爭議的例子。在這個案例，這個團體持有「不公正」這項概念，它的成員可能在道德指示或論證中訴諸這項概念。但這個團體的成員對於這一堆爭議案件也會有不同意見，而他們爭議的方式顯示，對於標準案例爲什麼是不公平的行爲，他們有不同的理論。也就是，應該怎麼適用更爲根本的原則以說明特定分配或配置爲什麼不公正，他們意見不同。在這裡，這些成員抱持著不同的公正概念觀。

如果是這樣，以公正之名給予指示或設下標準的社群成員們，就面對兩個困難的問題。首先，他們可能藉由指示別人舉止公正而訴諸公正概念；在這個情形下，他們要求受指示者在爭議案件裡發展並適用他們自己的公正概念觀。當然，這跟賦予他們隨心所欲的裁量權不一樣；它提出他們必須試著遵守，也可能沒辦法遵守的標準，因爲它認爲某種概念觀優於別種概念觀。以這種方式訴諸概念的人們有他們自己的概念觀，就像我告訴自己的孩子要公正待人時，我也有自己的概念觀；但是，他認爲自己的概念觀只是關於「要怎麼達成他設定的標準」的理論，因此，當他的理論改變，他沒有改變標準。

另一方面，成員們可能設下特定的公正概念觀；例如，如果我列出對爭議案例的期望，或者（雖然較少見）我提出某種有爭議而明確的公正理論，例如，假使我主張，應當適用邊沁的功利主義倫理學以解決疑難案件，就是這種情形。差別不只在於所給指示的細節，而在指示的種類。當我訴諸公正的概念，我的訴求在於公正的意義，而我對這項議題的觀點沒有提出特定立場。當我設下公正概念觀，我設下的是我以「公正」表達的意義，從而，我的觀點就是問題核心所在。當我訴諸公正，我提出道德議題；當我設下我的公正概念觀，我試著回答它。

一旦提出這項區分，那麼，看似明顯的是，我們就必須認爲，我稱爲「模糊」憲法條款的東西，呈現了對它們所用概念的訴求，像是合法性、公平與殘酷這些概念。例如，最高法院或許最近會判定，在禁止「殘酷異常的刑罰」這條憲法條款的意義下，死刑是否「殘酷」。如果法院深受「那項條款制定時，死刑是常態而未受質疑」這件事實影響，這將是錯的。如果那項條款的制定者有意設下特定的殘酷概念觀，那會具有決定性，因為這表示，那套概念觀的適用範圍沒有那麼廣泛。但就法院目前面臨的另一個問題來說，這不是決定性的，那個問題就是：回應著制憲者對殘酷概念之訴求的最高法院，能不能為認定死刑並不殘酷的概念觀申辯？

忽略概念與概念觀之間的區分而相信最高法院必須就死刑殘不殘酷提出嶄新判斷的人們，就不得不提出脆弱的論證。他們說，殘酷這項概念隨時而變，法院必須自由地拒絕過時的概念觀；這表示，法院必須改變憲法規定的內容。但事實上，只有自己判斷什麼是殘酷，法院才能照憲法說的去做，就像在我的例子，我的孩子只有自己判斷什麼是公平，才能照我說的去做。如果制定這些寬泛條款的人們有意提出特定概念觀，他們會找出通常用在這種用途上的語言，也就是，他們會提供系爭概念的特定幾套理論。

實際上，現在我們看得出，將這些條款稱為「模糊」條款的做法（我也這麼做），隱含著一種錯誤。只有認為它們尚待修補、不完整，或認為它們是提出特定概念觀的體系性嘗試時，這些條款才是模糊的。如果我們認為它們是對道德概念的訴求，那麼，更詳細地闡述也不會讓它們變得更精確。

我所提出在「嚴格建構」兩種意義之間的混淆，因而造成相當的誤解。如果法院試著忠於憲法文本，他們就因而必須在政治道德相競爭的觀念之間做決定。所以，舉例來說，抨擊華倫法院沒有把憲法當成具有拘束力的文本，這種批評是錯的。相反地，如果我們希望把對文本的忠誠當作憲法詮釋的帝王條款，錯的正是華倫法院的保守批評者，因為他們的哲學忽略了，這件文本的邏輯所要求的、面對道德原則議題的指示。

我小心謹慎地提出這項問題，因爲我們或許不想把對這件文本之精神的忠誠，當成憲法裁判的帝王原則。例如，法院裁判憲法案件時，對政府其他機關的判斷的尊重或許更重要。或者對法院來說，保護既有法律原則是重要的，從而，公民與政府能自信地認爲，法院會言而有信。但關鍵在於，承認其他這些政策與「美國憲法是憲法層次規範基本且誡命性之來源」這條原則相競合。它們不像「嚴格的建構主義者」所設想地只是那條原則的結論。

三

而且，一旦這麼看待這項問題，我們就能免於「嚴格建構」這項流行概念造成的混淆，而處理相競爭的政策主張。出於這項目的，我現在要比較並對照兩種非常普遍的哲學理論，它們都涉及法院應該怎麼裁判困難或爭議的憲法案件。我將以法律文獻所用的名稱稱呼它們——「司法主動論」與「司法自限論」——儘管我們將發現，這些名稱在某些方面造成誤解。

司法主動論主張，儘管受到我提到的那種相競爭理由反對，法院應該以我描述的方式接受所謂模糊憲法條款的指示。它們應該提出合法性、平等之類的原則，根據最高法院所認知的嶄新道德洞見而隨時更新這些原則，並運用它們來裁判國會、州政府、以及總統的行爲（這是這套理論的最強版本；事實上，它的支持者通常以我目前忽略的方式和緩它的主張）。

相反地，司法自限論方案主張，其他政府部門的決定，就算侵犯了法官對廣義憲法理論所要求的原則的認知，法院也應該維持這些決定，除非它們對政治道德的侵犯，程度上嚴重到任何能自圓其說的詮釋都無法使之合憲，或在明白且清楚的判決先例要求做成相反判決的情形（同樣地，這是這套理論的僵硬形式；主張這種政策的人會以不同方式和緩它）。

最高法院在種族隔離之類案件採取主動論而不是自限論，因爲，對於該不該判定系爭各州的教育實踐違憲，平等保護條款的文字沉默不語，沒有清楚的判決先例可用以認定它違憲，講理的人們對所涉及的道德議題有不同意見。如果最高法院遵守司法自限論方案，它就會在*Swann*案判定北卡州的制定法合憲，而不是宣告它無效。但自限方案並非總是提供令政治保守分子高興的判決。就像華倫法院的批評者很快地指出，在新政早期，反對法院以正當程序之名推翻國會立法的，正是自由主義者。

因此，如果尼克森有一套法律理論，它主要的理論基礎似乎就是司法自限論。然而，我們現在必須注意到兩種形式的司法自限論的區分，因爲，這種政策可能有兩種相異甚而相斥的理論基礎。

第一種是政治**懷疑論**，可以簡述如下。司法主動論政策預設道德原則具有客觀性；特別是，它預設公民享有得以對抗國家的道德權利，像是「公共教育之平等」這樣的道德權利，或像是受到警察的平等處遇的權利。只有這種道德權利在某種意義上存在時，主動論才能作爲在法官的個人偏好之外另有立論基礎的方案而獲得證立。這套懷疑理論攻擊主動論的基礎；它主張，個體根本沒有這種得以對抗國家的道德權利。他們只能享有憲法允許的那種法律權利，而且只限於制憲者確實想過，或在一長串的判決先例中建立的、明白且無爭議地侵犯公共道德的情形。

自限論另一種可能的前提是司法**從屬**理論。跟懷疑論相反，它認爲，公民確實在法律明白賦予的權利之外享有對抗國家的道德權利，但它又指出，這些權利的性質與強度有待商榷，他們還主張，應該承認哪種權利，要由法院以外的政治機關負責決定。

這是個重要的區分，儘管憲法文獻沒有清楚地劃分。懷疑理論與從屬理論所提出的正當化理由與接受它們的人們所抱持的、更一般性的道德理論之間，天差地別。這些理論有這麼大的差異，而大半美國政治人物可以一貫地抱持著後者，而不是前者。

就像前面所說的，懷疑論者的觀點在於，人民沒有對抗國家的道德權利，而只有法律明白規定的法律權利。但這是什麼意思，懷疑論者又能提出什麼論據呢？當然，道德哲學上有關於道德權利的本質與存立的熱烈討論，如果它們確實存在，它們又是什麼，也有著更可觀的爭論。嘗試回答這些問題時，我將利用我在第七章發展出的、一種低調的、對抗國家的道德權利理論。根據這套理論，如果國家出於某種理由而以某種方式對待他是錯的，就算這麼做有助於一般利益，那麼，個人就享有對抗國家的道德權利。所以，舉例來說，假使國家不提供這種教育是錯的，黑人學童就享有受平等教育的權利，就算社群整體因而受害也是一樣。

關於以這種方式看待對抗國家之權利的優點，我還要補充一點。眾多法律人避談道德權利，儘管他們發現，談論政府作爲的對錯很容易，因爲他們認定，權利——如果眞的有這種東西——是某種鬼怪般的東西，人們擁有它，就像擁有扁桃腺那種實在的東西。但我採取的權利意義沒有這種本體論假設：它僅僅說明，權利的主張，是關於政府的所作所爲之對錯的一種特殊——在這個意義上是限縮的——判斷。

而且，以這種方式看待權利，避免了某種與這項概念相關聯的、惡名昭彰的難題。它使我們得以毫不尷尬地說，在個案之間，在歷史的不同時點，權利具有不同強度與特徵。如果我們把權利想成某種東西，這些隱喻看起來就很奇怪，但我們已經慣於「行爲對錯的判斷是複雜的，還受到相對而變動的考量影響」這種想法。

認爲這種對抗國家的權利不可能存在的懷疑論者抱持著某種困難的信念。我認爲他的理論基礎是以下三種一般性立場：（一）他可能提出更廣泛的道德懷疑論，它主張，就連談論行動在道德上的對錯都毫無意義。如果行動在道德上完全沒有對錯可言，北卡洛萊納州政府拒絕載送學童上下學也就沒有對錯可言。（二）他可能主張嚴格的功利主義，它認定，判定行爲對錯的唯一判準，是行爲對一般利益的影響。根據這套理論，認爲就算通學並未普遍地有益於社群，也還具有道德上的必要性，這種想法是不一貫的。（三）他可能接受某種形式的集體主義，將個體利益消融於一般社群的善，進而否認二者可能衝突。

美國的政治人物當中，幾乎沒有任何人能接受這三種理論基礎中的任何一種。例如，尼克森就不能，因爲他表現出道德基本教義派的立場，他心裡曉得色情是邪惡的、越南人民有自決權，他們跟我們都能以這種名義殺死很多人。

然而，我不認爲眞的沒有人基於懷疑論而主張司法自限論；相反地，某些自限論最著名的支持者完全站懷疑論的立場上支持自限論。例如，在一九五七年，偉大的雷恩德·漢德法官在哈佛大學的霍姆斯講座演講。漢德是喬治·桑塔亞那[12]的學生、霍姆斯的信徒，道德懷疑論是他唯一的宗教信仰。他支持司法自限論，而他說，最高法院在 *Brown* 案宣告學校的種族隔離違憲是錯的。他說，認爲道德權利的主張除了表達發言者的偏好以外還有別的意義，這種想法是錯的。如果最高法院做成這種主張來證立它的判決，而不是以實證法爲基礎，它就篡奪了立法機關的地位，因爲立法機關代表多數人，它的任務就是決定誰的偏好應該占據支配地位。

如果我們接受懷疑論前提，單純地訴諸民主就是成功的。當然，如果人們沒有對抗多數群體的權利，如果政治決定只不過是要判斷誰的偏好應該占據支配地位，民主理念就會提出很好的理由，支持將這些決定留給法院以外其他更民主的機關，就算這個機關做出法官厭惡的決定。但如果就像我將試著說明的，如果司法自限論的立論基礎不是懷疑論而是從屬論，它就需要另一種更容易遭到責難的民主主張。

四

如果尼克森有一套融貫的憲法理論，那就是以從屬論而不是懷疑論爲基礎的自限論。他相信，法院不該審酌政治道德上的疑難議題，因爲它們應該把這些留給別的政府部門決定。如果我們認爲這就是尼克森的政策，我們就能理解他對華倫法院「扭曲並竄改」法律的指控。他的意思是，他們（譯按：指大法官們）扭曲並竄改了司法從屬原則，不過，這種說法不足以完整表達他的看法，因爲，如果他說他們根本忽略了它，這種說法會更精確。但有什麼好理由能支持從屬政策嗎？如果這項政策根本說不通，尼克森的法理學就沒有立足之地了，那麼，就該有人勸勸他，別再用這種理論進行最高法院的提名，或慫恿國會反對最高法院。

有個支持從屬政策的流行論據，或許可以稱爲民主論據。根據這項論據，有理的平等觀禁不禁止種族隔離教育，或要求以通學之類的手段打破它，至少是有所爭議的。應該由誰來決定這些爭議性的道德與政治理論議題呢？是華盛頓那個法院——它的成員是受終身任命，在政治上還不對受它的決定影響的社會大眾負責——中的多數呢？還是民選且負有政治責任的州議員或國會議員呢？這項論據認爲，民主主義者只能接受第二種答案。

但民主論據比乍看之下還要脆弱。原因正在於，這項論據認爲州議會實際上像民主理論所主張地對人民負責。但在各州，儘管程度與原因不同，情況不是這樣，在某些州更遠非如此。然而，我打算略過這點不談，因爲，對於這項出於民主而又要求更多的民主的論據，它沒有帶來那麼重大的傷害，而那是另一回事。我將把注意力放在別的地方，也就是，以這種方式訴諸民主，在原則上是否正確。

這項論據認爲，在民主制度中，一切尚未解決的問題，包括道德與政治原則問題，必須也只能透過承擔著——法院所不承擔的——政治責任的機關解決。爲什麼我們應該接受這種民主觀點呢？光說這就是民主的意義是不夠的，因爲，如果認爲「民主」這個詞，作爲一個詞，具有那麼精確的意義，這種想法是錯的。就算是這樣，我們也應該用另一種方式提問，也就是，如果我們認爲那就是它的意義，爲什麼我們應當接受民主。主張那就是美國憲法規定的民主觀，也不是好答案。我們不能主張，美國憲法——其中沒有任何條款規定，司法的違憲審查權僅限於明確的案件——規定了一套民主理論，而這套民主理論排除更廣泛的司法審查，我們也不能說，我們的法院事實上一貫地接受這種限制。尼克森的論證責任，就是說明憲法確實這麼規定。

所以，民主論據不是我們依據字面意義或我們過去的實踐而接受的論據。如果我們要接受它，就必須基於它自身邏輯的力量而接受它。然而，爲了更精確地檢驗這項論證，我們必須做更進一步的區分。就像前面所說的，這項論證接下來有兩條發展：其中一條主張，司法從屬性之所以必要，是因爲對於憲法案件引發的潛在問題，也就是，對於個體對抗國家之道德權利的本質，比起法院，像立法機關那種民主機關所做的決定可能更有道理。

或者他也可能主張，讓法院之外的民主機關就這種議題下判斷，在某方面會更公平，儘管沒有理由認爲這種機關的決定會更有道理。這兩種論據之間的區分對懷疑論者毫無意義，他不承認任何人更能或更不能確認對抗國家的道德權利，就像沒有誰更能或更不能辨認鬼魂一樣。但相信司法從屬性而非懷疑論的法律人必須承認這項區分，儘管只要他願意，他可以同時主張這兩種看法。

我將從第二種論據，也就是，「立法機關與其他民主機關有做成憲法決定的特別權限，不論他們是否有能力作出更好的決定」這種論據著手。有人會說，這種權限的本質相當明顯，因爲，比起少數決，允許多數群體決定任何議題都更公平。但就像人們經常指出的，這忽略了就它的公平性來說，關於對抗多數之權利的決定不該留給多數群體決定。憲政主義——主張多數群體必須受限於少數權利之保障的理論——這種政治理論的好壞或許有待討論，但美國已經採納這套理論，而讓多數群體裁判自己的案件，似乎不一貫且不正當。因此，公平原則似乎反對而不是支持民主論據。

首席大法官約翰・馬歇爾[13]在 *Marbury v. Madison* 案的判決承認這點，在這個著名的案件裡，最高法院首次宣稱自己有基於憲法規範而審查立法決定的權力。它主張，既然憲法規定，憲法是這片土地上的最高法律，法院一般性地、且最高法院終局性地必須享有宣告違反憲法之制定法無效的權力。許多法學者認爲他的主張毫無根據，因爲，他們說，儘管憲法上的限制是有效的法律，有權在特定個案中判斷這套法律有沒有遭到違犯的機關，未必是法院而非立法機關本身[14]。但如果我們認爲，「沒有人能裁判自己的案件」這條原則是馬歇爾有權忽略的合法性概念的基本要件，除非憲法明白否定違憲審查，這項主張就不是毫無根據的。

某些人會反對，而主張「從屬政策是讓多數群體裁判自己的案件」這種說法太簡單。在美國，政治決定不是由穩定的多數群體決定，而是由許多不同的政治機關決定，每個機關代表不同的選民群體，而選民的結構又隨時間遞嬗變更。政府某個部門的決定可能受到另一個同樣負擔政治責任、卻又對更廣大的或另一群選民負責的部門審查。例如，最高法院在 *Miranda* 案宣告違憲的、亞利桑那州警方的行動，實際上受到各個執行委員會、亞利桑那市議會、州議會還有國會的審查。認爲這些政治機關致力於實現相同的政策與利益，過於幼稚，因此，認爲如果沒有最高法院干預，亞利桑那州警就能自由地自我裁判，這種想法是錯的。

但這種反對意見本身過於狡辯，因爲它忽略了關於個體道德權利的爭議，作爲獨立於其他政治爭議的爭議，所特有的性格。舉例來說，涉及勞工或貿易或福利議題時，不同組織就有不同的支持者，而對於這種問題，不同區域的國民們往往意見不一。但涉及個體的憲法權利，像是刑事被告的權利時，通常不是這樣。這些爭議的典型是，在政治上掌握政府各組織者的利益之間，既同質又敵對。其實，這就是爲什麼政治理論家將憲法權利稱爲對抗「國家」或「多數群體」的權利，而不是對抗特定政府主體或部門的權利。

早期的種族隔離案件或許是這種普遍性的例外，因爲或許有人主張，唯一想要法律上種族隔離的是白種南方人。但事實上，國會沒有制止種族隔離，不論因爲它相信自己在法律上沒有權力這麼做，或因爲它不想這麼做；不管是哪種情形，這個例子都不太可能表示，即使是對政治上不顯著的少數群體之權利造成的局部性侵犯，政治程序也能提供有效的制衡。而且，在通學的爭議上，白人多數群體滿心希望自己的利益既合乎國家利益，同時也強而有力。當然，中央政府的決定，像是宣戰的決定或是國會制定適當警察政策的嘗試（像是一九六八年的犯罪控制法所規定的），如果不受法院的審查，就等於完全不受審查。

因此，如果說民主論據要求掌握政治權力者成爲裁判自己案件的唯一法官，並判斷他們自己有沒有爲所欲爲的權利，似乎並無偏頗。這不是司法主動論優於從屬論的最終證據。司法主動論隱含暴政的風險；就我先前提出的僵硬簡單形式來說，確實是這樣。甚至有人會說，它比允許多數群體裁判自己的案件更不公平。但這項論點確實削弱「基於公平，應該讓多數群體決定自己的權力限制」這項主張。

因此我們必須轉向民主論據的另一個部分，它主張，比起法院，立法機關那種民主機關能就個體的道德權利做出更有道理的判決。在一九六九年，耶魯大學法學院已故的亞歷山大・畢克教授在哈佛的霍姆斯講座演講，他以新奇且天才的方式主張司法自限論。出於論證的目的，他允許自己認定，如果確實得出可欲的結果，華倫法院的司法主動論就具有正當性[15]。因此，他接著就表現得像是在主動論的基礎上檢驗主動論一樣，因爲他認爲，不論法理論怎麼說，主動論的意義就是法院掌有改善未來的道德權利。雷恩德・漢德與主動論的其他反對者挑戰這項主張。畢克接受它，至少暫時地接受，但他主張，主動論並不合乎自己的判準。

畢克說，華倫法院所尋求的未來已經開始不靈光了。例如，它所採的種族融合哲學太過生硬，黑人社群更有想像力的領導者已經拒絕了它。它簡單的種族平等命題在許多方面也被證明行不通；再舉例來說，它用來判斷選區劃分公平性的「一人一票」簡單公式既無意義也不公平。

爲什麼以改善社會爲目的的基進最高法院也無法合乎自己的判準呢？畢克的答案是：法院，包括最高法院，必須根據原則而判決大半的案件，而不是在個案裡回應變動的政治壓力。他們之所以必須這麼做，不只因爲這是制度性道德的要求，更因爲就算他們要這麼做，他們的制度性結構也沒有賦予他們任何衡量政治力的尺度。但基於原則運作的政府是無效率的，長期來說更是極端危險的政府形式，不管試著管理它的政治家多麼能幹且誠實。因爲，原則所能包含而仍不失爲可辨認之原則的複雜性，有一定限度，而這個限度沒辦法涵括社會組織的複雜性。

在畢克看來，最高法院選區重劃案判決的錯誤，不只在於法院選擇錯誤的原則。一人一票過於簡單，但法院找不到更好、更精巧的原則，能成功地作爲全國性或長期性選區劃分的公平性判準，因爲，成功的選區劃分有賴於調和政治生活中成千上萬的事實，如果這眞的可以達成，只有透過混亂且毫無調理的歷史發展才能達成。司法主動論不能像藉由多少具備民主性質的機關運作的政府那樣發揮作用，不是因爲民主就是原則所要求的，相反地，是因爲就算沒有原則，民主還是能運作並產生制度與妥協，就像河流在通往海洋路上形成河床那樣。

我們該怎麼對待畢克的論據呢？他對晚近歷史的論述可能也已經受到挑戰。作爲長期策略，種族融合將會失敗，這一點都不明顯，也還沒有成眞；如果他認爲美國黑人——其中多數仍屬於有色人種協進會（NAACP），而不是更好戰的組織——拒絕了它，他就錯了。無疑地，如何處理種族主義的詛咒，整個國家的意見隨著所浮現的問題的複雜性或尺度而擺盪不定，這點日益明顯，但畢克的著作或許是在鐘擺的某個高點上寫成的。

他判定最高法院對歷史的影響時，它把法院當成唯一運作中的機關，或認定如果法院的目標沒有實現，則比起法院並未有所嘗試的情形，國家會處境更糟，這種想法也是錯的。自一九五四年起，從最高法院宣稱「法律前的平等要求種族融合的教育」這項原則開始，除了在詹森[16]執政的那幾年，我們的全國性行政部門都沒有意願接受那條原則作為誡命。在過去幾年，我們的全國性行政機關似乎決心忽略它。我們也沒有什麼理由認為，如果法院沒有在一九五四年跟那年以後以那種方式出手干預，美國的種族處境會更令人滿意。

但是，對於畢克的理論，有還有別種、出於我的目的也更重要的反對意見。他的理論之所以新奇，是因為它看似承認司法主動論的原則議題，也就是，如果法院的干預產生社會上可欲的結果，法院就有權干預。但這種讓步只是幻象，因為他對於「社會上可欲」的理解跟主動論的前提——個人有對抗國家的道德權利不相容。事實上，就算我們接受他舉出的事實與他的歷史觀，畢克的主張還是無法成功，除非它以跟雷恩德・漢德一樣強烈的權利懷疑論為立論基礎。

我將畢克的理論當成民主論據的例示之一，也就是，既然人們爭論著權利，就其結果可能更有道理而言，把涉及權利的最終決定留待政治程序決定會更安全。畢克提出理由說明為什麼政治程序更安全。他主張，關於權利的政治建制的耐久性，也是那套建制之政治道德的一種證據。他主張，這項證據好過由法官做成裁判的情形下，法官所將開展之原則所提出的論據。

這是這項主張的弱版本，它不可能是畢克的主張。這個版本主張，不論提出哪種抽象論據來支持它，任何建立權利的道德原則都是無效的，除非長期來說，社會將會接受它；因此，舉例來說，如果社群最終沒有被說服承認這種權利，最高法院對黑人兒童、刑事嫌疑犯、無神論者的觀點都不可能是正確的。

基於不同的理由，弱版本看似言之成理。例如，它將訴諸既相信事實及常人道德感的強度，也相信自己接受對這種道德感之訴求的意願的人們。但除非從極長期的觀點來看，否則它也不支持司法自限論。相反地，它支持法律人慣稱爲「法官與國民之對話」的方案，在其中，最高法院將與華倫法院的嘗試相似，對公民所享權利提出自己的反思性觀點並爲它申辯，希望人們最終將會同意它。

因此，我們必須轉向這項主張的強版本。它主張，如果沒有受到法院矯揉造作且唯理主義的入侵所干預，有機政治程序將更踏實地確保人們眞正的政治權利。基於這種觀點，黑人、嫌疑犯與無神論者的權利將透過以一般性方式回應政治壓力的政治制度程序而浮現。如果權利的主張在這方面不成功，它因此就是，或無論如何可能是不適當的權利主張。但這種反常的命題，只是認爲「根本沒有對抗國家之權利」這種懷疑論點的另一種僞裝形式。

或許就畢克與他現代的追隨者所主張的，只有透過進化而非基進的改革，社會才能產生最適合自己的制度。但對抗國家的權利，如果被接受，就會要求社會勉爲其難地接受未必讓它那麼舒適的制度。即使基於我目前採用的、去神學化的權利分析，權利主張的關鍵仍在於，即使以一般利益爲代價，個體也有權利受到得以對抗多數群體的保障。當然，多數群體的舒適會要求爲少數群體略做調和，但只在維持秩序的限度內；而這種調和通常等同於不承認他們的權利。

實際上，認爲能夠展示權利的是歷史過程而不是對原則的訴求，這種主張顯露了混淆，或根本不在意權利是什麼。權利的主張預設道德論據，它也沒辦法以其他方式建立。畢克將司法主動論者（甚至還有各有其失誤的司法自限論英雄人物，像是 Braibdeis 與弗蘭克福特）描繪爲十八世紀的哲學家，他們訴諸原則，因爲他們樂觀地認爲能爲進步描繪藍圖。但這種圖像混淆兩種訴諸政策與改革的立論基礎，也混淆兩種意義的進步。

出於「如果認爲倫理就像經濟，被看不見的手推動，從而個體權利與一般利益將會接合，而以原則爲基礎的法律會將國家帶向毫無阻礙的烏托邦，在那裡，每個人都比以前過得更好」這種愚蠢信念訴諸道德原則是一回事；畢克訴諸歷史，並以其他反對以原則爲基礎之政府的論證攻擊這種觀點，但舉例來說，訴諸作爲原則的原則，以說明「使黑人學童在黑人學校受公共教育是不正當的，即使國家採取必要手段以防免它，將使許多人處境更差」這種想法，則是另一回事。

這是另一種版本的進步。這是道德上的進步，而儘管歷史會說明，決定道德進步何在有多麼困難，一旦決定之後，說服他人又有多麼困難，這不可能表示統治者沒有面對這項決定或試著說服的責任。

五

到這裡已經是複雜的論證了，我將做個總結。我們的憲政體系建立在特定的道德理論上，也就是「人們享有對抗國家的道德權利」這種理論。權利法案裡的疑難條款——像是正當程序條款與平等保護條款，必須被理解爲對道德概念的訴求，而不是具體概念觀的規定；因此，負有將這些條款作爲法律完全適用之責任的法院，就它必須準備好架構並回答政治道德問題而言，必定是主動論法院。

不論出於實踐上的理由，或出於相競爭的、原則上的理由，在某程度上妥協主動論立場或許是必要的。但尼克森關於最高法院的公開論述顯示，由於強烈的原則理由，必須一概拋棄而不只是妥協主動論策略。如果我們試著陳述這些原則上的理由，就會發現它們與憲政體系的前提假定不相容，不論因爲它們使多數群體裁判自己的案件，或因爲它們建立在尼克森自己或大多數美國政治人物都無法一貫地擁護的道德權利懷疑論上。

因而，尼克森的法理學根本是虛僞不實的理論。他所能接受的論據沒辦法支持它，他已然提出的論據就更不用說了。尼克森爲不融貫的法律哲學背書，並懷疑其他法律人的誠實，只因爲他們不接受他無法捍衛的立場，他因而濫用自己的法律人身分。

然而，關於最高法院司法審查權的學術爭論必然也影響了尼克森的混淆。沒能注意到我所說的兩種區別，也就是，在訴諸概念與規定概念觀之間，以及懷疑論與從屬論之間的兩組區別，造成「作爲道德十字軍計畫的司法主動論」，與「作爲合法性方案的司法自限論」之間的錯誤抉擇。爲什麼這個世故而博學的專業，會以這種簡單而造成誤導的方式提出複雜的議題呢？

這項學術爭論的核心議題必須以這種方式呈現。如果把憲法規定的原則判決交由法官而不是人民來決定，在我們的制度所允許的限度下，我們的行動出於合法性的精神。但我們承擔法官可能做出錯誤判決的風險。每個法律人都認爲，最高法院在它生涯中的某個時刻犯了錯，甚至是嚴重的錯。如果他不厭惡一九三〇年代早期威脅著阻礙新政的保守判決，他就可能會厭惡先前十年的開明判決。

我們絕不能誇大這項危險。眞正不受歡迎的判決將被侵蝕，因爲公眾將吝於服從，就像公立學校祈禱案那樣，還因爲老法官將死去或退休並由新法官取代，他們被提名，正因爲他們同意民選總統的觀點。對抗新政的判決無法立足，而近年更大膽的判決，現在則任由尼克森法院擺布。錯誤判決的危險不全然在於它的過度；或許可以認爲，麥卡錫時代[17]法院的消極不作爲——以它在 *Dennis* 案斷定史密斯法案之合法性的羞辱裁判爲縮影——對國家造成的傷害，大過它在羅斯福時代早期的保守主義成見。

我們還是必須設計自己的制度以盡可能地減少錯誤。但錯誤在哪裡，學術爭議到現在還沒辦法適切說明。對主動論者來說，種族隔離實體的判決是對的，因爲這些判決提出他們認爲可欲的社會目標，或它們是錯的，因爲這些判決提出他們厭惡的社會目標。對自限論的支持者來說，不論他們支持或反對那項社會目標，這些判決的錯誤，都在於它們違反「法院無權將自己對社會的善的觀點加諸於全國」這項原則。

這些判準都沒有讓法律人面對我先前提到的那種特殊道德議題，也就是「個體享有哪種對抗國家的道德權利」這項議題。當主動論者論證，他們將自己的論點建立在這種前提上：要不他們的社會目標不證自明地良善，要不它們長期以下將有助於每個人的利益；這種樂觀主義讓他們受到畢克的質疑，他認爲不必然是這樣。希望有所限制的人們主張，某些合法性原則使憲法學者根本不必面對道德議題。

在區隔出對抗國家之權利的問題並該將它提上議程之前，憲法位階的法律沒辦法眞的進步。這也就要求憲法與道德理論的融合，這是難以置信地還沒出現的連結。全然可以理解的是，法律人害怕道德哲學的玷汙，特別是談論權利的哲學家，因爲這項概念令人毛骨悚然的言外之意，預示了理性的墳場。但現在，比法律人們所記得的更好的理論出現了，例如，哈佛大學的羅爾斯教授[18]已經出版一本抽象而複雜的、關於正義的書，這是任何憲法學者都無法忽略的著作[19]。不過，比起在法社會學與法經濟學發展中的消極，在對抗國家的道德權利理論的發展中，法律人更無須扮演消極角色。他們必須承認，比起其他學科，法律並未更獨立於哲學之外。

◆注釋◆

[1] 譯註：理查・尼克森（Richard Nixon，一九一三至一九九四），美國第三十七任總統（一九六九至一九七四），因動用總統權限阻撓水門案（即其競選幕僚在民主黨總部水門大樓安裝竊聽器、偷看機密文件遭逮捕一事）的調查，在輿論壓力下辭職。

[2] 譯註：Clement Furman Haynsworth, Jr.、George Harrold Carswell、Herschel H. Friday、Mildred Lillie 等，均為尼克森曾考慮提名為大法官的美國法官。

[3] 譯註：路易斯・鮑威爾（Lewis Franklin Powell, Jr.，一九〇七至一九九八），美國法學家，一九七二年至一九八七年間任美國聯邦最高法院大法官。

[4] 譯註：威廉・藍奎斯特（William Hubbs Rehnquist，一九二四至二〇〇五），美國法學家，一九七一年至二〇〇五年間任美國聯邦最高法院大法官（一九八六年起為首席大法官）。

[5] 譯註：華倫法院（the Warren Court）指一九五三年至一九六九年間，厄爾・華倫（Earl Warren）擔任首席大法官期間的美國聯邦最高法院。

[6] 譯註：傑拉德・魯道夫・福特（Gerald Rudolph Ford, Jr.，一九一三至二〇〇六），美國第三十八任總統（一九七四年至一九七七年間在任）。

[7] 譯註：一九五四年美國聯邦最高法院在布朗案宣告種族隔離違憲後，南方各州仍維持事實上的種族隔離，黑人學童與白人學童仍各自就讀黑人學校與白人學校，聯邦政府為打破此隔閡，運用通學命令（Busing order），指定部分學童必須通學至學區外之學校就讀。其合憲性為爭議所在，而美國聯邦最高法院在 *Swann* 案中宣告其合憲。

[8] 譯註：亨利・馬丁・傑克遜（Henry Martin "Scoop" Jackson，一九一二至一九八三），美國政治家，一九四一年至一九八三年間曾任參議員。

[9] 譯註：柏格法院（the Warren Court）指一九六九年至一九八六年間，華倫・柏格（Warren E. Burger）擔任首席大法官期間的美國聯邦最高法院。

[10] 譯註：指 *Miranda v. Arizona*, 384 U.S. 436 (1966)。該案判定，刑事案件被告遭逮捕後，除非告知其緘默權，或採取其他足以保障美國憲法第四增修條款所規定之不自證己罪權利的措施，否則被告之陳述不得作為證據。

[11] 譯註：指一九四〇年外國人登記條例（The Alien Registration Act of 1940），將提倡推翻美國政府的言論入罪化，

並要求不具美國公民身分的美國居民都必須向美國政府辦理登記。雖未正式廢除，但在好幾個案件中被美國聯邦最高法院宣告違憲而拒絕適用。

【12】譯註：喬治・桑塔亞那（George Santayana，一八六三至一九五二），美國哲學家。

【13】譯註：約翰・馬歇爾（John Marshall，一七五五至一八三五），美國法學家，在一八〇一年至一八三五年間擔任美國聯邦最高法院首席大法官，該院違憲審查權在其任內的 *Marbury v. Madison*, 5 U.S. (1 Cranch) 137 (1803)案中確立。

【14】我將反駁馬歇爾的論據與另一種反對意見——它們在這裡並不相干——舉例來說，它認為在詮釋上，應該認為憲法使國會負有不通過限制言論自由的法律的義務，但不應認為它減損了國會在違反其義務的狀況下使這種法律有效的法律權力。基於這種觀點，國會的法律地位，相當於負有不將竊得贓物出售脫手的義務，卻又保有在銷贓時使該筆交易有效之法律權力的竊賊。對於這種詮釋，實在無可置言，因為國會跟竊賊不一樣，除了否認它的不法行為的效力以外，至少在能為憲法意在保障之個體提供保障的方式下，沒有什麼辦法能懲戒它。

【15】畢克也以他通常相當有力的技巧主張，華倫法院許多重大的判決甚至不能在傳統的立論基礎上——也就是，法院在它的意見書裡提出的論據——獲得證立。他對這些意見書的批評往往有說服力，但法院在技術上的失敗，不影響我在文本裡考慮的論據（他的霍姆斯講座演講講稿，經過擴充並收錄在 *The Supreme Court and the Idea of Progress* 一書）。

【16】譯註：林登・貝恩斯・詹森（Lyndon Baines Johnson，一九〇八至一九七三），美國第三十六、三十七任總統（一九六三年至一九六九年，本為副總統，因前任總統約翰・甘迺迪遇刺身亡而繼任）。

【17】譯註：指一九五〇年代初，在美國參議員麥卡錫（Joseph Raymond McCarthy，一九〇八至一九五七）的渲染及領導下，藉由誣指許多知名人士為蘇聯間諜，以肆行迫害的時代。

【18】譯註：約翰・羅爾斯（John Rawls，一九二一至二〇〇二），美國哲學家。

【19】*A Theory of Justice*, 1972. See Chapter 6.

第六章　正義與權利

我相信，羅爾斯著名的「原初地位」概念，早就沒有再詳加介紹的必要[1]。它想像一群聚首締結社會契約的男女。到此為止，它跟古典社會契約論想像的議會相似。然而，原初地位與那些理論的差異在於它對締約者的設想。他們是有著一般品味、天賦、企圖與信念的男女，但每個人都暫不曉得自己的人格特點，而且，他們必須在他們的自我認識回復之前，締結社會契約。

羅爾斯試著說明，如果這些男女是理性的，而且他們的行為只考量自身的利益，他們就會選擇他的正義二原則。粗略地說，它們規定，每個人都享有與所有人享有的相類自由權相容的最大政治自由權，而權力、財富、收入與其他資源上的不平等，只能在有助於社會地位最低成員的絕對利益的範圍內存在。羅爾斯的許多批評者不認為原初地位中的人們必然會選擇這兩條原則。這些原則性格保守，而批評者相信，只有天性保守而非天生賭徒的人們才會選擇它們。我不認為這項批評已受到充分的討論，但至少在這篇文章裡，我刻意地忽略這點。我對別的議題感興趣。

假設這些批評者錯了，假設原初地位裡的人們，確實會基於他們自身的最佳利益而選擇羅爾斯的正義二原則。羅爾斯似乎認為，這件事實將提供支持這兩條原則作為檢驗實際政治制度之正義標準的論據。但為什麼應該是這樣，並非一目了然。

如果一群人事先約定，他們之間的糾紛將以某種方式解決，那麼，當糾紛確實發生，這項契約的存在就是支持以那種方式解決這類爭議的有力論據。契約本身就是獨立於使人們選擇這項契約之理由的作用外的論據。例如，締約者通常都認爲他們簽訂的契約合乎自己的利益；但如果有人錯誤地計算自己的利益，「他確實曾經締約」這件事實仍然是有力的理由，足以說明他受到這次交易拘束爲什麼合乎公平性。

羅爾斯不認爲曾經有任何團體締結他描述的這種社會契約。他僅僅主張，如果有一群理性的人們，確曾發現自己身處原初地位的窘境，他們就會締約以接受正義二原則。他的契約是假想的，而假想的契約沒有提出說明執行契約條款之公平性的任何獨立論據。假想的契約不只是弱化的實際契約；它根本不是契約。

比方說，如果我正在玩遊戲，如果遊戲開始前曾有人問過我，或許我會接受一些基本規則。這並不表示，如果我實際上未曾同意，這些規則仍然能拘束我。當然，必定有一些理由能說明，爲什麼如果我曾受詢問就會同意，而這些理由也可以用來說明，爲什麼就算我未曾同意，對我執行這些規則仍然是公正的。但我假想的同意不像我實際的同意那樣，算是獨立於其他理由之外，而又能讓這些規則拘束我的理由。

假設我跟你在賭撲克牌，一盤玩到一半時，我突然發現牌堆裡少了一張牌。你提議這盤不算，但我反對，因爲我知道自己快要贏了，而且我想贏得這盤的賭注。你或許會說，如果事前想過缺牌的情形，我一定會同意這麼做。但你的論點不是「由於我未曾做成的約定，我確實同意這盤不算數」。你毋寧藉由假想約定的機制提出——就算沒有這個機制，你仍然可以提出的論點，也就是，你提議的解決方式顯然公正且合理，從而只有顯然利益衝突的人才會拒絕。你的主要論據在於「你的解決方式公正且合理」，而「我自己也會這麼選擇」這件事實，對那項論據沒有任何實質的幫助。如果我能滿足主要的論據，你所提出「我也會同意」這項主張所衍生的問題，就沒有什麼有待回答或辯解了。

況且，在某些狀況下，「我會同意」這件事實甚至沒有提出任何這類獨立論據。一切取決於你認定我會同意的理由。假如你說，如果你曾提出這點並堅持你的解決方式，我就會同意，因爲我很想玩牌，我寧可讓步也不願失去機會。我可能承認自己會出於那項理由而同意，接著我會補充道，你根本沒提到這個問題，是我運氣好。「我會在你的堅持下同意你的提議」這件事實，沒有增加或提出任何主張爲什麼我現在就要同意的論據。重點並不在於你堅持以你的提議作爲遊戲條件有什麼不公正；實際上，那很公正。如果你曾經堅持自己的建議，而我也確實同意了，我就不能主張自己受到脅迫，因而我的同意無效或有所爭議。但我事實上未曾同意，而「若事前曾受詢問我就會同意」這件事實毫無意義。

我的意思，不是判斷影響別人的行爲公不公正時，「受影響的人如果曾受詢問則會同意」這件事實全然無關。舉例來說，如果醫生發現有人失去意識並淌著血，詢問如果那個人意識清醒會不會同意輸血是重要的。如果有充分的理由認定他會同意，那麼，如果病人事後譴責醫生的所作所爲——或許是因爲他所接受的宗教信仰——就輸血的正當化理由來說，這件事實就是重要的。但這種例子與當下的問題無關，因爲病人假想中的同意顯示，他的意志在決定做成的時點與情境中傾向於那個決定。沒有在適當時刻受到詢問並未對他造成任何損失，因爲，如果他受到詢問，他就會同意。原初地位的論據則是另一回事。如果我們用它支持適用正義二原則的公正性，我們的論據就一定是，由於如果事先受到詢問，人們就會接受正義二原則，因此在另一種狀況，也就是在他未曾同意的情形下，稍後對他適用這些原則也是公正的。

但這是個壞論據。假設我在禮拜一不曉得自己的畫值多少錢；如果那時你出一百塊來買它，我會賣給你。我在禮拜二發現它很值錢。你不能在禮拜三主張，法院判令我以一百元把畫賣給你是公平的。你沒在禮拜一問我，是我運氣好，但這不能用來證立事後對我的強制。

因此，我們必須以對待你在撲克牌遊戲中提出的論據的方式，對待原初地位的論據；它必定是用來促使人們注意支持正義二原則之公正性的獨立論據——不以「假設的契約具有某種微弱的拘束力」這種錯誤想法為前提的論據。還有什麼其他論據呢？或許有人要說，原初地位說明正義二原則合乎任何政治社群的每位成員的最佳利益，因而，由於那項理由，依照正義二原則治理是公正的。確實，如果真的能說明正義二原則合乎每個人的利益，這會是得以支持它的公正性的有效論據，但困難就在於，如何能以原初地位說明它們合乎每個人的利益。

我們必須小心地區別「某件事符合我的利益」這種說法的兩種意義。仔細考量後，在賠率最佳的馬身上下注，與我的事前利益相符，就算那匹馬最後輸掉了。在勝出的馬身上下注，則合乎我的實際利益，儘管這項選擇在下注當時是愚蠢的。如果原初地位提出論據，主張在根本大法各種可能的基礎中接受正義二原則合乎所有人的利益，這項論據必定運用事前利益而非實際利益的概念。選擇正義二原則並不合乎每個人的最佳實際利益，因為，在無知之幕揭開時，有些人會發現，選擇其他原則（如平均效益原則）會更合乎他們的利益。

事前利益的判斷受到判斷環境的影響，特別是，受到判斷者所能掌握的資訊影響。在起跑槍響前，在特定賠率下對某匹馬下注或許合乎我的事前利益，但是，至少在賠率不變的情形下，當牠在第一個彎跌倒，這賭注就不符合我的事前利益了。因此，特定選擇在特定時點、在相當不確定的條件下對我有利，這件事實無法在後來知道得更多的狀況下，適切地說明對我執行這項選擇的公正性。但就這項詮釋來說，這正是原初地位論證的主張，因爲它力求基於「在與當下條件相當不同的狀況下，接受正義二原則合乎每個人的事前利益」這項假設，以證立這二條原則。如果我大膽地買了張冷門馬票，在賽馬開始前以兩倍價錢把票買給你，或許合乎我的事前利益；但這並不表示，當那匹冷門要贏了，你以前述代價從我這兒拿走那張冷門票，仍然是公正的。

現在或許有人要說，我誤解了「不確定性」這項特殊條件在原初地位中的本旨了。締約者對他們特有的資源與天賦陷於無知，以避免選擇——由於有利於某些資源或天賦的組合而天生不公正的原則。如果原初地位中的人們不知道自己特有的利益，就無法在協商中偏頗於這些利益。在這個狀況下，或許可以說，原初地位的不確定性，不像我說的那樣汙染了事前利益的論證，卻只是限制了自我利益的運作範圍。這項論證說明，一旦「不確定性」這項機制將顯失公平的原則排除在考量之外，正義二原則就會合乎每個人的利益。既然比起身處原初地位的人們，當下的人們唯一知道得更多的，是他們選擇正義原則時所無法仰賴的知識，至少就相關部分來說，他們的事前利益仍然相同，而且，如果是這樣，對於正義二原則在當代政治上的適用，原初地位論證確實提出好的主張。

但這其實混淆了羅爾斯實際上提出的論據與他可能提出的另一項論據。假設他所舉例子裡的人們全然知悉自己的天賦與品味，但要在前提規定上就排除顯失公平之原則——像是對指定的個體提供特別優勢的原則——的條件下達成協議。如果羅爾斯可以說明，一旦把這類顯失公平的原則擺在一旁，接受他的二原則將合乎所有人的利益，這確實算是支持正義二原則的論據。我的論點——人們在原初地位下的事前自利與當下人們的不一樣——將不再成立，因爲這兩組人就會對自己有相同的了解，還同樣受制於禁止選擇顯失公平原則的道德限制。

然而，羅爾斯實際上提出的論據卻是另一回事。他的例子裡的那些人，必須在其中做成選擇的那種無知，影響他們對自我利益的計算，而且我們不能說，這樣的無知僅僅對這些計算所能適用的範圍設下邊界。例如，羅爾斯認爲，他例子裡的人必然會選擇保守原則，因爲，就他們的無知來說，這是自利的人們唯一的理性選擇。但是，現實中知道自己天賦的人們很可能偏好不那麼保守的原則，那些原則允許利用他們知道自己所享有的資源。認爲原初地位論據支持保守原則的人們因而面臨以下選擇。如果較不保守的原則——像是偏好指定個體的原則——將被視爲顯失公正而排除，那麼，光是基於顯然公平的立論基礎，支持保守原則的論據從一開始就是完整的。在這種情形下，它所要展現的原初地位或任何自利的考量，在這項論據裡都毫無立錐之地。但如果不能認定較不保守的原則顯失公正並加以排除，那麼，使羅爾斯例子裡的人們承受無知而使他們偏好較保守原則，這種做法就不能僅僅解釋爲，是將顯失公平的選項排除在外。而且，既然這影響這些人的事前自利，「原初地位展現現實上人們的事前自利」這種說法必然就不成立。當然，對於正義二原則的每項特徵，都可能提出同樣地難題。

我承認，到目前爲止的討論，似乎忽略了羅爾斯方法論上的傑出特徵，也就是他所謂在我們未經反思的通常道德信念，與可能整合並證立這些一般性信念的某種理論結構之間，尋求「反思均衡」的技術[2]。現在或許可以說，原初地位這個概念在反思均衡裡扮演某種角色，而如果像我剛剛那樣，堅持找到從原初地位通往正義二原則的、更直接而單向的論據，就會忽略這個角色。

均衡技術確實在羅爾斯的論據中扮演重要角色，它值得在這裡簡要說明。這項技術認定，特定政治安排或決策，像是傳統審判制度是正義的，其他制度，例如奴隸制度是不義的，羅爾斯的讀者們對這點握有從日常生活中抽繹而出的感覺。而且，它認定，我們每個人都能按照確信程度，排列這些最熟悉的直覺或信念。例如，大半的人們認爲，比起在戰爭裡殺害無辜的外國百姓，國家處決自己國內的無辜公民顯然更加不義。他們可能準備基於某些論據而放棄自己對戰爭裡的外國百姓的看法，但卻更不情願拋棄他們對處決無辜同胞的觀點。

根據均衡技巧，朝著兩項目標提出支持我們或多或少確定之直接信念的原則結構，是道德哲學的任務。首先，這個原則結構必須藉由說明它們所反映的潛在想法以說明這些信念；其次，它必須對我們尚無信念或僅有微弱或矛盾信念的事例提供指引。例如，如果我們不確定允許重大貧富差距的經濟制度是否不義，我們可能轉向解釋我們確信信念的原則，接著把這些原則適用到那項疑難議題上。

但這項程序不只是發現調和我們或多或少既定之信念的原則的程序。這些原則必須支持我們的判斷，而不只是對它提出論述，這表示，這些原則對我們的道德感覺有著直接而獨立的訴求。比方說，或許能夠說明，一串熟悉的道德信念支持某項未獲得充分關注的政策——或許我們不加反思地做成的標準判斷，支持「特定階級繼續掌握政治權力」這項目的。但這項發現不會支持階級自我論原則；相反地，它會懷疑我們通常的判斷，除非能找到某種同樣合乎我們的直覺，而又更可敬的原則，而在這種狀況下，我們的直覺推薦的就是這條原則，而不是階級利益原則。

或許找不到哪組既具有獨立訴求，又支持我們一整套熟悉信念的融貫原則；事實上，如果這不是常情，反而令人訝異。如果發生這種事，我們就必須妥協並向雙方讓步。我們可能放鬆對可接受原則的初始感覺，儘管我們不能拋棄它們。例如，在進一步反思後，我們可能接受某些原本不吸引我們的原則，或許像是「人們未必生而自由」這條原則。如果我們同意，沒有任何較寬鬆的原則能支持我們特別不願意放棄的那組政治信念，我們可能就會接受這條原則。另一方面，我們也必須準備好修正或調整、甚或完全拋棄——合乎我們放鬆後之標準的——原則所無法調和的任何直接信念；調整這些直接信念時，我們會運用其中某些較確定、某些較不確定的初始感覺，儘管原則上，在確證必要的情形下，沒有任何熟悉的信念可以免於再檢視或不被拋棄。我們可以期待在熟悉的判斷與解釋性原則結構之間這樣來回，先粗修一邊，接著轉往另一邊，直到達成羅爾斯所謂的——我們感到滿意，或在我們能合理地期待的程度上滿意的反思均衡狀態。

或許至少就我們當中大半的人們來說，我們的一般政治判斷跟羅爾斯的正義二原則就呈現反思均衡的關係，或至少可透過剛剛描述的判斷程序達成這種關係。但不清楚的是，原初地位這項概念如何符合這組結構，或爲什麼它應當占有一席之地。原初地位不是我們發現自己掌有，並尋求以反思均衡證立的尋常政治信念。如果它有所影響，必定是在證立程序當中，因爲它在我們建構以平衡我們的信念的理論體中有它的影響。但如果正義二原則本身就與我們的信念呈現反思均衡關係，不清楚的是，爲什麼我們需要原初地位，以在這項平衡的理論層面補強正義二原則。對於既已建立的和諧，這項概念有什麼影響呢？

我們應該考慮下列答案。允許某條理論性原則做爲我們信念的正當化理由之前，我們要求它符合的條件之一是，至少在某些條件下，如果曾受詢問，這條原則所將支配的人們就會接受那條原則，或至少能說明那條原則合乎這些人們的事前利益。如果是這樣，原初地位在透過均衡而證立的過程中扮演主要的角色。它是用來說明正義二原則符合這條既存的政治原則可接受性標準。同時，「確實符合那項判準的正義二原則，在反思均衡中證立我們平常的信念」這件事實，強化我們對這項標準的信心，並促使我們將它適用於其他政治哲學或道德哲學議題。

然而，這個答案無助於「原初地位提出支持正義二原則的論據」這項觀點；它僅僅重述我們已經考量過並拒絕的想法。「只有在處於原初地位這種特殊處境中的人們將選擇時，原則才是可接受的」這點，確實不是我們既存政治傳統或一般道德理解的一部分。當然，「如果被統治者實際上選擇它們，或至少能說明它合乎他們的事前共同利益，這些原則就是公正的」這種想法，是這些傳統的一部分。但我們已經看到，原初地位這項機制，不能用來支持那主張將正義二原則適用於當代政治的論據。如果原初地位要在反思均衡中的原則與信念結構裡享有一席之地，必定是我們尚未鑑別出的前提假定所致。

是時候重新考慮更早先的前提假設了。到目前爲止，我把原初地位這套建構當成羅爾斯論述的基礎，或建立於我們的政治直覺及他的正義二原則之間的反思均衡裡的要素來處理。但事實上，羅爾斯不這麼看待原初地位。他以下列文字描述這套建構：

我已經強調過，這個原初地位純屬假設。人們很自然地問道，如果實際上未曾有過這種合意，我們爲什麼就得對這些原則感到任何興趣，不論那是道德上的或其他種類的原則。答案是，體現在關於原初地位之描述裡的條件，是我們實際上接受的條件。或者如果我們不接受，透過道德反思，或許能勸使我們接受。對於締約情境的每個方面，我們都能夠給予支持性的立論基礎……。另一方面，這套概念觀也是提示它自身的精巧直覺性概念，從而在它的帶領下，吸引我們更精確地界定能最佳地詮釋道德關係的立足點。我們需要一套概念觀，使我們能從遠處觀察我們的對象：原初地位這個直覺性概念就爲我們發揮這種作用[3]。

這段描述摘自羅爾斯對原初地位的第一項陳述。它在書裡最後一段被重提並重複[4]。這顯然至爲重要，而且這表示，原初地位遠不是他的論述基礎，也不是解釋均衡技巧的機制，而是整體理論的主要實質產物。它的重要性反映在另一個關鍵段落。羅爾斯將他的道德理論描繪爲一套心理學。他想描述我們（或至少某個人）做成某種道德判斷之能力的性格，也就是，關於正義的判斷。他認爲，原初地位體現的條件是「支配我們的道德力量，或更精確地說，支配我們的正義感的根本原則」[5]。因此，原初地位至少是某些甚或是大半人類之特定心智過程概要的展現，他說，就像深層文法是不同心智能力概要性的展現。

這一切表示，原初地位是個中介結論，也就是在爲它的條件提供哲學論據的深層理論裡的休息站。在本文下一部分裡，我至少將試著說明這套更深層理論的主要輪廓。我將區別那本書的表面論據的三個特徵——均衡技術，社會契約，以及原初地位本身，並試著察覺它們代表哪些習見的哲學原則或立場。

然而，若粗略的說，我首先必須對羅爾斯那令人感到興奮的想法提出一些意見，也就是「這套深層理論的原則構成我們的道德能力」這個想法。這個想法可以在深淺不同的層次上理解。在最淺薄的層次上，它可能意味著，支持原初地位作爲論證正義之機制的原則，在那本書所指的社群中廣爲人所接受且鮮少遭到質疑，從而那個社群不可能拋棄這些原則，而又不根本地改變他們論證、討論政治道德的模式。就它最豐富的詮釋而言，它可能意味著，這些原則對所有人來說都是共同的固有道德範疇，銘刻於他們的神經結構，從而人們不能一面否認這些道德原則，卻絲毫沒有拋棄論證道德的能力。

以下，我將循著較淺薄的詮釋，儘管我認爲，我將提出的一切與豐富的詮釋一貫。接著我將認定，有一群人在閱讀羅爾斯的著作時驚覺，對他們來說，原初地位是他們藉以思考正義問題的適切「直覺概念」，他們也認爲，如果能夠說明原初地位的當事人，事實上會締約採納他所說的正義二原則，它就具有說服力。基於經驗與文獻，我假設這個團體包含眾多思索著正義的人們，而我發現自己也是其中的一份子。我想探索如此引導這個團體、卻又隱而未現的前提假定，而我將從重提我一開始處理的問題著手。爲什麼羅爾斯的論據能支持「他的二原則是正義原則」這項主張呢？我有個複雜的答案，有時還會帶我們遠離他的文本，但我認爲，不會遠離它的精神。

二

（一）均衡

一開始，我將考量剛剛提到的，均衡技巧的哲學基礎。我會在這方面花上幾頁篇幅，但是，要了解羅爾斯的方法對他的深層理論之實質特徵有什麼要求，這相當重要。就像我曾經說過的，對於我們的道德生活，這項技巧預設一項熟悉的事實。我們都持有關於正義的信念，而我們之所以持有那項信念，是因爲它們看起來是正確，而不是因爲它們從其他信念演繹或推論而出。例如，我們可能如是相信奴隸制度是不義的，而標準的審判方式是正當的。

根據某些哲學家的看法，這些不同種類的信念是對某些獨立並客觀的道德事實的直接感知。在其他哲學家看來，它們不過是主觀偏好，與一般的品味沒什麼差別，只是穿上正義的語言以指出它們對我們來說多麼重要。無論如何，當我們跟自己或他人討論正義時，我們大致以羅爾斯的均衡技巧所說的方式運用這些慣常的想法——我們稱爲「直覺」或「信念」。我們以自己的制度檢驗一般性正義理論，我們還藉由指出持不同意見者的直覺如何與他們的理論衝突，以試著爲難他們。

假設我們試著就道德理論與道德直覺的關連提出一種哲學立場，以證立這項程序。均衡技巧假設了我們所謂的道德「融貫」論[6]。但我們得在兩種定義融貫並解釋它何以必要的一般的模型之間抉擇，而其間的選擇對我們的道德哲學是重要且影響深遠的。我將說明這兩套模型，接著主張，只有在其中一套而不是另一套的基礎上，均衡技巧才是有意義的。

第一種，我稱爲「自然」模型。它預設了可以摘要如下的哲學立場。正義理論，像是羅爾斯的正義二原則，描述某種客觀道德實在；也就是，它們不是人們或社會所創造的，而毋寧是他們所發現的，就像發現物理法則一樣。主要的探索工具是至少由某些人享有的道德技能，它在特定狀況下產生具體政治道德直覺，像是「奴隸制度是錯的」這種直覺。這些直覺是更抽象且更根本之道德原則的本質與存在的線索，就像物理學上的觀察是根本物理法則之存在與本質的線索。道德論證或哲學就是將具體判斷按正確順序集結以重構基本原則的過程，就像自然史學家根據所發現的零碎骨骸以重建整隻動物。

第二種模型則是另一回事。它不將正義的直覺當成證明獨立原則之存在的線索，而毋寧當成將被建構的、一般性理論的既定特徵，宛如雕刻家著手刻出最合乎他偶然一併發現的那堆骨頭的動物。「建構性」模型不像自然模型那樣，認爲正義原則是某種既定客觀存在，從而對這些原則的描述必定在某個標準意義上爲眞或爲假。它不認爲與骨頭相對應的動物實際上存在。它提出另一種在某方面更複雜的想法，也就是，人們有責任將作爲自己行爲基礎的具體個別判斷融入融貫的行動方案，或至少，對他人行使權力的公權力機關負有這種責任。

法律人不熟悉第二種模型，也就是建構式模型。它可以與一種普通法上的裁判模型類比。假設法官面對新奇的主張——比方說，基於法院迄今爲止尚未承認的、法律上的隱私權請求損害賠償[7]。他必須檢驗任何看似相關的先例，看看任何「內在」於這些先例的原則是否與系爭隱私權相關。我們看待這位法官的地位，就像從道德直覺推論到普遍道德理論的人。具體特定的先例類比於直覺；法官試著在這些先例，以及可能證立它們且更進一步證立將來更多裁判的原則之間，取得調和。然而，他並不認爲這些先例是對道德實在的瞥見，從而是僅僅有待他宣告的客觀原則的線索。他並不相信這些原則在這種意義上「內在」於這些先例。相反地，基於建構式模型的精神，出於追求與他之前的所作所爲之一貫性的責任感，他認爲這些先例是所須建構之原則的規格。

我打算強調這兩種模型之間的差異的重要性。假設有個公權力機關，帶著合理的確信，抱持著某種無法藉由他所能運用的任何一組原則與其他直覺調和的直覺。例如，他可能認爲，給予謀殺未遂與既遂同等嚴厲的懲罰是不義的，但無法將這個立場與「人們犯的罪應由他所意欲而非實際發生之事評斷」這個感覺調和。或者他可能認爲特定少數種族有權獲得特殊保障，而無法將這個觀點與「這種建立在種族上的區分天生就對個體不公正」這項觀點調和。當公權力機關身陷這種處境，這兩個模型給他不同的建議。

自然模型主張的策略，是帶著「儘管還沒找到，但確實存在著一組能調和那項直覺且更精細的原則」這項信念而跟隨惱人的直覺，並將明顯的矛盾視而不見。舉例來說，例如，根據這套模型，公權力機關的處境就像天文學家一樣，他手上拿著一組清楚的觀察資料，而他還無法將它與任何太陽系起源的融貫論述調和。他繼續接受並運用他的觀察資料，深信確實存在著某種能夠調和的解釋，儘管還沒被發現，他也曉得可能找不到。

自然模型支持這項策略，因爲它所以立足的哲學基礎鼓勵道德直覺與觀察資料的類比。基於這種前提假定，認定透過道德能力得到的直接觀察優於觀察者的解釋能力，是全然合理的想法。認爲就算他失敗了，某種以道德原則形式存在的正確解釋仍然確實存在，也全然合理；如果他的直接觀察是正確的，就必定存在某種解釋，能說明為何事物在道德宇宙中以觀察到的模樣存在著，就像必然存在某種解釋，說明何以事物以在物理世界中觀察到的模樣存在。

然而，建構式模型不支持人們以「調和原則必定存在」這項信念掩蓋顯而易見的不一致。相反地，它要求以正義之名做成的決定，絕不溢出公職人員在正義理論中論述這些決定的能力，儘管這種理論必定要使他的某些直覺妥協。它要求我們的行動以原則而非信念為基礎。它的核心是責任的信條，它要求人們整合他們的直覺，並在必要時，使其中某些直覺向那項責任讓步。它預設，對任何正義概念觀而言，這項明晰的一貫性——根據可以公示並在改變之前獲得遵守的方案所做的決定——本質上都是必要的。在這套模型的引導下，處在前述處境的公職人員必須放棄他明顯不一貫的立場；他必須這麼做，就算他希望在哪天進一步反思後，能提出允許他所有的原初信念成為原則的、更好的原則。

建構式模型並未預設懷疑論或相對主義。相反地，它認為，在這套模型當中論證的每個人都會誠懇地主張他們帶進來的信念，而這樣的誠懇會延伸至將違反其中最深切之信念的政治行為或體制評為不義的批判。對於這些信念的客觀地位，這套模型的否認並未多於確認；它從而與自然模型預設的道德本體論相符，儘管作為論證模型，它不需要那套本體論。

它不需要那套本體論，因為前者的要求獨立於後者。自然模型基於「道德直覺是精確的觀察」這種假定而堅持與信念的一貫性；一貫性的要求源自那項前提假定。建構式模型堅持作為獨立要求的、與信念的一貫性，這項堅持並不源自「這些信念精確地反映客觀道德眞實」這項前提假定，而來自另一種看法，也就是，就公權力機關來說，如果它的行為並非基於——以一貫性限制它們、並提供檢驗、爭論、預測它們的行爲的公共準則、且不允許訴諸在個案中掩蓋成見或自我利益的特殊直覺的——一般性公共理論，它就是不公正的。這樣一來，建構式模型基於政治道德上的獨立理由而要求融貫；它認爲，出於必要的誠摯而抱持的信念是給定的，並尋求在可說是由這些信念擔保的行爲上附加條件。如果建構式模型要構成道德性，不管在我區分的哪種意義上，這些政治道德上的獨立理由，都是我們政治理論的核心。

因而，這兩個模型代表了正義理論所能據以發展的兩種不同立足點。可以說，自然模型從——握有直覺、並認爲它們是道德眞實之個別觀察的——個體之個人立足點看待直覺。建構式模型則從更公共的立足點看待這些直覺；這是人們可能對其中每個成員都握有與他人不同（儘管差異不太大）的強烈信念的社群治理提出的模型。

從這個公共立足點看來，建構式模型之所以吸引人還有額外的理由。它相當適於正義問題的團體考量，也就是，適於發展可謂屬於社群而非特定個體的理論，舉例來說，這在裁判當中是重要的事業。藉由納入任何成員所採取的所有信念，或排除未由所有人採納的信念，就能擴張或縮減應受處理之初始信念的範圍，以調和更大或更小的團體的直覺，就像具體特定的計算所擔保的。基於自然模型，這個過程將會自我解構，因爲每個個體都相信，對客觀道德的推斷之所以無效，要不是因爲錯誤的觀察被納入，就是因爲精確的觀察被忽略了。但在建構式模型上提不出這種反對意見；在這樣的運用下，這套模型適於鑑別——例如，最佳地調和那個社群的共同信念與不宣稱客觀道德宇宙之描述的——正義方案。

那麼，這兩種模型當中，哪個較能支持均衡技巧呢？某些評論者似乎認爲，那個技巧使羅爾斯接受自然模型[8]。但那套模型與均衡技巧之間的聯盟其實只是表面上的；更深入探究後，我們發現它們不相容。從一開始，自然模型就不能解釋這個技巧特有的特徵。它解釋我們的正義理論爲什麼必須符合我們對正義的直覺，但它沒有解釋，修正這些直覺以使它們更穩固地相符，這種做法爲什麼正當。

就像我先前所說的，羅爾斯的均衡概念是雙向程序；我們在理論的調整與信念的調整之間來回，直到達成所能達成最相符的狀態。例如，如果直截了當的功利主義正義理論掌握了我的既定信念，在這個技巧之內，這會是丟棄「儘管奴隸制度增進效用，它仍是錯的」這項直覺的理由。但基於自然模型，這幾乎是竄改證據，宛如博物學家擦掉使他描繪脫逃動物的努力困窘不實的足跡，或者把將他的理論所無法調和的觀察擺到一邊去的天文學家。

我們必須小心，別將這個論點與科學上的誤差混淆了。科學家也調整自己的證據以獲得和諧的解釋性原則，這是常見的說法——羅爾斯自己就提出這種比較[9]。但如果這確實爲眞，他們的程序跟均衡技巧的建議就不是同一回事。舉個熟悉的例子，例如幻視或錯覺。在沙中看到水的科學家不會說，在他到達之前，眞的有個池塘在那兒，從而物理學必須修正以說明消失的水，這種說法全然爲眞；相反地，他把池塘消失當成「這是幻覺」的證據，也就是證明「與他的觀察相反，那兒根本沒有水」的證據。

當然，科學家不能把問題丟在那兒。他不能忽視海市蜃樓，除非他以能解釋它們的視覺法則以補充物理法則。或許他必須在某種意義上在對一切觀察之集合的各種相競爭解釋之間選擇。例如，在把海市蜃樓當成某種特別物理客體，並修正物理法則以允許這種物體消失，或認爲海市蜃樓是視覺幻象，並建立視覺法則以解釋這種幻象之間，他或許必須抉擇。就他的經驗並不絕對地迫使他接受其中哪種解釋而言，他必須抉擇；前面那種選擇是可能的，儘管要整體地修正物理法則與常識才能容許這種選擇。

我認爲，像奎因[10]那種哲學家，認爲我們的概念與我們的理論面對著我們的整體經驗，從而，如果我們願意，就可能在我們的理論架構的不同地方做出不同的修正，以回應難以馴服或叫人吃驚的經驗，這就是他的意思[11]。不管這是不是科學論證的精確圖像，這不是均衡程序的，因爲這套程序不只主張同樣地現象能以不同原則結構解釋，它更主張，爲了合乎某套特定理論，應該忽略某些以道德信念形式存在的現象。

確實，羅爾斯有時更單純地描述這項程序。他說，如果我們的暫定正義理論爲與某項直覺不符，這件事實就該像個警示燈，要求我們反思它是不是眞的是我們的信念[12]。如果我們的信念支持效用原則，但我又認爲，即使有助於增進效用，奴隸制度仍然是不義的，我就要更冷靜地重新思考奴隸制度，這次，我的直覺可能不一樣，還與那條原則一致。在這種狀況下，一開始的不一致就被當成是重新考量直覺的契機，而不是廢棄它的理由。

同樣地，情況不必是這樣。我可以繼續接受先前的直覺，不管我多麼死心眼地反對它。在這種狀況下，如果這是達成均衡之協調所必要的，這項程序仍授權我將它擺到一邊去。但如果我這麼做，我並未對證據提出另一套論述，而是直接忽視它。具有不同直覺的其他人或許會說我的直覺被扭曲了，或者因爲某些兒時經驗，或因爲我缺乏充足的想像力，而無法設想奴隸制度確實無益於效益的假設性案例。也就是，他可能會說我的感知能力有缺陷，從而我的直覺沒有眞正地察知道德眞實，從而就像色盲所做的錯誤報導一樣，可以擺到一邊去。

但是，只要我握有這些信念，對我而言它們又是有效的，它的道德品質又跟我其他的信念沒兩樣，我就不能接受那些說法來解釋我惱人的直覺。我的處境跟色盲不同，他只需要理解別人的感知跟他不一樣。如果我相信我的直覺反映了某種道德眞實，那麼，直到我感受或察知到它是錯的，我就不能同意某項直覺虛假不實。「別人不同意」——如果他們確實不同意，這件單純的事實或許是再次檢討我的直覺的契機，但如果我的信念維持不變，光是別人會以不同方式解釋它們，這件事實還不是使我拋棄它們——而非相信它確能與我其他信念調和，從而維持它們——的理由。

這樣，自然模型沒有對均衡的雙向特徵提出令人滿意的解釋。然而，就算它可以，它也沒有解釋這個技巧的其他特徵；例如，它無法解釋「至少在羅爾斯手上，這個技巧的產物必然且深切地可行」這件事實。在羅爾斯式理論下，處在原初地位的人們試著找出他們自己與他們的後繼者認爲容易理解、公示、遵守的原則；在其他方面吸引人的原則，要不被拒絕，要不被修正，因爲它們太複雜或在這個意義上不可行。但以這種精神選擇的正義原則與缺失妥協，且就它們隨著人們的一般條件與教育情形改變而改變而言，它們是偶然的。至少，這似乎與自然模型的精神不相符，根據那套模型，正義原則是道德實在超越時空的特徵，而不完美的人們必須試著盡其所能遵守它。

而且，均衡技巧就是用以產生至少在兩方面相關的原則。首先，它是用以從不但有限、且少得足以相互比較的各種候選理論的清單中，選出最佳正義理論。這是個重要的限制；它使羅爾斯自己主張，他毫不懷疑，如果將一開始的候選理論清單擴張到他所考量的清單之外，將會包含比他的正義二原則更好的理論[13]。其次，它會產生出與共同進行它建議的思索實驗的人們之間一開始的共識領域相關的結果。就像羅爾斯所說的，它的作用是，藉由確定意見不同的人們之間的共同基礎以調和它們[14]。毫無疑問地，對於不同的團體，或同一團體在不同時候，在它確信之直覺基礎變動時，這項判準會產生不同結果。

如果均衡技巧要運用在自然模型上，所得到結論的權威必須同時與兩種形式的相對主義妥協。例如，如果支持羅爾斯正義二原則的均衡論據僅僅顯示，比起對於有限簡短清單上的任何其他原則，這項論據對於它們（譯按：指正義二原則）能夠提出更好的論點，而且，如果羅爾斯本人自信地認爲，進一步的研究會產生出更好的理論，那麼，我們就沒有什麼理由認爲正義二原則是道德實在的精確描述。根據自然模型，難以看出爲什麼它們應該具有任何特別的權威。

確實，這項論據提不出什麼很好的理由，認定正義二原則比起清單上的其他理論更佳地描述了道德眞實。假設我們被要求在五個正義理論當中，選擇在反思均衡中最佳地整合我們信念的理論，而我們選擇這些理論中的第五個。咱們假定有第六個理論，如果這個理論放在清單上我們就會選它。例如，第六個理論較接近原來的清單上的第一個而非第五個，至少在下列意義上：長期而言，比起遵守第五個，遵守第一個原則的社會所形成的決定當中，會有更多是遵守第六個的社會將會做成的。

例如，假設作爲正義理論的選項，我們一開始的清單包括古典功利主義與羅爾斯的正義二原則，但不包括平均功利主義。基於「爲了快樂本身而創造快樂，而無助於增進特定人類或其他動物的福祉，這種想法是荒謬的」，我們會拒絕古典功利主義。接著在清單上剩下的選項中選擇羅爾斯的正義二原則。然而，如果清單上有平均功利主義，我們就會認定它是較好的選項並選擇它，因爲平均功利主義並不認爲，快樂總量的增加是好的。但我們拒絕的古典功利主義可能比正義二原則更接近——如果包含在內則我們將會選擇的——平均功利主義。在前述意義下，它會更接近，因爲它會指向更多平均功利主義所將要求的決定，從而比起正義二原則，它更佳地描述了終極道德實在。當然，如果放在更大的清單，平均功利主義本身可能會被拒絕，而我們將做成的決定指出，原初清單上的另一個選項比古典功利主義或正義二原則還更好。

出於我已經解釋過的理由，第二種相對主義對自然模型有同等的傷害。如果某個個人運用均衡技巧，列入考量的是他的而且全部是他的直覺，或許結果對他來說具有權威性。不過，其他具有不同直覺的人將無法接受他的結論，或至少無法全然接受，但他也能做同樣地事。然而，如果能更公開地運用均衡技巧，例如，專注並運用一群人共通的直覺，所得到的會是無人認爲具有權威性的結果，就像忽視某人認爲至少與所用的證據同等重要的證據而得到的科學結果，會叫那個人無法接受。

所以，自然模型難以支持均衡技巧。然而，如果我們認爲那項技巧體現建構式模型，剛剛提到的困難就不成立了。在那套模型內，光是一項信念無法藉由一組成理且融貫的原則與其他信念調和，就足以構成拒絕那項信念的理由，即使是強而有力的信念；信念之所以被拒絕，不是因爲它傳達了錯誤的事實，而只是因爲在符合這套模型之需求的方案中，它並不適格。那項技巧涉及的各個方面也沒有讓建構式模型難堪。如果將某些沒有被考量過的理論納入考量，我們可能發現它更好，這不是什麼惱人的事。出於——不像自然模型那樣，預設所選取的理論在最終意義上爲眞的——一貫性的理由，這套模型要求公權力機關或公民們繼續尋求所能提出的最佳方案。具有不同文化與經驗的、不同團體或不同社會可能提出不同理論，這無損於某套特定理論。它可能認爲，任何團體是否有權認定自己的道德信念在任何意義上是客觀或先驗的是問題所在，但它不認爲，以這種方式對待它的具體信念的特定社會，原則上就因而必須以某種方式遵守它們。

因而，我至少將試驗性地認定，羅爾斯的方法論預設了那從特定信念推論至一般性正義理論的建構式模型，而在試著說明潛藏於他的正義論背後的道德理論前提時，我將運用這項認定。

（二）契約

接著，我來到我將討論的、羅爾斯方法論三大特徵中的第二個，也就是，對社會契約這項古老概念的運用。就像羅爾斯，我把「想像的契約是適合涉及正義之論證的適切機制」這個普遍性概念跟原初地位的具體特徵——這算是那個普遍性概念的具體適用——分開來。羅爾斯認爲，所有可視爲以假想社會契約爲基礎的理論之間都有相互關聯，與其他無法視爲以契約爲基礎的別類理論分離而自成一類；例如，他認爲，可以在某種詮釋下視爲社會契約之產物的平均功利主義與他的理論的關係，比起兩者（譯按：指羅爾斯的正義二原則與平均功利主義）與——無論在何種詮釋下，都不能視爲契約產物的——古典功利主義的關係都更密切[15]。我將在下一節討論原初地位的理論基礎。在這一節，我要考慮「契約」這項更一般性的概念本身的基礎。

羅爾斯說，契約是支持他的原則的有力論據，因爲它體現了我們所接受的，或在考量之後將會接受的哲學原則。我們想探求這些原則的內容，而我們可以這樣提問。正義二原則構成從「契約」這項假設建立起來的正義理論。但由於我在本文第一部分所說的理由，契約不能合理地作爲那套理論的根本前提或公設，它必須被看成是某套較大論證的中點，就像它本身是那透過而非自契約支持正義二原則、更深層的政治理論的產物。我們因而必須試著鑑別會建議契約機制作爲政治理論核心之深層理論的特徵，而不是羅爾斯提到的其他理論性機制，像是公正觀察者[16]。

我認爲，如果我們注意並澄清哲學家們在兩種道德理論之間提出常見的區別，也就是他們所謂的目的理論與本務論理論[17]，就會找到答案。我將主張，任何深層理論，只要能證立羅爾斯對契約概念的運用，都必定是某種形式的本務論式理論，一種認眞對待權利概念，進而讓它在政治道德中成爲基本概念的理論。我將試著說明，這種理論將如何與其他種類的政治理論區別而自成一類，爲什麼又只有這種理論會賦予契約以羅爾斯所予的角色與重要性。

然而，一開始，我必須先解釋我將如何運用某些常見的詞彙：(1)我將稱某種事態在特定政治理論中爲目標，如果在那套理論中，某個政治行爲會增進或保障那種事態，這件事實就會支持那個行爲，而且，如果這將有礙或威脅那種事態，這件事實就反對那個行爲。目標或者相對具體，例如完全就業或尊重權威；或者相對抽象，例如增進一般福祉、增進特定國家的國力、或根據人類之善或良好生活的某種概念而創造烏托邦社會。(2)我將說在某套政治理論中，個體有爲特定政治行爲之**權利**，如果在這套理論中，當他要求某項行爲，拒絕那項行爲者將無法獲得證立，儘管衡量之下，這個行爲無助於那套理論的目標。特定權利在特定理論中的強度，就是——超越單純整體危害，而爲證立拒絕以那項權利之名要求之行爲所必要的——對理論目標之危害程度的作用。例如，在顯爲美國主流的流行政治理論中，個體有就政治事務公開發言的權利，並有權獲得某種最低程度的生活水準，但這兩項權利都不是絕對的，而且前者比後者更有力。(3)我說在某政治理論中，個體有以某種方式行爲的責任，如果限制這種行爲的政治決定在那套理論中獲得證立，即使那項決定無助於這套體系的目標之實現。例如，某套理論可能規定，個體有敬拜神的責任，儘管並未指出任何因爲要求他們這麼做而獲得增益的目標[18]。

我剛剛說明的這三個概念以不同方式運作，但至少到此爲止，它們都能用於證立或譴責特定政治決定。就個別概念來說，引用目標、權利與責任而提供的正當化理由，如果不受相競爭考量減損，則在「無須有所增益，那項正當化理由已然有效」的意義上，它原則上就是完整的。但是，儘管這種正當化理由在這個意義上是完整的，但它在這套理論中不必是最終的。我們仍然可以問道，爲什麼特定目標、權利或責任本身獲得證立，而這套理論可能藉由在具體個案中接受較不基本的目標、權利或責任作爲完整正當化理由，開展出更根本的目標、權利或責任以回答這個問題。

例如，特定目標可能作爲對更基本的目標之貢獻而獲得證立；從而，完全就業可能作爲對更大平均福利的貢獻而獲得證立。或者目標可能作爲對更基本的權利或責任的體現而獲證立；例如，可能有某套理論主張，促進國民生產毛額——這是個目標——是使國家尊重「個體獲得像樣的最低生活水準」之權利所必要，或者，提高警方程序的效能，是實現個體不犯罪之責任所必要的。另一方面，權利與責任可能在「藉由在特定狀況下發揮完整正當化理由的作用，它們實際上有助於達成更基本的目標」這種立論基礎上獲得證立；例如，個體小心駕駛的責任，可能因爲體現「促進一般福祉」這更基本的目標而獲得證立。當然，這種正當化理由並不表示，較不基本的權利或責任本身，只有在逐一考量系爭決定而認為有助於實現更基本的目標時，才能證立政治決定。重點毋寧就在於規則功利主義常見的觀點，也就是，長期而言，在特定個案中，把權利或責任當成完整的正當化理由，而不考量更基本的目標，事實上將有助於實現那項目標。

所以，目標能由其他目標或權利或義務證立，權利或責任也能由目標證立。當然，權利與責任也能由更基本的責任或權利證立。例如，你尊重我的隱私的責任可以由我的隱私權證立。我要說的不只是權利與責任是連帶的，宛如銅板的兩面。打個比方，當權利與相應的責任因為有助於實現更基本的目標而獲證立時，就是這樣，就像你的財產權與我不加以侵犯的責任，同時由「社會上有效率的土地使用」這更基礎的目標證立一樣。然而，在許多狀況下，相對應的權利與責任不是連帶的，而是其一衍生自另一，而哪個生自哪個，將有差異。「你有不對我說謊的責任，因為我有不被別人撒謊的權利」，與「我有權利要求你不對我說謊，因為你有不說謊的責任」兩種想法之間有所差異。在第一種情形，我要求關注權利以證立責任；如果我企圖提出更進一步的正當化理由，這就是我必須證立的權利，而我不能以要求關注那項責任來證立它。第二種狀況則恰恰相反。這種差異是重要的，因為，就像我將試著說明的，認為權利乃最根本者的理論，與認為責任乃最根本者的理論，兩者性格不同。

因此，政治理論彼此之間的差異，不只在各自提出的具體目標、權利與責任，還在於他們各自連接所採目標、權利與責任的方式。在形式完備的理論，它們某種內在地排序或衡量的、具有一貫性的組合，在這套理論中會被視為最根本或最終的。認為任何這種理論會將最終的主位給予其中某項概念，似乎合理；它會認爲，某種壓倒一切的目標、某組基本權利、或某組先驗的責任是根本的，並且指出，其他目標、權利與責任都是從屬性與衍生性的[19]。

這樣，對於我們基於建構式模型而產生、作爲包含以契約爲中介機制之深層理論的政治理論，就可以提出嘗試性的初步分類。這種理論可能**奠基於目標**，也就是，認爲某個目標——像是增進一般福祉——是最根本的；它可能**奠基於權利**，也就是，認爲某個權利——例如所有人對總體而言可能的最大自由之權利——是最根本的；或它可能**奠基於責任**，也就是，認爲某種責任——像是服從上帝列在十誡中的意志之責任——是最根本的。要找到每個理論類型的純粹或接近純粹的例子相當容易。就像我舉的例子所顯示的，功利主義是奠基於目標的理論；康德[20]的無上命令構成奠基於責任的理論；潘恩[21]的革命理論則奠基於權利。

每個類型下的理論之間可能各自共享某些非常普遍的特點。例如，比較它們對個體選擇與行爲的態度，可以對比這些類型。奠基於目標的理論不問個體對那種事態之選擇，而只在有助於某種給定爲善之事態的範圍內，關切任何特定個體的福祉。對於認爲政治組織之利益乃最根本者的、集權主義式的、奠基於目標的理論，例如法西斯主義，顯然就是這樣。這對各式各樣的功利主義也同樣爲眞，因爲，儘管他們加總政治決定對個別個體的衝擊，而且也那樣地關切個體福祉，他們把這些衝擊融入整體或平均，並認爲這些整體或平均的增加本身就是可欲的，而不論任何個體有什麼決定。對於在個體身上加以卓越的理想，並認爲政治的目標就是這種卓越文化的完善論式理論，例如亞里士多德的理論也是一樣。

另一方面，奠基於權利與奠基於責任的理論將個體擺在中心，並認爲他的決定或行爲具有根本的重要性。但這兩種類型以不同角度看待個體。奠基於責任的理論所關切的，是他的行爲的道德品質，因爲它們認爲，單是個體未能合乎某些行爲標準，這本身就已經是錯的。康德認爲，不論結果多麼有利，說謊都是錯的，這不是因爲這種做法有助於實現某個目標，而只因爲這是錯的。相對地，奠基於權利的理論關切個體行動的獨立性，而不是他的服從。它們預設並保障個體思想與選擇的價值。這兩套理論都運用了道德規則的概念，也就是，在個別狀況下，應不經自身利益考量而遵守的行爲準則。奠基於責任的理論認爲這種準則是本質性的，不論是社會爲個體設置的，或個體爲自己設置的。處在它的中心的人是必須服從這種準則的人，如果他不服從，就會遭受處罰或因而墮落。然而，奠基於權利的理論認爲行爲準則是工具性的，或許是保障他人權利所必須的，但它本身沒有本質性價值。處在中心的人是從他人的順服獲益的人，而不是自身順服而過著合乎德性的生活的人。

因此，我們應當預見，不同類型的理論會與不同的形而上學性格或政治性格相聯，而且在特定政治經濟體制中，總會有某種理論處於支配地位。例如，奠基於目標的理論似乎與同質性社會特別相容，或與至少暫時因某種緊急而壓倒一切的目標——如自我防衛或經濟擴張——合爲一體的社會相容。我們也可以預見，理論類型之間的這些差異，會在它們支配的社群的法律體系中聽見迴響。例如，我們可以期待，如果法律人的初步正義理論的理論基礎是目標、權利或責任，他會以不同方式對待「以刑法處罰道德違犯」這項問題。如果他的理論奠基於目標，他就會考量執行道德對他那壓倒一切的目標的完整效果。例如，如果那項目標是功利主義式的，他就會採取德福林爵士的論據，也就是，處罰不道德行爲的間接效果將是有利的，儘管他最終可能會拒絕它[22]。另一方面，如果他的理論奠基於責任，他就會看出一般所謂的「重分配論據」的本旨，也就是，既然不道德行爲是錯的，國家就必須處罰它，就算它沒有傷害任何人。然而，如果他的理論奠基於權利，他就會拒絕重分配論據，並以他自己「即使令一般福祉負擔某些成本，也要實現個體權利」這項認知爲基礎，判斷功利主義論據。

當然，作爲意識型態社會學，這一切淺薄且無關緊要。我的重點只在說明，在將另一個性格相同的理論分別的、立場上的細微差異之外，政治理論性格上的差異相當重要。正是出於這個原因，在羅爾斯的方法論中，社會契約才會是這麼重要的特徵。它指出，他的深層理論是奠基於權利的理論，而不是其他兩種類型。

社會契約賦予每位潛在締約者否決權：除非他同意，否則無法締結任何契約。在構成原初地位之契約的特定詮釋下，這項否決權重不重要，甚至存不存在，並不清楚。既然沒人曉得自己跟別人何以不同，他就不能理性地追求跟別人不一樣的利益。在這種狀況下，每個人都享有否決權，或一開始存在一個以上的潛在締約者，這些事實都毫無影響。但原初地位只是契約的一種詮釋，而在其他詮釋下，如果當事人多少曉得他們的處境或企圖心爲什麼跟別人不一樣，契約賦予每位締約者的否決權就變得關鍵。當然，每個個體所享有的否決權的力量取決於他的知識，也就是，取決於我們最終選擇的、契約的具體詮釋。但個體終應當享有否決權，這本身就值得注意。

例如，它在純粹奠基於目標的理論中毫無立錐之地。我的意思不是社會契約的締約者不能選定特定社會目標，從而使那項目標成爲政治決定正義與否的判準。我的意思是，沒有哪個奠基於目標的理論可以使契約成爲一開始決定正義原則的適當機制；也就是，我們正試著發現的深層理論本身並不奠基於目標。

理由顯而易見。假設某個壓倒一切的特定目標——例如促進社群中的平均福祉、或增加國家的國力與權威、或根據特定善觀念創造烏托邦，在某個政治理論中被認爲是最根本的。如果任何這種目標是根本的，它就會批准將最能增益那項目標的、社群中的資源、權利、利益與負擔的分配，並譴責任何其他的分配。然而，認爲每個個體追求自己的利益，並賦予集體決定否決權的契約機制，對於最佳化的分配則適用另一種不同的檢驗標準。它是用來產生每個個體認爲——就他在任何具體契約詮釋下的所得到的知識來說——合乎其最佳利益的分配，或至少盡可能地接近他認爲自己可能獲得的分配。因此，對於最佳化分配，契約提出的判準，與基本目標之直接適用所將提供者遠不相同。沒有理由認爲，對於分配公平性的問題——在其中，如果不考量分配對總體目標的影響，分配的公平性將毫無意義——個體否決權系統將能提出好的解決方案。

當然，或許契約會產生某些由基礎目標指定的結果。事實上，某些批評者就認爲，原初地位——對於契約，這是羅爾斯最喜歡的詮釋——會選擇以平均效用原則爲基礎的正義理論，也就是，規定平均效益作爲其基礎目標之深層理論所將產生的原則[23]。但如果是這樣，這要不是巧合，要不就是因爲這種契約的詮釋被選來產生這項結果；不論如何，契約都是多餘的，因爲最終的結果由基礎目標決定，契約機制不生影響。

有一種相反的論據。假設只有根據所有人都認爲在某種意義上合乎自己利益的原則統治國家，實際上才有可能使基本目標實現。例如，如果基本目標是國家的擴張，或許只有社會大眾不曉得政府爲這個目標而努力，卻反過來認爲，政府行動的依據，是可透過契約機制顯示合乎他的個體利益的原則，才能達成目標；只有在他們相信這點時，他們才會以合乎國家利益的方式行動。我們不能或不可能忽略這項欺瞞的論據，但它並不支持羅爾斯對契約機制的運用。這項論據有賴於欺瞞，像是 Sidgwick 著名的主張：「保持社會大眾對功利主義的無知，將讓它發揮最大作用」[24]。根據我們正在探求的建構式模型，包含這種欺瞞的理論不適格，因爲基於那套模型，我們的目標是發展出統一我們的信念，而且能作爲公共行動計畫的理論；公共性與羅爾斯在其中發展出的正義概念觀，同時是我們的深層理論的要求。

所以，奠基於目標的深層理論無法支撐契約，除非作爲無用且令人混淆的附屬物。出於幾乎相同的理由，奠基於責任的深層理論也不能。認爲某項或某群責任是最根本之所在的理論，沒有立場認爲，正當的制度就是得以認定爲合乎每個人在某種觀點下的自我利益的那種制度。同樣地，我並未否認，契約當事人可以決定使他們自己與他們的後繼者負擔某些責任，就像他們判斷自身利益時，可以決定採納某項目標。羅爾斯描述了他們會在他最喜好的詮釋，也就是在原初地位底下加諸於自己的責任，並稱它爲自然責任[25]。但是，這與認爲那套深層理論——它使那項決定在判斷那些責任是什麼時具有決定性——本身能奠基於責任，遠是兩回事。

當然，或許就像許多哲學家主張的，自我利益就是在道德法則下完成自己的責任，要不是因爲不這麼做神就會懲罰他，要不就是因爲完成他在自然秩序中的角色是他最令人滿意的活動，或像是康德的看法，因爲只有在遵守規則時，他才能與宇宙相容，進而才能自由。但這無異於主張，責任界定一個人的自身利益，而非自身利益界定其責任。這項論據不允許個人在界定他的具體責任時參酌自己的利益，而毋寧是使他將任何自我利益的計算擺到一邊去，除了責任的計算以外。因而，它無法支持羅爾斯式契約在奠基於責任的深層理論中的角色。

確實，如果契約是奠基於責任的深層理論的特徵，或許就能選擇那將消解自我利益與責任間之顯著衝突的契約詮釋。例如，所有當事人都接受剛剛提到的「自身利益在於確定並善盡其責任」這個想法，或許正是契約方案的特徵。這份契約會產生出精確描述他的責任的原則，至少如果我們進一步假設，出於某些理由，它們就發現他們所負擔的責任而言是熟練的，情況就會是這樣。但同樣地，如此一來，我們就使契約多餘而無用，只是攻上山頂再接著走下來。單是從深層理論認定為根本所在的責任推導出正義原則，都比這更好。

然而，在奠基於權利的深層理論中，契約是說得通的。實際上，那似乎是這種理論的自然發展。奠基於權利的理論的基本概念在於，個別個體享有他們得以按照自己意願而獲得保障的利益。發展這種理論時，試著鑑別個體行使被認定為根本之所在的任何權利時，將會否決的理論，似乎是自然而然的做法。契約是達成這個目的的極佳機制，至少有兩個理由。首先，它使我們能區別行使這些權利時的否決權，以及生於未受此等保護之利益的否決權，這兩者之間，我們能藉由採取反映我們對「這些是什麼權利」這項問題的感覺的契約詮釋而加以區別。其次，它實現了論據之建構式模型的要求。契約當事人面對實際問題；他們必須從手邊可得的選項中設計出一部根本大法，而不是把他們的決定延到獲得道德洞見後的某天，而他們必須設計出一套方案，一套在我已然說明的意義上，既實際又具公共性的方案。

那麼，認定原初地位背後的深層理論必是某種奠基於權利的理論，似乎是公正的。這項論點還有另一種提法，我到目前爲止一直迴避的提法。它必定是以在這些權利並非任何立法、公約或假設性契約之產物的意義上的自然權利概念爲基礎。我一直避免這個用語，因爲對許多人來說，它具有導致品質低劣的形而上學聯想。他們認爲自然權利應該是原始人配戴的妖神靈物，就像護身符一樣，他們把它帶進文明以避免暴政。例如，布萊克[26]大法官先生就認爲，單是指出它的立論基礎，看起來像是這種乖謬的概念，就足以反駁他所厭惡的司法哲學[27]。

但至少在建構式模型的基礎上，自然權利不是具有形而上學企圖心的那種假設。它所要求的，不過是「就那套模型的意義來說，最好的政治計畫，就是認爲對於某些個體選擇的保障是根本之所在，而不從屬於目標、責任或這兩者的組合」這種假設。它所要求的本體論不比任何相反地基本概念所會選擇的——特別是，不比潛藏於各種不同的流行功利主義理論背後的基本目標之預設所要求的——還要令人困惑或者具爭議性。羅爾斯式深層理論使這些權利成爲自然權利，而不是法律上或慣例上的權利，這也不令人感到煩心。顯然地，任何奠基於權利的理論所必須預設的權利，不只是目的性立法或明確社會習俗的產物，更是判斷立法與習俗的獨立基礎。基於建構式模型，認爲權利在這個意義上是自然權利的假定，也只是因爲它統一並解釋我們政治信念的力量而被提出並檢驗的假定，一個受融貫性與經驗之判準檢驗的綱要性基本決定。

(三) 原初地位

我曾說過，就羅爾斯的運用方式來說，社會契約之運用預設了接受自然權利的深層理論。現在我要更詳細地描述，契約機制怎麼運用在這種想法上。它強調先前提到的想法，也就是，某些政治上的安排足以認爲合乎每個個體的事前利益，就算在那個事件裡，它們並不合乎他們的實際利益。

其同意乃契約之成立所必要的每個人，對契約條款都有否決權，但對他來說，否決權的價值受到這件事實的限制：他的判斷必定是事前自利而不是實際自利的判斷。當他的知識只足以猜測最好的可能，而不是確定的選擇時，他就必須表態，進而拋棄否決權。從而，在某方面，契約情境在結構上就像具有某種政治權利的個體，面對不利的政治決定時所面臨的狀況。他享有決定這些事情的有限政治否決權，一項受其所享權利範圍限制的否決權。藉由修改締約者在契約處境中無知的程度或特質，從而使這種無知對他的決定的影響，與他在那種政治處境中將享有之權利的受限本質相同，契約可以當成這種政治處境的模型。

只要限縮契約當事人知道自己所要追求的個別目標，就最能形塑無知以合乎政治權利的受限特徵。例如，如果我們認爲，霍布斯[28]的深層理論主張人們享有基本自然生命權，從而，即使在社會目標可能適當的狀況下，奪取他們的生命也是錯的，那麼，我們就該期待他所描述的那種契約處境。以羅爾斯的詞彙說，霍布斯設想的人們所享有的生命安全，具有高過其他個別目標的辭典式序列般的優先性；如果他們無知於可能享有的其他目標，而且無法猜測他們具有任何一個或一組目標的可能，就會產生同樣地處境。

原初地位下之締約者的無知，從而可以認爲是——以扭曲或異常的利益排序形式存在於古典契約論中，也自然而然地存在於契約機制中的——那種無知的限制性案例之一。因爲羅爾斯所設想的人不但在少數利益外一無所知；他們無知於自己所有的利益。認爲這使他們無法做任何自利的判斷將是個錯誤。但他們的判斷將會非常抽象；他們必須允許利益的任何一種組合，而沒辦法假設其中哪種組合比他種更加可能。

因此，羅爾斯深層理論中的基本權利不可能是追求任何特定個別目標的權利，例如享有生命安全的權利或根據特定善觀念過生活的權利。這種追求個別目標的權利可能生於深層權利，也就是，它們可能會是原初地位中的人們認為合乎他們的最佳利益而在契約裡加以規定的權利。但原初地位本身不可能在這種權利的假定上獲得證立，因為締約者不曉得自己享有任何這類利益，也沒辦法賦予它先於其他利益的、辭典式序列般的優先性。

所以，羅爾斯的深層理論中的基本權利必定是抽象權利，也就是，它們不是追求任何特定個別目標的權利。在這個熟悉的政治理論概念中，這個角色有兩個候選選項。第一個是自由權，而認為羅爾斯的整體結構就建立在基礎自然自由權的假定上，可能使讀者覺得有理且安心。有理，因為構成他的政治理論的兩條原則賦予自由重要且具支配性的地位；安心，因為企圖證立那個地位的論據看似非比尋常地不完整[29]。

然而，在羅爾斯的深層理論中，不可能認為自由權是基本權利。假設我們將一般自由定義為「政府或他人對人們可能欲為之事所加以總體最小的可能限制」[30]。我們接著必須區分一般自由權與具體特定的自由權，也就是，在被認為特別重要的特定行為上——例如政治參與——免受限制的自由。一般自由權確實合乎原初地位下之締約者的利益，締約者們也知道這點，因為至少到此為止，一般自由權將有助於提升達成他們嗣後發現自己所具有的任何特定目標的力量。但這項限制是重要的，因為他們沒辦法知道，一般自由權事實上將普遍地增進這股力量，以及一切質疑它將無法增進這股力量的理由。他們知道，除了一般自由權，自己還可能享有其他利益，只有對在政治上限制別人的行為才能保障的利益。

所以，如果必須認爲羅爾斯式的人們享有某種自由權，也就是契約處境用以體現的那種權利，它必定是具體特定的自由權。羅爾斯確實提出一串基本自由權，而這些正是他理論裡那些人選擇透過他們的辭典式序列上的正義第一原則加以保障[31]。但羅爾斯顯然認爲這項原則是契約的產物，而不是契約的條件。他主張，原初地位中的締約者會選擇這些基本自由權以保障他們打算珍視的基本利益，像是自尊，而不是把這些自由權本身當成目標。事實上，他們當然可能基於作爲基本自由而獲保障的活動自身而珍視這些活動，而不因爲它們是追求其他目標或利益的工具而珍視它們。但他們顯然不知道自己這麼想。

政治理論的第二個常見概念甚至比自由還要抽象。那就是平等，而在某方面，羅爾斯理論中的人們別無選擇，非保障它不可。就像我說過的，原初地位中的無知狀態被形塑成使相同的解決方案都必然合乎每個人的事前利益。每個人都享有的，不論其外貌、特色、品味而受平等對待的權利，受到「沒有任何人能因爲在其中任一方面與眾不同，而獲得更好的地位」這件事實強化。在其他締約情境下，當無知不那麼徹底時，享有相同目標的個體們也會有不同的事前利益。例如，就算兩個人都認爲生命重於一切，弱者的事前利益也會要求國家獨占武力而不是某種私仇條款，但強者的事前利益不這麼要求。就算兩個人都認爲政治參與重於一切，對「某人的觀點比別人的觀點更可能背離主流或不受歡迎」這件事的知悉，就意味著他們的事前利益要求不同的安排。在原初地位中，無法根據事前利益而做這種差別待遇。

確實，羅爾斯認定原初地位中的人們所會選擇的正義原則，在兩方面可說拙於平等主義理念。首先，藉由使第一原則的要求在必要的時候優先於第二原則，它們使物質資源的平等從屬於政治活動的自由權。其次，它們沒有考量相對剝奪，因爲，每當以絕對的標準來看，處境較差的人會比沒有這些不平等時過得更好，它們就使不平等正當化。

羅爾斯明白指出，這些不平等之所以必要，不是因爲自由或某些壓倒一切的目標的相競爭概念，而是因爲平等本身更根本的意義。他接受他所謂的兩種平等概念觀的區分：

某些作者區分兩種平等，也就是，涉及某些利益之分配的平等——其中某些分配方式幾乎確定會將較高的身分或特權給予較受喜好者，以及適用於——對人應有而不論其社會地位的——尊重之平等。第一種平等由正義第二原則所界定……但第二種平等是根本的[32]。

我們可以這樣描述第二種，也就是羅爾斯稱之爲根本的平等權。我們可以說，個體對於統治他們的政治制度的設計與運作而享有獲得平等關懷與尊重的權利。這是高度抽象的權利。例如，會有人主張，基於功過而提供職位與地位之平等機會的政治安排滿足了那項權利。相對地，可能還會有人主張，只有不論功過而保障收入與身分的絕對平等體系才能滿足那項權利。可能有第三個人主張，提供平等關懷與尊重的，是增進所有公民——以相同尺度衡量每個人的福祉之下——的平均福利的體系，不論這是什麼。可能會有第四個人以基本平等之名主張自由權的優先性，並支持羅爾斯的正義二原則其他顯著的不平等。

那麼，受平等關懷與尊重的權利，比起區別不同理論的標準平等概念觀還要抽象。它允許「這項更基本的權利要求某項概念觀作爲它的衍生性權利或目標」這種主張。

現在，原初地位可以視爲檢驗這些相競爭論據的機制。它合理地假設，未表現平等關懷與尊重的政治安排，是由——不管他承不承認——對特定階級成員或具有特定天分或理念者的關懷與尊重，均多過對於他人的當權者建立並運作。契約當事人之無知的形塑有賴於這項假設。不論有意或無意，不知道自己將屬於哪個階級的人們都沒辦法設計有利於他所屬階級的制度。不曉得自己的善觀念的人們，沒辦法採取對掌有某項理念的人們更有利的行動。原初地位是用來實現必須被理解爲羅爾斯深層理論之基礎概念的、受平等關懷與尊重的抽象權利。

如果這是對的，羅爾斯就不能運用原初地位以主張這項權利，比方說宛如他用它來主張體現於第一原則的基本自由權。他沒有這麼做，文本也確認這點。確實，他曾說過，尊重的平等由正義第一原則「界定」[33]。但他的意思並不是、無論如何也沒有主張，爲了增益某種更基本的權利或目標，當事人選擇受到平等尊重。相反地，基於他的論述，獲得平等尊重的權利不是那份契約的產物，而是原初地位的進入許可條件。他說，權利「歸於作爲道德人的人類」，而且來自使人類與動物有別的道德人格。它由所有能實現正義的人持有，也只有這種人可以參與締約[34]。因此，這項權利並不生自那份契約，卻像是基本權利所必然地那樣，必然在它的設計當中被預設了。

羅爾斯相當清楚，他對平等的論述與他對自己理論中其他權利的論述站在不同的立足點上：

當然，現在這一切都不是字義上的論辯。我還沒提出由這項結論所推導而出的前提，像是我對原初地位裡正義概念觀之選擇曾有的嘗試那樣，儘管不太嚴謹。我也還沒試著證明當事人的特徵描述必須作為平等的基礎。這項詮釋似乎毋寧為作為公正的正義自然的圓滿實現[35]。

意思就是，這是整個理論自然的圓滿實現。它藉由提供責令原初地位且使它成為發展並檢驗正義理論之「直覺概念」的根本前提假定，以完成那套理論。

我們因而可以說，作爲公正的正義，立足於所有人們獲得平等關懷與尊重的自然權利假定上，也就是，不因爲人們的出身、特徵或他們的功過，而是只因爲身爲有能力做計畫並實現正義之人而享有的權利。這項結論不會令許多讀者感到吃驚，而就像我曾說過的，從文本來看，這點相當清晰。然而，這是個重要的結論，因爲對那套理論某些形式的批評忽視了它，而這樣的忽視已經成爲常態。我將舉個例子，以結束這份長篇論文。

許多同僚與學生，特別是法律人，已對我表達一種批評。他們指出，羅爾斯聲稱處在原初地位的人們所會選擇的政治制度與安排，只不過是目前在美國現行制度與安排的理想形式。換句話說，它們就是自由主義憲政民主制度。這些批評者的結論是，羅爾斯理論的根本前提假定因而必然就是古典自由主義的前提假定，不論他們怎麼定義這些前提假定，而看似賦予那套理論生命的原初地位多少必定體現了這些前提假定。因而，整體而言，對他們來說，作爲公正的正義是政治現狀特別細微的理性化形式，而那也是要對自由主義傳統提出更基進批評的人們可以安心略而不談的。

如果我是對的，這項觀點就是愚蠢的，採取這項觀點的人們也就會失去（對他們來說罕有的）使自身的政治觀點接受某種哲學檢驗的機會。羅爾斯最基本的假定，不是人們享有洛克或彌爾認為重要的某些自由權，而是他們在政治制度的設計上享有獲得平等關懷與尊重的權利。這個前提假定可能在許多方面遭到挑戰。相信某些目標——像是效用或階級的勝利或「人們該如何生活」的某種概念觀的繁茂——比任何個體權利（包括平等權）還要根本的，人們將會拒絕它。但不能以任何更基進的平等概念的名義拒絕，因為，根本沒有這種東西。

羅爾斯確實主張，這種基本平等權要求自由主義憲法，並支持目前經濟與社會結構的理想化形式。例如，他主張一旦在物質上達到某個程度的安穩，處於原初地位的人們會為了自己的平等權而保障基本自由權，因為他們會理解，對基本自由權所保障之自我尊重的威脅，就是對平等尊重最嚴重的威脅。他也主張，這些人會同意第二原則勝過物質平等，因為他們會了解，出於對他人的羨慕的犧牲對他來說會是某種形式的屈從。當然，這些論點可能是錯的。我確實也還沒有為它們申辯。但現在，自由主義的批評者有責任說明它們為什麼是錯的。他們不能說，羅爾斯的基本前提假設與態度跟他們相去太遠，從而無法對質。

◆注釋◆

[1] John Rawls, *A Theory of Justice*, 1972.
[2] 頁四八以下。
[3] 頁二一至二二。
[4] 頁五六七。
[5] 頁五一。
[6] 見 Freinberg, 'Justice, Fairness and Rationality', 81 Yale L. J. 1004, 1018-1021 (1972).
[7] 在此我記得 Brandeis 與 Warren 的著名論點。見 Brandeis & Warren, 'The Right to Privacy', 4 Harv. L. Rev. 193 (1890). 這篇文章是建構式模型中的論證經典。見第四章，頁一一八至一一九。
[8] 例如，見 Hare, 'Rawls' Theory of Justice--I', 23 *Philosophy Quarterly* 144 (1973).
[9] 羅爾斯注意到這項區分，在頁四九。
[10] 譯註：威拉德・范・歐奧曼・奎因（Willard Van Orman Quine，一九〇八至二〇〇〇），美國哲學家。
[11] W.V. Quine, 'Two Dogmas of Empiricism', in *From A Logical Point of View* 20 (2nd ed. Rev. 1964).
[12] 頁四八。
[13] 頁五八一。
[14] 頁五八〇至五八一。
[15] 第三十章。
[16] 頁一四四以下。
[17] 羅爾斯在頁二四至二五與三十定義這些詞。
[18] 我不將尊重權利或實現責任的目標算作目標。在此處與其他顯然的方面，我對此詞彙之界定，窄於通常語言所允許的範圍。
[19] 但是，套用羅爾斯的話說，「直覺主義」理論不必如此。見頁三四。
[20] 譯註：伊曼紐・康德（Immanuel Kant，一七二四至一八〇四），德國觀念論哲學家。
[21] 譯註：湯瑪斯・潘恩（Thomas Paine，一七三七至一八〇九），美國開國元勳之一。

【22】見第十章。

【23】John Mackie在一九七三年秋天牛津大學的課程中，就這種論據提出一種有力的形式。

【24】H. Sidgwick, *The Methods of Ethics* 489 ff. (7th ed. 1907).

【25】第十九章。

【26】譯註：雨果・拉法葉・布萊克（Hugo Lafayette Black，一八八六至一九七一），美國政治家、法學家，一九三七年至一九七一年間任美國聯邦最高法院大法官。

【27】*Grisword v. Connecticut*, 381 U.S. 479, 507 (1964)(dissenting opinion).

【28】譯註：湯瑪斯・霍布斯（Thomas Hobbes，一五八八至一六七九），英國哲學家。

【29】見Hart, 'Rawls on Liberty and Its Priority,' 40 *U. Chi. L. Rev*. 534 (1973).

【30】Cf. Rawls's definition of liberty at p. 202.

【1】頁六一。

【32】頁五一一。

【33】*Id.*

【34】第七十七章。

【35】頁五〇九。

第七章　認眞對待權利

一、公民的權利

權利的語言目前主宰著美國的政治論辯。政府是否尊重它的公民在道德上與政治上的權利？或者政府的外交政策或種族政策其實跟這些權利作對？權利遭到侵犯的少數群體，有沒有反過來違反法律的權利？或者沉默的多數群體本身所享有的權利，就包括使所有違法者受到懲罰的權利？這些問題在當下受到矚目，這並不令人意外。當政治社群分裂，而訴諸合作或共同利益毫無意義時，權利的概念——特別是對抗政府的權利，就有它最自然的用法。

爭議與公民有沒有某種對抗政府的道德權利無關。似乎各方都認爲他們確實享有這種權利。例如，傳統法律人與政治人物認爲，我們的法律體系承認言論自由、平等與正當程序等等個人權利，而這令人感到驕傲。他們至少部分地認爲，這是我們的法律之所以値得尊重的立論基礎，因爲他們不會主張集權體制能夠享有同樣地忠誠。

當然，某些哲學家拒絕「除了法律偶然賦予的權利以外，公民還享有其他權利」這種想法。邊沁就認爲，道德權利的概念是「毫無根據的胡言亂語」。但我們的正統政治理論從來就不接受那種觀點，而兩黨的政治人物都訴諸人民的權利以證立他們大半的訴求。在這篇文章，我將不試著爲「公民享有對抗政府的道德權利」這項命題申辯；相反地，我將探索，對於聲稱自己接受這項命題者——包括美國政府而言，這意味著什麼。

當然，公民享有哪些具體特定的權利，更是爭議所在。例如，受到承認的言論自由權包不包括參加擾人示威遊行的權利？在實務上，對於人民的政治權利是什麼，政府享有最終的發言權，因爲警察會照它的公權力機關與法院所說的去做。但這不表示政府的觀點必然是正確的；誰要是認爲政府一定是對的，誰就必須相信，人們只享有政府所賦予的道德權利，這表示，他們根本沒有道德權利。

在美國，憲政體制有時使這些問題更加隱晦。美國憲法以它的第一增修條款、正當程序、平等保護等等相似的條款規定一系列的法律權利。在目前的司法實踐下，只要最高法院認定國會或州議會的立法違反這些條款，就有權力宣告它們違憲。這種做法使某些評論家認爲，個體的道德權利完善地受這套憲政體制保障，但其實很少是這樣，也不可能是這樣。

美國憲法使法律的有效性取決於複雜道德問題的答案，像是特定成文法尊不尊重所有人與生俱來的平等之類的問題，並藉此融合法律與道德議題。這項融合深切影響關於公民不服從的爭議；我已經在別的地方討論過它，稍後我會再提到[1]。但它使兩個重要的問題懸而不決。它沒有告訴我們，即使在適切地詮釋之下，憲法承不承認公民所享有的一切道德權利，它也沒有告訴我們，公民是不是許多人所認爲負有服從法律的責任，就算法律確實侵犯他們的道德權利。

當某些少數團體主張法律所否認、法律人也一致認爲不受憲法保障的道德權利，像是運作在地教育體系的權利時，這兩個問題就顯得更關鍵。當多數群體的注意被充分喚醒（就像現在的情形），從而人們認眞地主張修正憲法以廢除某些權利，例如不自證己罪的權利時，第二個問題就顯得關鍵。在英國這種不具本質上可相比擬之憲法的國家，它也是同等關鍵的。

當然，即使憲法是完美的，而且不受多數群體的打擾，這也不表示最高法院能夠保障公民的個人權利。最高法院的判決仍然是法律上的判決，除了道德，它還必須參酌判例與制度性考量，像是法院與國會之間的關係。沒有哪個司法裁判必然是正確的裁判。在法律與道德的爭議議題上，法官們立場不同，而就像尼克森的最高法院提名戰爭所顯示的，總統有權提名支持他的信念的法官，只要他們誠實並具有合宜的能力。

所以，儘管憲法制度有助於保護對抗政府的個人道德權利，它遠未擔保這些權利甚或明定它們的內涵。這表示，立法機關以外的部門有時對這些議題享有最終的發言權，這不太可能使認定這種部門的存在根本就是錯誤的人們感到滿意。

不可避免地，哪些法律應當執行，政府中當然存在某個享有最終發言權的機關。當人們對道德權利有不同意見，雙方也都沒辦法證明自己是對的，如果不想陷入無政府狀態，就必須做成某種決定。但這種常識必須是立法與行政哲學的開端，而不是結尾。如果我們不能堅持政府對他的公民的權利要有正確答案，至少我們可以堅持它要盡力一試。我們可以堅持，政府必須認眞對待權利，對於權利是什麼，它必須遵守一套融貫的理論，並基於它的專業而言行一致。我將試著說明那是什麼意思，跟當下的政治爭論又有何關係。

二、權利與違法的權利

我將從最備受爭議的議題開始。美國人有沒有違反法律的道德權利呢？假如某人承認某項法律有效；他是不是因而負有遵守它的責任呢？試著回答這個問題的人們似乎分為兩個陣營——保守派和自由派。保守派，就像我的稱呼所顯示的，似乎反對任何不服從；當這些行為受到追訴，他們就顯得心滿意足，當有罪判決被推翻，他們就顯得失望。另一個團體，自由派，至少同情某些不服從的案例；他們有時反對追訴而慶祝無罪開釋。然而，如果我們把目光放在這些情緒性反應之外，並專注於雙方運用的論證，我們會發現一件驚人的事實。對於據稱使他們分為兩大陣營的原則問題，他們給了本質上相同的答案。

兩邊所給的答案是這樣的。在民主制度，或在一個至少在原則上尊重個人權利的民主制度，每個公民都負有遵守一切法律的一般性道德責任，就算他希望改變某些法律。他對他的公民同胞們——他們為了他的利益而遵守他們所不喜歡的法律——負有那項責任。但這項一般性責任不是絕對的責任，因為，即使是原則上正當的社會，也可能產生不正義的法律與政策，而在對國家的責任之外，人們還負有其他責任。人們必須榮耀他對上帝及對他們良心的責任，而且，如果這些與他對國家的責任衝突，他最終有權選擇自己認為正確的行為。不過，如果他認為自己必須違反法律，他就必須受到國家所加的論斷與處罰以顯示這件事實：他的宗教或道德責任重於但未消滅他對公民同胞的責任。

這個共同的答案當然可以從相當不同的方面加以細論。有些人會說對國家的責任是根本的，並將反對者描繪為宗教狂熱或道德狂熱。其他人則會以吝惜、不情願的用語描述對國家的責任，並將反對那項責任的人們描繪為道德英雄。但這只是口吻的差異，而我認為，我所描述的立場呈現了在特定案例支持或反對公民不服從者的觀點。

我沒有主張這是每個人的觀點。必然有些人將對國家的責任置於極高之地，進而認爲不可能推翻它。也確實有些人認爲，至少在今日的美國，人們根本沒有服從法律的道德責任。但這兩種極端立場是鐘型曲線兩邊的細長尾端，所有落在其間的人們抱持我所說的正統立場——人們負有服從法律的責任，在良心與那項責任衝突時，他們也有服從良心的權利。

但如果是這樣，對原則問題有著同樣答案的人們，卻在特定案例裡意見如此相異、見解如此分歧，這種事實似是而非。這樣的弔詭甚至更加深刻，因爲至少在某些案例，雙方抱持的立場似乎都跟他們接受的理論性立場不相符。例如，當某人基於良心而拒絕兵役或鼓勵別人犯一樣的罪，這項立場就受到檢驗。保守派主張，這種人應該受到追訴，就算他們是誠懇的。爲什麼他們應該受到追訴呢？因爲社會不能容忍他們的行爲所構成並鼓勵的、對法律之尊重的損害。簡單地說，他們必須受到追訴，以使他們與其他類似的人們別再做同樣地事。

但這裡似乎有著極大的矛盾。如果人們有權遵守良心的命令，國家卻不讓他們這麼做，這怎麼能獲得證立呢？國家禁止並懲罰它承認人們有權去做的事，這難道不邪惡嗎？

而且，不是只有保守派主張起訴那些出於道德信念而違反法律的人們。自由派人士也惡名昭彰地反對讓種族主義的校方緩慢地去種族隔離化，儘管他承認，校方認爲他們享有做法律禁止之事的道德權利。確實，自由派不常主張，反種族隔離法必須執行以促進對法律普遍的尊敬。他反而主張反種族隔離法必須執行，因爲它是對的。但他的立場似乎也不一致：當我們承認遵守良心的權利，又因爲人們按照自己的良心行爲就起訴他們，這可能是正確的嗎？

我們因而遇上兩個謎題。原則議題的兩造各自認爲自己與對方立場南轅北轍，又爲什麼就那項議題擁護相同立場呢？怎麼可能雙方就特定問題都主張與他們都接受的原則立場顯然牴觸的解答呢？一個可能的答案是，這項立場的支持者當中，一些或全部是僞善者，對他們其實並不接受的良心權只是空口白話。

這個指控還略有說服力。當宣稱自己尊重良心的公權力機關拒絕穆罕默德．阿里[2]在他們的州參加拳賽，其中必有虛僞。如果阿里曾經從軍，不管他在信仰上有什麼顧忌，基於那些公權力機關宣稱自己所榮耀的原則，他都會獲准參加拳賽，儘管這麼做會讓他蒙羞。但跟這個例子一樣明白的案例相當少見，而且，就算在那種案例，公權力機關似乎也不承認他們的行爲與原則之間的矛盾。因此，除了「人們經常心口不一」以外，我們還要找找別的解釋。

更深刻的解釋來自於常使權利的論證難堪的那串混淆。這些混淆壟罩著我一開始提到的所有議題，並在人們試著發展一套融貫的理論，以說明尊重權利的政府應該如何行止時，使這種嘗試顚簸難行。

爲了解釋這點，我必須指出一件事實，這件事實哲學家相當熟悉，卻經常在政治爭論中被忽略：在不同的脈絡下，「權利」這個字有著不同的作用。在大半的狀況下，當我們說某人有「權利」做某事，我們的意思是，干預、阻止他做那件事是錯的，或者至少我們該找出特別的理由來證立我們的干涉。當我說，只要你高興，你有把錢花在賭博的權利，儘管你該花在更有意義的用途上，我就是在這種強意義上使用它。我的意思是，儘管你打算以我認爲錯誤的方式花自己的錢，任何人干涉你的行爲仍然是錯的。

在這種意義上，說某人有權利做某事，與說他那樣做是正確的、或做這件事並無「錯誤」，兩者之間顯有差異。人們可能有權利做某些事，而對他來說，做那些事是錯的，就像在賭博的例子那樣。相反地，他做某事可能是正確的，但在「如果別人阻止他做那件事並無錯誤」的意義上，他沒有權利那麼做。如果我們的軍隊抓到敵軍士兵，我們可能會說，他試著逃跑是正確的，但這並不表示，如果我們試著阻止他，就做錯了事。我們會因爲他試著逃跑而讚揚他，如果他不逃跑，我們或許還會看輕他。但這並不表示，我們阻擋他就犯了什麼錯；相反地，如果我們認爲自己的理由是正當的，也就會認爲我們竭盡所能地阻擋他是對的。

「一個人有沒有做某件事的權利」與「他這麼做正不正確」之間的區分，通常不會引發問題。但有時會產生一些麻煩，因爲我們有時候說某人有做某件事的權利，而我們眞正的意思只是要否認他那樣做是錯的。所以我們說，被俘虜的士兵有試著逃跑的「權利」，而我們眞正的意思，不是阻擋他是錯的，而是指他沒有不嘗試逃跑的責任。談到某人有按照自己的原則行爲，或遵守自己良心的「權利」時，我們就這麼使用「權利」這個字。我們的意思是，他按照自己最誠實的信念行動，這種做法沒有錯，儘管出於政策或其他理由，我們必須強迫他違反信念。

假如有人相信，給窮人的福利給付極端錯誤，因爲它們蠶食著企業，他還因此每年申報全額所得稅卻只繳一半。我們會說，他有隨心所欲地拒絕繳稅的權利，但是政府也有權利迫使他繳清稅額，並在爲使賦稅體系有效率地運作所必要的情形下，處以罰款或監禁。我們在大半的狀況下不會選擇這條途徑；我們並不說，一般的小偷有隨心所欲地偷竊的權利，只要他繳納罰金。我們說，儘管國家有處罰的權利，人們仍有違法的權利，意思只不過是，由於他的信念，他這麼做沒有犯錯[3]。

這些區分幫助我們看到正統問題裡的模稜兩可：人們究竟有沒有違反法律的權利？它所問的是，他是否享有強意義的違法權利，從而政府拘捕、起訴以阻止他，都是錯的？或者它所問的是，他違反法律的行爲正不正確，從而，儘管政府應該監禁他，我們也都該尊敬他？

如果我們回答第一個，也是最重要的問題時採取正統立場，我所說的矛盾就出現了。但如果我們這麼回答第二個問題，就不會產生矛盾。保守派與自由派都同意，當違反法律者的良心如此要求時，有時候他們沒有犯錯。當他們意見相左，他們爭論的是另一個議題，也就是，作爲回應，國家應該怎麼對待這些人。雙方都認爲，有時候國家應該追訴他們。但這與「受追訴者的違法行爲是正確的」這種想法矛盾。

這樣的弔詭看似眞實，因爲這兩個問題通常沒有區分開來，而正統立場被當成是公民不服從問題的一般性解答。然而，一旦這項區別成立，那麼明顯的是，這個立場之所以廣爲人們接受，只因爲在適用時，它被當成對第二個而不是第一個問題的答案。良心權這個棘手的概念隱蔽了這項關鍵區分；這個概念是最近大半關於政治義務的討論的核心，卻也是使我們從關鍵政治問題分心的紅鯡魚[4]。當問題在於，個人違反法律時是不是做了什麼道德上錯誤的事，他的良心狀態或許是決定性的或重要的；但討論在那個詞（譯按：指「權利」）的強意義上，人們有沒有做這個行爲的權利時，它就不必是決定性或關鍵性的。人們沒有做他的良心所要求的一切行爲的、那種意義上的權利，但他或許有那種意義上的權利能做某些事，儘管他的良心沒有這麼要求。

如果是這樣，回答幾乎每個人都打算提問的這個問題，就沒什麼重要了。我們可以更清楚地陳述問題，以更新我們的討論。美國人有沒有做違法行爲的強意義權利？如果答案是肯定的，他們在什麼況狀下享有這項權利？爲了回答如此提出的這些問題，我們必須試著進一步釐清前面提到的那些想法的意涵，也就是「公民至少享有某些對抗政府的權利」這個想法。

我曾說，在美國，人們認爲公民有某些對抗政府的基本權利，某些透過憲法而成爲法律權利的道德權利。如果這個概念重要並值得誇耀，這些權利就必定是前面提到的那種強意義權利。「公民享有言論自由」這種主張必定表示，政府不讓他們發言是錯的，就算政府相信他們將說的會造成更多傷害而不是更多利益。這項主張必定不只表示，公民說出自己的想法沒有什麼不對，儘管政府保留不讓他們這麼做的權利，就像在戰俘的例子那樣。

這一點是關鍵的，而我要進一步討論它。當然，負責任的政府必須準備好證立自己的所作所爲，特別當它限制其公民的自由權時。但是，就算對限制自由權的行爲來說，那個行爲也是用來增加哲學家們所謂的一般效益——它被用以產生多於傷害的總體受益。所以，儘管紐約市政府需要爲禁止在萊星頓市大道騎摩托車找個正當化理由，如果適任的官員們基於有效的證據，相信這對許多人帶來的好處將多於對少數人的不便，這就已經是充分的。然而，當我們說個別公民享有對抗政府的權利，像是言論自由，這必定意味著這種正當化理由是不夠的。否則這種主張就不會宣稱，涉及個體權利時，他們就享有對抗法律的特殊保障，而這正是這種主張的重點所在。

不是所有的法律權利甚或憲法權利都代表著對抗政府的道德權利。現在我有在五十七街朝任何一個方向行駛的權利，但是，如果政府認爲，把它變成單行道將有助於一般利益，這麼做也沒犯什麼錯。我有每兩年投票選舉國會議員的權利，但是，如果聯邦政府與州政府——按照修憲程序，也同樣基於一般利益的考量——把國會議員的任期改爲四年，這也沒犯什麼錯。

但是，我們稱爲基本權利的憲法權利，像是言論自由，則被認爲代表了強意義上的、對抗國家的權利；這正是「我們的法律體系尊重公民的基本權利」這種大話的重點所在。如果公民們享有言論自由的道德權利，政府廢止保障這項權利的第一增修條款就是錯的，儘管它深信限制言論將有利於多數群體。

我絕不能誇大這點。某些宣稱公民們有對抗政府之權利的人們，不必強烈地主張政府對那項權利的限制永遠無法獲得證立。例如，他可能會說，雖然公民享有言論自由權，在保護他人之權利、避免災難，甚或獲取明顯且重大的公共利益（就算如果他承認最後這點可以作爲正當化理由，就等於不把系爭權利當成最重要或基本的權利）所必要時，政府就可以限制那項權利。他就是不能說，政府基於在這種權利不存在的狀況下就已然充足的最小立論基礎而限制那項權利，將能夠獲得證立。他不能說，總體而言，光是基於「那個行爲可能有利於社群」這項判斷，政府就有爲所欲爲的權限。這種許可將使他的權利主張毫無意義，這也會顯示，他在——要賦予人們認爲他的主張通常具有的政治重要性所必要的——強意義以外的其他意義上，使用「權利」這個字。

但是，對我們關於不服從的兩個問題的答案，雖然算不上主流，似乎也是簡單的。在我們的社會裡，人們有時享有強意義上的、不服從法律的權利。每當法律錯誤地侵犯對抗政府的權利，他就享有這種權利。也就是，如果他享有道德上的言論自由權，他就有權違反政府由於這種權利而無權制定、卻又制定的法律。違反法律的權利，不是獨立於違抗政府的權利之外，且又涉及良知的另一項權利。它僅僅是對抗政府之權利的特徵，如果不否認任何這種權利（譯按：指對抗政府的權利）的存在，原則上就無法否定它的（譯按：指違反法律的權利）存在。

一旦在我所說的強意義上看待對抗政府的權利，這些答案似乎就是明顯的。如果我有在政治議題上說出自己想法的權利，就算政府認爲將有助於一般利益，它規定我所做的違法，也是錯的。然而，如果政府眞的規定我的行爲違法，對我執行那項法就更是錯誤。我對抗政府的權利意味著，政府制止我說話是錯的；採取第一步，不會使制止我變得正確。

當然，這沒有告訴我們人們享有哪些對抗政府的權利。它沒有告訴我們言論自由權包不包括集會遊行權。但它確實意味著，制定法律也不能影響人們確實享有的這類權利，這點具有關鍵的重要性，因爲它指出，涉及公民不服從時，個體有權對自己的個人決定採取什麼樣的態度。

保守派與自由派都認爲，在普遍正當的社會裡，每個人都有服從法律的義務，不管那是什麼。正統立場的「一般義務」條款就源自於此，儘管自由派相信，這項義務有時候會被「推翻」，儘管他們認爲，就像正統立場所堅持的，服從義務以某種潛在形式繼續存在，從而接受處罰以承認該責任就是適當的。但在承認權利的社會，這項一般性義務幾乎是不融貫的。如果有人相信自己享有集會遊行權，他必然也會相信政府制止他是錯的，不論這麼做在法律上有沒有利益。如果他有權相信這點，那麼，談論那種守法義務或接受國家無權施加之懲罰的義務，就是愚蠢的。

保守派會拒絕我對他們論點的簡短說明。他們會說，儘管政府制定某些法律是錯的，像是限制言論的法律，但一旦法律制定，就有獨立的理由可以說明，政府執行它爲什麼是正當的。所以他們主張，當法律禁止集會遊行，某項比個體的言論權更重要的原則，也就是尊重法律的原則，就會發揮作用。如果法律置而不行，就算是惡法，也會弱化對法律的尊重，整個社會就要受害。所以，當言論被入罪化，個體就失去言論自由的道德權利，為了共善與一般利益，就必須對他執行法律。

儘管流行，但只有在我們忘掉它意指人們有享對抗政府的權利時，這種說法看起來才會有道理。公民不服從是不是降低對法律的尊重，遠不清楚，但就算我們認為答案是肯定的，這件事也不相干。功利主義式獲益的期望，不能證立禁止人們做他有權去做的事，而這所謂尊重法律所生的獲益，只不過是功利主義式的獲益。「我們尊重個體權利」這種大話將毫無意義，除非那包含了某些犧牲，而所謂的犧牲必然在於，放棄我們的國家藉由剝奪人們認為造成不便的權利而獲得的邊際利益。因此，一般利益不會是限制權利的好理由，就算系爭利益是對法律之尊重的強化。

不過，我認為尊重法律的主張只是對一般效用的訴求，這種想法或許是錯的。我曾說過，國家基於其他立論基礎而推翻或限制權利的做法可能獲得證立，而在拒絕保守派的立場之前，我們必須問問它們能不能適用。其他這些基礎中最重要——也最不為人理解——的包括這種想法：如果不限制系爭權利，就會危及相競爭權利。公民享有獲得國家保護的個人權利，就像他們享有免於國家干預的個人權利，而政府可能必須在這兩種權利之間抉擇。例如，誹謗法限制任何人說出自己想法的個人權利，因為它要求他所說的要有憑有據。但是，「它保障別人不使自己的名譽毀於漫不經心的陳述」這件事實就證立這種法律，縱使對認為它侵犯個人權利的人們來說，也是一樣。

我們的社會所承認的個體權利之間常常如此衝突著，而碰上這種情形時，政府的工作就是分階排序。如果政府做了正確的選擇，並以較不重要的權利為代價而保障較重要的權利，那麼，政府就沒有弱化或貶低權利的概念；如果它沒有保障兩者之中比較重要的那一個，就會造成相反的結果。所以我們必須承認，如果政府合理地相信相競爭權利更重要，它就有理由限制權利。

保守派能不能掌握這件事實呢？他可能主張，我錯誤地認定他的論述訴諸一般利益，因為相反地，它訴諸相競爭的權利，也就是，多數群體所享有的、使法律被執行的權利，或社會在它所欲的程度上維持秩序與安定的權利。他會說，這些是必須與做不正當法律所禁止之事的個人權利相互衡量的權利。

但這項新論據搞混了，因為它立足於權利語言的另一項模稜兩可上。確實，我們談到社會為其所欲的「權利」，但它不可能是足以證立侵犯對抗政府之權利的那種「相競爭權利」。如果政府能訴諸民主制度中的多數群體實現其意志的權利以擊敗這種權利，也就會危及對抗政府之權利的存在。對抗政府的權利必定是能據以有所作為的權利，就算多數群體認為做這件事是錯的，甚至做這件事就會讓減損多數群體的處境。如果我們現在說，社會有權利做一切合乎它的一般利益的事，或有權利維護多數群體希望生活在其中的環境，而且我們的意思是，這種權利能為推翻任何可能與它衝突的、對抗政府的權利提供證立，那麼，我們就消滅了後面這種權利（譯按：指對抗政府的權利）。

為了挽救它們，我們必須只承認社會裡其他作為個體之成員的權利是相競爭權利。我們必須區分這樣的多數群體的「權利」，也就是算不上得以否定個體權利之正當化理由的那種，以及社會成員的個人權利，也就是可能算數的那種。我們必須運用的判準如下。如果某人本身作爲個體而具有基於自己的名義要求政府保障的權限，不論其公民同胞中的多數群體是否加入這項要求，那個人就享有受保障的相競爭權利，也就是，必須與個別行爲權衡量的那種權利。

基於這項判準，任何人不可能有權要求執行國家的一切法律。例如，他有權要求執行的法律，只限於如果還沒制定他就有權要求制定的那些刑事法。對抗人身侵犯的法律可能就是這類法律。如果物理上易受侵害的社群成員——需要警察保護以對抗個人暴力者，僅僅是爲數很小的少數群體，說他們有權獲得那樣的保護，仍似言之成理。但在某個程度上提供公共場合之安寧的法律，或授權並資助國際戰爭的法律，就不能認爲是以個體權利爲立論基礎。芝加哥街上羞怯的淑女無權主張她目前所享有的、那種程度上的寧靜，她也無權使男孩們被徵召去打她支持的戰爭。有些法律——或許還是可欲的法律——對她提供這些利益，但這些法律如果可能被證立，它們的正當化理由是多數群體中大多數人的共同欲望，而不是她的個人權利。因此，如果這些法律確實侵犯別人示威抗議的道德權利或他們的個人安全之權利，她就提不出相競爭權利以證立這種侵犯。她沒有要求通過這種法律的個人權利，也沒有要求執行它們的相競爭權利。

所以，保守派沒辦法在相競爭權利的立論基礎上走得太遠，但他可能想運用其他立論基礎。他可能主張，在緊急的狀況下，或在能夠避免非常重大的損失時，或在顯然能夠保全某些重大利益時，政府限制公民的個人權利就可能獲得證立。如果國家處於戰時，言論檢查制度可能獲得證立，儘管它侵犯人們就政治爭議提出自己看法的權利。但緊急必須是眞實的。必須有奧利佛・溫岱爾・霍姆斯所謂明顯而立即的危險，而且，這項危險必須極其重大。

保守派能不能主張，當任何法律通過，即使是錯誤的法律，就能以這種理由證立它的執行呢？他所提出的可能就是這類論據。政府一旦承認這可能是錯的——立法機關可能制定、行政機關認可，法院也維持其存在者，其實可能侵害了重要的權利——這項許可不只導致對法律之尊重的邊際減損，還會導致秩序的危機。公民可以決定只服從他們個人支持的法律，而這就是無政府狀態。所以政府必須堅持，不管公民們在法律通過並受到法院的肯認之前享有什麼權利，他之後的權利就由那項法律決定。

但是，這項論點忽略了「可能發生的事」與「將會發生的事」之間的原始區分。如果我們允許這種推測支持以緊急狀態或決定性利益作爲正當化理由，同樣地，我們就消滅了權利。就像雷恩德・漢德曾說過的，對於邪惡成眞之可能性所威脅著的邪惡的吸引力，必須打折扣。我不知道有任何眞實的證據能證明，出於尊重不服從者的道德立場而容忍某些公民不服從，會增加這類不服從，更別說是普遍地增加犯罪了。主張將有這種後果的論點，必然建立在「普通犯罪的傳染性」這項本身未經證明的模糊假定上，而它們無論如何多半不相干。主張寬容會增加對公權力機關與他們所公布之眾多法律的尊重，或至少降低輕蔑增長的速率，似乎至少是言之成理的。

如果問題只在於，在嚴格執法下，則邊際而論社群的處境能不能提升，政府就必須根據我們手邊的證據下判斷，而衡量之下，斷定將是如此往往也不是不合理。但既然涉及權利，它跟「寬容會不會毀掉社群，或讓它承受遭到重大傷害的威脅」之類的問題就大異其趣，而對我來說，認爲有證據能認定這可能發生甚或可以想見，都是愚蠢的。

出於緊急的論據在另一方面也有混淆。它認定政府必須在人們「絕對沒有」或「總是享有」違反法律的權利這兩種立場之間做選擇。我曾說，任何宣稱自己承認權利的社會，都必須拋棄「在任何狀況下都成立的、服從法律的一般性義務」這種概念。這點之所以重要，因爲這表示，要回應公民對於權利的主張，沒有捷徑。如果有位公民主張自己享有不服兵役或以他認爲有效果的方式抗議的道德權利，打算回答他而不是簡單地以威嚇逼他就範的公務員，就必須回應他所提出的具體特定論點，不能僅僅指向徵兵法或最高法院的裁判，宛如那具有什麼特別——更別說決定性——的分量。有時候，認爲公民們誠摯地提出他們的道德論據的公權力機關會被說服，而認爲那位公民的主張可言之成理甚至正確。然而，這並不表示他總是會被說服或總是該被說服。

我必須強調，這所有命題都涉及強意義的權利，它們從而使「正確的做法」這項重要問題懸而不決。如果有人相信自己有違反法律的權利，就必須接著自問，行使那項權利是不是正確的做法。他必須記得，講理的人們對於自己有沒有對抗政府的權利可以有不同意見，從而，對於他認爲自己享有的、違犯法律的權利，也是一樣；從而，講理的人們可以誠摯地反對他。他必須考慮自己的行爲各種可能的後果，不管它們有沒有涉及暴力，還有其他因爲脈絡而相關的考量；他絕不能逾越他所能誠摯地主張的權利，而做侵犯他人權利的行爲。

另一方面，如果某些政府機關——像是檢察官，相信公民沒有違反法律的權利，他就必須問道，執行法律是不是正確的事。我在第八章主張，我們的法律體系的某些特徵，特別是憲法裡法律議題與道德議題的融合，意味著公民們行使他們所認定的、違反法律的道德權利是正確的做法，檢察官不據以追訴他們，常常也是正確的做法。我將不在這裡預想這些爭論；相反地我要問：「政府認眞對待公民的權利」這項要求，是不是涉及「這些權利是什麼」這項關鍵問題。

三、有爭議的權利

到此爲止的討論都是假設性的：如果人們享有對抗國家的特定道德權利，那項權利就能捱過相反的立法或裁判。但這沒有告訴我們他享有什麼權利，而惡名昭彰的是，講理的人們可能各自意見不同。在某些明確的案件上存在著許多共識；幾乎每個相信權利的人都會承認，比方說，人們有就政治事項以不具挑撥意味的方式說出自己看法的道德權利，而這是個重要的權利，國家必須奮力地保障它。但這種典範權利的限度則有重大爭議，而上個年代著名的芝加哥七人大審[5]涉及的、所謂的「抗暴」法，就是中肯的例子。

被告們被控意圖引發暴動而密謀跨越州界。這是個模糊的指控——或許模糊到違憲的程度，但顯然地，法律把「爲了確保政治平等，暴力具有正當性」這種情緒性言論入罪化。言論自由權保不保障這種言論呢？當然，這是個法律議題，因爲它涉及憲法第一增修條款的言論自由條款。但這也是個道德議題，因爲就像我說過的，我們必須認爲，第一增修條款的目的就是保障道德權利。透過制定法與司法裁判「定義」道德權利是治理工作之一，也就是，正式宣告「在什麼程度上，道德權利將被認定存在於法律裡」。國會表決抗暴法案時面臨這項任務，而最高法院在無數的案件面對它。不同政府部門該怎麼著手界定道德權利呢？

它們一開始就該意識到，它們的任何決定都可能犯錯。歷史與它們的後繼者可能判定，儘管它們認爲自己是對的，但它們所做的其實是不義的。如果它們認眞對待自己的責任，就必須試著減少錯誤，它們因而必須試著找出犯錯的危險。

爲了達成這個目的，它們可能選擇兩個非常不同的模型。第一個模型建議，應該在個體權利與社會總體需求之間達成平衡。如果政府干預道德權利（例如，把言論自由權利定義得比正義所要求的更窄），它就在個體這邊犯了錯。另一方面，如果政府誇大權利（把它定義得比正義要求的更廣），它就從社會那兒奪取了某種它理應享有的一般利益，像是安全的街道。因此，對一方犯的錯與對他方犯的一樣嚴重。政府的課題就是駛向中道，使一般利益與個人權利達成平衡，給予雙方各自所應享有的。

根據第一個模型，政府或它的任何部門，必須在界定權利時牢記不同計畫的社會成本，並做出必要的調整。例如，它給予吵雜集會遊行的自由，絕對不能等同於給予安靜政治討論的自由，因爲前者比後者帶來更多麻煩。一旦它決定要承認多少權利，就必須完全實現它的決定。這意味著，允許個體在政府已然界定的權利內活動，但絕對不能逾越，從而如果任何人違法，就算出於良心，也都必須受到懲罰。無疑地，任何政府都會犯錯，並對自己的決定感到懊悔，這無可避免。但中庸政策將確保一邊的錯誤在長期以下將平衡另一邊的錯誤。

根據這樣的描述，第一個模型具有強大的說服力，而我認爲，大部分的外行人與法律人會熱切地響應它。「公共利益與個人主張的衡量」這種隱喻，早就存在於我們的政治與司法修辭，而且，這項隱喻同時賦予這個模型熟識與魅力。然而，第一個模型是謬誤的，且謬誤正好就在被普遍地認爲重要的權利上，而這項隱喻正是謬誤的核心所在。

「對抗政府的權利」這套制度不是上帝的禮物，也不是古老的儀式或國家運動。這是一種複雜且煩人的實踐，它使國家確保一般利益的工作更困難也更昂貴，所以，除非體現了某種本旨，否則它就是瑣碎而不當的。任何自稱認眞對待權利並因爲政府尊重權利而讚美它的人，對這項本旨或多或少有所理解。在兩項重要概念中，他至少必定接受其中一項或同時接受兩者。第一項是人性尊嚴這個模糊卻有力的概念。這個與康德相關卻也由不同學派的哲學家捍衛的概念認爲，某些對待人們的方式無異於否認他是人類社群的完整成員，並判定這種對待極爲不義。

第二項則是政治平等這項更熟悉的概念。它認爲，政治社群裡較弱勢的成員，有權從他們的政府獲得與強勢成員爲自己所確保者等同關懷與尊重，從而，如果就任何影響一般利益的事，某人都有做決定的自由，所有人就必定都享有相同的自由。我不打算在這裡詳論這些想法或爲它們申辯，我只想堅持，任何要主張公民享有權利的人都必須接受與它們非常相近的想法[6]。

如果那項權利是保護他的尊嚴，或他平等地享有關懷與尊重，或其他具有類似影響的個人價值所必要的，說人們在強意義上有對抗政府的基本權利，像是言論自由，就是有意義的。否則，這種說法就毫無意義。

所以，如果權利有任何意義，侵犯相對重要的權利就必然是很嚴重的事。這表示不把人當成人，或認爲他不像別人那樣值得關懷。權利這套制度所以立足的信念就在於，那是重大的不義，而且，在社會政策與效率上付出避免這項不義所必要的、增加的代價是值得的。但如果說膨脹權利跟侵犯權利一樣嚴重，這會是錯的。如果政府在個體那邊犯錯，它所付出的代價，只是在社會效益上比所應付出的多付出一點；也就是，比起它本來就決定非得付出的那塊銅板，它只不過多拿一點出去。但如果它犯了不利於個體的錯，就是對他加以汙辱，而這樣的汙辱值得花去那塊銅板加以避免。

所以，第一個模型站不住腳。事實上，它立足於我先前討論過的錯誤上，也就是社會的權利與社會成員的權利之間的混淆。當政府必須在相競爭的權利主張之間選擇——例如，在南方人所主張的結社自由與黑人的平等教育主張之間——「衡量」就是適切的。接著政府只能評估相競爭權利的實質內涵，並基於這項評估而行動。第一個模型認爲，多數群體的「權利」是必須以這種方式衡量的相競爭權利；但是，就像我先前所主張的，它搞混了，而且這種混淆有毀滅個體權利概念的危險。值得注意的是，社群在個體利害最深的領域，也就是刑事程序上拒絕第一個模型。我們說，寧可錯放一萬，不可濫殺一個，而那樣的訓誡立基於政府模型的第二個選項。

第二個模型認爲，節略權利遠比膨脹權利還要嚴重，而它的建議源自那項判斷。它規定，一旦權利在清楚的案件獲得承認，政府就只能以迫切爲理由，也就是，基於符合原本的權利之必然前提的理由，才能取消哪項該權利。一旦賦予權利，就不可能僅僅以擴張該權利會使社會付出更大代價作爲限制權利的論據。這更重大的代價必須有特殊之處，或這個案例必須具備其他特徵，使「儘管已經打算用重大社會成本保護原本權利，但這項特定成本並不必要」這種說法得以成立。否則，政府不擴張那項權利，就顯示它在原本案件中承認那項權利是個騙局，是只打算在便宜之際遵守的承諾。

我們如何能說明那種代價不值得付出，而又不撤回對權利的原初認可呢？我只想到三種可以一貫用來限制特定權利之定界的立論基礎。首先，政府可能指出，原本的權利所保護的價值在邊界案件不是眞正的關鍵所在，或只具備些微的關鍵性。其次，它可能說明，如果權利在界定上包括邊界案件，將會縮減某些我先前所說的、強意義的相競爭權利。再次，它可以指出，如果以這種方式界定權利，對社會的影響不只是成本的增加，增加的程度更遠大於賦予原來的權利時所負出的代價，程度上強到足以證立不論對尊嚴或平等的任何汙辱。

將這些立論基礎適用於最高法院面對的、一群根植於憲法議題的問題上，相當容易。徵兵法對出於良心的反對者提供豁免的機會，但根據徵兵委員會的詮釋，這項豁免限於基於宗教而反對一切戰爭者。如果我們認爲，豁免是在「個體享有不違反自己的原則而殺戮的道德權利」這個立論基礎上獲得證立，那麼問題就在於，排除不以宗教爲道德立足點的人們，或其道德觀點複雜而區別不同戰爭的人們，適不適當。最高法院判定，作爲憲法問題，徵兵委員會排除前者是錯的，但排除後者是適當的。

作爲政治道德問題，我列出的這三個立論基礎中，沒有哪個可以證立這些排除。當人們相信殺戮不道德卻被迫殺人，那麼，不管這些信念建立在世俗的立論基礎上，或考量到戰爭在道德層面上各自不同等等事實，對人格的侵犯都一樣嚴重，而在相競爭權利或國家的緊急狀態上沒有重要的差異。當然，這些案例各有不同，但都不足以證立這項區別。原則上世俗的政府不能像這樣偏好宗教道德勝過非宗教道德。這些是支持將例外限縮到宗教性或普世性立論基礎的功利主義論據——如此局限的豁免，對管理者不那麼昂貴，也使區別誠懇與不誠懇的申請者更容易。但這些功利主義式的理由並不相干，因爲它們算不上支持限制權利的立論基礎。

在芝加哥大審中適用的抗暴法呢？這項法律算不算對應受第一增修條款保障之言論自由的不當限制？如果將第一個政府模型適用到這個議題上，支持抗暴法的論據看似強而有力。但如果我們認爲那套衡量說詞不切題而把它擺到一邊去，並轉向限制權利的適切立論基礎，這項論據就顯得更加脆弱。原來的言論自由權必須認定，禁止人們說出他誠實地相信的事是對人類之人格的汙辱，特別是就影響他被統治的方式的議題。確實，在他認爲最嚴重地侵犯這些原則的情形，被禁止表達他最熱切支持的政治道德原則，汙辱會更嚴重，不會更輕微。

或許有人要說，抗暴法允許他自由地以非煽動性的方式表達這些原則。但這忽略了表達與尊嚴之關連的重點所在。當措辭無法合乎他的憤怒，或他必須見風轉舵，以保護他認爲不低於他所欲辯白者的價值時，人們就無法自由地自我表達。確實，某些政治異議者以撼動多數群體的方式發言，但多數群體所抱持的「正統的表達方法是適切的發言方式」這種想法是傲慢的，因爲這等於拒絕平等關懷與尊重。如果權利的要旨在於保障異議者的尊嚴，我們判斷適當言論時，就得牢記著異議者的人格，而不是抗暴法並未加諸任何限制的、「沉默」的多數群體之人格。

因此，「原本的權利保障的個人價值在邊際案件不那麼關鍵」這種說法不成立。我們必須考慮，有沒有得以證立抗暴法的相競爭權利或對社會的某種重大威脅。我們可以一併考量這兩種立論基礎，因爲唯一可信的相競爭權利是免於暴力的權利，而在這個脈絡下，暴力也是對社會唯一可能的威脅。

我沒有權利燒你的房子、朝你的車子丟石頭，或把腳踏車鍊纏在你的骷髏頭上，就算我認爲這是自然的表達手段。但芝加哥審判的被告不是被指控直接暴力；它的論據理路是，他們計畫的言論行爲，促使別人可能爲了支持他們所說的話或出於對他們所說的話的敵意，而採取暴力行爲。這算有提出正當化理由嗎？

如果我們可以略帶自信地說出抗暴法打算對抗多少暴力、哪種暴力，問題就會不同。它每年將拯救兩條、兩百條，或兩千條生命呢？價值兩千元，二十萬，或兩百萬的財產呢？沒人能回答，不只因爲幾乎無法預測，更因爲對於集會遊行分化爲暴動的過程，我們沒有清楚的理解，特別是異於貧困、警方暴力、嗜血以及其於人性及經濟上挫敗的煽動性言論的角色。當然，政府必須試著減少暴力對生命與財產的浪費，但它必須承認，除了重新組織社會以外，任何界定並移除暴動成因的嘗試，都必然是推測、嘗試與錯誤的過程。它必然在高度不確定的條件下做判斷，而權利這個制度，如果認眞對待，就會限制它在這種條件下實驗的自由。

它促使政府牢記著，限制一個人發言或參與集會遊行，會帶給他眞實而嚴重的汙辱，所換得的是——以其他可能較昂貴的方式也無論如何能獲取的、純屬推測的利益。當法律人說，權利可以爲了保護其他權利或避免災難受到限制，他們設想的是因果關係相對清楚的例子，就像在擁擠的戲院裡錯誤地大喊「失火了！」這個熟悉的例子。

但芝加哥的故事說明了因果連結多麼地模糊。**Hoffman** 或 **Rubin** 的言論是暴動的必要條件嗎？或上千的人們來到芝加哥就是爲了參與暴動，就像政府所宣稱的那樣？它們可能是充分條件嗎？或就像總統的暴力諮詢委員會成員所說，如果他們不那麼忙著煽動，警察早就遏止了暴力？

這些都不是簡單的問題，但如果權利有任何意義，政府就不能只想到證立自己行爲的答案。如果人們有權利說話，如果支持那項權利的理由延伸到煽動性言論上，而且，如果這種言論對暴力的影響並不清楚，政府就沒有否定那項權利以先發制人的權力。或許限制言論權是最不花錢的手段，或對警方士氣的傷害最小，或在政治上最受歡迎。但這些是功利主義論據，它們主張應從特定幾點著手，而這種論據被權利的概念排除在外。

認爲政治行動者期待暴力並以他們的言語「找麻煩」，這種流行想法掩蓋了這項論點。一般看來，如果他們被認定爲他們所期待之暴力的始作俑者，並因而被如此對待，他們就不太可能抱怨。但這重複了我試著澄清的、在享有某項權利與做正確的事之間的混淆。要判斷他對可能鼓動或激怒聽眾的議題熱切地發言時，他的做法正不正確，發言者的動機可能是相關的。但如果他有權利發言，那麼，由於允許他發言的危險是推測性的，就證立制止他發言的論據來說，他的動機算不上獨立證據。

但將在暴動中被毀滅的人、將被狙擊手的子彈殺死的路人、或將因掠劫而毀壞的商店老闆的個體權利呢？以這種方式提出這項議題並把它當成相競爭權利的問題，暗示了將減少不確定性之影響的原則。我們該不該說，某些受保障的權利很重要，因而政府採取一切可能的手段以保障它們都具有正當性？我們是否因而該說，政府可以限縮別人的行動自由，當他們的行爲僅僅可能在相當微小或推測的邊際上，增加某人的生命權或財產權受侵犯的風險？

反對最高法院最近關於警方程序的開明裁判的人們，就運用這諸如此類的原則。這些裁判增加有罪者自由離去的機會，因而邊際地增加社群任何特定成員遭到謀殺、性侵害或搶奪的風險。某些批評者相信，最高法院的裁判因而必定是錯的。

但是，打算在「人們享有可能從許多方面遭受侵犯的尊嚴與平等」這項立論基礎上承認眾多權利的社會，都不可能接受這種原則。如果迫使人們就不利自己的事實作證或禁止他發言，將侵犯不自證己罪與言論自由等原則所認定的權利，國家還接著告訴人們，由於他人受損害的風險將邊際地縮減，他必須受到這種損害，而這就是輕蔑。如果權利有任何意義，其重要性在程度上的差異，不可能使某些權利在涉及其他權利時就當然不算數。

當然，當他的言論具有將對別人或別人的財產造成重大損害的、明顯而實質的風險，手邊又沒有其他手段可以避免，就像在戲院裡大喊「失火」的例子那樣，政府就可以略加區別，也可以禁止人們行使言論權。但我們必須拒絕人們建議的「涉及生命與財產時，政府可以輕易地忽略言論權」這條原則。只要言論對其他這些權利的影響仍是推測性且邊際性的，它就必須另尋他法。

四、為什麼要認真對待權利？

我曾在本文開頭說道，我要說明，聲稱自己承認個體權利的政府必須做些什麼。它必須拋棄「公民絕對沒有違反法律的權利」這種主張，它對公民的權利的定義，還絕對不能讓它受到一般利益這類推定理由的裁剪。因此，任何政府嚴苛地對待公民不服從或對付言詞的抗議，都可以認為有違它的誠摯。

然而，或許會有人問道，總是如此認眞地對待一切權利，究竟明不明智。至少在傳說中，美國的智慧就在於，不將任何抽象信條推到其邏輯上的極端。或許正是時候忽略空想，並專注於賦予我們公民中的多數群體新感覺，也就是，他們的政府對他們的福利以及多數統治之名義的關切。

無論如何，這似乎就是美國的前副總統斯皮羅・阿格紐[7]所相信的。在對「怪胎」與社會不適議題的政策陳述中，他說自由主義者對個體權利的關懷是吹在國家之船臉上的逆風。這是個爛隱喻，但它表達的哲學觀點很清楚。他承認而許多自由主義者不承認，如果多數群體承認公民做——按照多數群體的說法——錯誤之事的權利，多數群體就不能如其所欲地走得那麼快或那麼遠。

斯皮羅・阿格紐認爲，權利是分殊的，只要更心存懷疑地對待它們，就能發展出國家的一統與對法律的新尊重。但他錯了。美國將會繼續被它的社會證據與外交政策分化，經濟惡化時，分殊會更苦痛。如果我們希望我們的法律與法律制度提供能夠就這些議題加以論辨的基礎規則，這些基礎規則絕不能是支配階級強加在弱者身上的、征服者的法律，就像馬克思認爲資本主義社會的法律必定爲然的那樣。大半的法律——定義並補強社會、經濟與外交政策的那部分——不可能是中性的。它大半的內容必須陳述多數群體對共同利益的觀點。權利這套制度因而是關鍵的，因爲它代表多數群體對少數群體的承諾，也就是，它的尊嚴與平等會受到尊重。在團體之間的分殊最爲猛烈的情形下，如果法律仍要繼續運作，這個姿態就必須是最誠摯的。

這項制度要求以基於信念的行爲對待少數群體，因爲，只要他們的權利是重要的，它們的範圍必定就是爭議所在，還因爲多數群體的公權力機關的行爲，將出於它們自己對這些權利之眞正面目的概念。當然，這些機關將不會同意少數群體提出的許多主張。它們必須說明自己對那些權利的理解，還絕對不可以對這項信條的言外之意有所欺瞞。如果不使法律尊重某些主張，政府就沒辦法重建對法律的尊重。如果它忽略使法律不同於秩序性暴力的特徵，它就辦不到這點。如果政府不認眞對待權利，它也就沒有認眞對待法律。

◆注釋◆

【1】見第八章。

【2】譯註：穆罕默德・阿里（Muhammad Ali），美國職業拳擊手。

【3】不令人驚訝的是，我們有時候使用「享有某項權利」這個概念以主張別人不能干預某種行為，又有時據以主張做那個行為沒有錯。情況往往是，當某人無權做某事，像是攻擊他人之人身，他這麼做既是錯的，其他人如果沒有直接以暴力停止那些行為的權利，也有享有請求他停止的權利。因而，當我們的意思在否認這些結果之一，以及同時否認兩者時，說某人享有權利就是自然的說法。

【4】譯註：紅鯡魚（red herring）指移轉焦點的事物，此典故源自於以紅鯡魚混淆狗的嗅覺，移轉狗的注意力的作法。

【5】譯註：指 Abbie Hoffman、Jerry Rubin、David Dellinger、Tom Hayden、Rennie Davis、John Froines、and Lee Weiner 等七人，被起訴陰謀利用一九六八年的民主國家會議（1968 Democratic National Convention），在芝加哥煽動暴動的審判。

【6】他不必認為這些想法是公設性的。也就是，他可能有理由堅持，尊嚴或平等是重要的價值，而理由可能是功利主義式的。例如，他可能相信，只要我們將屈辱與不公平認定為非常重大的不正義，而且絕不允許以我們關於一般利益的意見證立它們，長期而言，將有助於一般利益。我不知道有任何好論據能支持或反對這種「制度性」功利主義，但它跟我的論點相符，因為它主張，我們必須將對尊嚴與平等的侵犯當成特殊道德犯罪，而超越任何通常的功利主義式論據的掌握。

【7】譯註：斯皮羅・阿格紐（Spiro Theodore Agnew，一九一八至一九九六），美國第三十九任副總統（一九六九至一九七三），尼克森的副手。

政府應該怎樣對待出於良心而違反徵兵法的人？許多人認為答案很明顯：政府必須追訴異議者，如果他們被定罪，政府就得懲罰他們。某些人輕易地形成這種結論，因為他們抱持愚蠢的觀點，認為出於良心的不服從跟無法無天沒有兩樣。他們認為異議者是無政府主義者，必須在他們的腐敗擴散之前受到懲罰。不過，許多法律人與知識份子基於看起來更精巧的論據形成同樣的結論。他們承認，不服從法律的行為或許在道德上能被證立，但他們堅持，在法律上絕對不行，他們認為這源自「法律必須執行」這項自明之理。曾任美國檢察總長、在那之前曾任哈佛法學院院長的厄文．葛里思華[1]似乎就抱持這種觀點。「法律的本質就在於，」他說道，「它平等地適用於所有人，它同樣地拘束所有人，而不問個人動機。因此，從道德信念的觀點思索公民不服從的人，對於刑事定罪隨之而來不該感到驚訝，也絕不會有所苦痛。他必須接受的現實是，有組織的社會不能基於其他原因而容忍它。」

紐約時報讚賞這種說法。幾所大學的上千位學者在紐約時報的廣告上連署，要求司法部撤銷對威廉．思龍．考芬牧師[2]、班傑明．史波克博士[3]、馬庫色．拉金斯[4]、米卻爾．古德曼[5]以及米迦勒．費柏[6]因為密謀鼓動各種反徵兵活動而受到的追訴。紐約時報說，撤銷追訴的要求「混淆了道德權利與法律責任。」

但「因為政府相信某人犯罪，所以必須追訴他」這項主張，比表面上看起來的更無力。如果政府寬恕所有的不服從，社會將「無法忍受」；然而，這並不表示，也沒有證據證明，社會將因為容忍某些不服從而崩潰。在美國，檢察官有就具體個案決定是否執行刑法的裁量權。如果違法者很年輕，或無經驗，或是家庭的唯一支柱，或他悔改了，或轉為汙點證人，或者這項法律不受歡迎、無法運作或普遍地不被服從，或法院裡塞滿更重要的案件，或出於成千上百個其他理由，檢察官不予起訴的決定可能是適當的。這項裁量權不是豁免權——我們期待檢察官運用裁量權時有充分理由，但是，至少表面上看來，已經有一些不錯的理由，支持不起訴出於良心而違反徵兵法的人。其中一項明顯的理由是，比起出於貪婪或意圖推翻政府而違法的人，他們的行為動機更良善。如果竊賊之間也有動機的差別，反徵兵者之間為什麼沒有？另一項實際的理由是，如果懲罰由最忠誠、最尊重法律的公民們組成的群體——像是反徵兵者團體，我們的社會將蒙受損失。將這種人送進監獄，將加深他們與社會之間的疏離，並疏離許多跟他們一樣被刑罰的威脅嚇阻的人們。如果這類實際的後果支持不執行懲罰，它們為什麼不要求寬容出於良心的違犯呢？

認為出於良心的徵兵法違反者總是該受到懲罰的人們必須說明，行使裁量權的良善理由並不存在，或他們必須找到分量更重的相反理由。他們可能提出什麼樣的論據呢？確實有支持執行徵兵法的實際理由，稍後我將考量其中幾種。但葛里思華院長與其他同意他的人們倚賴著基本的道德主張，也就是，不處罰異議者，不但不實際，更是不公平的。我猜測，他們認為不公平是因為，如果每個人都不服從他所反對或認為不利的法律，社會就沒辦法運作。如果政府容忍「不吃這一套」的少數人，就是允許這些人獲取他人守法所帶來的利益，而又不擔起他們的負擔，像是服兵役的負擔。

這是個嚴肅的主張。「異議者將使其他每個人都享有不服從他認為不道德的法律的特權」這種說法，還不足以回答它。事實上，幾乎沒有任何徵兵異議者，能接受允許誠摯的種族隔離主義者自由地違反任何他們痛恨的民權法案的社會。無論如何，多數群體不想要這種改變，因為他們認為這會使社會處境更糟；直到對他們說明這種想法是錯的，他們將會期待政府機關懲罰任何認為自己享有——多數群體出於一般利益的考量，認為他們並不享有的特權的人們。

然而，這項主張裡有個漏洞。它的論證裡隱藏一項假設，而這使它幾乎與徵兵法案件全然無關，事實上，更與美國境內任何嚴肅的公民不服從案件無關。這項主張認定，異議者知道自己違反的是有效的法律，而他們所謂的特權，就是違反有效法律的特權。當然，幾乎每個討論公民不服從的人都承認，在美國，法律可能因為違憲而無效。但批評者在另一種前提假設上提出論證，以處理這個複雜的問題：如果法律無效而沒有犯罪可言，社會就不該施以懲罰。如果法律有效，犯罪就存在，社會就必須施以懲罰。這套論證隱藏了「法律的有效性可能存疑」這件關鍵事實。行政機關與法官們可能相信法律有效，異議者可能反對，兩邊都有已可以自圓其說的理由能支持自己的立場。如果是這樣，這些議題就與法律顯然有效或顯然無效的狀況不同，而為這種選項設計的、公平性的主張就毫不相干。

在公民不服從案件，有疑問的法律絕不特殊或奇特。恰好相反。至少在美國，相當數量的人們會想基於道德立場而反對的任何法律，在憲法上幾乎也都有所疑問——如果不是顯然無效。憲法使我們的慣例性政治道德跟效力問題相干；任何看似有損於那項道德的制定法，都會引發憲法問題，而如果有嚴重的損傷，憲法上的疑問也會是嚴重的。

道德與法律議題之間的關連，在上個年代的徵兵案裡特別清楚。當時的異議建立在以下幾個道德的反對意見上：（一）美國正在越南使用不道德的武器與戰略。（二）這場戰爭從來沒有經過人民的代表審慎而經過考量的公開表決批准。（三）美國在越南的相關利益，長期而言不足以證立它迫使一部分公民冒著死亡的風險到那兒去。（四）如果要起兵打這場仗，使大學生緩徵或免役，從而歧視經濟上的劣勢者，這樣組織軍隊是不道德的。（五）徵集令讓基於宗教立場而反對所有戰爭的人免役，但基於道德立場而反對特定戰爭的人則不能免役；這兩種立場之間的差別不重要，因此，徵兵法做這種區別，就暗示第二群人比第一群人更不值得國家的尊重。（六）將鼓吹抵抗徵召的行爲入罪化的法律掐住反戰者的咽喉，因爲，主張戰爭窮凶惡極，卻不同時鼓動或幫助拒絕打仗的人，在道德上是不可能的。

法律人會承認，如果我們接受這些道德立場，它們就會爲下列憲法主張提供立論基礎：（一）憲法使條約成爲國內法的一部分，而美國是使異議者控告它所違犯的行爲違法的國際條約與盟約的簽約國。（二）憲法規定國會必須宣戰；我們在越南的行動是不是「戰爭」，東京灣決議案[7]是不是「宣告」等等法律議題，是「政府有沒有做成慎重而開放的決定」這項道德議題的核心。（三）當負擔或分類不合理時，第五與第十四增修條款的正當程序條款，都譴責加在公民中選定階級頭上的特別負擔；當它顯然無助於公共利益，或與所帶來的利益極不相稱，這項負擔就不合理。如果我們在越南的軍事行動就像異議者所主張的，是愚蠢或違背常理的，我們加在兵役年齡的人們身上的負擔就是無理且違憲的。（四）無論如何，有利於大學生的區分，使窮人無法獲得憲法所擔保的、法律上的平等保障。（五）如果「反對所有戰爭的宗教意見」與「反對某些戰爭的道德意見」之間的區分不重要，徵兵法的分類就是武斷而不合理的。第一增修條款的「國教創立」條款禁止政府施加有利於既存宗教的壓力；如果徵兵法的區分在這方面對人們施以強制，基於這項論點，它也會是無效的。（六）第一增修條款同樣譴責對言論自由的侵犯。如果徵兵法對於教唆的禁令確實禁止人們發表某些關於戰爭的觀點，它就侵犯了言論自由。

認爲法院不該判定徵兵法違憲的主要反對論據也涉及道德議題。在所謂的「政治問題」原則下，法院宣稱自己對某些最好交由政府其他機關解決的議題——像是外交與軍事政策——沒有審判權。審判 Coffin 及 Spock 案的波士頓法院就宣布，基於這項原則，它將不聽取關於戰爭合法性的意見。但從最高法院的作爲來看，當它相信案件涉及政治道德上最重大的議題，而且沒辦法透過政治程序獲得任何救濟（像選區重劃案那樣）時，它不會情願放棄審判權。如果異議者是對的，如果戰爭與徵兵法都是國家對它的公民群體所犯下的嚴重不義，認爲法院沒有審判權的主張就被相當地弱化。

我們無法根據這些論據得到「徵兵法（或其中任何部分）違憲」的結論。當人們召喚最高法院前來裁判這個問題，它否決其中幾項主張，並以政治問題爲由而拒絕考量其他論據。多數法律人同意這種結果。但違憲性的主張至少言之成理，講理且適任的法律人可能認爲，衡量之下，比起相反的主張，它們提出更好的論點。如果他這麼想，就會認爲徵兵法不合憲，而且，沒有辦法證明他是錯的。

因此，決定要怎麼對待反徵兵者時，我們不能認爲他們斷定自己享有違反有效法律的特權。在我們試著回答更深入的問題之前，我們無法出於公平的要求而判定他們應當受懲罰；當法律並不清楚，而且公民認爲，別人認爲受到那項法律禁止的事，其實在那項法律許可之列，他應該怎麼做？當然，我不是要問，對他來說，法律上哪種做法是適當的，或他享有什麼法律權利——這將會乞題，因爲這取決於他或他們對不對。我要問的是，作爲公民，他的不二法門是什麼，換句話說，我們該認爲怎樣才算「吃這一套」，這是個關鍵問題。因爲，如果他依自己的信念而按我們認爲他應當採取的做法去做，不懲罰他就不是不公平的。

大多數公民們並不贊同哪個明顯的答案，這點本身就值得注意。然而，如果檢驗我們的法律制度與實踐，就會發現某些相關的潛在原則與政策。我將對這項問題提出三個可能的答案，並試著說明其中哪種跟我們的實踐與期待最相符。我要考量的三種可能如下：

（一）如果法律是可疑的，從而那項法律允不允許個人做他所要做的事也不清楚，他就該做最壞的打算，而在「它不允許那種行爲」的前提假定下行動。他應該服從對他發布命令的執法權威，儘管他認爲他們是錯的，並且，如果可能，同時運用政治程序改變法律。

（二）如果法律是可疑的，他就可以遵從自己的判斷，也就是，如果他相信，判定法律允許某個行爲的論點強過判定法律禁止那個行爲的論點，他就可以按照自己的意思去做。但他只能在某個權威機關——像是法院——在涉及他自己或別人的案件做出判斷前遵守自己的判斷。一旦形成制度性決定，他就必須受到那項決定的拘束，就算他認爲那是錯的（理論上，第二個可能還有許多分支。我們可以說，個人的選擇被任何法院的相反裁判排除，包括在那個案件沒有上訴的情形，司法體系裡下級法院的裁判。或者我們可能會認爲，應該以某個特定法院或機關的決定爲準。我將就最開放的形式討論第二個可能，也就是，個體可以適切地遵從自己的判斷，直到位階上最高的法院做出相反裁判，而在徵兵法這個例子，那就是美國聯邦最高法院。）

（三）如果法律是可疑的，就算在最高管轄法院做出相反的裁判之後，他還是可以遵守自己的判斷。當然，他對於法律的要求做出自己的判斷時，必須將任何法院的相反裁判納入考量。否則，他的判斷就不是誠實且理性的，因為，作為我們法律體系之內涵的判決先例原則，允許法院的裁判改變法律。例如，假設有位納稅人相信自己某種形式的收入不必納稅。如果最高法院做出相反裁判，考量過賦予最高法院的稅法裁判重大分量的做法後，他就應該斷定法院的裁判本身使天平傾斜，而現在法律要他納稅。

或許有人認為這種限制抹去第二與第三種模型之間的差別，但不是這樣。判例拘束原則賦予不同法院的裁判不同的分量，並賦予最高法院的裁判最重的分量，但這並不使任何法院的裁判具有決定性。有時候，就算在最高法院做成相反裁判後，個體仍然可以合理地相信法律站在他那邊；這種例子很罕見，但也最可能發生在涉及公民不服從的憲法爭議。如果過去的裁判限制重要的個人權利或政治權利，法院就更會表現出推翻它們的意願，而異議者想要挑戰的正是這種裁判。

換句話說，我們不能認定，最高法院說什麼，憲法就一定是什麼。例如，奧利佛・溫岱爾・霍姆斯在他著名的 *Gitlow* 案[8]不同意見書裡就不遵守這種規則。幾年之前，在 *Abrams* 案[9]裡，在說服法院同意第一增修條款也保障要求對政府發動總攻擊之無政府主義者的戰役中，他輸掉了。類似議題出現在 *Gitlow* 案，霍姆斯再次提出不同意見書。「確實，」他說道，「在我看來，這個要素在 *Abrams* 案被抽離了，但我在該案表達的信念過於深切，以致於我無法相信……那解決了法律問題。」霍姆斯投了一票支持 Gitlow 無罪，他的立論基礎在於，Gitlow 的所作所爲不是犯罪，儘管最高法院最近判定它是犯罪。

這樣一來，當法律有所疑義，對於不贊同執行機關之異議者的行爲，就有三個可能的模型。哪個最合乎我們的法律實踐與社會實踐呢？

我認爲，我們顯然不遵從第一個模型，也就是，我們不期待公民們做最壞的打算。如果沒有法院曾就那項議題下裁判，而某人在衡量之後認爲法律站在他那一邊，我們大半的法律人與評論者會認爲，對他來說，最適切的做法是順從自己的判斷。儘管許多人不贊同他的所作所爲——例如販售色情刊物，但他們不會認爲，他必須只因爲自己行爲的合法性受到質疑而停手。

値得停下來想想的是，如果社會眞的遵守第一個模型，它將遭到怎樣的損失，或者換種方式問，當人們在這種狀況下順從自己的判斷，社會將得到什麼好處。如果在法律人就法院應怎麼裁判能有合理爭論的意義上，法律並不確定，理由通常就在於，不同的法律原則與政策相互衝突，而怎麼最佳地調和這些相互牴觸的原則與政策，並不清楚。

我們的實踐——鼓勵各黨各派追尋自己的解讀，提供了檢驗相關假設的手段。如果問題在於特定規則會不會產生不可欲的後果，或這些後果將會縮小或擴大這交錯的難題，那麼，在這項議題受到裁判前，曉得當某些人基於那項規則而行動時實際上發生了哪些事情，會有所幫助（許多反托拉斯與商業管制法規就是透過這種檢驗程序發展出來的）。如果問題在於特定解決方法會不會侵犯社會深切尊重的正義原則或公平競爭，又在什麼程度上造成侵犯，那麼，作爲實驗而檢驗社群的回應也同樣有所幫助。例如，如果不是有些組織刻意藐視這些法律，社群就不會對反避孕法冷漠到這種程度。

遵守第一個模型，我們就會失去這些檢驗手段帶來的利益。特別是，如果這個模型適用於憲法議題，將會有損於法律。當刑事制定法的效力存疑，那項立法幾乎總是讓某些人感到不公平或不正當，因爲它會侵害他們認爲內建於憲法的某條自由、正義或公正原則。如果我們的實踐是，每當法律因爲這些前提而有所疑問，人們就必須假定那項法律有效，並據以決定自己的行止，我們就會失去在道德基礎上挑戰法律的主要機制，而且，隨著時間的推移，我們遵守的法律的確會變得更不公正、更不正當，也確實會損害我們的公民們所享有的自由。

如果我們採取第一個模型的變體，也就是，認爲公民必須做最壞打算，除非他能預見法院將接受他的法律觀點，我們遭受的損失幾乎一樣嚴重。如果每個人都聽從他對「法院會怎麼判」的猜測，社會與它的法律會更貧乏。我們拒絕第一個模型的前提假定是，在過往的紀錄上，「公民順從自己的判斷」這種做法，與當他有機會時提出以支持那項判斷的論據，共同有助於創造可能做成的最佳司法判決。就算在公民們採取行動的時候，他在法庭上獲勝的機會不大，這點仍然成立。我們也必須記得，一旦裁判做成，公民之例的價值也沒有耗盡。我們的實踐要求裁判受到法學專業與法學院的批判，而在這裡，異議的紀錄可能是無價的。

當然，斷定遵守自己的判斷是不是明智時，人們必須考量法院將怎麼做。如果他這麼做，他可能必須面對牢獄、破產，或恥辱。但重要的是，我們把「明智與否的算計」與「什麼是他身爲好公民所能採取的適切做法」這兩個問題分開。我們正在探索的是，當法院確信他判斷錯誤時，社會應該怎麼對待他；因此我們必須問道，當他的判斷跟別人不一樣，哪種做法會獲得證立。如果我們認爲適切的做法取決於他對「社會將怎麼對待他」的猜測，我們將會乞題。

我們也必須拒絕第二個模型，也就是，如果法律不明確，公民就可以適切地遵守他自己的判斷，直到最高層級的法院判定他是錯的。它沒有考量到，任何法院，包括最高法院，都可能推翻自己的見解。一九四〇年，最高法院判定西維吉尼亞州規定學生應向國旗敬禮的法律合憲。一九四三年，它推翻自己的見解，並判定這樣的敬禮終究違憲。在一九四一年與一九四二年，基於良心而拒絕向國旗敬禮，並認爲最高法律一九四〇年的判決錯誤的人們，身爲公民而負有什麼責任呢？我們很難說他們的責任是遵守第一個判決。他們相信向國旗敬禮是違背良心的，他們合理地相信沒有任何有效的法律規定他們得這麼做。最高法院不只是判定在第二個判決之後未敬禮者並非犯罪；它的判決是（就像它在這種案件幾乎總是會做出的判定），在第一個判決之後，這也不是犯罪。

某些人會說，拒絕向國旗敬禮的異議者在立法機關裡忙著促使廢止這項法律，並在法院裡試著找出再次挑戰這項法律而又不實際違反它的方法時，應當遵守最高法院的第一個判決。如果沒有涉及良心，這或許會是頗有說服力的建議，因爲這樣一來，通常程序（譯按：指要求立法機關修改法律的政治程序）帶來的利益值不值得犧牲個人的耐性，將有待討論。但如果涉及良心，而且，如果異議者好整以暇地遵守法律就會遭受無法回復的傷害，這項傷害就在於，他們做了良心所禁止的事。「個體知道法律要求他違反良心時，他有時必須這麼做」這種說法是一回事。「即使他合理地相信法律不是這麼規定，他也必須違背自己的良心，因爲，如果他選擇最直接也或許是唯一的方法，以試著說明他是對的而別人是錯的，就會對他的公民同胞造成不便」這種說法，則是另一回事。

既然法院會推翻自己的見解，我們列舉以反對第一個模型的理由也同樣能用來反對第二個模型。如果沒有異議帶來的壓力，足以使人們認爲法院不利於異議者的判決錯誤的、引人注目的聲明，也就是，確實涉及它的對錯的示威，就不會存在。我們就更可能受到侵犯——我們聲稱自己服從的——原則的規則的統治。

我認爲，這些考量使我們背離第二個模型，但有些人會想以某種變體替代它。他們會主張，一旦最高法院判定某項刑事法有效，公民們就有受到那項判決拘束的責任，直到他們具有合理的信念，不僅足以確信那項判決是惡法，更足以確信最高法院可能會推翻它。基於這種觀點，在一九四二年拒絕向國旗敬禮的西維吉尼亞州異議者的所作所爲就是適當的，因爲他們可以合理地預見最高法院將變更見解。但是，一旦法院判定徵兵法這類的法律合憲，繼續挑戰這種法律就不適當，因爲最高法院會立刻改變主意的可能性不高。然而，這項建議也必須被拒絕。因爲，一旦我們宣稱，就算他同時判斷法院可能做成對他不利的判決，公民仍然可以適切地遵守自己的法律判斷，那麼，就沒有可以自圓其說的理由說明，爲什麼在相反判決已然列冊的情形下，他就一定要選擇其他做法。

這樣一來，第三個模型或類似的觀點似乎最公正地陳述了我們社群裡的人們負擔的社會責任。公民們忠誠的對象是法律，而不是任何特定人關於「法律是什麼」的觀點，只要他基於自己對於「法律規定了什麼」所抱持的、經過考量且合理的觀點而行止，他的行爲就沒有不當之處。讓我重複（因爲這是關鍵）道，這跟「個體可以無視法院的宣示」這種說法是兩回事。先例拘束原則近乎我們法律體系的核心，除非賦予法院以它的判決改變法律的一般性權力，否則沒有人能合理地試著遵守法律。但如果問題觸及基本的個人權利或政治權利，而最高法院的對錯還有爭議，拒絕把那項判決當成結論的做法也是人們的社會權利。

在我們能將這些觀察適用於反抗徵兵的問題前，還有一項重大問題。我已經討論過的，是相信法律跟別人所設想的不一樣或跟法院所判定的不一樣的人們。這項描述可能合乎某些出於良心而違反徵兵法的人，但這與大多數反對者不相符。大半的異議者不是律師或政治哲學家；他們相信書上的法律不道德，更與他們的國家法律理念不一致，但他們沒有考量過「這些法律是不是也無效」這種問題。那麼，「人們能適切地遵從自己的法律觀點」這項主張，跟他們的處境有什麼關連呢？

爲了回答這個問題，我應該回到先前提出的論點。透過正當程序條款、平等保障條款、第一增修條款還有我提到的其他條款，憲法將我們的政治道德大舉注入「某項法律是否有效」這項議題裡。「大半反徵兵者不曉得法律無效」這種說法因而必須修正。他們所抱持的信念，如果爲真，就會強力地支持「法律站在他們那邊」這種觀點；「他們沒有形成這更深入的結論」這件事實，能歸因於他們欠缺法律素養，至少在大半情形下是這樣。如果我們相信，當法律有所疑義，遵守自己法律判斷的人們可能仍然行止合宜，那麼，不將這個觀點延伸到做成相同判斷的異議者身上似乎就是錯的。我對第三個模型提出的論點完全不允許將他們跟更加博學的同儕區別。

我們可以從到此爲止的論證裡抽繹出幾項初步結論：當法律——在兩方舉出的論點都言之成

理的意義上——不明確，遵從自己判斷的公民們沒有舉止不公。我們的實踐允許並鼓勵他們在這種狀況下遵從自己的判斷。因此，每當不會對其他政策造成重大損害時，我們的政府就負有試著保護他們並減緩他們窘境的特殊責任。這不表示政府能擔保他們的豁免權——它不能採取「凡出於良心之行爲均不起訴」，或「凡抱持異於法院之合理見解者均不定罪」這種規則。那會使政府毫無能力推行任何政策；而且，這也就失掉遵守第三個模型所帶來最重要的好處。如果國家從不追訴他們，異議帶來的經驗與論據就沒辦法成爲法院運作的基礎。但這確實表示，每當具體個案中，提出控訴的實際理由相對較弱或在其他方面找不到適當理由時，公正之道就在寬容。「法律就是法律，非執行不可」這種流行觀點，拒絕將基於自己對可疑法律的判斷行動，從而像我們的實踐所規定地行止的人們與普通的罪犯區分。我找不到任何不在原則上區分這兩種情形，又不具道德盲點的理由。

我預見這些結論在哲學上將面臨的反對意見：我把法律當成「天空中徘徊不去無所不在的存有」了。我談到對——就算在法律不清楚也無法展示的情形——法律的規定下判斷的人們。我談到人們認爲法律的規定是這樣，儘管最高法院說它規定的是那樣，甚且最高法院最近不太可能變更見解的情形。我將因而被指控持有這種觀點：在自然法或某個先驗保險櫃裡，總是有等著被發現的「正確答案」。

法律保險櫃理論當然是胡說八道。當我說人們在法律有所疑義時對法律抱持著自己的觀點，而且，這些觀點不只是對法院見解的預測，我所指的不是這種形而上學理論。我的意思，只是盡我所能地精確摘要我們的法律程序中的許多實踐。

律師與法官們敘述著法律權利與法律責任，就算他們曉得它們無法展示，他們還提出論據支持它們，就算他們曉得這些論據無法吸引任何人。他們在專業期刊上、在教室中、在法庭裡對彼此提出這些論據。當別人提出這些論據，他們判斷它們的好、壞或中等以回應它們。當他們這麼做，他們認定，對於給定可疑立場提出的某些論據好過其他論據。他們也認定，對於可疑命題，某一邊提出的論據可能強過另一邊的論據，這也就是我所謂「可疑案件中的法律主張」的意思。他們毫不困難地把這些論據與對「法院會怎麼判」這種預測區分。

認爲「可疑議題上的法律判斷毫無意義，或只不過是預測法院將採取的做法」的理論，沒辦法呈現這些實踐。抱持這種理論的人們無法否認這些實踐；或許這些理論家的意思是，這套實踐毫無意義，因爲它們的立論基礎是我們所不接受的前提假定，或者另有理由。但這使他們的反駁顯得神祕兮兮，因爲他們從來不清楚地指出自己認爲這些實踐背後潛藏著什麼目的；而除非指出這些目標，否則我們沒辦法判斷這些實踐有沒有意義。我將這些潛藏的目的理解爲我先前所描述的那些目的：透過公民的實驗與競爭程序，發展並檢驗法律。

我們的法律體系藉由邀請公民們或透過他們自己的律師判斷法律論據的強弱，並根據這些判斷行動以追求這些目標，儘管這項許可受到於法院不同意他們的判斷時，可能遭受有限威脅的限制。這項策略的成敗取決於，對於什麼算是好或壞的論據，社群裡有沒有充分的共識，從而，儘管不同的人們會得出不同的判斷，這些差異從來不會深刻或常見到足以阻礙這套體系的運作，或對根據自己的見解行動的人們產生危險。我相信，對於這項論據的要素已經有足以避免這些陷阱的充分共識，儘管法哲學的主要任務之一，就是展示並澄清這些要素。無論如何，還沒有誰能證明我描述的實踐走岔了路；因此，判斷寬待違反——別人所認定的——法律的人們正不正當或公不公正時，必須考量它們。

我說過，政府對基於「法律無效」的合理判斷而行止的人們負有特殊責任。在與其他實踐相符的情形下，它應該盡可能地爲他們做出調整。判斷政府應該基於那項責任而在具體個案中做些什麼是困難的。這項決定將是平衡問題，而單調平凡的規則沒有任何幫助。問題仍然在於，必須提出幾條原則。

我將從檢察官該不該加以追訴的決定開始。他必須衡量他予以寬待的責任及定罪對社會所帶來的風險，與放走異議者對法律政策所可能帶來的損害。在他計算的時候，他應當考量的不只是其他人受害的程度，他還必須考慮法律怎麼評價這些傷害；因此，他必須做出下列區別。儘管每條法律規則都由一組應達成的政策與應尊重的原則支持，或許還被它們證立。某些規則（像是禁止謀殺與偷竊的法律）受到「受保障的個體不受剝奪公權之害的道德權利」這項命題支持。其他規則（像是較技術性的反拖拉斯規則）不受任何潛藏權利的假設支持；支持它的主要是它們可能促成經濟與社會政策效益。它們可能受到道德原則的補強（像是「壓低較弱競爭者的價格是苛酷的商業實踐」這種觀點），但這些尚未認可對抗系爭傷害的道德權利。

在這裡，區分重點在於：如果特定法律規則體現「個人具有免於某種傷害的道德權利」這項官方決定，這就是一項反對以寬容加深這種傷害的違犯的有力論據。比方說，保障人們免於人身傷害或財產毀損的法律確實體現這種決定，而這是很強力的論據，得以反對寬容涉及暴力的公民不服從。

當然，法律是不是立足於這種道德權利假定上，可能有爭議。問題在於，基於那項法律的背景與運作而認爲它的制定者承認這種權利，合不合理。除了對抗暴力的規則外，他們顯然這麼認爲的情形還有很多例子；民權法案就是一例。許多誠懇且熱切的種族隔離主義者相信民權法案與判決違憲，因爲它們侵犯地方自治原則與結社自由。這是個值得討論，儘管沒什麼說服力的觀點。但這些法律與判決顯然體現「黑人作爲個體而享有不被隔離的權利」這項觀點。它們的立論基礎不只是「避免種族隔離將最能有效地推行其他國家政策」這種判斷。所以，如果我們不採取任何行動以對抗擋在校舍門前的那些人，就侵犯了他所阻擋的女學童所享有、也受到法律確認的道德權利。寬待的責任沒辦法延伸到這裡。

然而，女學生的地位跟受徵召者不一樣，如果反徵兵者沒有受處罰，受徵召者可能更快被徵召或被送到更危險的崗位上。整體來看並就其運作而言，沒辦法認定徵兵法反映了「人們只在他人或其他團體之後才受徵召的道德權利」這項判斷。徵兵程序上的分類以及根據這種分類發出的徵兵令，是基於社會上與行政上的便利而安排的。它們也反映公平性的考量，像是「在戰爭中失去兩個孩子其中一個的母親，不應承受再失去另一個的風險」。但它們沒有預設既定的權利。徵兵委員會在分類程序上享有可觀的裁量權，而軍隊也當然有分配危險崗位的完全裁量權。如果檢察官寬恕反徵兵者，不會在法律的公正與效用的計算中帶來什麼改變。在受徵召者的群體中，這可能會造成他人的不便，但這跟牴觸他的道德權利是兩回事。

種族隔離與徵兵之間的差異不是法律條文書寫上的偶然結果。認爲公民們對於他們被徵召服役的順序享有道德權利，將違反長達一世紀的實踐；例如，根據那項假設，隨機選擇的機制將是可憎的。如果我們的歷史不是那樣，而且，如果社群承認這種道德權利，那麼，認定至少部分徵兵異議者應該修正自己的行爲以試著尊重這些權利，似乎就是公正的。所以，像許多批評者那樣，在考量寬容能不能被證立時，以分析暴力或民權法案的方式來分析徵兵案件，就是錯的。我的意思不是對第三人的公正性在徵兵案件無關緊要；它必須被納入考量，並與對異議者之公正性及社會的長期利益衡量。但在這裡，它沒有扮演它在涉及權利的情形下所扮演的支配性角色。

那麼，在教唆反徵兵的案件，公正與效用的平衡點在哪裡？如果這些人所鼓動的是暴力或別種侵犯他人權利的行爲，確實就會有支持追訴的強烈理由。但如果不是這種情形，對我來說，公正與效用的平衡點就處在另一邊，我因而認爲，起訴考芬、史波克、拉金斯、古德曼與費柏是錯的。或許有人會說，如果鼓動反徵兵的人免於起訴，反抗入伍的人數就會增加；但我認爲，在無論如何都會反抗的人數之外，不會再增加多少。

如果這是錯的，如果有更強烈的反抗，剩餘的不滿對政策制定者就是重要的，它也不該被藏在對言論的禁制下。這跟良心息息相關——很難相信那麼多鼓動反抗的人是基於其他立場才這麼做。「將鼓動入罪化的法律違憲」是很有力的論點；就算不認爲這項論點有說服力的人們也會承認，它的論據具有相當的內涵。對潛在受徵召者的傷害——包括原本可能被說服而反抗的人，還有因爲別人被說服反抗而提早受到徵召的人，都是遙遠且不確定的。

就受徵召時拒絕入伍的人們來說，狀況更複雜。關鍵在於，如果不追訴他們，會不會導致大規模的拒服兵役。或許不會——還有其他社會壓力，像是就業障礙，會促使許多美國年輕人在受徵召時入伍，儘管他們知道自己拒絕入伍也不見得就會入監。如果數量不會增加太多，國家就該放過異議者，而我看不出，如果將追訴推延到政策效果明確之後會造成什麼重大的傷害。如果拒絕入伍者人數龐大，這就會支持追訴。但這也會使問題更學理化，因爲，如果異議者數量多到使我們深陷窘境，或許最困難的就是發動戰爭，除非在幾近集權的體制下。

這些結論中或許有些似是而非。我先前主張，當法律不清楚時，公民們有權遵守自己的判斷，我的立論基礎部分在於這項實踐幫助我們型塑裁判所處理的議題；現在我提出一套將裁判消抹或推遲的做法。但矛盾只在表面。我們的實踐有助於裁判，還讓它更有助於法律的發展，這件事實並不表示，每當公民根據自己的觀點行動，審判就必須隨之而來。議題是不是成熟到適合判決，裁判又會不會以減少將來異議或移除其立論基礎的方式解決問題，這些問題會在每個案例出現。

在徵兵案件，這兩個問題的答案都是否定的：關於戰爭，有許多矛盾的看法，對於徵兵所涉及的道德問題面向也有許多不確定及不明瞭的地方。這遠不是法院繼續討論這些議題的最佳時機，而暫時寬容異議者是允許爭議延續到它清楚明瞭的方法之一。況且，明顯的是，憲法議題的裁判不會解決法律爭議。對於徵兵合憲與否有所疑問的人們，即使在最高法院判定它合憲後，還是會有同樣的疑問。這是觸及基本權利、我們的實踐先例也鼓勵這種疑問的情形之一。

然而，即使檢察官不採取行動，潛在的問題也只是暫時消失。只要法律看起來仍然將異議入罪，有良心的人就會面臨危險。同樣負擔著寬待責任的國會該做些什麼，以減輕這種危險呢？

國會可以審查系爭法律，判斷該在什麼程度上通融異議者。立法機關採取的每套計畫都是政策與限制性原則的混合體。例如，我們接受犯罪偵查與都市更新在效率上的損失，因而我們能尊重被告的權利並補償財產所有權人的損失。國會只要修正或妥協其他程序，就能履行它對異議者的責任。相關的問題如下：還有哪些手段，既能盡可能地寬容出於良心的反抗者，又將它對政策的影響最小化呢？政府在這種情形下的寬待義務又有多重要——牽涉良心的程度有多深，主張法律無效的論證到底又多有力？系爭政策又多重要——阻擾那項政策的代價是否過高？這些問題無疑太過簡要，但它們提出了必須做成的抉擇的核心。

基於不該追訴鼓動反抗者的同樣理由，我認爲，應當廢止將這種行爲入罪化的法律。「這項法律限制言論自由」是有力的論點。它確實對良心施以強制，還可能沒帶來什麼好處。如果鼓動只會說服少數本來不會反抗的人反抗，加以限制就沒什麼價值；如果那種鼓動能說服很多人，這就是早該知道的重要政治事實。

同樣地，在反徵兵案件本身，議題更複雜。相信越戰本身是可笑的愚蠢之舉的人們，會喜歡任何使和平更容易實現的修法。但如果我們站在認爲戰爭有其必要性的人們的立場，我們就必須承認，繼續徵兵但完全豁免異議者的政策並不明智。然而，還要考慮兩個較不戲劇性的選項：志願者組成的軍隊，以及擴張良心反對者的範疇而包含認爲戰爭不道德的人們。對於這兩項建議，有太多尚待說明，但一旦承認「應該尊重異議者」這項主張，原則的平衡就會傾向他們那邊。

所以，主張不追訴良心反徵兵者的論據，以及爲他們的利益改變法律的論據，都是有力的。然而，期待這項政策壓倒相反地政治壓力，是違背現實的。

因此我們必須考慮，法院可以且應當做些什麼。當然，法院可能維持「一般而言或在個案被告的適用上，徵兵法在某方面違憲」這項主張。它也可能宣告被告無罪，因爲定罪所必要的事實未經證明。我將不主張任何特定個案的個案事實或憲法議題。相反地，我要建議，至少在某些狀況下，儘管法院認定那項制定法有效，也發現了所控訴的事實，它仍然不該判決被告有罪。最高法院的裁判不以「徵兵違憲」爲立論基礎，幾件徵兵案件提出相關問題時，它也未曾判定這些論據提出不受司法權管轄的政治問題。我們有強而有力的理由說明，在這些狀況下，儘管法院維持徵兵的合憲性，它爲什麼仍然應該做成無罪判決。它應該基於「在判決之前，徵兵的有效性存疑，而懲罰那違反可疑法律的人們並不公正」這項立論基礎，而做成無罪判決。

這些判決路線已有先例。最高法院好幾次基於正當程序的要求而推翻有罪判決，因爲系爭法律過於模糊（例如，它曾經推翻依照規定收取「不合理價格」或身爲「幫派」份子爲犯罪的法律做成的有罪判決）。基於模糊刑事法律而做成的有罪判決，在兩方面牴觸正當程序的道德理念與政治理念。首先，它將公民置於不公正的處境，他要不鋌而走險，要不接受——比立法者原本可能授權的更嚴厲的、對他的生命的限制：就像我先前主張的，「作爲社會行止的模型，他必須在這種案件做最壞的打算」這種想法叫人難以接受。其次，它賦予檢察官與法院在幾種可能的詮釋之間抉擇，進而創設刑事法律的權限。這是立法機關的授權，而且這不符合我們的權力分立機制。

基於條款並不模糊，但合憲與否則有爭議的刑事法做成的有罪判決，在第一個層面上牴觸正當程序。它迫使公民做最壞的打算或鋌而走險。在類似於第二個層面的面向上，它也牴觸了正當程序。大多數的公民們會受到可疑制定法的威嚇，如果他們違反它就會有入獄的危險。這樣一來，對於刑事立法合憲性的判斷，享有實質發言權的就是國會而不是法院，這同樣違背權力分立。

如果在最高法院判定法律有效，或認定應適用政治問題原則之後，異議繼續出現，基於我先前所說的立論基礎做成的無罪判決，就不再是適當的判決。基於先前提到的理由，最高法院的判決不會終局地解決法律爭議，但最高法院將會盡其所能地解決它。然而，法院仍將運用它在裁判上的裁量權，並施以最低度的刑罰或予以緩刑，以表示對異議者所處處境的尊重。

我的一般結論——我們對出於良心而違反徵兵法者負有責任，我們不必起訴他們，而毋寧要改變法律或修正我們的定罪程序以包容他們——會令某些法律人感到驚訝。在專業與公眾的想像中，「犯罪必須被懲罰，誤判法律者必須承擔後果」這樣簡單的德拉古式命題[10]有著出乎意料的影響力。但法治比它更複雜也更明智，它的存續才是重要的。

◆注釋◆

【1】譯註：厄文・葛里思華（Erwin Griswold，一九〇四至一九九四），美國法學家，曾任檢察總長、哈佛大學校長。

【2】譯註：威廉・思龍・考芬（William Sloane Coffin，一九二四至二〇〇六），美國自由派神職人員，和平運動者，曾任耶魯大學駐校牧師、美國最大的和平運動團體 SANE/Freeze 總裁。

【3】譯註：班傑明・史波克（Benjamin Spock，一九〇三至一九九八），美國小兒科醫師，以心理學途徑研究嬰幼兒的需求與家庭機制的先驅。

【4】譯註：馬庫色・拉金斯（Marcus Raskin），美國哲學家，為著名智庫 the Institute for Policy Studies 的創立者之一。

【5】譯註：米卻爾・古德曼（Mitchell Goodman，一九二四至一九九七），美國作家。

【6】譯註：米迦勒・費柏（Michael Ferber），美國越戰時期反戰領袖，並因反戰而遭追訴。

【7】譯註：美國國會於一九六四年八月七日通過之議案，授權美國總統對當時的北越動用武力。

【8】譯註：指 *Gitlow v. New York*, 268 U.S. 652 (1925)。

【9】譯註：指 *Abrams v. United States*, 250 U.S. 616 (1919)。

【10】譯註：德拉古（Draco，約西元前七世紀）為古代雅典的立法者，他所制定的法律，以對微小的犯罪施以死刑著稱。後世遂以 draconian 為殘酷之意。

第九章 反向歧視

一

一九四五年，一位名為 Sweatt 的黑人，向德州大學法學院申請入學卻遭到拒絕，因為德州的法律規定，白人才能上大學。最高法院判定這項法律侵犯美國憲法第十四增修條款賦予 Sweatt 的權利，那項條款規定，各州不得拒絕任何人在它的法律上受到平等保障[1]。一九七一年，一位名為 DeFunis 的猶太人向華盛頓大學法學院申請入學，雖然如果他是黑人、菲律賓裔、墨西哥裔或美國原住民，他的測驗分數與學院成績早就能獲准入學，但他卻被拒絕了。DeFunis 請求最高法院宣告華盛頓大學的做法，也就是，少數團體適用較低標準的規定，侵犯他根據第十四增修條款所享有的權利[2]。

華盛頓大學法學院的入學程序很複雜。申請分為兩類。多數群體——並非來自指定少數群體的申請者——首先經過篩選，以剔除所有預設平均值——它由大學成績與性向測驗分數以某種方式計算而成——低於某個標準的申請者。通過初步篩選的多數群體申請者被列入不同範疇，各自受到更深入而仔細的考量。另一方面，少數群體的申請者沒有先行篩選；每件申請都受到特別委員會最仔細的考量，而那個委員會由黑人法學教授，以及在黑人法學院學生協助計畫中教學的白人教授組成。在 DeFunis 遭到拒絕那年，被錄取的少數群體申請者中，大半的預設平均值低於最低錄取標準，而法學院承認，任何少數群體申請者如果達到他的平均值，一定會被錄取。

DeFunis 案讓傳統上支持自由主義議題的政治行動團體分裂。例如聖約之子反誹謗聯盟與美國勞工聯合會－產業工會聯合會，提出法庭之友意見書以支持 DeFunis 的主張，而美國希伯來女性議會、汽車工聯與美國礦工組合則決心反對。

古老聯盟內部的分裂，顯示這個案件在現實上與哲學上的重要性。過去，自由主義者主張三項命題，它們構成一整組的態度：種族分類本身就是邪惡；每個人都有權獲得與他的能力相稱的教育機會；國家的平權行動適於矯正美國社會嚴重的不平等。然而，過去十年內，「這三項自由主義命題實際上不相容，因爲國家最有效的行動方案，就是賦予少數種族群體競爭上優勢的方案」這類想法與日俱增。

當然，那種想法已經遭到挑戰。某些教育者主張，慈悲的配額沒用，甚至自相牴觸，因爲偏好性對待會增強許多黑人既有的低劣感。其他人則提出更一般性的批評。他們主張，任何種族上的區別，就算是爲了讓少數群體獲益，事實上都傷害了這些少數群體，因爲，不論出於任何理由，每當允許種族區別，就會增強偏見。但這些是複雜且爭議的經驗性判斷，而就像明智的批評者所承認的，偏好性對待到底造成更多傷害或帶來更多好處，現在下結論還太早。法官的工作也不是出於對社會政策所生效果的不贊同而推翻其他機關的決定，特別在憲法案件。因此，這些經驗性批評背後由這種道德主張推動：儘管反向歧視確實有益於少數群體，長期而言也確實減少成見，但它仍然是錯的，因爲種族的區別天生不義。之所以不義，是因爲它們侵犯了未受到這種禮遇的團體的個別成員的權利，他可能因而像 DeFunis 那樣失掉一席之地。

DeFunis 以憲法上主張的形式向法院提出這項道德論據。最終，最高法院沒有判定這項論據的優劣。下級法院判他勝訴後，DeFunis 獲准進入法學院，而法學院說，不管最後怎麼判，他都能順利畢業。最高法院因而判定本案沒有爭訟實益，並以這項理由駁回上訴，但道格拉斯[3]大法官不同意這個案件的中性處置；他寫了一份不同意見書，主張法院必須維持 DeFunis 在實體問題上的主張。許多大學與學院把道格拉斯大法官的意見書當成預兆，並因爲預期他的意見將在最高法院以後的裁判成爲多數意見，而改變它們的做法。事實上，他的意見書指出，法學院可以藉由比華盛頓大學所採取的措施還要精緻的政策，以達成相同的結果。例如，學校可以規定，同時評量所有申請者而不問他所屬的種族與團體，但以不同方式評估某些少數群體申請者的性向測驗，甚至在計算預測平均值時不那麼偏重它，因爲經驗顯示，由於各種不同的理由，要檢驗申請者眞正的能力，標準測驗是很爛的判準。但刻意運用這些技術以達成相同的結果，並不正大光明，我們還是要問，爲什麼華盛頓大學的入學方案不義或違憲。

二

DeFunis 顯然沒有要求州政府提供某種品質的法律教育的憲法上權利。如果他居住的那州根本沒有法學院，或雖有法學院但名額非常少，使他無法憑著聰明才智贏得一個名額，這也沒有侵犯他的權利。他也沒有權利堅持智力必須是錄取與否的排他性判準。決定是否錄取時，法學院確實倚重智力測驗。然而，這看起來之所以適當，不是因爲申請者有權以這種方式受到評斷，而是因爲「如果社群裡的法律人是聰明人，它的整體處境將會更好」這種想法是合理的。也就是，智力標準之所以獲得證立，不是因爲它們有利於聰明人，而是因爲它們似乎有助於實現有益的社會政策。

而且，法學院有時候用別種標準補強智力測驗，進一步促進那項政策的實現：例如，它們有時較喜歡勤奮的學生，而不是更聰明但也更懶惰的。它們也有助於無關智力的特別政策。例如，華盛頓法學院不只特別偏好來自少數群體的申請者，還有那些在從軍之前就曾上過學的退伍軍人，DeFunis 或任何代表他提起訴訟的人都不能抱怨這種偏好。

DeFunis 沒有在法學院獲得一席之地的絕對權利，他也沒有權利請求以智力作爲錄取標準。然而，他說他有權主張種族不該當成標準之一，不管種族分類可能多麼有助於普遍福利或減少社會上及經濟上的不平等。然而，他沒有主張自己享有憲法具體保障的、個別且獨立的政治權利，就像他的言論自由或宗教自由那樣。憲法沒有像譴責言論管制、設立國教那樣直接譴責種族分類。DeFunis 主張，他不使種族作爲錄取的要素之一的權利，來自第十四增修條款保障的抽象平等權，那項條款規定，各州不得拒絕任何人在法律上受到平等保障。

但雙方提出的法律論據顯示，憲法文本與最高法院先前的裁判都沒有決定性地回答，作爲法律問題，平等保障條款使一切種族分類違憲。那項條款使平等概念成爲立法判準，但它沒有爲那項概念規定任何特定概念觀[4]。撰寫那項條款的人們打算抨擊奴隸與種族歧視的某些惡果，但他們的目的不太可能是排除一切法律上的種族分類，他們也不會預期自己所寫的條款推導出這種禁令。他們在法律上排除一切侵犯平等的政策，但這是什麼意思，則留待他人不時地判斷。因此，除非有好的道德論據，得以主張種族分類——即使是讓社會整體更平等的分類——天生就侵犯就其自身獲得平等保障的個體權利，否則不可能有好的法律論據可以支持 DeFunis。

當然，個體獲得平等保障的權利可能與其他可欲的社會政策，包括使社群整體更爲平等的政策牴觸，這種想法沒什麼弔詭的。假設有個法學院要對某些抽籤選出的中產階級學生收取雙倍學費，以增加貧窮學生的獎學金。這種做法，將藉由侵犯抽籤選出的學生受到與其他同樣能負擔增高費用的學生相等的、平等對待的權利，以助於可欲的政策——機會平等。事實上，*DeFunis* 案的重要性部分就在於，它迫使我們承認作爲政策的平等與作爲權利的平等之間的區別，而政治理論實質上早就忽略了這項區別。他主張，華盛頓法學院出於整體而言更加平等的政策侵犯他的平等權，就像對武斷選出的學生收取加倍學費的可疑做法，出於相同目的而侵犯他們的權利。

我們因此必須聚焦在這項主張上。我們必須試著定義它所涉及的核心概念，也就是，平等保障條款規定爲憲法權利的個體平等權。作爲個體的公民們，享有哪種能夠壓倒用以實現重大經濟與社會政策——包括以促進整體平等的社會政策——爲目標的計畫的平等權呢？

我們可以說，公民享有兩種不同的權利。第一種是**受平等對待的權利**，也就是，使某種機會、資源或負擔平等分配的權利。例如，民主制度中的每個公民都享有平等的投票權；這正是最高法院判定「就算別種更複雜的安排更能保障集體利益，投票制度也必須是一人一票」的判決的要點所在[5]。第二個是**作爲平等者而對待的權利**，也就是，受到與他人相同的、尊重與關懷的權利，而不是分配某種負擔或利益的權利。如果我有兩個孩子，其中一個因爲某種使另一個孩子不舒服的病而垂死，如果我丟銅板決定把剩下的藥給誰，我就沒有表現我的平等關懷。這個例子顯示，作爲平等者而對待的權利是基本的，而受平等對待的權利是衍生的。在某些情形，作爲平等者而對待的權利會衍生出受平等對待的權利，但無論如何，不是在任何狀況下都是這樣。就法學院錄取名額的分配來說，DeFunis 沒有受平等對待的權利；他不會只因為別人被錄取而享有被錄取的權利。在初等教育，個體可能有受平等對待的權利，因為，沒辦法接受初等教育的人不可能過著有用的生活。但法學教育沒有重要到能讓每個人都享有受這種教育的平等權利。

DeFunis 確實享有第二種權利——在決定應該採取哪種錄取標準時，作為平等者而對待的權利。也就是，他有權主張，法學院決定要不要把種族當成錄取的重要因素時，自己的利益獲得與他人的利益一樣完整且同理的對待。但我們必須小心，別誇大這件事的意義。假設有位申請者抱怨，自己作為平等者而對待的權利受到不利於較愚鈍的申請者的測驗侵犯，法學院可以適切回應如下。任何標準都會使某些申請者陷入比別人不利的處境，但如果可以合理地期待社群整體的獲益高於損失，而且，如果沒有其他政策能帶來大致相同的利益，卻又不造成相當的不利益，那麼，入學方案就能獲得證立。個體作為平等者而對待的權利意味著，他可能遭到的損失必定是關切所在，但那些損失的分量可能沒有社群整體的獲益來得重大。如果是這樣，較愚鈍的申請者就不能只因為遭受到他人所未遭受的不利益，而主張自己作為平等者而對待的權利遭受欺瞞。

華盛頓大學可以對 DeFunis 提出相同的回應。任何入學方案都必然不利於某些申請者，而就算將 DeFunis 這種申請者所遭受的損失考量在內，也可以合理地認為，偏好少數群體申請者的政策有利於社群整體。如果有更多的黑人法律人，他們將有助於對黑人社群提供更好的法律服務，進而減低社會緊張關係。有更多黑人作爲社會問題的課堂討論者，還能爲所有學生提升法學教育的品質。而且，如果人們認爲黑人是成功的法學院學生，就能鼓勵其他確實合乎一般智力標準的黑人申請法學院，而這又會反過來增加律師業的智力水準。無論如何，偏好黑人的入學政策會減少目前不同種族團體之間財富與權利上的不平等，進而使社群整體更加平等。就像我曾說過的，偏好性入學方案事實上是否將有助增進這許多政策，有所爭議，但如果斷定有這種可能，也不是毫無道理。基於這種假設，對 DeFunis 這種申請者帶來的不利益，就是爲了更大的獲益必須付出的代價；這就像對較愚鈍的學生造成的不利益，是一般入學政策的成本一樣[6]。

我們現在找到 *DeFunis* 案與我們想像的案件，也就是法學院對隨機選取的學生加收高學費的例子之間的不同了。對於這些學生的特別不利益，不是增加獎學基金所必要的，因爲，在負擔得起的學生之間更平等地分配成本，也可以帶來同樣地利益。*DeFunis* 案不是這樣。華盛頓法學院的政策確實讓他比被錄取的多數群體學生遭受更多的不利益。但這種區分不是武斷的，這是他所支持的菁英主義標準的後果。DeFunis 的主張因而不成立。平等保障條款賦予作爲平等者而對待的權利憲法上的依據，但他沒辦法以那項權利支持他的主張，也就是，他宣稱那項條款使一切種族分類違法的主張。

三

然而，如果這麼直截了當地駁回 DeFunis 的主張，我們接著就會面臨這種難題。爲什麼這麼多在道德上與法律上都支持他主張的、能幹的法律人，會犯這種錯？這些法律人都同意智力是申請進入法學院的適當條件。他們不認爲這項因素侵犯了任何人作爲平等者而對待的憲法權利。爲什麼在這個年代的這種狀況下，他們不認爲種族也是適當的因素呢？

或許他們恐懼的是種族因素會被濫用；或許這種因素會變成對付猶太人之類不受歡迎的少數群體的藉口。但這無法解釋他們的反對意見。任何因素都可能流於濫用，而無論如何，他們認爲種族因素原則上就是錯的，而不只是容易流於濫用。

爲什麼？答案在於他們的信念，也就是，在理論上與實踐上，*DeFunis* 案與 *Sweatt* 案必須同進同退。他們相信，自由主義者譴責德州對 Sweatt 樹起膚色的藩籬，卻又讚譽華盛頓對 DeFunis 樹起的膚色藩籬，是不合邏輯的。他們認爲，這兩個案件之間的差異，必定只是自由主義者對目前某些受歡迎的少數群體的主觀偏好。如果種族分類有什麼問題，如是的種族分類就一定是問題所在，而不只是不利於目前受歡迎群體的分類。這就是 *DeFunis* 案被告所仰賴的標語，「憲法是色盲」背後無聲的前提。當然，這項標語眞正的意義跟它的字面意義相反；它的意思是憲法敏於膚色，因而作爲法律問題，任何制度性的種族分類都必然是無效的。

因此，最重要的，是檢驗「Sweatt 與 DeFunis 必須同進同退」的想法。如果這種想法成立，直截了當地反對 DeFunis 的論據就必然謬誤，因爲沒有任何論據能說服我們，用以歧視 Sweatt 的種族隔離可以被證立或合憲[7]。而且，表面上看來，反對 DeFunis 的論據似乎也確實能用來反對 Sweatt，因爲我們能建構一條允許德州主張種族隔離有助於集體福利的論據，所以，黑人遭受的特別不利益，是爲了達成總體獲益必須付出的代價。

假設儘管德州入學委員會由本身沒有成見的人們組成，卻判定德州的經濟需要的白人律師比他們所能教育出來的還多，又找不到黑人律師的任何用途。畢竟，這可能是二次大戰後德州律師商業市場的寫照。合夥法律事務所需要律師來處理蒸蒸日上的業務，但承擔不起黑人律師，不管他們多能幹，因爲，如果雇用他，就會毀掉那個事務所的業務。無疑地，德州的黑人社群需要很多能幹的律師，而如果有這種律師，他們也較願意雇用他們。但委員會可能認爲，本州的整體商業需求比那項特殊需求重要。

或假設委員會判定——無疑的，是精確地判定——讓黑人學生入學，校友們對法學院的捐贈會大幅滑落。委員會可能討厭這件事實，但仍然相信所造成的集體損害，會大於種族限制所排除的黑人候選人遭受的損害。

或許有人要說，這些假設性論據不實在，因爲任何排除黑人的政策事實上都由歧視黑人的偏見支持，而剛剛描述的那種論據只不過是合理化的藉口。但如果這些論據真的成立，如果人們沒有抱持這項批評所設想的成見，就可能會接受它們。因而，就算掌管入學事宜的官員帶有偏見，也不表示他們會反對自己在沒有偏見的狀況下將不會反對的論據。

無論如何，對所排除者並無偏見的機關，事實上採用了我描述的這種論據。幾十年前，就像已故的比克爾[8]教授在聖約之子的簡報中提醒我們，哈佛大學的羅威爾[9]校長曾經支持限制他的大學錄取猶太人的數量配額。他說，如果錄取猶太人的數量高於他們在總人口中的比例，就像智力作爲唯一判準時可能的結果，哈佛就再也沒辦法對世界提供具有它所要產出的品質與氣度的人們，也就是，更面面俱到，不像猶太人那樣只是聰明而已，進而不論在政府內外都更好且更可能領導別人的人們。無疑地，羅威爾說這種話時，猶太人不太可能在政府部門獲得重要的職位或在大型公開發行公司擔任領導者。如果哈佛想增長國家領導者們的智識水準以增進一般福利，避免讓這個階級充斥猶太人就是明智的做法。做出這種結論的人，大概偏好猶太人多於可能成爲參議員的白人盎格魯薩克遜清教徒[10]。羅威爾說他自己就是，儘管或許他的職位承擔的責任讓他不能經常表露自己的偏好。

現在或許有人要說，就算針對黑人的種族隔離眞的合乎某種言之成理的政策，還是沒辦法獲得證立，因爲它令人不悅，且更是汙辱人的。不利於 DeFunis 的書狀恰好就提出這種論據，以區別他跟 Sweatt 的主張。他們說，因爲黑人是奴隸制度與合法隔離的受害者，任何排除黑人的區分都會被他們認定爲汙辱，不論有哪種出於一般福利的論據能支持它。但一般來說，任何社會政策，如果讓因爲那項政策而遭受不利益的人們感到羞辱，就都是不義的。按照智力決定准許誰進入法學院，不會因爲較愚鈍的人們被排除在外感到羞辱而成爲不義的政策。一切取決於，那種汙辱的感覺是不是由更客觀的因素所造成，而基於那些因素，就算沒有感受到這種羞辱，那項政策也因此不恰當。如果在充分考量對黑人造成的不利益之後，種族隔離確實增進一般福祉，而且，如果找不到其他理由，說明爲什麼種族隔離仍然無法獲得證立，那麼，黑人感受到的汙辱，儘管可以理解，卻也必然立足於錯覺。

無論如何，認定處境類似 DeFunis 的人們，不會認爲他們遭到排除是羞辱人的，這種想法是錯誤的；他們很可能認爲自己不像別種少數群體的成員，像是猶太人、波蘭裔或義大利裔那樣，有安定且成功的自由主義者願意爲他們犧牲以延後更猛烈的社會變革。如果我們打算基於運用著「羞辱」概念的論據以區分 *DeFunis* 案與 *Sweatt* 案這兩個案件，我們就必須說明，對待其中一個的方式事實上並不正當，對另一個卻不是。

四

所以，試著區別這兩個案子的這些熟悉論據沒有說服力。這似乎確認 *Sweatt* 案與 *DeFunis* 案必須以相同的方式處理，從而種族分類必須一概被判定爲違法。但幸運地，我們找得到更成功的區分基礎來支持我們「這個案子確實相當不同」的原初感受。這項區分不像那些無法令人信服的論據，那樣立足於種族或種族隔離議題專有的特徵，甚或教育機會議題專有的特徵。相反地，它的立論基礎在於，對「在某些情形下，使許多個體陷於不利益的政策之所以獲得證立，是因爲它使社群整體處境更佳」這種想法更深入的分析，它處於我不利於 DeFunis 之論據的核心。

任何試著以這種想法證立分類政策的制度，都面臨一系列理論上或實際上的困難。主張即使社群的某些成員狀況變差，整體社群可能處境更佳，本來就有兩種不同的意義，而任何正當化理由都必須指明它所採取的意義。它可能在功利主義意義上處境更佳，也就是，因爲平均或集體的福利層次被提高，儘管某些成員的福利降低。或者它可能在理想意義上處境更佳，也就是，因爲它更合乎正義，或在某方面更接近理想社會，而不論平均福利有沒有增加。華盛頓大學可能運用功利主義或理想論據證立它的種族分類。例如，它可能主張，增加黑人律師的數目會降低種族之間的緊張關係，而這有助於社群中幾乎每個人的福利。這是個功利主義論據。或者有人會主張，不管少數群體的偏好對平均福利有什麼影響，它都會使社群更平等，從而更合乎正義。這是個理想論據，而不是功利主義論據。

另一方面，德州大學沒辦法爲種族隔離提出理想論據。它沒辦法主張，不論平均福利有沒有增加，種族隔離都使社群更爲合乎正義。它用來捍衛種族隔離的論據，因而必定是全然功利主義式的。我所設想的論據，像是白人律師比黑人更能增進德州的商業效率，就是功利主義式論據，因爲只有在增進平均福利時，商業效率才會使社群處境更佳。

功利主義論據面臨理想論據不會碰到的特殊難題。平均或集體福利是什麼意思？即使在原則上，個體的福利要怎麼衡量，不同個體獲得的福利要怎麼加總並與損失相比，從而證立「獲益多於損失」這項主張呢？主張種族隔離增進平均福利的功利主義論據，預設這種計算是可能的。但如何可能呢？

相信只有功利主義論據能證立政治決定的邊沁給了下列答案。他說，藉由探索政策爲個人帶來的快樂與痛苦的量，加總所有快樂並抵銷所有痛苦，就能決定政策對個人福利的效果。但是，就像邊沁的批判者所堅持的，共通於政策的所有獲利者的、單純心理學上快樂狀態，或共通於政策的所有受害者的痛苦狀態存不存在，令人懷疑；在任何狀況下，都不可能鑑別、衡量並加總眾多人們感受的、不同的快樂與痛苦。

認爲功利主義論據迷人，卻拒絕邊沁的心理學式功利主義的哲學家與經濟學家，就個體與總體福利提出不同概念。他們認爲，每當某個組織或機關必須就政策做決定，社群成員會各自偏好合乎他們想要的結果的決定。比方說，DeFunis 偏好標準入學方案勝過華盛頓大學所採取而有利於少數學生的入學方案，而某些郊區貧民窟的黑人，對後者所生結果的偏好可能就勝過前者。如果能找出每個個體的偏好還有它的強度，就能指出，將強度納入考量後，在衡量之下，某項政策能比其他政策滿足更多偏好。基於這種福利概念，如果比起其他的政策選項，某項政策更能滿足一群特定的偏好，這項政策就使社群處境在功利主義的意義上處境更佳，儘管它沒有滿足某些人的偏好〔11〕。

當然，法學院沒有適當方法能精確地判斷受其入學政策影響者的偏好。但它可能做出還算合理的判斷，儘管是推斷性的。例如，認爲在戰後的德州，就算將支持種族融合的相競爭偏好納入考量，而不是只問抱持這種偏好的人數，總體而言，人們還是偏好法學院採取種族隔離，這種想法似乎是合理的。德州的法學院行政人員可能利用投票行爲、報紙社論，以及他們自己對其社群的感覺而形成那個決定。雖然他們可能是錯的，但即使借助後見之明，我們也不能說他們犯了錯。

所以，就算拒絕了邊沁的心理學式功利主義，法學院也可能訴諸偏好功利主義，並且至少提出粗略且推斷性的理由，證立使某些階級的申請者陷於不利的入學政策。但是，一旦弄清楚功利主義的論據立足於對社群成員實際上偏好的判斷，嶄新且更重大的難題就出現了。

乍看之下，「某項政策，如果總體而言滿足更多偏好，則獲得證立」這項功利主義論據，好像是平等主義論據。它似乎嚴格而不偏私。如果社群的藥只夠醫治一部分的病人，這項論據似乎建議優先治療病得最重的人。如果在游泳池與新戲院之間，社群只能負擔其一而無法同時負擔兩者，它建議社群建游泳池，除非想要戲院的人能說明，他們的偏好有如此強烈，以致於儘管人數上較少，它的分量卻更重得多。病人並不因為更值得官方的關切而優先於別的病人；戲院觀眾的品味不因為他們更值得尊敬而優先。以邊沁的話來說，每個人都算作一份，沒有人算作多於一份。

這些簡單的例子似乎顯示，功利主義者的論據不只尊重，更體現每個公民作為與他人平等者而對待的權利。在社會政策的競爭裡，每個個體的偏好實現的機會都取決於，比起相競爭偏好的強度與數目，他的偏好對他有多麼重要，又有多少人分享這項偏好。官方或它的公民同胞的景仰或蔑視不會影響他的機會，他因此不會奉承或聽命於他們。

但如果我們檢驗個體事實上所享有的偏好的範圍就會發現，功利主義論據明顯的平等主義特徵往往只是虛偽的。偏好功利主義要求行政機關試著盡可能地滿足人們的偏好。但如果更深入地分析，個體對特定政策所生結果的偏好可能是個人偏好，也就是使他自己享有某些利益或機會的偏好，或者是涉他偏好，也就是將利益與機會分配予他人的偏好，或兩者皆是。例如，白人法學院入學申請者對種族隔離的後果具有個人偏好，因為那項政策增加他自己成功的機會，他也可能對這些結果具有涉他偏好，因為他看不起黑人，更反對種族混合下的社會處境。

出於這項理由，個人與涉他偏好的區分相當重要。如果功利主義者的論據將涉他偏好與個人偏好一併算入，這項論據的平等主義特徵就毀了，因為任何人的偏好的成敗，都不會只取決於別人對稀少資源的個人偏好，還取決於他們對他個人或生活方式的尊重或影響。如果涉他偏好影響了平衡，「某項政策使社群在功利主義的意義上處境更佳」這種說法所提供的正當化理由，就不會與被它置於劣勢的人們所享有的、作爲平等者而對待的權利相提並論。

當人們因爲持有與功利主義牴觸的政治理論而享有涉他偏好，功利主義的崩壞更加明顯。假設許多本身沒生病的公民們抱持著種族主義政治理論，因而偏好將稀少藥品分給有其需求的白人，而不是需求更殷的黑人。如果功利主義只就計算這些政治偏好的表面價值，那麼，從個人偏好的立場來看，這自相矛盾，因爲就那個立場來說，醫藥的分配根本就不符合功利主義。不管是不是自相矛盾，在這樣的定義下，這種分配都不合乎平等主義。別人認爲黑人較不值得尊重與關懷，這件事實會讓黑人受害，受害程度則取決於種族主義偏好的強度。

當計算在內的涉他偏好是泛愛或道學的，功利主義的崩壞也不相上下。假設許多本身不游泳的公民喜好游泳池勝過戲院，因爲他們支持運動並景仰運動員，或因爲他們認爲戲院不道德而且應當受到壓抑。如果泛愛主義偏好應該計算在內，進而支持了游泳者的個人偏好，結果會是某種雙重計算：每個游泳者不只從其自己的偏好獲利，還從——以他的成就爲樂的——別人的偏好獲利。如果道學偏好算數，結果也一樣：演員與觀眾之所以遭受不利，因爲某些公民們——他們的個人偏好本身跟這件事情沒有關係——較不尊重他們的偏好。

在這些例子，涉他偏好獨立於個人偏好。但政治、泛愛主義與道學的偏好當然通常不是獨立的，而是嫁接於它們所支持的個人偏好。假設我是個白人，我又生病了，我也同時抱持種族主義政治理論。如果我爲了自己的享受而想要游泳池，我同時兼愛著我的運動員同胞們，或我同時認爲戲院不道德。將這些涉他偏好計算在內對平等造成的傷害，與它們獨立於個人偏好時一樣嚴重，因爲涉他偏好所反對的對象，可能沒辦法或不願意發展出將矯正這種不平衡的交互涉他偏好。

涉他偏好因而對功利主義帶來重大難題。這套理論的普及大半源自於「它體現了公民們作爲平等者而對待的權利」這項前提假定。但如果涉他偏好被納入總體偏好的計算，將會危及這項假定。在政治理論裡，這點本身就是重要且遭到忽略的；例如，它涉及首先由彌爾闡揚的自由主義命題，也就是「政府沒有以法律執行流行道德的權力」。人們常說這項自由主義命題與功利主義不相容，因爲，比方說，如果多數群體所抱持的「同性戀應受抑制」這項偏好夠強烈，功利主義就必須屈服於他們的期望。但反對同性戀的偏好是涉他偏好，而目前的論據已提出一般的理由說明，功利主義者爲什麼不該將任何形式的涉他偏好計算在內。如果適當地重構功利主義，而僅將個人偏好算入，自由主義命題就是那套理論的產物，而不是它的敵人。

然而，不是在任何情形下都能重構功利主義論據，進而只將個人偏好計算在內。有時候，個人與涉他偏好相互交纏更相互依賴，所以，沒有實用的偏好衡量判準能在任何個體的總體偏好中，區別個人因子與涉他因子。在偏好受到偏見影響時就更是如此。例如，想想白人法學院學生想要白人同學的同儕偏好。這可說是對於特定種類同儕的偏好。但這是寄生於涉他偏好的個人偏好：除了在非常罕見的例子，白人學生偏好其他白人的陪伴，是因爲他抱持著種族主義的社會及政治信念，或因爲他蔑視黑人族群。如果用以證立種族隔離的功利主義論據也將這些同儕偏好計算在內，就會毀掉那項論據的平等主義特徵，就像將潛在的涉他偏好直接計算在內的情形一樣。黑人將被剝奪作爲平等者而對待的權利，因爲別人對他的評價，將損害他們的偏好在入學政策的設計上獲勝的機會。在對特定少數群體具有強烈偏見的社群裡，必須作爲功利主義論據之立足點的個人偏好都會充滿這種偏見；這表示，在這種社群裡，任何打算證立少數群體所受不利益的功利主義論據，都不可能是公正的[12]。

對德州用以支持種族隔離的功利主義論據來說，這最後一項難題因而是致命的。可能用以支持這類論據的偏好要不就是明確的涉他偏好，像是社群大半對種族分離的偏好，要不就結合並依從於涉他偏好，像是白人學生對白人同學以及白人律師對白人同儕的同儕偏好。這些涉他偏好過於廣褒，致使它們必然有損於任何這類論據。德州的主張，也就是「種族主義使社群在功利主義的意義上更好」這項主張，因而與平等保障條款所擔保的、Sweatt 作爲平等者而對待的權利互不相容。

就這項結論來說，涉他偏好出現在基本政策，還是用來推動更爲基本的政策的衍生政策的正當化理由中，並不重要。假設德州指向顯然中立且能增進社群財富，並滿足每個人對更好的住、食與消遣的個人偏好的經濟政策，以證立種族隔離。如果「種族隔離會增進社群財富」這項論據有賴於涉他偏好；例如，如果這項論據提到，由於偏見，如果工廠實施種族隔離，工業的運作會更有效率；那麼，這項論據的結果，會是黑人的個人偏好將屈服於別人對他的想法。證立遭受偏見之種族成員所受不利益的功利主義，永遠都是不公正論據，除非能說明在不具這種偏見的情形下，仍然可以證立同樣的不利益。如果這項偏見廣袤且普遍，就像在黑人的例子那樣，就絕對提不出這種說明。必然作爲任何證立種族隔離的經濟論據之立足點的偏好，都將交纏於無法清楚分離、而足以使任何這種反於事實的假設能自圓其說的偏見。

我們現在有一項理由得以解釋，在美國，對黑人造成不利之任何形式的種族隔離，爲什麼都必然汙辱了他們，這種種族隔離又爲什麼侵犯他們作爲平等者而對待的權利。這項論據確認我們「打算證立種族隔離的功利主義論據不只在細節上有錯，更在原則上錯置」的感覺。然而，對功利主義的這種反駁並不限於種族甚或偏見。在其他情形下，將涉他偏好計算在內，也會侵害公民們作爲平等者而對待的權利，爲了保護這項論據免於「專爲種族特例建構」這種指控，有必要簡要地提及這些情形。我可能抱持著反對職業婦女的道學偏好，或對有德男性的泛愛偏好。任何法學院，如果在決定給誰入學許可時將這些偏好算入，就是不公正的；之所以不公正，是因爲這些偏好就像種族偏見，讓申請者個人偏好的成敗取決於別人的評價與批准，而不取決於相競爭的個人偏好。

然而，對於以智力爲基礎的功利主義論據來說，同樣地反對意見並不成立。不論直接或間接，那項政策都不以「聰明的律師本質上更值得尊重」的社群感受爲立論基礎。相反地，不論對錯，它取決於法學院自己的判斷，也就是，聰明的律師更能有效率地滿足別人的個人偏好，像是對財富或勝訴的偏好。確實，法律事務所與顧客們偏好聰明律師的服務；這件事實，使我們對任何據稱不以那些偏好爲基礎的功利主義論據心存懷疑，就像我們對任何據說不以偏見爲基礎而證立種族隔離的論據心存懷疑。但總體來說，對聰明律師的廣泛偏好並不寄生在涉他偏好：法律事務所與律師們偏好聰明的律師，因爲他們認爲，這種律師能更有效率地服務他們的個人偏好。具有這種特徵的工具性偏好本身並不出現在功利主義論據，儘管法學院能以自己的責任而接受這種偏好所以立足的工具性假設[13]。

五

我們的手上因而有了分辨 *DeFunis* 案與 *Sweatt* 案所必要的區別。支持歧視黑人之入學方案的論據都是功利主義論據，而且，這種功利主義論據都有賴於涉他偏好，從而侵犯黑人作爲平等者而對待的憲法權利。支持優待黑人之入學方案的論據既是功利主義的，也是理想性的。某些功利主義論據確實有賴於涉他偏好，至少是間接的依賴，像是某些黑人對同種族律師的偏好；但不以這種偏好爲基礎的功利主義論據是有力且可能是充分的。理想論據的立論基礎根本就不是偏好，而是「就算公民們偏好著不平等，更平等的社會仍然是更好的社會」這項獨立論據。那項論據沒有否認任何人本身作爲平等者而對待的權利。

在 *DeFunis* 案，我們因而剩下我們所由著手的、簡易且單純的論據。要決定法學院應該接受哪位申請者，種族因素未必是正確的標準。但智力因素也不一定是。任何入學方案的公正性以及合憲性都必須以相同方式檢驗。如果有助於「尊重所有社群成員作爲平等者而對待的權利」的政策，它就獲得證立，反之則否。拒絕考慮黑人的學校所採取的因素，通不過這項檢驗標準，但華盛頓大學法學院所採取要素不是這樣。

我們都正確地質疑著種族分類。人們運用它們來否認而不是尊重平等權，而我們都意識到接踵而來的不義。但如果我們不作理解種族分類所必要的簡單區分，因而誤解這種不義的本質，我們就有遭受更多不義的危險。或許優惠性入學方案其實無助於社會平等，因爲它們可能沒有支持者相信它將具備的效果。關於這些方案的爭論應該以這項策略性問題爲核心。但我們不能假定

「就算有用，這些方案也不公正」而破壞這項爭論。我們必須小心，別拿平等保障條款來欺罔平等。

◆注釋◆

【1】*Sweatt v. Painter*, 339 U.S. 629, 70 S. Ct. 848.

【2】*DeFunis v. Odegaard*, 94 S. Ct. 1704 (1974).

【3】譯註：威廉・歐維爾・道格拉斯（William Orville Douglas，一八九八至一九八〇），美國法學家，一九三九年至一九七五年間任美國聯邦最高法院大法官。

【4】見第五章。

【5】譯註：Dworkin 並未指明判決字號，自脈絡來看，似乎是指一九六〇年代一連串相關案件，包括：*Avery v. Midland County*, 390 U.S. 474 (1968); *Baker v. Carr*, 369 U.S. 186 (1962); *Wesberry v. Sanders*, 376 U.S. 1 (1964); *Gomillion v. Lightfoot*, 364 U.S. 339 (1960).

【6】稍後我在本章將指出，在某些狀況下，儘管從政策中得到的社會獲益高過個人的損失，它仍然侵犯個人作為平等者而對待的權利。在重於損失的獲益包括偏見的滿足，與他種公務員或機關團體根本不宜納入考量之偏好時，這些情形就會出現。但這一段所描述的，假設的社會獲益，並不包括具有那種特徵的獲益。當然，如果 DeFunnis 在作為平等者而對待的權利之外，還有其他受到華盛頓大學之政策侵犯的權利，這項政策可能達成總體社會獲益，這件事實就不能證立這項侵犯（見第六章）。例如，如果華盛頓大學的入學程序包含侵犯他的宗教自由的宗教測驗，「使用這種判準使社群更有向心力」這項論據就不是藉口。但 DeFunis 不以依據任何超越平等保障條款所保障之平等權的權利為據。

【7】在實際的 *Sweatt* 案判決中，最高法院適用認定「如果提供給黑人的設施『隔離但平等』，種族隔離就是憲法允許的」這條舊規則。德州已經為黑人提供隔離的法學院，但最高法院認定，那間學校絕不能跟白人的學校相提並論。*Sweatt* 案在著名的 *Brown* 案——在這個案件，最高法院終於否決「隔離但平等」規則，而全白人的法學院在今日無疑地違憲，就算在物質上，全黑人的法學院與白人所具備的能相提並論——之前裁判。

【8】譯註：亞力山德・莫德才・比克爾（Alexander Mordecai Bickel，一九二四至一九七四），猶太裔美國憲法學者，曾任教於耶魯法學院。

【9】譯註：亞伯特・勞倫斯・羅威爾（Abbott Lawrence Lowell，一八五六至一九四三），美國法學者，曾任哈佛大學校長。

【10】譯註：白人盎格魯薩克遜清教徒，原文為 White Anglo-Saxon Protestant，取各字字首簡寫為 WASP（字面意義為黃蜂），這種社會背景是美國上流社會的典型，WASP 也因而成為美語對上流社會的貶意稱呼。

【11】許多經濟學家與哲學家同時挑戰偏好功利主義與心理學式功利主義的可理解性。他們主張，即使在原則上，也不可能計算並比較個體偏好的強度。既然我打算確立功利主義論據在另一方面的失敗，我基於本文的目的而認定，至少對於社群總體偏好的粗略且推測性的計算是可能的。

【12】這段論據強而有力，但它本身不足以使所有對受害於偏見之少數群體，造成實質不利益的功利主義論據失格。假設政府基於功利主義論據而決定讓失業率上升，因為，如果不這樣，那麼，將受通貨膨脹之害者受到的利益，分量上高於失業者遭受的損害。這項政策的負擔將不成比例地落在因遭受偏見而將首先被解雇的黑人身上。但儘管偏見如是影響失業率政策帶來的後果，它並未出現在支持那項政策的功利主義論據，甚至也沒有間接地出現（如果它曾經出現，則是做為反對它的功利主義論據）。因此我們不能說，黑人因為高失業率政策而遭受的特別損害，基於本文所述理由而不義。它可能出於其他理由而屬不義；例如，如果羅爾斯是對的，那項政策之所以不義，就是因為它讓處境已然低劣者承擔代價，而增進多數群體的處境。

【13】毫無疑問地，某些人們對同僚的偏好寄生於涉他偏好：他們不認為同僚是某種工具，而是因為他們認為聰明的人們比別人更好且更值得榮耀。如果這種偏好夠強烈且夠普遍，我們在這裡形成的結論可能跟我們對種族隔離的結論相同：任何打算對較不聰明的人們施以差別待遇的功利主義論據，都不會被認為是公正的。但沒有理由認為美國具有那麼強烈的唯智主義；確實沒有理由認為，它的唯智主義在程度上能與種族主義比擬。

第十章　自由權與道德主義

無疑地，大部分的美國人與英國人認爲，同性戀、娼妓以及色情出版品是不道德的。判斷是否將它們入罪化時，這種事實應該扮演什麼角色？這是個難纏的問題，充滿了根源於哲學與社會學爭議的議題。然而，這是法律人必須面對的問題，最近的爭議事件——Wolfenden 報告[1]在英國的出版[2]，隨後發生了關於娼妓與同性戀的公共爭論，還有在美國，最高法院一連串關於猥褻行爲的裁判[3]——促使我們面對它。

可能的立場有好幾種，而每種立場都有自身的難題。我們該不該說，在其本身並就其本身來說，公眾的譴責就足以使這些行爲的入罪化獲得證立？這似乎與我們的個體自由傳統，以及「即使是爲數最眾的群氓，他們的道德觀點也不能擔保眞理」這種想法不相符。如果公眾的譴責還不夠，還需要些什麼呢？有沒有必要指出對直接受到系爭做法影響的特定個人造成的實際傷害？或者，指出它對社會習俗與制度的效果，也就是，改變社會環境進而間接影響社會所有成員的效果，充不充分？如果是後者，是不是必須同時說明，社會的改變將造成某種標準類型的長期傷害，像是犯罪的滋長或生產力的減損？或說明目前社群中的大眾將反對這種改變夠不夠？如果是這樣，「傷害」這項要求又對「公眾譴責」這項單純的要求增益多少呢？

在一九五八年，德福林爵士[4]在不列顛學院提出第二次馬加比講座演講[5]。他稱自己的演講爲「道德的執行」，並致力於研究這些原則議題[6]。他摘要出的結論，是關於同性戀行爲的這些看法：「我們首先應該冷靜且不帶情緒地看待它，並且自問，我們認不認爲它如此可憎，從而它的存在就是罪過。如果這就是我們生活於其中的社會的眞實感受，我不知道怎麼能否認社會消滅它的權利[7]。」

這次演講，特別是懲罰同性戀者的假設性立場，引起了反駁的風潮，它從學術期刊沸騰到廣電媒體與最流行的刊物上[8]。後來，德福林爵士連同六篇繼續發展並捍衛在那裡表達的觀點的論文、全書的序言、以及原本演講的一些重要新註腳，重新出版馬加比講座的講稿[9]。

美國的法律人必須注意德福林爵士的論據。他的結論不會受歡迎，儘管仔細讀過他的著作以後，某些批評者設想的、狂妄的冷漠消失了。不論流不流行，在確信能夠回應他的論點之前，我們都無權忽視它們。這些論點之一——我將探討其中的第二個——具有可觀的長處，能夠把我們的注意力集中在民主理論與道德之執行之間的關聯。它使我們能比以往更詳細地考慮作爲這項關連之基礎的關鍵概念——公共道德的概念。

德福林爵士的覺醒

新書的序言包含了對德福林爵士如何形成他的爭議性意見的、揭露性的論述。當他受邀準備馬加比講座的演講，著名的 Wolfenden 委員會才剛發表它的建議，也就是，成人之間私下兩願的同性戀行爲再也不該構成犯罪。他全然心懷贊同地閱讀委員會對法律上的罪與宗教上的罪的適當分界的看法：

在這個領域裡，就像我們所認定的，它（法律）的功能是保障公共秩序與善良風俗，保障公民免於造成冒犯或有害的事物，並提供充足的保障，以對抗他人的剝削與腐敗……。在我們看來，在實現我們指出的目的所必要者外，更行干預公民們的私生活，或打算推廣任何特定行爲模式，都不是法律的功能……。屬於私道德與不道德的領域應予維持，而且，以簡潔且精要的話講，那個領域不干法律的事[10]。

德福林爵士相信，這些他認爲衍生自邊沁與彌爾之教導的理念，是無庸置疑的。他決定把自己的演講用於煞費苦心地考量，在委員會建議的、同性戀犯罪的改變之外，哪些更進一步的改變將會使英國的刑法更合乎它們（譯按：指前述理念）。但是，套用他的說法，研究「毀滅而不是確認著手我的任務時所抱持的簡單信念」[11]，而他最終得到的信念是，這些理念不只有問題，還根本就是錯的。

他的覺醒本身很明白，但覺醒的程度則不那麼清楚。他有時似乎提出與委員會的立場恰好相反的看法，也就是，在「國家應當扮演道德家教」且「刑法是它應當使用的家教技巧」的立論基礎上，社會有處罰它的成員強烈反對之行爲的權利，儘管那些行爲沒有傷害別人的可能。看到傑出的哲學家與法律人忙著回應，認爲這就是他的立場的讀者們會感到疑惑，因爲這種立場似乎可以輕易地斥爲反常。事實上，他主張的不是這個立場，而是另一種想法，它更複雜，不那麼反常，與 Wolfenden 的理念亦非迥異。它們從來沒有被簡單的摘要出來（事實上，我引用那段關於同性戀的看法，跟他自己的摘要沒什麼兩樣），而必須從他發展出的、錯綜複雜的論據中加以歸納。

主要的主張有兩項。第一項在馬加比講座連貫地提出。它從社會保護自己的存在的權利出發。第二項相當不同也更重要的主張，則在好幾篇論文不連貫地發展而成。它從多數群體「遵從自己的道德信念，以捍衛社會環境如其所反對地改變的權利」立論。我將輪流考量這兩項主張，但對後者花上較大的篇幅。

第一項主張：社會自保的權利

第一項主張——也是批評者最主要關注的主張，是這樣的[12]：

（一）在現代社會裡，有許多道德原則，人們採納它們當成自己的指引，而不打算把這些道德原則強加在別人身上。還有某些道德標準，是多數群體認為不在寬容之列，並強加在反對者身上的。對我們來說，特定宗教的教誨是前者的例子，一夫一妻制則是後者的例子。除非有第二類的規範存在，否則社會無法存續，因為，對它的生命來說，某種道德上的服從不可或缺。每個社會都有保存自己存在的權利，從而，它也有堅持人們服從第二類規範的權利。

（二）如果社會享有這種權利，它也有權利運用它在刑事法上的制度與處罰以實現那項權利——「就像社會運用法律保衛社會存續所必要的其他一切事物，它也可以運用法律保存道德[13]。」就像社會可以運用法律避免叛國，它也可以運用法律避免維繫社會的服從腐化。

（三）但社會以法律懲罰不道德的權利，未必在任何時候都應該針對所有種類的不道德執行

——我們必須承認某些限制性原則的影響與重要性。這類原則有很多，但最重要的是「與社會整合相容的最大限度——個人自由必須受到寬容」這條原則[14]。這些限制性原則結合起來，要求我們在斷定某種做法非常不道德時，應當小心謹愼。如果法律在社會對那種做法的譴責中，察覺到一絲疑慮任何不安、模稜或隱而未現的寬容，它就應該停手。但是，當公眾的感覺夠強烈、強忍且再也無法對那些行爲有所同情，或套用德福林爵士自己的說法，當它上升到「不寬容、憤慨與噁心」，這些限制性原則就不適用，社會也就能自由地行使自己的權利[15]。這樣，就會得到關於同性戀的概要結論：如果它眞的被認定爲可憎的惡，社會消滅它的權利就不容否認。

我們必須抗拒對這項主張可能產生、甚至非常誘人的一種誤解。在前提假定上，它不認爲當社群大半認爲某種做法不道德時，他們就很可能是對的。德福林爵士認爲，我們的公共道德受到挑戰時，要緊的是社會的生存本身，而他相信，社會有權保障的是它自身，而不必確證那維持其存續的道德。

這項主張成立嗎？哈特教授回應出現在馬加比講座核心的主張時[16]，認爲它的前提在於，關於「社會是什麼」的、某種混淆的概念觀。他說，如果有人抱持著傳統社會概念之類的想法，而主張每種讓社會覺得非常不道德且噁心的做法都威脅社會的存在，這種主張就是荒謬的。這就像主張社會的存在受到社會成員的死亡或其他成員的出生所威脅一樣愚蠢，他提醒我們，德福林爵士沒有提出任何證據支持這種主張。但如果改採矯作的社會定義，從而社會由它的成員在時間中的某個時刻偶然持有特定道德概念與態度的複合體構成，那麼，認爲這種道德現狀應當享有以武力保存它的偶然存續的權利，這種想法將不可饒恕。因此，哈特教授主張，不論對「社會」採取傳統意義或矯作意義，德福林爵士的主張都不成立。

德福林爵士在一條新的長註腳裡回應哈特教授。摘要哈特的批評後，他評論道，「我並未斷定，任何與社會的共享道德有所差異的事物都會威脅它的存在，就像我未曾斷定任何顛覆性的行為都威脅到它的存在。我斷定，這些行為本質上都可能會威脅社會的存續，從而，法律不能對它們置之不理[17]。」這個回應曝露這項論據結構上的嚴重瑕疵。

這告訴我們，我們必須將這個論據的第二步——「社會有權利以法律執行它的公共道德」這個關鍵主張——限縮理解為對「社會絕對沒有這種權利」這項命題的否定。德福林爵士顯然認為，Wolfenden報告裡「私道德的領域……不干法律的事」這項敘述，斷定了既定的司法管轄權界線，它將私人的性行為永遠擺在法律的勘驗之外。新註腳告訴我們，他的論據只是用來說明，不該劃下這種憲法上的界線，因為，對既存道德的挑戰也可能相當豐富，而威脅道德上的服從，從而以威脅社會本身[18]。

即使是這項限縮論點可能也還說服不了我們。我們或許會認為，任何不受歡迎的實踐可能帶給社會存續的危險都太輕微，因而，樹起這種憲法藩籬並禁止此種危險週期性的反覆再現，會是聰明的政策，更是使個體自由免於短暫歇斯底里的明智保障。

但如果我們被說服放棄這道憲法上的藩籬，我們會期待論據中的第三步回答接下來不可避免的問題：假設對根深柢固且明智的公共道德的挑戰，確實可想而知地威脅社會的存在，從而法律對於它們至少要有最低限度的關切，我們怎麼知道在什麼時候危險已經夠清楚也夠明顯，不只足以證立監視，更證立了行動？在公眾熱切的反對之外，還需要些什麼，才能顯示我們面臨眞正的威脅？

第三步的措辭使它看起來好像回應了問題——它好幾次提到「自由」、「寬容」甚至「衡量」。但這項論據不是回應，因為，只在第二步所診斷的公眾憤怒被示明為過度陳述，也就是，只有當發現這種狂熱其實是佯裝的，自由、寬容與衡量才會是適當的。當這種狂熱獲得確認，當不寬容、憤慨與噁心是眞實的，要求「與社會之完整性相符的個人自由最大化」的原則就不再適用。但這表示，最終在公眾熱切的反對之外，不再需要其他的東西了。

簡單地說，這項論據有賴於智識上熟練迅捷的手法。在第二步，公眾的憤怒被當成最低限度的要素，只是把那種實踐放在允許法律加以規範的領域。但在台下，在轉向第三步途中的某處，這項最低限度要素本身變成支持行動的決定性理由。因此，明確合乎此要素時就得以運用法律，而不再需要其他要件。關於同性戀的段落證明了這項策略的力量。德福林爵士的結論是，如果我們的社會夠恨同性戀，那麼，規定同性戀違法，並且因為這些實踐對社會之存在的危險，而迫使人們在挫折與迫害的悲劇之間選擇，就具有正當性。他在「對社會共享道德之偏離……本質上都會威脅社會的存在」這項赤裸裸的主張之外，在沒有提出任何證據證明同性戀對社會的存在帶來任何危險的情形下，獲得這項結論[19]。

第二項主張：社會遵從自身見解的權利

因而，我們可以正當地把第一項論據擺到一邊去，並轉向第二項。我的重構闡明了許多我認爲隱晦的觀點，因此帶有些許扭曲的風險，但我認爲第二項主張是這樣的[20]：

（一）如果任何具有同性戀慾望的人自由地放縱它們，我們的社會環境就會改變。會有怎樣的改變沒辦法精確計算，但是，比方說，認爲家庭——前提假定上，這個組織的周圍自然而然地圍繞著人的教育、經濟與消遣等等安排——的地位會被降低，而且會有更進一步的重大分化，這種想法應該言之成理。我們過於明智而無法認定，同性戀增加的效果只會侷限於這種實踐的參與者，就像我們過於明智而無法認定，價格與工資只會影響議價者。就像別的事情，我們與我們的孩子們必須生活於其中的環境，毋寧是由他人而非我們私下地形成的模式與關係所決定。

（二）這件事情本身並不賦予社會禁止同性戀行爲的權利。我們不能藉由監禁不想維持習俗的人們，以保守我們喜歡的每項習俗。但這表示，我們的立法者無可避免地必須決定某些道德議題。他們必須決定，看似受到威脅的制度具不具有充分的價值，而應以人的自由爲代價來保護它。他們還必須決定，威脅那個制度的實踐是不是不道德的，因爲，如果答案是肯定的，個體實行那些行爲的自由的分量將會較低。如果我們確信沒有人享有做我們想要禁止的事的道德權利，我們就不需要——以受保護的制度的社會重要性表述的——這麼強烈的論據。也就是，比起選擇自己的職業或爲自己的商品定價的自由，限制人們說謊、詐騙或肆無忌憚地駕駛的自由時，我們需要的論據較少。這並非主張光是「不道德」就足以將行爲入罪化；它毋寧主張，這在某些狀況是必要的。

（三）但立法者該如何決定同性戀行爲是不是不道德？科學無法回答，而立法者不再適於向組織化的宗教求助。然而，如果社群中的大多數人對某種答案有其共識，儘管有教養的少數小眾會提出異議，立法者也有基於這種共識而行動的責任。出於兩項緊密相關的理由，他負有這種責任：(1)在上一段分析裡，這項決定必須以某種道德信念條款爲基礎，而且在民主制度下，相較於其他議題，這種議題必須以合乎民主原則的方式處理。(2)畢竟，以刑法的威嚇與處罰承擔這項任務時，採取行動的是社群。社群必須承擔道德責任，它因而必須基於自己的見解行動——也就是，基於它的成員的道德信念。

根據我的理解，這是德福林的第二項主張。它是複雜的，而且，幾乎每個環節，都在邀約人們提出分析與挑戰。某些讀者會對它核心的前提假定，也就是「社會制度的改變，是社會有權對抗以求自保的那種傷害」這項假定。其他立場不這麼強烈的人們（或許因爲他們支持用以保護經濟制度的法律）還是會覺得，不管那種做法多麼不道德，社會也無權採取行動，除非可能對某個制度造成的傷害乃顯而易見且迫在眉睫，而不是純屬推測。還有人會挑戰「決定是否將某種行爲入罪化時，應該把這個行爲道德或不道德納入考量」這項命題（儘管他們無疑地承認，在當下的實踐裡，它確實被納入考量了），還有人會主張，即使在民主制度裡，立法者也有自己判斷道德問題的責任，而這種議題也絕對不能參照大半社群的看法。我現在不打算支持或反駁任何這些立場。相反地，我將考量，就德福林爵士自己的觀點或前提假定，也就是「社會有權保護它核心且珍視的社會制度，對抗大多數成員基於道德原則而反對的行爲」這項前提假定來說，他的結論成不成立。

我將主張，儘管以這些觀點爲基礎，他的結論也不成立，因爲他誤解了「基於道德立場而反對」這種說法的意義。我要對我將提出的論據略做警示。它的內容部分在於提醒，某些類型的道德語言（例如「偏見」與「道德立場」等等用語）在道德論證上有標準用法。我的目的不是藉由字典的誡命解決政治道德問題，而是展示我認爲德福林爵士的道德社會學包含的錯誤。我將試著說明，我們的傳統道德實踐比他所認定的還要複雜、還要結構化，而且，他因此誤解了「刑法應源自公共道德」這種說法的意義。這是個流行且迷人的命題，它不只近於德福林爵士對法律與道德之理論的核心，對其他許多人來說也是。關鍵在於，要理解它的言外之意。

道德立場的概念

我們可以從「道德立場」與「道德信念」這類詞彙在我們的慣例性道德中，作爲證立與批判的用語，以及作爲描述的作用開始。確實，我們有時在所謂的人類學意義上談到某個團體的「道德」或「道德性」或「道德信念」或「道德立場」或「道德確信」，意指那個團體對人類行爲、品質或目標的妥適性所展現的立場。在這個意義上，我們可以說，納粹德國的道德性立基於偏見，或者並不理性。但我們也在識別性意義上運用這些詞彙，特別是「道德立場」與「道德確信」，以對比他們帶著偏見、強辯、個人好惡或品味、武斷立場或等等而描述的立場。這種區分性意義的用法之一——或許是最具特色的用法——就是當圍繞於某個行爲的道德議題不清楚或有爭議時，對那個行爲提出有限但重要的正當化理由。

假設我告訴你，我打算對競選公職的某人投反對票，因爲我知道他是同性戀，還因爲我相信同性戀非常不道德。如果你不同意「同性戀不道德」的說法，你可能會指控我不正當地運用我的投票權，指控我的行動基於偏見、或出於與那項道德議題無關的個人好惡。我可能會試著讓你接受我對同性戀的立場，但如果我失敗了，我仍然要就你我都認爲是分歧點的事項說服你——我是基於識別性意義上的某種道德立場而投票，儘管是與你不同的立場。我會想說服你這點，因爲如果我成功了，我就有權期待，你會對我跟我將做的事情改觀。你對我的性格就會有不同的判斷——你或許仍然會認爲我反常（或禁慾或不明智），但這些是性格的類型，不是性格的缺陷。你對於我的行爲的判斷在這方面也會不一樣。你會承認，只要我仍然採取我的道德立場，我就有投票反對同性戀的道德權利，因爲我有權利（事實上是責任）投票支持自己的信念。如果你仍然深信我的行爲出於偏見或個人品味，你就不會承認這種權利（或責任）。

我有權期待你會在這些方面改變你的看法，因爲這些區分是你我共享的慣例性道德的一部分，它也形成我們討論的背景。它們顯現了「儘管我們認爲它們是錯的，我們也必須尊重的立場」與「由於侵犯某條基本道德論證規則，我們因此毋庸尊重的立場」之間的不同。許多關於道德議題的爭辯（雖不是在哲學文本上，而是在眞實生活中），其爭執之處就在於「某種立場落在這條關鍵界線的哪一邊」。

驅動德福林爵士「社會有權遵從自己的見解」這項主張的，正是慣例性道德的這種特徵。我們因而必須更仔細地檢驗道德立場的識別性概念，而繼續進行我們想像的對話就能檢驗它。我該怎麼做才能說服你，我的立場是道德立場呢？

（一）我必須對它提出某些理由。這麼說的意思，不是我必須明晰地說明我所遵守的道德原則，或我所服膺的某種一般道德理論。很少人能作到其中一項，而不是只有能夠做出這種說明的人才具備持有道德立場的能力。我的理由根本不必是原則或理論。所必要的，僅僅是指出同性戀讓我認為不道德的某種性質或特徵：例如，聖經禁止它，或進行同性性行為的人將不適合婚姻與不適任父母。當然，任何這種理由都必定預設我接受了某種一般原則或理論，但我不必能夠說明那是什麼，也不必了解我正以它為依據。

然而，我可能提出的理由當中，不是每項都算數。規定著哪種理由不算數的普遍要素，會將其中某些排除在外。我們可以提出這種要素中最重要的四個：

(1)如果我告訴你，同性戀在道德上較低劣，因為他們沒有異性戀的慾望，從而不是「真正的人」，你會將這項理由斥為某種偏見。一般來說，偏見就是我們的慣例排除在考量之外的那群判斷。在結構性脈絡，像是審判或辯論，基本規則只排除某些考量，而偏見是侵犯這些規則的判斷基礎。我們的慣例規定的道德判斷基礎規則當中——其中某些規則，即使在這種特別脈絡之外也成立，最重要的，就是一個人不應基於某種生理、種族或他所無法控制的其他特徵，而被判定在道德上低劣。這麼一來，一個人對於猶太人、黑人、南方人、女人或女性化的男人的道德判斷，是以「這些階級的任何成員當然不該受到同等的尊重」這種信念為基礎，而不考慮那個人本身所做的任何事，我們會說他對那個團體有偏見。

(2)如果我把自己對同性戀的觀點建立在個人的情緒反應上（「他們讓我噁心」），你也會拒絕那項理由。我們區別道德立場與情緒反應，不是我們認為因為道德立場應當是非情緒性或冷漠的——實情恰恰相反——而是因為道德立場應該用來證立情緒反應，而不是反過來由情緒反應證立道德立場。如果提不出這種理由，我們不會否認他那或許具有重要社會或政治效果的情緒性觀點，但我們不會認爲這種觀點展現了他的道德確信。事實上，套用常見的說法，我們通常所謂的恐慌或偏執正是這種立場——對於某種做法或狀況無法說明的強烈情緒反應。

(3)如果我把自己的立場建立在關於事實的命題上（「同性性行爲在生理上令人軟弱」），這些事實不只錯誤，還極無說服力，從而挑戰了我通常接受還強加在別人身上的、最低限度的證據與論據，那麼，就算我很誠懇，你都會認爲我的信念是強辯，並因此認爲我的理由不合格（強辯是個複雜的概念，而就像我們將看到的，也包括「提出那暗示我並不接受的一般性理論的理由」這種做法）。

(4)如果我只是引用別人的信念來支持我的立場（「每個人都曉得同性戀是宗教上的罪」），你的結論會認爲我就是鸚鵡學舌，而不以自己的道德確信爲基礎。除了「神明」這項可能的（儘管也是複雜的）例外，我無法訴諸任何道德權威並自動地使我的立場成爲道德立場。我必須有自己的理由，儘管別人當然教導過我這些理由。

無疑地，許多讀者不會贊成這些關於偏見、單純情緒反應、強辯或鸚鵡學舌的極簡速寫。這些東西是什麼，某些人自有一套理論。我現在只是要強調，不管它們之間在細節上有什麼差異，這些概念各自不同，而且，決定要不要把別人的立場當成道德確信時，它們各自扮演不同的角色。它們不只是貼在我們強烈厭惡的立場上的稱號。

（二）假設我確實提出了根據這些（或類似的）標準尚非不合格的理由。那項理由將預設更一般的道德原則或理論，儘管我或許沒辦法說明那項原則或理論，或在我發言的時候，我可能沒想到它。作爲我的理由，如果我提出「聖經禁止同性戀行爲」或「同性性行爲使行爲人較不可能結婚並生育」這些事實，我主張自已接受自己的理由所預設的理論，而如果你相信我其實不接受那項理論，你就不會認爲我的立場是道德立場。問題可能在於我的誠摯——我是不是眞的相信，聖經上的諭示在道德上具有這樣的拘束力，或所有人都負有生育的責任？然而，誠摯不是唯一的問題，因爲一貫性也是問題所在。我或許相信自己接受某種一般立場，而且我錯了，因爲我其他的信念以及我在其他情況下的行爲可能跟它不相符。我可能拒絕某些聖經的諭示，或我可能主張，只要高興，人們有權維持單身，或有一輩子使用避孕器的權利。

當然，我的一般道德立場可能有修正或例外。例外與不一貫的差別在於，預設其他我能適切主張自己持有的道德立場的理由，能夠支持前者。假設我基於聖經的權威而譴責所有同性戀者，但不譴責一切通姦者。我能對這種分別提出什麼理由？如果我提不出任何支持這項主張的論點，我就不能聲稱自己接受關於聖經權威的一般立場。如果我確實提出那看似支持這項區分的理由，對我原本的回應所提出的問題，也可以對那項理由提出。我對例外所提出的理由預設了哪種一般立場？我能不能誠摯地主張自己接受更進一步的一般立場？例如，假設我的理由在於，通姦現在非常普遍，也已經受到習俗的譴責。我是不是眞的相信，當不道德的事情普遍存在，它就變爲合乎道德？如果不是這樣，如果我無法對這項區分提出其他理由，我就不能主張自己接受「聖經所譴責的就是不道德的」這項一般立場。當然，當這點被指出時，我可能被說服而改變自己對通姦的觀點。但你會懷疑這是不是眞心的改變，或這只是爲了這項論辯而做的表面功夫。

原則上，我一開始的主張，其下位概念沒有什麼限制，儘管現實上，當然不太可能有實際的論據主張其中許多論點。

（三）但我是不是必須提出使我的立場成爲道德確信問題的理由？許多人認爲，像是造成不必要的傷害，或毫無理由地違背認眞的許諾之類的行爲是不道德的，而你無法對這些信念提出理由。他們覺得不需要任何理由，因爲他們認爲，這些行爲是不道德的行爲，這點是公設性的或不證自明的。否認以這種方式持有的立場可以是道德立場，似乎牴觸常識。

不過，相信某人的立場不證自明，與單純沒有理由支持其立場，有著重大差別。前者預設了積極的信念，也就是，不需要更進一步的理由，系爭行爲的不道德並不取決於它的社會效果，或它的效果對行動者人格的影響，或神明對這個行爲的斥責，或任何其他事物，卻源自於那個行爲自身的本質。換句話說，「特定立場是公設性的」這項主張，確實提出某種特別的理由，這項理由就是，自其本身並就其本身而言，那個行爲就是不道德的，而這項特別的理由就像是我們考量過的其他理由，可能與我們所抱持的、更一般的理論不相符。

我們所做的道德論據不只預設道德原則，更預設關於道德論證的、更抽象的立場。特別是，它們預設了哪種行爲在其自身並就其自身而言就是不道德的。當我批評你的道德意見，或試著證立我自己對我認爲愚蠢的傳統道德規則的忽視，我可能將從否認系爭行爲具有任何使行爲不道德的特徵開始——例如，它並未違背任何許諾或責任，包括行爲者本身沒有傷害任何人、任何組織性宗教都不禁止它、它沒有違法等等。我以這種方式著手，因爲我認定，不道德性的終極基礎限縮於一組範圍這麼狹窄的、非常一般性的標準。我或許直接提出這項認定，它也可能出自我的論證模式。不論哪種情形，我都會斷定，無法獲得這些終極標準支持的立場是武斷的，以貫徹它，例如，就像如果你說攝影或游泳不道德時，我將採取的行動一樣。就算我沒辦法清楚說明這項潛在的假設，我還是會適用它，而既然我所承認的終極要素是我的道德標準中最抽象的部分，它們不會與我的鄰人所承認並適用的相去太多。儘管許多人鄙視同性戀者的人們說不出原因，幾乎沒有誰會肯定地說，這不需要任何理由，因爲，這會使他的立場基於自己的標準而淪爲武斷。

（四）我們的辯論還能繼續剖析，但到這裡，已經足以證立某些結論。如果我們之間的議題在於我對同性戀的觀點算不算是道德立場，從而我有沒有權利基於這種立場而投票反對同性戀，光是說明我的感覺還不能解決這個問題。你會想要考量我所能提出以支持我的信念的理由，我的其他觀點或行爲又是不是跟這些理由預設的理論一致。當然，比方說，你必須適用你自己對偏見、強辯的理解，還有你對某個觀點在什麼狀況下與其他觀點不一致的理解，而它們在細節上與我的理解有異。對於我的立場是不是道德立場，你我可能止於爭議之中，部分因爲這種理解上的差異，部分因爲比起別人的不正當立論基礎，人們比較不可能承認自己的立論基礎不正當。

我們必須避免從這些事實跳躍到「沒有偏見或強辯或不一致這回事，或這些詞彙的意思，不過是使用這些詞彙的人們強烈地厭惡他如此描述的立場」這項結論的懷疑論謬誤上。那就像是主張，因爲不同的人對於嫉妒是什麼有不同的理解，並對某人是否感到嫉妒能有誠懇的爭論，從而就沒有嫉妒這種東西，而某人說別人嫉妒，意思只不過是自己非常討厭他。

德福林爵士的道德性

我們現在可以回到德福林爵士的第二項主張。他主張，當立法者必須判斷道德議題（就像根據他的假設，當某種做法威脅人們珍視的社會建制，他們就必須加以判斷），他們必須遵從社群大半所形成的任何道德立場共識，因爲這是民主原則的要求，更因爲社群有權遵從自己的見解。談到社群的道德共識時，如果德福林爵士所指的，是我們先前討論的、識別性意義上的道德立場，這項論據還有些許的說服力。

但他提出的不是這種論據。他對道德立場的定義顯示，他在我所謂的人類學意義上使用這個詞。他說，對於一般人——我們必須執行他們的意見——「……我們不期待他對任何事情提出論證，而他的判斷可能泰半是感覺問題[21]。」他補充道，「如果講理的人相信某種做法是不道德的，同時也相信——不論那項信念是對是錯，假定它是誠實且冷靜的——他的社會裡沒有哪個思慮純正的成員會有別的想法，那麼，就法律的目的而言，這就是不道德的[22]。」在別的地方，他贊同地引用羅斯托院長[23]對他「任何時候，社會共同的道德都是習俗與確信、理性與感覺、經驗與偏見的混合」這項觀點的說明[24]。對於道德立場是什麼，他的看法最清楚地出現在對同性戀者的著名評論。如果一般人認爲同性戀「作爲罪行，如此地可憎，以致它的出現就是罪過[25]」，這就爲他指出，一般人對同性戀者的感覺是道德確信問題[26]。

他的結論不成立，因爲，它們有賴於在這種人類學意義上運用「道德立場」這個詞。儘管大多數人確實認爲同性戀是可憎的罪行，也不能容忍它的出現，這項共同意見仍然可能是偏見

（立足於「同性戀者是道德上低劣的生物，因爲他們沒有男子氣概」這項認定）、強辯（建立在「他們挑戰社會自身的理性基礎」這項難以立足的事實認定）與個人好惡（僅僅生於未公開承認之自我猜疑的盲目仇恨，而沒有體現道德確信）的混合物。一般人對自己的觀點可能還是提不出理由，或只是像鸚鵡般地模仿鄰人，鄰人又反過來模仿他，或者他可能提出理由，而那項理由預設了他無法誠懇地或一致地主張自己抱持的一般道德立場。如果是這樣，由於「偏見、個人好惡與強辯並不證立對他人自由之限制」這項信念本身，在我們的流行道德中占據了關鍵且根本的地位，我們遵守的民主原則就不要求執行這項共識。社群大半也無權遵從自己的見解，因爲社群不把這項特權延伸到以偏見、強辯與個人好惡爲基礎而行動的人們。事實上，這些東西與識別性意義上的道德信念之間有重大的不同，足以判定前面這種立場是人們無權追求的立場。

被告知道德共識之存在的、有良心的立法者，必須檢驗這項共識的憑據。當然，他不能檢驗個別公民的信念或行爲；他不能在 Clapham 公車上舉行聽證[27]。這不是問題所在。

聲稱「道德共識存在」的主張本身不以民調爲基礎。它立足於「立法者對其社群如何回應某些不受歡迎的做法的感覺」這項訴求。但同樣地，感覺包括對那種回應方式受到普遍支持的原因的感知。如果曾經有過包括社論專欄、同儕的言論、利益團體之證詞、以及他自己相應地參與的公共論辯，將會讓他更了解這個領域裡有哪些論據與立場。他必須篩選這些論據與立場，試著決定哪些是偏見或強辯，哪些預設了社會大眾不可能接受的一般原則或理論等等。或許當他完成這個反思過程時，他會發現，根本看不到道德共識的主張。我預見，在同性戀的例子可能就是如此，而正是這點讓德福林爵士毫無區分的假設成爲如此嚴重的失言。令人震驚且錯誤的，不是他

「社群的道德應納入考量」的想法，而是他對「什麼算是社群的道德」的想法。

當然，立法者必須將這些判準適用到自己身上。如果他共享流行的觀點，他就不太可能認爲它們不夠格，儘管如果他具有自我批判的精神，這些做法可能會改變他的想法。無論如何，他的答案取決於自己對「我們的共享道德要求什麼」的理解。這不可避免，因爲不管我們敦促他運用任何要素，他只能根據自己的理解來運用它們。

以這種方式著手的立法者，也就是，拒絕把大眾的憤慨、不寬容與噁心當成其社群之道德信念的立法者，沒有犯下道德菁英主義的罪過。他不是單純以自己作爲知識分子的觀點對抗拒絕這些觀點的大眾觀點。他正在盡其所能地實現其社群之道德中，與眾不同且具有根本重要性的部分，也就是，比起德福林教授認爲他應當遵守的那些觀點，對於社會以我們所知道的形式的存在來說，更爲根本的共識。

沒有任何立法者擔當得起對公眾之怒的忽視。這是他必須考量的事實。它會界定出政治上可行的事項，它也會決定他在這些邊界之內說服與執行的策略。但我們絕不能混淆策略與正義，或混淆政治生活現實與政治道德原則。德福林爵士理解這些區分，但我恐怕他的主張對不知道這些區分的人將最具吸引力。

關於色情的後記

我討論同性戀，因爲那是德福林爵士舉的例子。我也想談談色情，只是因爲在英國人關注德福林爵士的理論的同時，它在美國法律上受到的關注多於同性戀。最高法院已經做成三項重要判決：*Ginzburg* 案、*Mishkin* 案與 *Fanny Hill* 案[28]。其中兩件就色情刊物之散布做成有罪判決（與徒刑宣告），而在第三件，最高法院推翻了州政府對它所認定的猥褻小說的禁制，而有三位大法官提出不同意見書。

在其中兩個案件，州政府所採程序的合憲性受到審查，第三件則涉及聯邦制定法的解釋適用。因此，最高法院必須繼續處理「州或國家在什麼程度上可以合法地限制色情文書的出版」這項憲法問題，還有制定法建構問題。但每個判決都提出了我們剛剛考量的那種政治原則問題。

最高法院的多數意見遵從幾年前 *Roth* 案設定的憲法判準[29]。基於那項判準，如果一本書是猥褻書籍，而且：「（一）整體看來，題材的主要主題訴諸淫亂的性趣味；（二）那個題材明顯令人做噁，因爲它有意違犯當代社群描述或表現性愛的標準；且（三）那個題材完全欠缺補償性社會價值。」那麼，它就不受第一增修條款的保障[30]。我們可以提出這樣的政治原則問題：爲什麼聯邦政府或任何州政府享有道德權利，得以禁止 Roth 判準所認定的猥褻書籍出版？

布瑞南大法官[31]在 *Mishkin* 案的意見書建議的答案是：他說，色情文書引誘某些讀者犯罪。如果這是眞的，如果在相當數量的這類案件裡，同樣地讀者不會在其他刺激的引誘下犯相同的罪，而且，如果沒辦法以其他方式有效地處理這個問題，這或許讓社會對這些書籍的查禁有了根據。但這些假設至少都是推測性的，而無論如何，這些假設在 *Ginzgurg* 案這種案件裡並不突出，在那個案件裡，最高法院不將它的判決建立在出版品本身的猥褻特徵上，而是以「它們是作爲猥褻而非啓示呈獻而給社會大眾」這件事實爲基礎。對於猥褻書籍的查禁，能不能提出其他正當化理由呢？

人們可能建構出類似德福林爵士第二項主張的論據，而許多認爲社會有權查禁色情的人們確實受到這種論據的影響。它的形式如下：

(1)如果我們允許猥褻書籍自由地販售，像早晨的牛奶那樣配送，社群的整體調性終究會改變。目前人們認爲汙穢且粗俗的言語、穿著或公開的行爲，就會變成可接受的。能合法地享用色情的社會大眾很快就會無法接受更平淡的東西，所有形式的流行文化也不可避免地流於猥褻。我們已經看到這些力量的作用了——使 Tropic of Cancer 之類書籍得以出版的、我們在法律態度上的鬆懈已經發生了效果，我們在電影與雜誌上、在海灘上與城市的街上都看得到。或許我們必須爲許多評論者合理地認定爲藝術作品的事物付出代價，但我們不必爲只爲了利潤而大量製造的垃圾付出遠遠更爲重大的代價。

(2)「如果多數群體願意參與，否則社會實踐不會改變」這種說法遠遠不是充分的答案。社會的腐敗透過媒體與超越社會大眾的力量而發生，事實上，它根本不是任何有意識的構思所能控制的。當然，色情同時迷人又令人反感，而當社群的標準墮落到某個程度上時，多數群體將不會反對更進一步的墮落，但這標示了腐敗的成功，而不是證明並無腐敗。正是這項可能性使我們必須在仍然享有這些標準時執行它們。這是我們希望法律保護我們免於自傷的例子——而不是唯一的例子。

(3)查禁色情限制了作家、出版商與潛在讀者的自由。但如果他們想做的不道德，我們就有權以那些事爲代價而保護我們自己。因而，我們面臨一項道德議題；人們是否享有權利，得以出版或閱讀，不在色情效果之外宣稱自己具有任何價值或德性的「硬蕊」色情出版品？這項道德議題不應由誡命、或自我任命的倫理家教解決，而應順從大眾的意見。當下的社會大眾認爲硬蕊色情出版品不道德，生產它的人們是皮條客，而對色情的性道德與相關道德的保障就具有充分的重要性，足以證立對他們的自由的限制。

但確實，不論人們怎麼看待它，對這項論據而言，關鍵在於，最後一句話所描述的共識，必須是道德確信的共識。假使結果發現一般人對色情的厭惡只是品味問題或武斷的立場，這項論據就不成立，因爲，這樣一來就不會有令人滿意的理由足以限制自由。

對許多讀者而言，光是提出「一般人對色情的觀點是不是道德確信」這項問題，就令人感到似是而非。對多數人而言，道德的核心是性的典章，如果一般人對通姦、虐待狂、暴露狂與色情的其他主要觀點不是道德立場，就很難想像他所持有的任何信念能算是道德立場。但書寫與閱讀這些行徑並不等於實際實行它們，而人們既可以提出理由譴責這些行爲（它們造成痛苦，或褻瀆神明、或無禮，或引起公眾不悅），這些理由又不延伸到製造或品嘗關於它們的幻想。

就色情主張道德信念共識的人們必須就這些道德信念共識的存在提供證據。他們必須提出通常的社會成員可能誠摯且一貫地以我們描述的方式提出的道德理由或論證來說明它。這或許可能，但僅僅指出一般人——不論在陪審團內外——對這整套事業（譯按：指道德論證）比出朝下的大拇指，無法取而代之。

◆注釋◆

【1】譯註：指一九五七年公布之同性違犯行為與娼妓部門委員會報告（The Report of the Departmental Committee on Homosexual Offences and Prostitution），因委員會主席為 John Wolfenden 男爵，故名之。

【2】*Report of the Committee on Homosexual Offences and Prostitution*, Cmd. No.247 (1957).

【3】*Memoirs v. Massachuetts* (*Fanny Hill*), 383 U.S. 502 (1966), *Ginzburg v. United States*, 383 463 U.S. (1966), *Misikhin v. New Yourk*, 383 U.S. 502 (1966).

【4】譯註：派崔克・阿圖・德福林（Patrick Arthur Devlin，一九〇五至一九九二），英國法學家、法官。

【5】譯註：馬加比講座（Maccabaean Lecture），為英國國家學術院之學術講座，始於一九五六年，為紀念英國光榮革命期間，護國者克倫威爾（Oliver Cromwell）廢除英王在十三世紀所發布驅逐猶太人的命令，猶太人重新在英國安頓而設。其名得自西元前二世紀率部起義的猶太祭司猶大・馬加比（Judas Maccabeus）。

【6】Devlin, *The Enforcement of Morals* (1959).Reprinted in Devlin, *The Enforcement of Morals* (1959).〔後者以下以 Devlin 引用之。〕

【7】Devlin, 17.

【8】德福林爵士將這些評論的參考文獻列入參考書目。Devlin xiii.

【9】Devlin.

【10】*Report of the Committee on Homosexual Offences and Prostitution*, 9-10, 24.

【11】Devlin vii.

【12】這主要在 Devlin 頁七至二五討論。

【13】*Ibid.* 11.

【14】*Ibid.* 16.

【15】*Ibid.* 17.

【16】H.L.A. Hart, *Law, Liberty and Morality*, 51 (1963).

【17】Devlin 13.

【18】即使沒有新註腳，也有相當理由支持這項解讀：「因而我認為，不可能對國家立法對抗不道德的權力設下理論上

的限制。不可能事先確定這項一般規則的例外，或毫無彈性地界定出在任何情況下都不允許法律僅入的道德領域。」（Devlin 12-13）。

所呈現的論據支持這種建構。它們是歸謬證法，運用了不道德事物理論上有害於社會的可能性。「但假設四分之一或二分之一的人口每晚喝醉酒，這會是怎樣的社會？你不能在社會有權立法對抗酒醉之前，對能喝醉的人數設下理論性限制。對於賭博，同理可證。」（*Ibid.* 14）

每個例子都主張，無法劃下司法權的限制，而不是每個喝醉酒的人或每個賭博行為都威脅著社會。它也不主張社會實際上有權將喝醉酒或賭博入罪化，如果這些實踐確實落在危險程度。事實上，德福林爵士引用皇家博奕協會（Royal Commission on Betting, Lotteries and Gaming）的說法，以支持自己所舉賭博的例子：「如果我們確信，不論程度如何，賭博（對作為社會成員之一的賭博者的人格）的效果必然有害，我們就會傾向於認為，在最可行的程度上盡可能地限制賭博，是國家的責任」（Cmd. No. 8190 at para. 159 (159), quoted in Devlin 14）。它的言外之意在於，社會可以監督並準備管制，但在威脅確實存在之前，不該實際地加以管制。

[19] Devlin 13, n.1.

[20] 大半的論證出現在 Devlin 第五、第六與第七章。亦見在這本書出版以後發表的一篇文章：'Law and Morality', 1 *Manitoba* L.S.J. 243（1964/65）.

[21] Devlin 15.

[22] *Ibid.* 22-3.

[23] 譯註：尤金・羅斯托（Eugene Rostow，一九一三至二〇〇二），美國法學家，曾任耶魯法學院院長。

[24] Rostow, 'The Enforcement of Morals', 1960 Camb. L.J. 174, 197.

[25] *Ibid.* 17.

[26] 在序言裡（*Ibid.* viii），德福林爵士承認，原本講座的語言可能「過度強調感覺而過度忽略理由」，他還說，立法者有權忽視「不理性的信念」。他舉出「同性戀導致地震」這種信念作為後者的例子，並斷言不理性的排除「通常是簡單且相對不重要的程序」。我認為若下結論道這就是德福林爵士允許他排除的，這種結論是公正的。如果我錯了，德福林爵士也要求他排除偏見、個人的反感、武斷的立場與其餘的東西，他應該會這麼說，且試著做成其中某些區分。如果他曾經這麼做，他的結論將會不一樣，無疑也會得到不同的回應。

[27] 譯註：英國大法官 Greer 在 *Hall v. Brooklands Auto-Racing Club*（1933）1 KB 205 一案的意見書裡指出，普通法

上的注意義務，判斷上應以「在 Clapham 搭公車的人」（The man on the Clapham omnibus）的人的觀點為準。Clapham 是倫敦的一個區，在那裡搭公車的人，多半是受過相當教育且神智正常的普通人。

【28】 Above, n. 2.

【29】 *Roth v. United States*, 354 U.S. 476 (1957).

【30】 *Memoirs v. Massachusetts* (*Fanny Hill*), 383 U.S. ,413 (1966).

【31】 譯註：威廉・約瑟夫・布瑞南（William Joseph Brennan, Jr.，一九〇六至一九九七），美國法學家，曾任美國聯邦最高法院大法官。

第十一章　自由與自由主義

整體而言，彌爾[1]著名的《論自由》，對保守份子較爲有利，而不是自由主義者。從菲茲詹姆斯・史提芬[2]到威摩爾・坎達爾[3]與德福林爵士，自由主義的批評者樂於引用它，把它當成自由主義在哲學上最信實的辯詞，接著，藉由指出它在論證上的瑕疵，進而宣稱自由主義的錯誤。在《自由與自由主義：約翰・斯徒亞特・彌爾的主張》，格特魯德・希梅爾法布[4]女士就這麼運用那篇論文，但又略有不同。她不攻擊彌爾的論證，而是針對彌爾個人。她說，彌爾自己曾在別的著作譴責《論自由》所立足的哲學前提。她在一九六二年那篇討論彌爾論文裡提到，幾年前佛理德里希・奧古斯特・海耶克[5]也提出過同樣地看法。現在，她的論證更詳細了。

如果《論自由》眞的像她所想的，跟彌爾在這本書的前後所寫的一點一畫都不相容，我們就必須解釋，爲什麼他要在這篇論文裡花這種時間與心力自我反駁。她的答案是，彌爾與哈莉特・泰勒[6]之間長久的聯繫，她在《論自由》寫成時成爲他的妻子，儘管她在那本書發表之前過世。彌爾以奢華鋪張的言詞將《論自由》獻給她；他說，她的想法啓發這篇論文，在修正、潤飾該文的漫長工作中，她是活耀的共同作者。希梅爾法布女士還說，這種說法還過於保守；事實上，在寫作這本書的過程中，她扮演主動、支配的角色，而造成彌爾在知識上的立場反常、不自然。她也認爲，泰勒女士的憤慨——那是這篇論文的寫作動機——是維多利亞時代的英國女性在法律與社會上的屈從所致，雖然《論自由》裡很少提到這點，泰勒女士卻極爲關切這個問題。

可是，她用以支持「泰勒女士接管彌爾的腦袋」這個假設的唯一論據是，沒有其他理由能解釋彌爾思想上的不一致。不管在論文內外，都找不到直接證據。希梅爾法布女士主張，找不到內在證據，只表示他們的合作關係有多親密，她更指出，寫作這篇論文時，彌爾遠離所有朋友而索居，並用這點解釋外在證據的欠缺。如果《論自由》與彌爾其他著作之間並不眞的相互衝突，希梅爾法布女士這有趣的猜想就不會留下任何證據。

她對所謂的不一貫提出下列論述。彌爾不只在這篇著名的論文談論自由，在其他的書與文章——包括他的自傳、早期的論文《時代的精神》、討論柯立芝[7]的著名論文，以及討論功利主義的主要著作——也曾討論過它。在其他的作品，他支持政治理論裡的複雜性與歷史主義。他譴責功利主義的奠基者邊沁，認爲他把社會心理學與政治理論縮減到簡陋的公設。他提出人類本質的悲觀理論，強調文化與歷史對自我主義之限制的價値所在，堅持國家教育它的公民遠離個人慾望、轉向社會道義的角色。

但在希梅爾法布女士看來，《論自由》牴觸了這每項命題。它一開始就這麼說：

> 一項非常簡單的原則，有權絕對地支配社會藉由強制與控制而加諸個體的處遇……這項原則就是，唯一能使人類——不論個體或集體地——對任何數量的行爲自由的限制有所依據的目的，在於自保。權力如果要違反文明社會任何成員的意志，其正當運作的唯一目的是避免傷害別人。他自身的利益，不管是物理或心理的，都不是必要的依據。

她首先譴責這項主張的絕對性：她認爲，彌爾說「一項非常簡單的原則」可以「絕對地支配」社會與個體之間複雜的關係，這種說法並未忠於他自己所受的教養。她接著認定，這個簡單的原則是對自由的「極端」訴求，還違背彌爾對於傳統與教育更典型的主張。她說，《論自由》鼓勵個體「珍視並培養他們個人的慾望、衝動、愛好與意志，把它當成一切善的來源、個體與社會之良善生活背後的動力」；它支持「認爲個體之外沒有——使個體成爲智慧與德性之容器的——更高、更有價值的主體，而將個體的自由視爲社會政策的唯一日標」的那種哲學。這一切與彌爾在其他論文發展的哲學——個體透過對他人的關懷而非對自己的關注，獲取德性與卓越——處於緊張狀態。

希梅爾法布女士的推論從一項缺失出發，而她的論證沒有修復這項缺失。它混淆了原則的效力與範圍。邊沁的人類本質與效益理論，也就是彌爾認爲太過於簡陋的理論，在範圍上是絕對的。邊沁認爲，人類的每項行爲與決定的動機，都是歡樂與痛苦的計算，他還認爲每項政治決定也都應該以同樣地計算爲前提，也就是，以最大化整體社群快樂減去痛苦的淨額爲前提。

但彌爾的原則在範圍上非常地受限。它只涉及相對罕見的狀況，也就是，人們因爲行爲對行爲者自己的危險，而要求政府禁止那種行爲的情形，像是騎機車不戴安全帽。或以行爲違犯社群的道德標準爲由而禁止那些行爲，像是同性之間的性行爲、色情出版品的發表與閱讀等等。在任何負責任的政府的業務中，這種決定只占很小部分。對於政府應該如何分配收入、安全或權力等稀少資源，甚或如何決定在什麼狀況下必須限制自由以追求其他價值，這項原則幾乎全然沉默。例如，它並不奉勸政府以軍事力量爲代價而尊重兵役抵抗者的良心自由，或以財產上的損害爲代價而尊重示威遊行的自由，或以土地使用者造成的侵擾爲代價而保護他的自由。

原則的適用範圍越是有限，說它是絕對的就越是有道理。例如，即使是最爲智巧的哲學家也相信，政府無端羞辱某個階層的公民，永遠都是錯的。彌爾也認爲他的原則受到充分的限縮，因此也是絕對的，而儘管在這點上他可能有錯，也不能因爲彌爾抱持這種想法，就認定他頭腦簡單或狂熱入迷。

希梅爾法布女士混淆彌爾的原則的範圍與效力，這導致她的著作最後那段古怪論證。她說，近年來，自由主義者將這項原則推到邏輯的極端，這種做法造成的結果顯示，他們還是不懂「絕對的自由會導致絕對腐敗」，而「不懂得尊重愼思與莊重等等原則的平民百姓，他們行爲必然魯莽且粗俗，進而侵犯其他一切原則，包括自由原則。」但她自己的論述卻沒辦法建立彌爾與任何社會失序之間的連結。例如，她主張，基進的「反文化」強調自發性，她因而主張這就是彌爾的發明。但她又承認，「反文化」的用語、措詞強調共同體甚於個體性。她或許還補充道，它的擁護者普遍蔑視自由主義、還特別討厭彌爾，還更偏好馬庫塞[8]之類的作家——他們認爲，他對《論自由》的敵意與他們情投意合。

她對社會腐化提出的其他證據也限於類似性明示的常見事例。確實，懲罰同性戀的法律已經放寬，《深喉嚨》在某些城市一刀未剪地上映，海灘上的裸體泳客也比以前更多。但這沒有威脅任何正義原則。我們眞正遭受的、對自由的侵害，像是哈佛大學的拒絕與耶魯大學的無能而無法允許沙克利[9]教授發言，顯示我們沒有過於倚重彌爾的學說，相反地，我們還過於忽視它。

希梅爾法布相信，性習俗的改變徵兆或預示了社會上更普遍的無政府狀態與目無法紀。她認爲，彌爾介紹新而強烈的自由**概念**；他自己在影響自我與影響他人的決定之間的區分，既界線武斷又不合邏輯，而劃下這道界線的目的，就是要包容腐蝕性的自由概念；既然這條界線不成立，那項自由概念必會擴張爲暴力與無政府狀態，造成必然伴隨著自由而來的絕對腐敗。她認爲彌爾的原則具有這種內在邏輯與不可避免的後果，它先天的適用範圍與效力也必然是絕對的，只有這種想法能解釋她書中第三部分的措辭。

但其他瑕疵暫且不論，她的推論暴露對《論自由》的嚴重誤解；它混淆兩種自由的概念，還把錯誤的概念歸於彌爾的論文。它沒有區分作爲放任的自由——也就是，人們不受社會或法律的限制而能爲所欲爲的程度——以及作爲獨立的自由——也就是，人們作爲獨立者與平等者而非卑從者的身分。這兩種概念當然緊密相關。如果法律與社會的束縛層層地箝制人們，這將是堅實的證據，證明比起對他行使權力並加諸限制的團體而言，他的政治地位更爲低劣。但這兩種概念仍有重要的差異。

作爲放任的自由是無差別性的**概念**，因爲它不區分各種行爲類型。各種誡命性法律都減損公民所享有的、作爲放任的自由：善法，像是禁止謀殺的法律，也同樣減損這種自由，減損程度可能還高於惡法，像是禁止政治言論的法律。這種法律引發的問題不在於它是否侵犯自由，答案是肯定的，問題在於，有沒有其他相競爭的價值能夠證立這種侵犯，例如平等、安全或公共的舒適。如果社會哲學家認爲，作爲放任的自由價值極高，就可以據此斷定他對相競爭價值的評價相對較低。例如，如果他以某種支持放任的一般性論據爲言論自由申辯，至少就這點來說，他的論據也同樣支持獨占市場的自由或敲碎商店櫥窗的自由。

但作爲獨立的自由不是這種無差別概念。例如，禁止謀殺或獨占的法律並未威脅公民的政治獨立，相反地，卻是普遍保障公民的政治獨立所必要的。如果社會哲學家賦予作爲獨立的自由很高的評價，他不必然詆毀安全或舒適，甚至也不會給予相對較低的評價。例如，如果他以某種支持獨立與平等的一般性論據支持言論自由，如果沒有涉及其他價值，他不必然支持更多作爲放任的自由。

希梅爾法布女士認爲，彌爾原則的內在邏輯有導致無政府狀態的危險，這項主張認定那條原則支持作爲放任的自由。事實上，它支持的是作爲獨立的自由這項更複雜的概念。邊沁與彌爾的父親約翰．彌爾【10】認爲，投票權與其他政治自由的廣泛分配、共享就足以確保政治獨立：也就是，光有民主就夠了。彌爾則認爲，獨立性是平等更深刻的面向之一；他主張，個體獨立性不只受到否認平等發言權的政治程序威脅，還有拒絕平等尊重的政治決定。承認並保護共同利益的法律，像是禁止暴力與獨占的法律，並未汙辱任何階級或個體；但以「個人無法爲自己決定是非」爲唯一立論基礎而對個人加諸限制的法律，對他來說會是嚴重的羞辱。這使他在智識上與道德上屈從於構成多數群體的傳統主義者，並拒絕賦予他應得的獨立性。彌爾堅持尊嚴、人格與汙辱這些道德概念在政治上的重要性。他試著爲政治理論提出並作爲自由主義基本用詞的，正是這些複雜的概念，而不是「放任」這個簡單的概念。

涉己行爲與涉他行爲之間的區分，不是放任的主張與其他其他價值的武斷妥協。它的目的是界定政治獨立，因爲它標示體現與拒斥平等尊重的兩種規範之間的界線。這解釋了爲什麼他做成這項區分時面臨這種困難，他又爲什麼在不同場合採用不同的區分方式。他承認他的批評者總是詳細地闡述：不論多麼私密，任何行爲都可能對別人造成重大影響。例如，他承認如果一個人喝酒喝到生病，這會使那些對浪費生命感到惋惜的善心人士受到心痛。然而，喝酒是涉己決定，這不因爲它的後果不眞實或不具社會重要性，而是因爲，就像彌爾所說的，它們透過行爲者的人格而運作。我們不能一方面認爲社會有權利免於同情或哀悼，卻又認爲它有權利決定它的成員應該具備哪種人格，彌爾認爲不相容於自由的，正是這種權利。

一旦區分這兩種自由的概念，希梅爾法布女士的主張——《論自由》與彌爾其他論文相互矛盾——就崩潰了。例如，她從彌爾早期的論文引用這一段：

> 自由，就它原來的意思來說，意味著免於限制。在這個意義上，每項法律、每條道德規則都牴觸自由。完全豁免於二者的專制暴君是唯一享有完全行動自由的人。因此，政府的措施不必然因爲限制自由而爲惡；因此而譴責它更會導致概念的混淆。

當然，青年彌爾所謂自由「原來」的意思，指的是作爲放任的自由，而不論在字面上或精神上，這都沒有牴觸《論自由》。她引用彌爾評論柯立芝的文章，在引用段落裡，彌爾認爲，「訓練人類的習慣與能力，使他的衝動與目標從屬於所謂的社會目的……」，是教育在良善社會裡應當具備的功能之一。但教育人們接受社會目的，就是教育他們接受對放任的限制以尊重別人的利益，而不是在無關於這些利益時，使他們的人格居於從屬地位。

在同一篇論文，她引用彌爾對民族感的認同，也就是對共同公共哲學的感受，而她主張，這種民族性牴觸《論自由》的個體性。但她沒有提到彌爾立刻補充的但書，也就是「『那項』感受唯一可能的存在型態」，是對「實現於迄今尚未存在，或只存在於早期國家之組織中的個體自由與社會平等原則」的共同尊重。她也沒提到，在評論柯立芝的論文中，彌爾認爲，就哲學家對於自由所保持的目標而言，教育不是民族感的妥協，而是這項目標得以實現的必要條件，也就是，爲了保留「人類性格的活力與氣概」所必須。希梅爾法布女士提到的每篇論文都確認而不是牴觸《論自由》的要旨，也就是，人格獨立必須與放任與無政府狀態區別，它必須作爲正當社會之特別且獨有的條件而存在。

如果她眞的理解這點，就不會重複「眞正的自由主義者必然同等地尊重經濟自由與學術自由」這種愚蠢的命題，她也不會指責曾是社會主義者的彌爾對此前後不一。只有在自由意指放任時，經濟放任與學術自由才必然具有相同立足點；如果自由意指獨立，它們泰半可分，有時還是不一致的。

幾十年前，當最高法院暫時地決定，如果憲法眞的保障自由，就必定保障雇主以他所欲的契約條款僱用勞工時，它混淆了這兩種概念。當保守主義者用「放縱」描述性獨立與政治暴力，並認爲它們只有程度上的差異時，他們也混淆這兩種概念。激進主義者認爲自由主義就是資本主義，進而認定個體權利應該爲社會不義負責時，他們也混淆這兩種概念。彌爾的整套作品不是這種混淆的源頭，而是它的解藥。

◆注釋◆

【1】譯註：約翰・斯徒亞特・彌爾（John Stuart Mill，一八〇六至一八七三），英國哲學家，古典自由主義的代表人物。

【2】譯註：詹姆斯・菲茲詹姆斯・史提芬（James Fitzjames Stephen，一八二九至一八九四）英國法學家、法官。

【3】譯註：威摩爾・坎達爾（Wilmore Kendall，一九〇九至一九六八），美國政治哲學家、作家。

【4】譯註：格特魯德・希梅爾法布（Gertrude Himmelfarb），美國史學家，專長為英國維多利亞時代思想史。

【5】譯註：佛理德里希・奧古斯特・海耶克（Friedrich August Hayek，一八九九至一九九二），奧國經濟學家，一九七四年諾貝爾經濟學獎得主。

【6】譯註：哈莉特・泰勒（Harriet Taylor，一八〇七至一八五八），英國哲學家、女權運動者。

【7】譯註：山繆・泰勒・柯立芝（Samuel Taylor Coleridge，一七七二至一八三四），英國文學家、哲學家。

【8】譯註：赫伯特．馬庫塞（Herbert Marcuse，一八九八至一九七九），德國哲學家，屬於法蘭克福學派。

【9】譯註：威廉・沙克利（William Bradford Shockley Jr.，一九一〇至一九八九），美國物理學家，一九五六年諾貝爾物理學獎得主。曾因主張遺傳水準高低因種族而異、智能不足者應自願絕育而引發爭議。

【10】譯註：Dworkin 此處應有筆誤。彌爾的父親應係名為詹姆士・彌爾（James Mill，一七七三至一八三六）。

第十二章　我們享有什麼權利？

一、沒有自由權

我們享有自由權嗎[1]？湯瑪斯．傑弗遜認爲答案是肯定的，而從他的時代開始，比起他所揭示的生命權與追求幸福權等相競爭的權利，自由權更加活躍。自由權把自己的名字獻給上世紀最具影響力的政治運動，而現在許多鄙視自由主義者的人們，是因爲認爲他們不夠自由放任。當然，幾乎每個人都承認，自由權不是唯一的政治權利，所以，舉例來說，自由的主張必須受限於用以保障他人安全或財產的限制。不過，支持自由權的共識相當強大，儘管就像我將在本章主張的，它遭到誤導。

自由權在政治光譜中到處都受到歡迎。從國際解放戰爭到性自由運動與女性解放，自由權的措辭點燃每波基進運動。但自由權在保守的用途上卻更加突出。即使是反托拉斯或工會化運動等等溫和的社會重構以及早期的新政，都曾以侵犯自由權爲由而遭受反對，而目前在美國，透過黑白學童通學之類的手段達成種族正義，以及在英國，透過對私人教育的限制達成社會正義，這類努力也因爲相同的理由受到嚴厲的反對。

實際上，將民主政治的重大社會議題描繪爲自由與平等的要求之間的衝突，已經相當普遍，特別是種族議題。據說，或許窮人、黑人、未受教育者與無技能者享有抽象平等權，但富人、白人、受過教育者與有能力者也同樣享有自由權，而社會在組織上任何幫助第一組權利的努力，都必須尊重第二組權利並跟它調和。因此，除了極端分子，每個人都承認平等與自由之間妥協的需要。從賦稅政策到種族融合計畫，每項重要的社會立法都由這兩個目標之間假想的緊張關係型塑。

當我問道我們是不是像傑弗遜與其他每個人所設想地享有自由權，我將所謂平等與自由之間的衝突牢記在心。這是個關鍵問題。如果選擇自己的學校、雇員或鄰居的自由，就像冷氣或龍蝦是我們都想要的東西，我們就無權緊抓著這些自由不放，進而侵犯了我們所承認的、別人享有平等關懷與資源的權利。但如果我們不只能主張我們想要這些自由，更能主張我們有權享有它們，我們至少就建立了要求妥協的基礎。

例如，目前有一項運動，支持那保障每個學童就讀「鄰近學校」從而使通學措施違法的美國憲法修正案。就讀鄰近學校與受陪審團審判同列為憲法上的價值，這種建議如果不是像許多美國人所想的，意指使學童通學是對他們的基本自由權的侵犯，或多或少就像種族隔離的學制對平等的汙辱一樣，這種主張就是愚蠢的。但在我看來，這是荒謬的；事實上，認為人們享有一般自由權，這種想法在我看來是荒謬的，或至少就它的擁護者傳統上所設想的自由權來說是如此。

我所想到的，是自由的傳統定義，也就是免於政府對人們想做的事所加諸的限制。以賽亞・柏林[2]在他討論自由的、最著名的現代論文裡，這樣表述這件事：「自由的意義，就我的運用這個詞的方式來說，不只必須是不受阻撓，還包含了不阻礙可能的選擇與活動——不在人們可能選擇走過的路上設路障。」這種「作為放任的自由」的概念觀，在人們可能追求的各種活動，以及在人們可能選擇走過的道路之間保持中立。當我們不讓人們按照自己的意願說話或做愛，就減損了他的自由，但是，如果是阻止他殺人或毀謗別人，這也減損他的自由。後面這些限制可以獲得證立，但只因爲它們是保護他人的自由或安全所必要的妥協，而不是因爲，就它們自身而言，它們沒有侵犯自由的獨立價值。邊沁曾說，任何法律都是自由權的「違犯」，而儘管這類違犯當中某些是必要的，但假裝它們根本不是違犯將是掩耳盜鈴。在作爲放任之自由的這項中立、廣褒的定義中，自由與平等顯然相互競爭。法律是保障平等所必要的，而法律是自由權不可避免的妥協。

柏林那種自由主義者滿於這種中立意義的自由權，因爲它似乎有助於清楚的思考。它使我們能夠辨認，當人們接受爲了其他目標或價值而加在其行爲上之限制，他們失去了什麼，儘管那或許無法避免。基於這種觀點，如果人們受到限制而不能做我們認爲他們該做的事時，我們才認定這是自由的損失，這樣運用自由權或自由的概念將是不能容忍的混淆。這將允許集權主義政府僅僅藉由主張它們不過是避免人們犯錯，而假扮爲自由主義者。更糟的是，這會遮掩自由主義傳統最特別的一點，也就是，侵犯個人選擇做自己想做的事的自由，在其本身並就其本身而言，就是對人性的汙辱，這種錯誤可能被相競爭的考量證立，但絕不能被抹滅。對眞正的自由主義者而言，任何加諸於自由的限制，都會使任何莊重的政府感到懊悔，還應該維持在調和其構成成員的其他權利所必要的最小限度內。

然而，儘管有這樣的傳統，對我來說，中立意義的自由權造成的混淆比釐清的還多，特別當它與「人們享有自由權」這個流行且富啓發性的想法接合時。因爲，只有把權利的概念稀釋到自由權根本就不值得擁有的程度，我們才能堅持這個概念。

在政治學與哲學上，「權利/正確」（right）這個詞在許多不同的意義上被運用著，其中某些我在別處曾試著闡明[3]。爲了合理問道我們有沒有中立意義上的自由權，我們必須爲「權利」決定一個意義。爲我們自信地說道人們享有自由權時所使用的詞彙找個意義，不是什麼難事。例如，我們可能會說，如果「享有自由權」這件事合乎某人的利益，也就是，如果他想要它，或擁有它對他來說會是好的，他就享有自由權。在這個意義上，我會準備好承認公民們享有自由權。但在這個意義上，我也得承認，至少一般來說，他們也有權享有香草冰淇淋。而且，我對自由權的讓步在政治論辯中沒有什麼價值。例如，我會想主張人們在更強的意義上享有平等權，他們不只想要平等，而是有權獲得平等，我因而就不會認可「某些人們想要的自由權是，要求我認爲要使別人獲得——他們有權享有的——平等所必要的努力加以妥協的權利」這種主張。

因此，如果自由權要在政治爭議中扮演爲它量身訂做的角色，它就必須是更強意義上的權利。在第七章，我界定出強意義權利，對我來說，這種意義上的權利，似乎掌握人們訴諸政治與道德權利時所要提出的那種主張。我不打算在這裡重複我的分析，只將它摘要如下。我所描述強意義上的、成功的權利主張具有這種後果。如果某人有權獲得什麼，那麼，如果政府拒絕將它給他，這就是錯的，就算這麼做將合乎一般利益。對我來說，這種權利的意義（可以稱爲反功利主義的權利概念）相當接近原則上使用於近年來的政治及法律書寫與論辯的那種意義。例如，它標誌了——作爲美國憲政理論核心的——「對抗國家的個人權利」這個特別概念。

如果自由權立足於比那還弱的任何意義上，我不認爲它在政治論據裡會有非常強大或很強大的力量。然而，如果我們就決定採用這種權利概念，看似明顯的是，這種一般自由權就不存在。我沒有開上萊星頓市大街的政治權利。如果政府選擇使萊星頓市大街成爲通往市區的單行道，光是這種做法有助於一般利益，就已經是充分的正當化理由，對我來說，主張「這基於其他原因而仍然錯誤」將是荒謬的。大半減損我自由的法律都在功利主義的立論基礎上，也就是由於「它合乎一般利益或一般福祉」而獲得證立；如果像邊沁所認爲的，這每項法律都減損我的自由，那麼，它們也就確實從我這裡拿走任何我有權享有的東西。在單行道的例子，「儘管我有權開上萊星頓市大街，政府仍有證立剝奪那項權利的特別理由」這種講法說不通。這顯得愚蠢，因爲對於這種立法，政府不需要特別的正當化理由，而只要一項。所以，只有在權利的這種弱意義上——也就是，所謂的自由權根本無法與強意義下的權利，像是平等權之類的權利相競爭的意義上，我才能夠享有政治上的自由權，從而，任何的限制都減損或侵犯那項權利。在權利的任何強意義上，也就是，在能與平等權競爭的意義上，根本沒有任何一般自由權。

現在或許有人要說，我誤解「自由權存在」這種主張了。他們會說，它的意思不是要主張有「享有一切自由的權利」存在，而僅僅是「享有重要或基本自由的權利」。就像邊沁所說的，每項法律都阻撓了自由，但我們只有對抗根本或嚴重之阻礙的權利。如果對自由的限制夠嚴重或嚴厲，政府就眞的沒有只因爲某種限制將合乎普遍利益就把它加諸於我們的權限；例如，政府無權在每當它認爲將有助一般福祉時就限制言論自由。因而，假若那項權利以重要的權利或專以嚴重的侵奪爲限，這種一般自由權畢竟還是存在。人們將會主張，這項限制不影響我先前所說的政治論述，因爲，宛如完全平等般立足著的自由權，是享有基本自由的權利，例如，上自己所選學校的權利。

但這項限制提出了一項對自由主義理論相當重要的議題，那些支持自由權的人們所沒有面對的問題。說自由權限於基本自由，或僅僅就對權利的嚴重侵犯提供保護，到底是什麼意思？這項主張可能以兩種不同方式說明，它們各自在理論上與實踐上具有很不一樣的後果。讓我們假想政府限制人們做自己想做的事的兩個例子：政府禁止他就政治議題說出自己的看法；以及禁止在萊星頓市大道上朝上城行駛。這兩個例子之間有什麼關連，它們之間又有什麼差異，而造成這兩個例子裡，儘管都有公民受到限制並被剝奪自由權，但他的自由權只在第一個例子遭到侵犯，在第二個例子則沒有？

就我們可能考慮的兩套理論中的第一套而言，公民在這兩個例子中都被剝奪了相同的珍貴事物，也就是自由權，但差別在於，在第一個例子裡，出於某些理由，被剝奪之珍貴事物的量或所造成的影響大於第二個例子的狀況。但這看似詭異。自由權很難當成某種珍貴事物。如果我們眞的試著賦予自由權某種操作性意義，從而能夠衡量不同種類的法律或限制對自由權造成的相對減損，所得到的結果，不太可能合乎我們對什麼是而什麼不是基本自由權的直覺。例如，假設我們計算所引發的挫敗的範圍以衡量自由的減損。我們接著必須面對一件事實：比起對言論自由的限制，大多數人對於禁止竊盜的法律甚或交通法規所帶來的限制感受更強烈。我們可能運用不同的方針，藉由特定限制對未來選擇的影響衡量自由受損的程度。但我們接著就必須承認，比起禁止極端政治活動的法律，通常的刑事法典對大多數人們的選擇帶來更多減損。所以第一套理論——我們假定的自由權所涵蓋與不涵蓋的案例之間的差別是程度問題——必定不成立。

第二套理論則主張，這兩個例子的差異與所涉自由權的程度無關，而是涉及例子裡面權利所涵蓋的自由的特性。根據這套理論，限制言論自由的法律與禁止人們開上萊星頓市大道的法律，所包含的違犯具有不同性質，而不只是程度的差異。這聽起來好像合理，儘管就像我們將看到的，說明這種性質上的差異有什麼影響，或它爲什麼在某些案件支持權利、在其他案件則不支持，並不容易。然而我目前的重點是，如果以這種方式捍衛基本自由權與他種自由權之間的差別，這種普遍的自由權就已被全然地拋棄了。如果我們享有基本自由權的原因，不是因爲它們是自由這項珍貴事物特別關鍵的事例，而是因爲對基本自由權的汙辱，在它對自由的衝擊之外傷害我們或貶低我們，那麼，我們有權主張的，根本就不是自由權，而是這種具體限制所挫敗的價值、利益或地位。

這不只是術語的問題。自由權的概念是備受誤解的概念，而它至少在兩方面阻礙了政治思想。首先，這個概念創造了「提出通學方案之類的社會管制時，自由與其他價值之間必然衝突」這種錯誤想法。其次，這個想法對我們爲什麼認爲某種管制——像是對言論自由或宗教行爲的管制——特別不義之類的問題，提供得來過於輕易的答案。自由權的概念讓我們能夠說道，這些限制是不義的，因爲它們對如是的自由權有特別的衝擊。一旦我們承認這項答案是虛假的，我們就必須面對「這些案例裡眞正關鍵的是什麼」這艱難的問題。

我想立刻轉向那個問題。如果一般自由權不存在，爲什麼民主政治裡的公民有權主張任何特定種類的自由，像是言論、宗教或政治活動的自由？光說如果公民們享有這些權利，則長期以降社群整體將會處境更佳，根本算不上答案。這種想法——個體權利將導向總體效益——可能爲眞也可能不爲眞，但在捍衛這種權利時，這並不相干，因爲，當我們在相關的政治意義上說，某人有權自由地說出自己的看法，我們的意思是，就算這不合乎普遍利益，他也有權這麼做。如果要在我們主張的意義上捍衛個體權利，就必須試著找出某些超越效益而又支持這些權利的東西。

稍早前我曾提到一種可能。我們或許能提出一項論證，主張在傳統權利受到侵犯時，個體就受到某種特別的傷害。根據這項論據，在政治議題上發言的自由權具有某些性質，因而，如果那項自由權遭到否認，個體就受到某種特別的損害，這種損害使在他身上施加那項損害爲錯誤，儘管社群總體可能因而獲益。這條論證路線，將訴諸對於自己政治與公民自由權之損失具有特別剝奪感的人們，但出於兩項理由，它無疑是難以開展的論據。

首先，爲數甚眾的人們——即使在英國或美國這種民主國家，他們無疑也構成多數群體——不行使自己所享有的政治自由權，他們也不認爲這些自由權的損失特別慘重。其次，我們缺乏一套心理學理論，能夠證立並解釋「公民自由權或任何特定自由權的損失，包含了不可避免甚或相當可能發生的心理損害」這種想法。相反地，目前在心理學上，有個由羅納・賴因[4]等心理學家領導的活躍傳統主張，現代社會裡許多心理上的不安，可歸咎於要求太多而非太少自由。在他們的論述中，源自於自由的、選擇的需要，是破壞性緊張關係的不必要來源。這些理論不見得有說服力，但在確信它們的錯誤之前，我們不能認爲心理學支持著相反立場，不管那從政治角度看來有多吸引人。

因而，如果我們要主張享有某些自由的權利，就得找找其他立論基礎。我們必須立足於政治道德的立論基礎，也就是，必須在直接的心理損害之外，提出其他理由說明剝奪個體的這些自由權是錯的，就算這麼做有助於共同利益。我這麼模糊地提出這點，因爲沒有理由在事前就認爲，只有一種理由能支持那種道德立場。或許正當的社會會承認許多個人權利，其中某些的立論基礎，是與其他權利極其相異的道德考量。在本章剩下的篇幅，我將只試著說明一種可能的權利基礎。這並不表示文明社會裡的人們只享有我提出的論據所支持的權利；但這確實表示，他們至少享有這些權利，光是這樣，這也夠重要了。

二、諸自由權利

我的論據的核心概念將是平等而不是自由的概念。我認定我們全部都接受下列政治道德的基本公設。政府必須以關懷——也就是，當成具有感受痛苦與挫折之能力的人類，以及尊重——也就是，當成有能力形成「該怎麼過自己的生活」之明智概念觀並據以行動的人類對待他們。政府不只必須以關懷與尊重對待人們，還必須以平等關懷與尊重對待他們。它絕對不能認爲，某些公民有權獲得更多，因爲他們值得更多的關懷，而據以不平等地分配利益或機會。它絕不能因爲，某些公民對於良善生活的概念觀比別人的更尊貴或更優越，而據以限制別人的自由。加總起來，這些基本公設表達了所謂的自由主義平等概念觀；但它所陳述的是平等的概念觀，而不是作爲放任之自由的概念觀。

在前提假定上由自由主義平等概念觀主宰的國家裡，政治理論的終極問題在於，在這種國家，利益、機會與自由的哪些不平等是許可的，又是爲什麼。答案從以下的區分起頭。受自由主義平等概念觀支配的公民們各自享有受平等關懷與尊重的權利，但那項抽象權利可能涵蓋兩項不同的權利。第一項是受平等對待的權利，也就是，分配到相同於任何他人所享有或獲得之利益或機會的權利。最高法院在選區重劃案判定，就投票權力的分配而言，公民們享有獲得平等對待的權利；它判定，必須是一人一票，就算以不同方式分配投票權更有利於一般利益。第二項則是作爲平等者對待的權利。這項權利不是獲得某種利益或機會之平等分配的權利，而是在關於這些利益或機會將如何分配的政治決定中，獲得平等關懷與對待的權利。假設有害長期債券持有人的經濟政策合不合乎一般利益成爲問題所在，將受損害的人們有權要求，決定那項政策是否有助於一般利益時，應當把他們將遭受的損失考量在內。這項算計絕對不能忽略他們的利益。但當他們的利益被納入考量，其他將從那項政策獲利的人們的利益，可能就會壓倒他們的利益，而在這種狀況下，他們（以這種方式界定的）受平等關懷與尊重的權利沒有遭到否認。因此，在經濟政策的例子，我們或許想說，決定那項政策合不合乎一般利益時，將會因爲允許通貨膨脹而遭受傷害的人們享有作爲平等者而對待的權利，但是，就算它通過那項檢驗，他們也沒有將推翻那項政策而獲得平等對待權利。

我主張，在自由主義平等概念觀下，必須認定作爲平等者而對待的權利是根本的權利，而受平等對待之權利這項更有限的權利只在特殊狀況下成立，也就是，出於某些特殊理由，它可以從那更根本的權利推衍而出，或許就像在選區重劃案的特殊狀況。我也主張，只在能說明作爲平等者而對待的根本權利要求那些權利時，才能承認享有個別自由的個別權利。如果這是正確的，享有個別自由的權利就不會與任何前提假定上相競爭的平等權衝突，卻相反地源自人們認爲更根本的平等概念觀。

然而，現在我必須說明，如何能認爲個別自由權這項熟悉的權利——例如，美國憲法規定的那些——就是根本的平等概念觀所要求的。就目前的目的而言，我將只試著爲要在這個基礎上捍衛任何特定自由權，就必須提出之更詳盡的論據提出架構，接著說明爲什麼能合理地期待，實際提出這種論據後，能支持我們更熟悉的政治與公民自由權。

尊重自由主義平等概念觀的政府，只能基於類型上非常有限的正當化理由，對自由施加適當的限制。爲了說明這項論點，我將就政治上的正當化理由採用下述粗糙的分類法。首先是原則論據，它基於「限制是保護某個將因那項自由權的行使而受害的個體的權利所必要」這種論據，而支持對自由的限制。其次是政策論據，它基於不同的立論基礎而支持限制，也就是，那項限制是達成某種總體政治目標所必要，也就是，爲了使某種狀態實現，而在那種狀態下，整體社群——不只某些個體——將會因爲那項限制而處境更佳。政策的論據可以細分如下：功利主義政策論據主張，社群總體將會處境更佳，因爲（粗略地說）總體而言，其中更多公民能享有更多所欲事物，儘管其中某些人所享有的將會更少。另一方面，理想的政策論據主張，社群之所以會處境更佳，不是因爲它的成員會享有更多他們所想要的事物，而是因爲社群在某方面更接近理想的社群，不論它的成員想不想要那樣的進步。

自由主義平等概念觀大幅縮減理想政策論據能用以證立任何對自由的限制的程度。如果系爭概念本身在社群中就有爭議，就不能採用這種論據。例如，限制不能直接以「它有助於使社群在文化上更加明智，不論社群想不想要」爲立論基礎，因爲那項論據會違反自由主義平等概念觀的準則，也就是，禁止政府立足於「某種生活方式天生就優於其他生活方式」這項主張。

然而，功利主義的政策論據似乎免於那項批評。它們不認爲任何形式的生活天生就比其他形式更有價值，卻相反地將「對自由的限制是促進社群某項集體目標所必須」這項主張，立基於「那項目標偶然地比其他目標更廣泛或更深切地爲人所欲」這件事實上。因而，功利主義政策論據似乎不反對獲得平等關懷與尊重的根本權利，相反地，它更體現這種權利，因爲它們把每個社群成員的期望與任何其他成員的期望都放在同一個天平上，沒有因爲那個成員值得更多或較少關懷，或因爲他的觀點值得更多或較少尊重而給予紅利或折扣。

我認爲，這種平等主義的外表，是作爲一般性政治哲學的功利主義在上世紀以來具有強大吸引力的主要原因。然而，我曾在第九章指出，功利主義論據的平等主義特色往往只是幻象。在這裡，我將不重複，而僅僅摘要我的主張。

功利主義論據建立在「某種對於自由的限制，會使更多人更快樂或滿足他們更多的偏好」這件事實上，這取決於所討論的是心理學的或偏好的功利主義。但如果更深刻地分析，人們對某項政策而非他項政策的整體偏好，將同時包括**個人**偏好，因爲它們陳述一組利益與機會分配給他自己的方式，以及**涉他**偏好，因爲它們陳述一組利益分配給別人的方式。但賦予社群成員的涉他偏好相當分量的功利主義論據，不會是目前考量的這種意義下的平等主義。它將不尊重每個人受到平等關懷與尊重之對待的權利。

例如，假設社群裡一定數量的個體不主張功利主義政治理論，卻主張種族主義。他們不相信每個人在利益分配中都只算上一份，而且沒有人多於一份；卻寧可相信黑人那份少於一份、從而白人算起來多於一份。這是涉他偏好，但毋寧是對於某項而非他項政策的眞實偏好，這種偏好的滿足將帶來愉悅。不過，如果在功利主義的計算裡，將通常的分量賦予這種偏好或這種愉悅，黑人也因而受害，那麼，他們的自己利益與機會的分配就不只取決於功利主義主張的、個人偏好之間的競爭，卻恰好就以「黑人被認為值得少於別人的關懷與尊重」這件事實為基礎。

再舉另一個例子，假設許多社群成員基於道德立場而反對同性戀、避孕、色情或支持共產黨的言論。他們的偏好不只在於自己不喜歡這些活動，更是希望別人也不這麼做，他們還相信，允許而非禁止這些行為的社群天生就是較糟的社群。這些是涉他偏好，但同樣地，它們也是眞實的偏好，跟個人偏好一樣，它們被滿足時會帶來愉悅、被忽略時會造成不悅。然而，同樣地，如果將這些涉他偏好計算在內，從而證立對自由的限制，那麼，受到限制的人們之所以受到傷害，就不只是因為他們的個人偏好在稀少資源的競爭中輸給別人的個人偏好，更恰好因為，他們對於適當或可欲生活形式的概念觀受到別人的蔑視。

這些論據證立下列重要結論。如果功利主義政策論據被用以證立對自由的限制，就必須小心確保作為這些論據之基礎的功利主義計算，僅僅立基於個人偏好而忽略涉他偏好。這對政治理論來說是個重要結論，因為它說明，比方說，為什麼彌爾在《論自由》中的論據並不反對功利主義，相反地，卻是支持形式上唯一站得住腳的功利主義的論據。

然而，在政治哲學層次上這麼重要的結論，本身在實踐上卻只具備有限的顯著性，因為，不可能設計出能夠精確區分個人偏好與涉他偏好的政治程序。人們廣泛地認為，在複雜且分殊的社會裡，代議民主制度是最適於鑑別並達成功利主義政策的制度性結構。就這點來說，它的運作還不完美，理由也很顯而易見，多數決制度沒辦法在數目之外充分計算政治偏好的強度，原因還在於，以金錢爲後盾的政治勸說技巧，可能會破壞選票反映投票者之眞實偏好的精確性。不過，儘管有這些缺陷，比起其他一般性政治藍圖，民主似乎更令人滿意地實現功利主義。

但在投票不完全地揭露的整體偏好中，民主制度無法區分個別的個人與涉他成分，從而提供實現前者而忽略後者的方法。我們必須認定，選舉或公民投票中的實際投票結果呈現整體偏好，而不是在時間與費用允許的狀況下，個別投票者的技術性交叉比對所顯示的、偏好的某種成分。而且，個人與涉他偏好有時以這種方式不可避免地組合，從而在心理與制度上，都不可能區別。例如，就許多人對某個種族的成員，或具有某種天分或條件的人們的同儕偏好來說，就是這樣，因爲這項個人偏好以這種方式寄生於涉他偏好，從而，即使藉由內省也不可能判斷，如果移除背後的涉他偏好，還會留下什麼個人偏好。對於許多人所享有的、某種自我拒斥的偏好也是如此；也就是，基於「別人會享有更多」這種假定甚或但書，而以享有較少某類利益爲偏好。不論多麼高貴，這也是以政治與道德理論的形式寄生於涉他偏好的偏好，而且，比起根植於偏見而非利他主義、且較不具吸引力的偏好，它們在站得住腳的功利主義論據裡也不會被多算一份。

現在我打算提出下列一般性權利理論。我先前區別出的、強反功利主義意義上的個體政治權利概念，是對將涉他偏好算計在內的功利主義之哲學瑕疵，還有不將涉他偏好計算在內的功利主義在實踐上力猶未逮之處的回應。它讓我們得以享有——既實現總體或粗略的功利主義，而又能藉由禁止先天上就可能基於民主制度所揭露的偏好的涉他成分形成的決定，以保障公民獲得平等保障與尊重的根本權利的——政治民主制度。

這項權利理論如何用以支持作爲本章主旨的想法，也就是「我們享有某些個別自由權，像是言論自由，以及個人關係與性關係的選擇自由權」這種想法，應該相當清楚。得以說明的是，加諸於這些自由權的任何功利主義式限制，必然以社群中的總體偏好爲基礎，而我們基於自己關於社會的一般知識曉得，這種偏好可能包含大量以政治或道德理論的形式存在，且政治程序無法區分或消除的涉他偏好成分。就像我曾說過，我目前的目的，不是架構要以這種方式捍衛特定自由就必須提出的論據，而只是說明這種論據可能具有一般特色。

然而，我想提及某項我的一般性論據可能引入的某種假定的權利，也就是所謂財產自由使用的個體權利。我在第十一章抗議過流行於某些領域的論據，也就是，舉例來說，對自由主義者而言，支持言論自由卻又不同時承認平行的、享有某種財產並運用那些財產的權利，並不一貫。如果「我們享有言論自由」這項主張有賴於「我們有權主張某種所謂如是的自由權」這更普遍的命題，那項論據或許有些作用。但這項一般性概念站不住腳也不融貫；根本就沒有什麼一般自由權。主張任何給定的特定具體自由權的論據因而全然各自獨立，而爲其一申辯並爭論其他，先天上沒什麼不一致或不合理。

基於我所提出的一般性權利理論，我們能對任何特定的財產權說些什麼呢？比方說，能說些什麼來支持最高法院在著名的 *Lochner* 案支持、後來不只是最高法院，更普遍讓自由主義者感到悔恨的契約自由權呢？我想不出任何論據能夠主張，像最低工資法那樣地限制這種權利的政治決定，先天上可能賦予涉他偏好實效，從而以那種方式侵犯——其自由因平等尊重與關懷而受限制者的權利。如果就像我設想的，提不出這種論據，那麼，假定的權利就不存在；無論如何，一面熱切地捍衛享有其他自由的權利，一面否認它的存在，不可能有任何前後不一。

◆注釋◆

【1】在這篇論文裡，我在以賽亞・柏林所謂的「消極」意義上使用「自由權」一詞。

【2】譯註：以賽亞・柏林（Isaiah Berlin，一九〇九至一九九七），英國哲學家。

【3】見第七章。

【4】譯註：羅納・賴因（Ronald Laing，一九二七至一九八九），蘇格蘭精神病學家、新左翼思想家。

第十三章 權利可以是爭議性的嗎？

一

在最後這章，我必須爲本書的論點申辯，以對抗一種反對意見，這種反對意見廣爲流傳，而且，如果它成立，也將具有破壞性。我的論據假設，複雜的法律及政治道德問題，通常有唯一的正確答案。這項反對意見的回應是，有時候沒有唯一正確答案，而只有好幾個答案。

有個迷人的態度支持這項反對意見。它混雜了寬容與常識，可以用如下的評斷表述。當人們爭論著言論自由權是否涵蓋汙辱性語言，或就憲法的意義來說，死刑是不是殘忍而異常，或一組不具結論性的判例，是不是在侵權行爲法上確立純粹經濟損害的賠償請求權，那麼，假裝有潛藏於爭議的唯一正確答案，就是愚蠢而自大的。承認儘管某些答案顯然錯誤，某些論據顯然不好，但也還有一組答案與論據，從任何客觀而中立的立場來看都一樣好，會是更聰明也更實際的觀點。

如果是這樣，在它們（按：指「一樣好的答案與論據」）之間的選擇就只是：一種選擇，而不是理性所促成的決定。如果檢察官必須判斷，抗議者有沒有抗議的道德權利，或經濟上損害在侵權行爲法上能不能獲得賠償，那麼，社會大眾有權期待的只不過是，他會在一個冷靜的時刻，誠實並免於偏見、熱情或激情地做出選擇。社會大眾沒有權利要求任何特定判決，因爲這無異於認爲，對於他必須加以判斷的問題，有唯一的正確答案。

本書不能苟同這些中庸觀點。例如，在第二章與第三章，我反對認為法官有裁判疑難案件之自由裁量權的流行理論。我承認法律原則之間有時候恰好勢均力敵，因此某些法律人會認為，總體說來，支持原告勝訴判決的原則較為有力，其他法律人則認為它們較為無力。我的主張是，即使是這樣，兩造各自宣稱自己有權獲得勝訴判決，從而各自否認法官享有判決對造勝訴的自由裁量權，仍然是有道理的。在第四章，我描述了那賦予這項主張具體內容的裁判程序；但我並未主張（事實上我還反對），在不同法官手中，這項裁判程序將總是會得出同樣地裁判。不過我堅持，就算在疑難案件，還是可以合理地主張，這項程序的目的是發現而不是創造系爭當事人的權利，而且，這項程序在政治上的正當化理由，取決於那項特徵描述成不成立。

所以，無正確答案命題與我捍衛的權利命題相互敵對。我先前描述的迷人態度支持前者。能不能講出一些道理來支持它呢？我們可以將可能出現的論據分作兩類，其中第一類是務實論據。它出於論辯的目的而承認，法律上的爭議問題原則上有一個正確答案。但它堅持，宣稱當事人有權得到那項答案，或者法官有義務發現它，這種說法是沒用的，因為沒有人能確定正確答案是什麼。假設我跟你打賭，李爾王這部劇本比殘局[1]更好。就算我們是美學上的客觀主義者，我們也都相信這個問題原則上有正確答案，這也是個愚蠢的賭局，因為輸掉的一方絕不會服氣。找第三人來當裁判以處理這盤賭局也毫無意義。他最多只提供第三個個人意見，而這個意見不會（或至少不該）讓我們當中的哪個相信自己有錯。疑難法律案件裡的法官也是一樣。就算在原則上，最佳法律理論與疑難案件的正確答案都是存在的，那項正確答案還是被鎖在法哲學的天堂裡，外行人、律師與法官一樣都得不到它。每個人都只有他自己的意見，而比起其他任何人的意見，沒有什麼能擔保法官的意見爲眞。

支持「無正確答案」命題的務實論據很容易回應。它主張，即使正確答案存在，要求法官試著發現正確答案也毫無意義，因爲他的答案不可能比任何他人的答案更正確，而且，就算他的答案就是正確答案，也沒辦法證明。我們必須小心區分下面三個問題：（一）對於疑難案件的當事人有沒有勝訴的權利，就算在所有事實，包括制度史的事實，都毫無爭議後，講理的法律人是否仍會意見相左？（二）就算所有的事實都已經沒有爭執，講理的法律人還是意見相左，疑難案件的當事人可不可能仍然享有勝訴的權利？（三）儘管另一組同等講理且適任的法官可能形成不同的裁判，國家執行一組特定法官對疑難案件的判決，合不合理或公不公平？

這三個問題的肯定答案之間，應該具備什麼樣的邏輯關係？務實論據認爲，第一個問題的肯定答案，排除了第三個問題的肯定答案，即使給予第二個問題肯定答案，也是一樣。但這顯然錯誤。清楚的是，要給予第三個問題肯定答案，就必須先給予第二個問題肯定答案。如果疑難案件的當事人不能享有獲得特定判決的權利，以關於「他們享有什麼權利」的爭議性（或就這個問題來說，其實不具爭議性）判斷來裁判他們的案件，既無意義，也不公平。同樣清楚的是，第二個問題的肯定答案本身不足以導出第三個問題的肯定答案。同樣必須要滿足的條件是，儘管任何一群特定法官的裁判都可能出錯，還可能永遠無法證明特定判決的正確性並讓其他所有法律人滿意，但是，讓那項判決成立，仍然好過交由其他機關決定，或要求法官在政策基礎上做成裁判，或以其他不要求他們對當事人的權利做出最佳判斷的方式做決定。但是，就算對第一個問題答「是」，人們當然還是可能在某方面滿於這點。有許多理由（完全的務實理由正是其中之一）得以要求，法官基於自己對權利的最佳判斷來裁判疑難案件，就算不能證明那項判斷爲眞並讓所有人滿意，而且那項判斷也確實可能爲假。

務實論據認爲，對於第三個問題而言，第一個問題的答案是決定性的。咱們暫且承認權利可以是爭議性的；而這項論據站得住腳，它並且堅持，有爭議的權利在裁判裡毫無立錐之地。但這過度簡化了。第三個問題是比較性的。假設（這可能有爭議）對第一個問題答「是」，等同於反對對第三個問題答「是」。如果沒有疑難案件，我們會更能接受權利命題。這並不表示，如果疑難案件無可避免，我們就必須拒絕權利命題。一切取決於，除了權利命題還有什麼別的選項。我在第四章說明過其他的選項，並認定它們說不通；它們當中，沒有哪個比權利命題更務實或更可靠，這種交易也不那麼公平。

除了務實論據，我們必須考量的第二類主張——也就是理論性論據——更強而有力。它主張，在我們區分出的三個問題中，第二個問題的答案必然是否定的。如果一方當事人是否享有特定法律或政治權利天生就有爭議，「他享有這項權利」這種說法就不可能爲眞。

在本章剩下的篇幅，我將考慮這項論據適不適用於法律權利。然而，我首先要指出，理論性論據如何徹底地譴責通常的做法，不只是法律上的做法，還包括其他各種事業的做法。例如，歷史學者與科學家認爲，就算不可能以理論性論據要求的方式證明，他們所說的也可能是對的。他們有論據能支撐他們的判斷，他們透過這些論據提出並修改意見。但它們不是基於毫無爭議的前提並以邏輯鎖鏈掛在這些意見上。在第四章，我說明過必須適用「棋手不能無理地彼此干擾」這條規則的西洋棋裁判的立場。我說過，處在那個立場的裁判，必須判斷西洋棋賽的性質，而對於某些特定議題會要求哪種特徵描述，講理的裁判們可能意見相左。假設兩位裁判眞的意見不一：其中一位判斷（回想該章的例子），在心理恫嚇之外的意義上，西洋棋是個智性遊戲，另一位則不同意。理論性論據認爲，沒有哪個意見可以爲眞；這個問題不可能有正確答案，而只有好幾個答案，它們每個彼此之間都必定同等地有效。但是，這兩位爭論的裁判當然不可能那樣看待他們的爭論，因爲這套分析只留給他們一套空泛的理論。每個人都知道對方有不同意見，也沒有什麼雙方共享的判準能夠解決他們的紛爭，進而化解爭議。但每個人卻都認爲，針對引發分歧的問題，自己的答案較爲優越：如果不這麼想，他還能怎麼想？

說每個人都知道自己的判斷代表著某種選擇，而不是理性要求他做成的決定，這種說法沒什麼幫助。他的選擇（對他來說）是特徵描述的最佳選擇；那是他的判斷要求他做成的選擇，而當案件疑難且別人意見不同時，仍然跟案件簡單且沒有不同意見時，一樣地確定。強調選擇只是**他**的判斷，宛如這樣的強調可能改變他的判斷的性質，也是沒用的；事實上，只要刪除子句裡的詞彙，就能改變這句話，卻又不改變它的意義或眞值。裁判們可能同意，他們的問題沒有「正確答案」，這是合理的常識。但是，如果他們認爲，在我區分出的三個問題當中，這項命題是第二個問題的否定答案，而不只是第一個問題的，那麼，當他們秉持著專業人士而不是哲學家的身分時，他們的常識就使他們的所作所爲毫無意義。

當然，這不表示「無正確答案」命題錯了。如果有個哲學理論迫使我們承認，除非可以藉由某種大家都同意的判準展示它的眞值，否則命題不可能爲眞，就通常的經驗——包括通常的法律經驗來說，這已經糟透了。但幸好情況已經完全不同了。理論性論據沒那麼有說服力，不至於使我們非得否認通常的法律經驗。相反地，在理論性論據的詮釋下，「無正確答案」命題到底是什麼意思，並不清楚。

二

假設特定司法體系的法官在會議中會面，並決定各自遵從權利命題，且像第四章裡的 Hercules 那樣判案。他們因此同意，自己應作爲爲法律命題——像是「死刑本身不是殘酷而異常的刑罰」，或「僅因過失而受到純粹經濟損害的人，可以根據疏失請求賠償」等等法律命題——規定眞値條件之事業的參與者而行動。一項法律命題，如果比相反地命題更合乎最佳地證立既存法律的法律理論，就可能被斷定爲眞。如果它比相反命題更不合乎那套法律理論，就可能被拒斥爲假。假設就現代法律體系而言，這項事業相當成功。法官們對法律命題的眞値往往意見一致，當他們有爭議時，他們充分地了解反對者的論據，因此能界定爭議的層次，並按照論據的可信度粗略地排列它們。

現在，假設有位哲學家參訪這些法官下次的會議，並且告訴他們，他們犯了非常嚴重的錯誤。他們似乎認爲困難的法律問題有正確答案，但事實上根本沒有正確答案，而只有好幾個答案。他們錯誤地認爲，在疑難案件裡，任何特定法律命題都可能爲眞，從而其反命題爲假。或許（哲學家補充道）宣傳「有正確答案」這種神話的做法有它政治上的價値，或許他們因而沒有裁判疑難案件的自由裁量權。但法官必須（至少在他們之間）承認，這種想法其實是個神話。

為什麼法官該被哲學家所說的說服呢？從一開始，下列考量就危及他的論點。假設法官說服哲學家到法學院去念三年的標準課程，接著自己在法官席上待個幾年。他將會發現，自己能夠形成他認為立足於錯誤的那種裁判。他會發現，對他來說，似乎有一套比相競爭理論更能對既存法律提供較佳正當化理由的法理論。他將能為那項信念提供理由，儘管他知道別人不會認為這些理由是結論性的。他怎麼能根據他認為有說服力的論據，主張經濟損失能依侵權行為法獲得賠償，卻又否認這種命題可以為眞呢？他怎麼提得出理由支持自己的信念，卻又否認任何人能夠提出持這種信念的理由呢？

假設哲學家說，儘管他抱持這種信念，但他之所以抱持著它們，只因為他受過法學訓練進而加入某種事業，而這種事業的成員被他們的訓練引誘並接受某種神話。他否認任何本身不是事業參與者的獨立觀察者，能夠決定哪個參與者的理論與判斷好過另一個參與者，至少在爭議案件如此。但是在這裡，他所謂「獨立觀察者」這項概念又會是什麼意思呢？如果他所指的，是沒有受過任何法律訓練的人，這種觀察者沒辦法對參與者的所作所為提出自己的看法，這既不叫人驚訝，更毫不相干。另一方面，如果他所指的，是受過必要訓練但未曾獲邀坐上法官席的人，那麼，為什麼權柄的欠缺，會影響那個人形成——如果他掌有權柄就會形成的判斷的能力，更是全然不清楚的。

所以，哲學家自己的能力會讓他尷尬不已。而且，他會碰上另一個儘管相關但更深入的問題。他想主張疑難案件的兩造都沒有勝訴的權利。例如，他會說，*Spartan* 案[2]的原告沒有就他的經濟損害獲得賠償的權利，被告也沒有不就那項損害負責的權利。他認為「立於原告所處地位的公司應該對經濟損害負責」這項命題不爲眞，儘管「被告不必負責」這項命題也是。兩項命題均不爲假（因爲這將使另一項命題爲眞），但二者亦均不爲眞。這大概就是無正確答案命題對命題眞值的影響。

現在，這其中沒有什麼必然會讓這項事業中的法官感到陌生或憤恨。在某些條件下，這些關於法律命題眞值的判斷，每一項都是法官在這項事業的基本規則之內，所可能合理做成的判斷。假設有位法官認爲，支持使被告就經濟損害負責的相關法律理論的論點，與支持使他免負那項責任的理論的論點恰好一樣有力。到目前爲止所描述的、那項事業的規則，承認這種情形在理論上可能會發生；如果這種情形發生了，那麼，根據這些規則，法官既不能斷言命題爲眞，也不能否認命題爲假。因此，在任何特定疑難案件裡，法官可以合理地對那個案件做出哲學家似乎對所有疑難案件做出的同樣判斷。

「這些相反命題均不爲眞」這項判斷或許可以稱爲「平手」判斷。現在我們可以注意到，平手判斷做爲法官事業內部的判斷的下列特徵：（一）平手判斷與的性質，與判定其中某項相反命題爲眞，且其他命題爲假的判斷一樣。我們可以說，疑難案件爲每位法官提出信心量尺，從左手邊法官確信支持原告的命題爲眞那點，穿過他愈加不那麼自信那項命題爲眞的那幾點，到右手邊代表對支持被告的命題爲眞更具信心的那點。平手的點，就是刻度中心那一點。在疑難案件，法官們可能抱持三種觀點當中的一種。有些法官會認爲，那個案件應該定位於中心左手邊上某一點，其他法官可能認爲，那個案件應該定位於中心右邊上的某一點，某些法官則認爲該放在正中心上。但平手判斷是與其他兩種判斷具有相同性質的積極判斷。它與它們競爭，並提出恰恰相同的知識論或本體論的前提預設（不論那會是什麼）。我們可以說，第三種判斷是「無正確答案」的判斷，如果我們認爲那僅僅意指其他兩個可能的答案均不爲眞；但第三個判斷是自己宣稱自己**就是**正確答案的判斷。

（二）假設這項事業中的法官說（I）「『原告應負賠償責任』這項命題（p）與『他不負責』這項命題（-p）均不爲眞。」這種說法的意思跟（II）「我看不出支持（p）或（-p）的論點有任何差別」不一樣。如果處在（II）所述處境的法官，必須在那種處境下做成判斷，他最好的判斷就是斷定（I）成立。甚至對他來說，（II）算是（I）的證據。但這跟說（I）與（II）是一回事並不相同。即使出自同一位法官的嘴，「對我來說，支持原告的論點似乎較有力」跟「支持原告的論點較有力」也不一樣；同樣地，（II）也不同於（I）。假設有位法官提出（I）與（II）兩項命題，但後來又被他的同儕法官說服，認爲事實上支持原告的論點強過支持被告的論點。他接著將會說，在他先前陳述時，（I）爲假，但（II）當然不爲假。

我強調（I）與（II）之間的差別，以重新提出剛剛提出的論點，也就是，作爲事業內部的判斷，所謂的「無正確答案」命題跟其他另外兩種答案一樣，是具有相同特徵、也同樣可能有錯的判斷。「每當無法爲任何其他答案找到有說服力的論據，或每當對於其他兩個答案都能提出好論據時，這點就自動爲眞」這種說法不是剩餘答案或預設答案。斷定（I）成立的法官是從自己的分析跳躍到不只陳述那項分析的結論上，就像做有利被告判決的法官，是從自己的論據跳躍到「那些論據是正確的」這項結論上。

我們可以想像一項事業，在其中，（I）與（II）的差異不那麼判若二分。假設賽馬跑道的管理者沒買到最精準的儀器供以照相判定勝負之用。它可能規定一條跑道規則，規定如果這台儀器拍攝的照片太模糊，沒辦法清楚判斷跑贏的是哪匹馬，就只能認定牠們平手，儘管更好的儀器可能判斷出贏家。在那個例子裡，「機器不能判斷贏家」與「沒有贏家」就是同一回事。但法官建立的事業不是這樣。這項事業的規則沒有規定，使某位或某群特定法官驚覺爲平手的，因而就是平手。

（三）特定法官做成的「某個案件屬於平手，因此在這項事業之內『沒有正確答案』」這種判斷，很可能有爭議。當然我們可以討論「這項事業會產生許多或很少眞的是平手的案例」的事前可能性。假設法官所由操作的法律體系是原始法律體系：只有很少的司法判例或制定法，以及非常陽春的憲法。在任何特定庭期之前，可能法官既會判定那次庭期有好幾個案件是平手的案件，而實際上也有好幾個案件是平手案件。既定法律既然非常少，通常就存在一個以上的理論，它們各自就疑難案件招致非常不同的結果，而往往能對既定法律提出同等良善的正當化理由，並對許多法官提供同等良善的正當化理由。

但另一方面，假設這些法官操作的法律體系非常先進，還有繁盛的憲法規則與實踐，以及濃密的判決先例與制定法。平手的事前可能性非常低；事實上，可能低到足以證立這項事業的一條更深入的基本規則，這條規則指示法官，將平手排除在他們可能給出的答案範圍之外。那項指示並未否認平手案件在理論上的可能性，但它確實假設，就手上法律材料的複雜性而言，如果法官想得夠久也夠努力，他們就會認爲，在一切考量之下，在邊際上，其中一邊的論點較佳。如果司法判決中，錯誤的事前可能性看似大過某個案件確實是平手案件的事前可能性，而且，如果否認法律上平手案件發生的可能性能夠定紛止爭，或在政治上有其他好處，這進一步的指示就是理性的。當然，如果法律體系沒有複雜到能證立這種事前可能性的計算，這項指示就不會是理性的，而會是愚蠢的。

我們現在可以回到哲學家的主張上，也就是「法官認定疑難案件可能有正確答案，這種想法犯了天大的錯」這項主張。如果我們認爲，他的主張是這項事業內部的主張，就像法官自己會提出的主張，那麼，這項主張幾乎篤定錯誤。它會變成：在每個爭議個案，也就是，在答案無法證立到只有不理性者能挑戰其正確性的每個案件，平手的判斷必定是正確答案。現在（除非「忽略平手」也是那個事業的一部分）每個法官都會承認，某些疑難案件確實是平手案件，但沒有法官會認爲，它們全都是平手案件。爲了以自己的主張對抗他們的意見，哲學家必須提出論據以堅實地主張，所有疑難案件都恰好處在我們想像的尺度的正中央，而那項主張太沒有說服力，而必須立刻擺到一邊去。

如果這項事業採納剛剛提到的特殊指示，我們就能以更溫和的態度看待哲學家的主張。他或許會主張，眞正的平手的事前可能性相當充分，從而，指示法官忽略這種可能性是愚蠢的做法，並藉此反對那項指示的合理性或妥適性。這樣一來，他的主張就必須修正：他不是主張在任何疑難案件都沒有正確答案，而只是主張，規定每個疑難案件都必定存在正確答案是不理性的。這項更溫和的主張，也就是，「這項事業必須改正，以允許平手的情形存在」這項建議將值得參考，雖然，如果法官所處的法律體系夠複雜，他們可能就會拒絕這項建議。

所以，如果我們認爲哲學家的主張是在這項事業內部提出的主張，不論是這兩種版本中的哪一種，這項主張就不會給法官們帶來太多煩惱，因爲，這項主張毋寧預設而非挑戰他們的事業的基本有效性。哲學家可能會駁斥，他的主張絕不能被理解爲這項事業內部的主張；它絕不能被理解爲忠於這項事業的法官自己可能做成的主張。它毋寧是對這項事業的合理性的攻擊，而且必須以這種方式理解。但我們現在必須面對這項關鍵問題。除了將哲學家的主張理解爲法官事業內部的主張，還能以什麼方式理解它呢？我們要怎麼將它理解爲，對於那一整套事業的外部批判呢？

似乎有兩種可能。我們可以把哲學家的主張當成來自不同司法事業內部的主張，它爲法律命題規定了不同眞值條件。或者，我們可以把它當成外於所有這種事業的主張，當成關於眞實世界的主張——不論法官爲他的命題選擇什麼樣的眞值條件，最終都必須尊重的主張。但這兩種可能，都完全無助於哲學家的目的。

（一）我們可以輕易地想像一個法律事業，在其中，哲學家「疑難案件從來沒有正確答案」這項主張全然有效。假設有一群法官決定遵守下列規則。一項法律命題可能被斷定爲眞，如果那項命題可以基於毫無爭執的或給定的事實，藉由演繹而從既存法律推衍而出。某項法律命題可能被駁斥爲假，如果這項命題的反命題，可以基於毫無爭執的或給定的事實，藉由演繹而從既存法律推衍而出。根據這些規則，在任何疑難案件，有利於原告或被告的法律命題都不會被斷言爲眞，也都不會斷言爲假。在任何疑難案件，都沒有那種意義下的正確答案。

但我們想像中的法官所經營的，顯然不是這種事業。所以，哲學家的主張，不論在其他事業多麼有道理，都跟這項事業無關。比方說，哲學家現在可能會說，他的事業，也就是剛剛描述的事業，是在英國或美國實際上實行的法律事業，而我所描述的法官事業不過是想像的。我在第四章主張，在這些國家（無疑地在別的地方也一樣）實行的體系，事實上很像我在這裡想像的事業。如果是這樣，哲學家就很難主張他的事業更忠於現實。但假設我錯了，他的事業更接近實際運作中的那個事業。支持無正確答案命題的理論性論據應當說明，在原則上，疑難案件不可能有單一的正確答案。但它現在僅僅主張，作爲事實問題，類似的法律體系承認了——不允許疑難案件有正確答案的——法律命題的眞值條件。即使爲眞，這項主張也更爲溫和，但它其實爲假。

（二）假設哲學家主張，他不是在具有不同肯否基礎規則的另一個事業裡發言，而是就眞實世界發言。他的主張是，法律上的疑難案件，事實上不可能有正確答案，因此，如果任何法律事業採用預設正確答案可能存在的規則，那個事業就立足於神話。他所說的不是不同的事業，而是任何事業如果要切於實際，就必須面對的客觀事實。

但這項客觀眞實是什麼？它必然包含權利與責任，包含作爲客觀事實而獨立於慣例體系的結構或內容的法律權利與責任。這個想法常見於自然法主義者的理論，但在以常識之名主張疑難案件不可能有正確答案的哲學家手裡，這是個驚人的小玩意兒。畢竟，如果權利與責任存在於某種客觀而獨立的世界裡，爲什麼我們不該認爲，人們可以享有權利，就算沒有其他人認爲他有，或沒有人能證明他有？

所以，對我們的哲學家來說，主張他所說的是眞值條件獨立於人類習俗的客觀法律世界，這種說法是危險的。還有另一種危險。它有使他最基本的主張難以理解的危險。他主張（p）（被告對經濟損失應負賠償責任）與（-p）（被告不對經濟損失負賠償責任）可能均不爲眞，儘管兩者均不爲假。我們能以什麼方式理解這點？如果賠償責任是客觀事實問題，而獨立於我們所描述的那種事業，如果斷定賠償權存在的命題——像是（p）不爲眞，它就必定爲假。

只有認爲哲學家的主張所陳述的，是某項事業的特殊眞值條件，我們才能理解他。就像我剛剛承認的，在其眞值條件只於簡單案件允許命題之肯否的事業裡，他的主張可能有效。那麼，在疑難案件，法律命題就不能被斷言爲眞或駁斥爲假。它的謬誤不是因爲它的眞值爲假。在我們的法官建立（但並無禁止平手的特殊指示）的事業，那項條件仍然是理論上可能發生的情形之一，儘管在發展到相當程度的法律體系，它實際發生的可能性很小。如果加上那項特殊指示，則按照規定，這些規則禁止「無法斷言爲眞」與「無法駁斥爲假」的組合，那麼，出於我所說的理由，光靠「無法允許那套組合」這種預測，不會禁止那項事業的運作。但如果沒有**某些**讓我們能夠抗拒「某項命題若非眞即爲假」這項結論的特殊眞值條件，無正確答案命題就根本不能存在。

我曾在別的地方提出相同的論據，但那裡的論述篇幅更長，對於「法律問題是否總是有正確答案」這更一般的問題有興趣的人，應該看看較長的論述[2]。然而，我將提及在那些討論裡沒有預見的、一項可能對我這部分主張提出的反對意見。它以一般的方式，訴諸一項常見於語言哲學家的主張，也就是，關於不存在實體的命題，既非眞亦非假。有個傳統主張，「現任法國國王是禿頭」這項命題既不爲眞，也不爲假（儘管也有個傳統主張，在適切的理解下，這項命題顯然爲假）。關於法國國王的命題，似乎不是只能理解爲某個特定事業內部的命題，像是我們所考量的那些事業，但（根據某種觀點）它既非眞亦非假。因此（我曾聽人主張）不作爲特定事業內部命題的法律命題，也可能既非眞亦非假。

但疑難案件中的法律命題與關於不存在實體的命題之間的比較，顯然毫無價値。後者引起困擾，只因爲根據人們的理解，這項命題的主體並不存在，而這項命題假設而不是斷定它的存在。法律上的爭議命題或者斷定或者否認法律權利或其他法律關係的存在。爭議恰好在於，那項斷定或否認正不正確。如果我們認爲，就經濟損失獲得賠償的權利不存在，「在這種案件的原告有權獲得賠償」這項命題就不只是有所疑義。它顯然爲假。相對應的命題是「現在有法國國王」。沒有人認爲那項命題既非眞亦非假。它要不（像大多數人所想的）爲假，要不就（如巴黎伯爵[4]的極端支持者所相信的）爲眞。

三

最後，對於作爲本章主題的一般性批評，我們該說什麼呢？常識或現實主義支不支持「疑難案件不可能有正確答案，只有一定範圍的可接受答案」這種批評，不再這麼清楚了。支持這項主張的務實論據遭到誤解。理論性論據則牴觸提出這項論點的人的能力，它甚至無法以不將其主張消解爲它所要挑戰之背景的方式陳述，或至少看似如此。某些讀者還沒有被說服。在眞正的疑難案件，確實不**可能**有一方就是對的而他方就是錯的。但爲什麼不可能？或許一邊可能爲眞且另一邊爲假的假設，太過深層地固結於我們的思考習慣，導致我們無法融貫地拒絕那項假設，不論我們打算在這種問題上抱持懷疑或強硬的態度。這會解釋我們以融貫的方式陳述理論性論據的困難。疑難案件有唯一正確答案的「神話」既頑強且成功。它的頑強與成功都說明，它不是神話。

◆注釋◆

【1】譯註：諾貝爾文學獎得主，法國作家薩繆爾・貝克特（Samuel Beckett）所著。

【2】見第四章。

【3】"No Right Answer", in *Law, Morality and Society: Essays in Honour of H.L.A. Hart*, London 1977.

【4】譯註：「巴黎伯爵」(Comte de Paris; Count of Paris)，指波旁家族族長 Henri d'Orléans（一九三三），為波旁王朝之後裔。

附錄：對批評者的回應

這篇附錄是〈七位批評者〉的修正擴充版，那篇文章是對原本發表於《喬治亞法學評論》上探討本書各個面向的幾篇文章的回應。我發現，其中幾篇文章提出的問題，讀者們也普遍感興趣，因而，我認為把我的回應——它可觀地深入發展我的論述——加在本書新版會是個好主意。然而，我略作修改。我刪除原文中的一節，不是因為那裡討論的批評者提出的議題不重要，而是因為我對他們的回應似乎沒有獨立的旨趣。我加上探討其他三位批評者所提問題的新篇章（然而，我沒有主張，這些是令人生趣又生畏的文獻——其中許多品質甚高——對我的論點所提出唯一或最困難的問題，也不表示我接受其他已然提出的反對意見，或對它們無所回應），我也增加第二節的內容，檢驗那一節討論的批評者更早先的文章，並擴充其他幾節。

在這份附錄裡，我很少主張批評者未能了解我所要提出的論點。我承認誤解的責任在我。本書所收錄的數篇論文追尋著一套一般法律理論，但就像我在〈前言〉所說的，它們分別寫成，在其中，既重複陳述也發展了我的想法，它們也沒有道盡我對它們討論的主題所要說的話。比起整本寫成的書，這樣一本書遭受錯誤詮釋的風險更高。讀者必然常常想自己填補不同部分之間的隙縫，而他們的填補方式，可能會把作者帶往讀者已然熟悉的標準立場。與這些較為人熟知的立場不相符的段落，則可能更容易被忽略。

我剛剛重複指出，對於幾項議題，我想要說的多過我已經說的，而我將提及其中兩項。第一項是概念與概念觀之間的區別，以及「爲概念的某種概念觀申辯的論據，是另一種論證形式」的想法。我在第五章以及本附錄的第五節運用這個想法，但我對這個想法的分析，到目前爲止僅僅是直覺性的。第二項則是〈前言〉所述並在底下的第六節再次提到的主張，也就是，作爲平等關懷與尊重的平等概念觀，不僅提供論據以支持第十二章所描述的、常見的憲法權利與一篇更深入的論文描述的經濟權利[1]，它也針對出現在人權的古典描述中的自主概念提出論述。如果這是正確的，自主與平等之間假想的衝突，就像自由與平等之間的衝突，是虛假謬誤的。我目前認爲，這兩項議題——理解支持概念之概念觀的論據，以及理解平等與自主之間的關連，會把法哲學與政治哲學帶往哲學上更深入的古典問題：個人同一性問題。因爲，我們每個人形成生活概念觀的方式，同時是我們特有的論證典範與自主概念的來源。但是，最後這項主張甚至是超越此一篇章之廣闊界線的推測。

一、哈特與一夜好眠

將哈特教授在他優雅的 Sibley 講座課程對我的評論視爲批判，看似粗魯[2]。他僅僅預測別人可能發現的錯誤，甚至這麼溫和、這麼慷慨地提出，使我再一次理解，在他手上，批評總是帶來喜悅與啓發。他說，在我所提出「即使在疑難案件，當法官創造新的法律規則，裁判也是原則問題而不是政策問題」這項主張中，法律人會挑出重大的疑難。他也說道，我對「這種案件往往沒有正確答案」這種流行想法的駁斥，不會說服他們。

然而，哈特論文的作用不只是預測這些回應，更在提醒我一幅熟悉的法律圖像，那幅圖像得以解釋，爲什麼某些批評者以他們那種理解方式來理解我的主張，並滿懷自信地否決它。他們相信，說「規則存在」有所助益，而他們相信哈特所謂的「存在法」——它由確實存在於給定時刻的法律規則（或許還有別種規範）的特定可列舉清單構成。以這種方式理解，存在法具有兩項功能：它足以單獨對公民與其他法人的法律責任問題提供答案，它還足以單獨課以法官接受它們作爲訴訟的決定性答案的義務。在哈特看來，美國法理學認爲自己必須在關於存在法之內容的兩種極端理論之間抉擇。第一種是夢魘，它認爲，存在法虛空不實：其實裡面根本就沒有規則。第二種是高貴的白日夢；以哈特歸屬於我的極端版本來說，它認爲，存在法豐富詳盡，從而法官：

> 必須隨時認爲，每個預想得到的案件，都存在著判決做成之前就已經是〔存在〕法而等著他發現的解決方案。他絕不能認爲法律可能不完整、不一致或懸而不決；如果看似如此，錯誤不在其中，而在法官作爲人類有限的辨識能力……[3]

事實上，根據哈特的看法，識趣的法律人會同時避免夢魘與白日夢，並接受由常見的中道立場提出的一夜好眠，也就是，存在法包含許多由立法、判例與習慣法在其中設置的規則，但這些規則數量不足也不夠精確，不足以判決所有案件。

哈特正確地將「存在法」圖像認定爲扯住法理學後腿的實體。它導致後面提到的、關於爭議性法律權利的「祕本」理論。哈特自己的常識性觀點與那兩種更極端的立場共享那幅圖像，差別只在歸屬於存在法的內容。我希望能說服法律人把整個存在法圖像丟到一旁去，並支持將法律權利問題當成特殊政治權利問題的法理論，從而，人們不必認定任何已然「存在」的規則或原則規定了那項權利，也能認定原告享有法律權利。為了取代「法官在『存在法』發現規則或創造那兒找不到的規則」這令人混淆的問題，我們必須問道，法官是不是試著決定當事人有權享有什麼，或他們是不是創造他們所認定的新權利以追求社會目標。我的看法是，哈特與其他批評者試著把我的觀點推入我所拒絕的舊圖像，而他們在我的著作發現的白日夢——我認為它愚蠢甚於高貴——正是這項結盟的產物。但我確實同意，就這一切我終究是對是錯，確實涉及高貴之事，我將在下面的三（二）節（見原書頁四五九）討論它。

二、格林瓦特與權利命題

（一）原則與政策

格林瓦特把我「在通常的民事案件，法官典型地透過所謂的原則論據而不是政策論據證立他們的判決，而且，他們不但以這種方式下裁判，更應該以這種方式下裁判」這項主張當成標靶。格林瓦特從幾個方面反駁這項主張。他提出幾個反例來反對它的描述性主張。它們是用來說明，法官在疑難案件裡常常基於政策論據而下判決，至少美國法官是這樣。他恐怕我會試著以「指出案例中顯然的政策論據，在妥適理解下，其實是原則論據」這種「巧妙」論據來迴避這些反例。但他警告我，如果我成功地以那種方式防禦，我也將以抹去兩種論據的區分爲代價，或使我的核心主張變得細瑣無意義。他也獨立地挑戰我「在疑難案件，法官應當運用原則論據並避免政策論據」這項主張。根據我對他的理解，他認爲，這項規範性主張的立論基礎是過度簡化、令人吃驚、還造成誤導的政治理論[4]。他相信，至少在某些案件，在當事人的權利有所爭議的情形下，法官創造僅受政策論據證立的新法是全然適切而有益的，儘管他們必須溯及既往地適用新法，以裁判過去的事件造成的後果。

什麼是原則論據與政策論據，它們又有什麼區別呢？原則論據試著說明某人或某團體有獲得某項利益的權利，以證立使那個人或那個團體獲利的政治決定。政策論據試著說明，儘管獲利者沒有獲得這項利益的權利，但提供這些利益將有助於政治社群的集體目標以證立某項決定。重要的是，別把原則論據與政策論據的區分跟與另一組區分混淆，也就是，後果論與非後果論的權利理論之間的區分。

考慮典型的氣響侵入問題。A、B兩人土地相鄰。B在自己的土地上開工廠，造成的汙染有損於A對自己土地的用益。假設A來到立法機關面前，並請求制定法律，以禁止處在B的地位的人造成B所造成的汙染，至少在未經處於A之地位的人同意時如此。A可能提出兩種不同論據來支持他的請求。他可能首先主張，基於一切考量，他有不受這種汙染地用益自己土地的權利。這會是原則論據，作爲正當化理由，它訴諸權利以支持實現或保障那些權利的政治決定。或者他可能會說，如果禁止類似B的活動，或至少讓他藉由購買受最直接影響者的同意，而爲他的行爲付出代價，社群整體會過得更好（因爲空氣會更清淨）。這會是政策論據，它訴諸某種社群集體目標，以證立促進或保障那項目標的政治決定。

假設A提出「A有權要求B不以B現實上所採取的方式使用B自己的財產」這項原則主張，並被要求爲這項主張申辯。A的論據可能毫不訴諸任何允許B汙染空氣時所將造成的進一步結果。例如，他可能會說，從系爭區域購買地產的人們，在購買當時就已經在慣例的確認下而理解到，他們將能夠在這塊土地上呼吸到完全不受汙染的空氣，而他的權利僅僅來自於這種普遍理解。但另一方面，A可能提出更後果論式的主張。例如，他可能會說，空氣汙染會影響他與家人的健康，而他的權利來自於「B的行動威脅到A所享有、並有權受到社會保障的特殊重大利益」這件事實。A以這種方式訴諸B的行爲後果，作爲A有權阻止那種行爲的論據。當然，對於後果的這項訴求不會讓他原來的論據變成政策論據。如果我們認爲它改變了，我們就錯誤地以爲，由於政策論據使我們注意特定規則存在或不存在所帶來的後果，任何使我們注意到後果的論據也必然都是政策論據。

不是只有權利的支持者會將後果論式論據引入權利的爭論中，它的挑戰者也會。假設B在立法機關面前挑戰A的原則論據。例如，B可能會否認購買社群這個區段土地的人們期待能控管空氣品質，或否認他所造成的汙染確實威脅A或A家人的健康，以直接回應這些論據。或者他可能試著確立自己——比A所確立的權利更具分量——的相競爭權利，這麼一來，他就能在以那種方式建構的權利衝突中獲勝。就他來說，他可能運用具有這種效果的非後果論式或後果論式論據。他可能以非後果論的方式說，這個區域的土地的購買者都了解，他們會開工廠或以商業上最有價值的方式運用那塊土地，而不必經過鄰居允許，或不會受到他們的阻礙。或他可能以更後果論的方式說，如果不允許他製造A所抱怨的汙染，他就沒辦法營業獲利，進而還會破產，而比起繼續汙染對A造成的影響，他承受的後果會更嚴重。同樣地，對於允許或拒絕A的權利主張時造成的相對後果的關注，所提出的是原則論據。在這種情形下，那項論據假設B享有某種相競爭的抽象權利，而對後果的訴求是用來說明，在這些狀況下，這項相競爭權利分量更重，從而A其實沒有他要求制定那項制定法時所主張的具體權利。如果B確實藉由這種後果論式論據說服立法機關拒絕那項法案，這並不表示立法機關的決定生於政策論據。立法機關沒有把拒絕通過那項制定法當成促進總體經濟效益的策略，而毋寧是因爲，例如，它被說服而相信B有而A沒有他們各自宣稱自己享有的權利。

但B可能提出另一項後果論式消極論據來對抗A的權利主張，而又不像剛才描述的論據那樣有賴於「B享有更強的相競爭權利」這項概念。例如，B可能主張，如果那項保障對社群的經濟健全帶來非常高的成本，就沒有人能有權享有免於氣響侵入之保障，他還可能補充，既然他的工廠僱用社群中絕大多數的勞動人口，保障A的代價顯然太高。假設立法機關被這項論據說服而拒絕制定A基於那項論點而想要的制定法。現在可能會有更多人想說，立法者的決定是政策問題而不是原則問題，但這毋寧是錯的。擺在立法機關面前的問題仍然在於，基於一切考量，A有沒有他所主張的權利。如果立法機關相信那個問題的答案取決於後果的計算，這並不改變它試著回答的問題的本質。它判定A沒有請求制定那項制定法的權利，從而拒絕通過那項制定法的理由。當然，立法機關可能打算考慮，就算A沒有請求制定那項制定法的權利，是不是還有制定那項法律的良善政策基礎。在那個案例，B的論據完成了雙重責任：它們駁斥A請求通過制定法的權利主張，也同時駁斥「就算A無權主張，制定法也是可欲的」這種獨立政策論據，如果眞的有任何這類論據。在那種情形，立法機關做成兩項決定：首先，在原則的基礎上判定A沒有權利獲得他所要求的，其次，在政策的基礎上判定他所要求的將有損於而不是有助於社群的目標。

那麼，原則論據與政策論據之間的區別，就是政治組織所會自問的兩種問題之間的區別，而不是可以出現在答案中的事實種類的區別。如果某項論據的目的，是回答「當事人有沒有權利主張做成某項政治行爲或判決」，這項論據就是原則論據，儘管這項論據在細節上可能是徹底地後果論式的。當然，原則論據的批評者或許要說，這項原則論據不好，只因爲它以那種方式訴諸後果。假設立法機關判定A無權請求通過那項制定法，因爲B已經說明，改建工廠以減少汙染的成本，在經濟上雖然可行，卻高於目前的汙染程度對不動產價值的減損。A可能抗辯道，在這個案例，他免於健康的威脅而用益自己土地的權利太過重要，因而，那種單純邊際成本的考量沒辦法超越那項權利。他可能補充道（就像我自己可能會提出的），接受那種理由作爲拒絕承認具體政治權利的立論基礎，無異於否認任何抽象政治權利的存在，從而，承認那項抽象政治權利卻又拒絕在這種案例實現它，前後不一。但這不過是用另一種方式說立法機關犯了原則上的錯誤：太不珍視抽象權利，或根本否認那項抽象權利的錯誤。立法機關可能回應道，錯不在他們而在批評者；以這種方式連接的議題是原則議題，而不是政策議題。

作爲歷史問題，我們該怎麼判斷特定政治決定是在原則基礎或政策基礎上做成的呢？這不會是個簡單的問題。假設我們以霍維茲教授在他有趣的著作裡討論的、十九世紀早期關於臨河土地所有權人權利的案件爲例[5]。如果兩個人或兩家公司各自擁有土地，這兩塊土地都面臨著可以築壩的河，其中一筆在另一筆的上游，而其中一個人可能打算以對另一個人造成不利益的方式用水。霍維茲相信，對於這些案件，麻塞諸塞州與其他各州的法院在不同時期採取了不同態度。在某個時期，它們不允許所有權人做任何可能有損於另一個所有權人之榮景之事，不論對第一位所有權人或對社群普遍來說，受到這種限制的活動多麼必要或多麼有價值。在另一個時期，它們運用了合理性判準：問題在於，衡量被告因爲無法以他所想要的方式使用自己的土地而遭受的損失，與如果被告能以那種方式使用土地，則原告將會遭受的損失。法院又在另一個時期站在另一個極端：對於流經土地的水，所有權人都能以他想要且有利的方式使用，不論對鄰人的衝擊多麼重大。霍維茲主張，在每個時期，所採取的做法都有利於資本主義工業的擴張；法律規則隨著水助於土地收益最大用途的方式而變更。在法律規則改變的幾項里程碑案件，法院對它的判決提出後果論式正當化理由。乍看之下，這些後果是原告、被告與處在相似處境者所承受的後果，但在某些案件，顯然還參酌了社群整體更普遍的經濟利益。

對於這些案件，我們可以提出兩套很不一樣的說詞。第一套是政策說詞。在十九世紀早期，法官掌握了私法案件呈現的機會，針對流水權利的分配發展出比其他規則更能促進「發展並強化資本主義經濟」這項集體目標的規則。當經濟實踐與情況改變，這些法官就改變規則以跟上腳步。無疑地，法官準備好承認，每位土地所有權人對土地的使用享有某種權利——這種權利，如果法官只因爲那項政策而加以變動，他的做法就是錯的。例如，他們不會夢想著發展出一條規則，禁止土地所有權人以他們所欲、但在經濟上無效率的方式使用土地，或允許更有效率的使用人侵入較無效率的使用人的土地。但他們不認爲，關於水的**疑難**案件要求在抽象權利似乎有所衝突時，對相鄰土地所有人的具體權利提出更精確的論述。相反地，他們將一切關於「作為個體之當事人的既存法律權利」的想法擺到一旁，就像立法機關為商業利益而修正法律建制時，可能採取的做法。

第二套說詞是原則說詞。法官們認為，這些案件是涉及鄰人——在變動的經濟情狀下的——具體權利的疑難案件。他們認為——或許沒有經過太多反思，至少在涉及土地使用權的案件，在這些權利的界定上，後果的考量扮演重要角色。如果更清楚地說，他們抱持那項認定作為所謂「他們的政治理論的一環」。如果有誰要求他們以背景道德的用語說明這種一般情形，他們會說，儘管人們有按照自己的意願運用自己土地的抽象權利，但他對自己土地的使用造成鄰人們無法對自己的土地享有相似的權利，這是不公平的；但另一方面，土地所有權人期待他人不對各自的土地做有益的運用，以縱容他對社會價值較低之使用方式的偏好，也是不公平的。不論合不合理，他們可能認定，對於相競爭土地所有權人之道德權利這項非常粗略且抽象的描述，為他們認知下的法律提供（在第四章[6]的意義上的）最佳正當化理由，他們並且接著盡其所能地塑造出最精確地描述且最有效地保障支配性經濟條件下之分析所生的具體權利的支配臨河土地使用的規則。當然，就這些分析來說，當這些條件改變，具體權利就跟著改變，也就需要忠於舊原則的新規則。這些法官們就關於土地使用的具體權利面向取後果論式觀點，這件事實並不表示，他們對別種權利也採取類似的後果論式理論。比方說，就對抗個人財產或人身之物理性侵害的權利，他們可能有不同的感覺。問道他們為什麼對於臨河土地使用、氣響侵入或其後果論式理論延伸所及的任何問題採取不同觀點，這種問題是公正的，而且確實是必要的。但答案可能在於「不動產上的權利，就它的根源來說，比更具屬人性的權利還要制度性」之類的觀點，或在多少明晰可見的政治理論中的其他特徵。

我們應該怎麼在這兩套說詞之間抉擇呢？某些批評者要說，這兩套說詞只是同一件事情的不同說法，選擇哪個作爲司法裁判的一般描述，其實沒有差別。我很快會再回到這項指控上；但如果咱們暫且假定這兩套說詞是兩回事，而決定應該選擇哪個作爲特定系爭法律上決定的描述，不是簡單的問題。然而，我希望顯而易見的是，意見書中所發現的、對結果的訴求，並不決定性甚或明證般地支持政策說詞。只有在「認定法官就不動產能採取後果論式權利理論」這種說法毫無說服力時，它才是清如明證的。我也希望顯而易見的是，霍維茲「法官發展出的規則，事實上是最適於促進資本主義經濟發展的規則」這項主張，與這兩套說詞都相符。如果法官們形成相同的規則，卻又沒有訴諸允許或禁止不同使用的後果，霍維茲的主張就會支持我在〈疑難案件〉所說的人類學命題，也就是，社群成員會發展出事實上促進他們所理解的、一般興盛的權利理論。這些主張並不牴觸「法官認爲自己形成判決時是在實現權利」這項命題。它們對「法官認爲自己是在使後果與權利相關的理論下實現權利」這更深入的理論，沒有強大的反駁力量。事實上，霍維茲的論據，目的就在於支持所謂新馬克斯主義版的人類學命題。這個版本認定，支配階級的成員不會像樂觀的人類學家所設想地，發展出有助於社群整體利益的權利理論，而是會發展出僅僅有利於自己的階級的理論。如果是這樣，這在歷史學與政治學上都是重要的發現，但它並不反對原則說詞，儘管它當然限制了任何從那套說詞抽繹而出的評價性或規範性結論。

但這一切所涉及的，是在我們的兩套說詞之間抉擇時並不算數的考量。什麼考量才算數呢？我們必須牢記，儘管我們是在對於「法官實際上所做的」的兩種相競爭描述之間選擇，但其中任何一種描述的成敗，所以取決的是，對法官來說「他們應該做什麼」。我不是要假設這些法官（或實際上就當代法官來說）像我們一樣區分原則論據與政策論據，並且有意識地試圖做成他們將以那項區分的用語描繪的判決。相反地，儘管在政治哲學或法律哲學中，這項區分都不是新鮮事，這還不是法理學的主要產物。我的意思毋寧在於，這兩項特性描述之間，最好的選擇方法就是問道哪個與能夠合理歸屬於我們正試著描述的實踐的、政治及道德理論較爲相符。

例如，如果認爲，就某個土地所有權人對另一個土地所有權人所能公正期待的對待，法官採取後果論式態度將無法言之成理，原則的說詞就沒辦法自圓其說。但作爲事實問題，認爲他們沒有抱持那種後果論式態度，也說不通，因爲這在英美兩國是幾世紀以來的慣例道德。人們相信土地所有權包含幾項權利，那些權利既是用來決定在該土地上該做什麼，也是用來免於鄰地上的作爲所產生的干預；他們理解到，這兩種權利可能牴觸，而他們並不相信，在那個案例，兩位鄰人都沒有任何對抗對方的道德權利，也不相信其中一種權利總是壓倒性地高於另一種。相反地，他們相信，在這種案件，一造有所謂「較強」的權利——我將它理解爲，一造在這種情形下享有具體權利——而在判定誰享有這項權利時，那些後果都是相關的，不只對這兩位鄰人來說是這樣，對社會總體而言，更是如此。確實，「土地所有人能合理期待什麼」這個問題的這些後果論面向與非後果論面向相互混雜，像是「兩相牴觸的用途之間哪個優先」這項問題，或者，像是目前關於協和號登陸權[7]的爭議中，哪一個比較「自然」，或在非後果論的政治道德基礎上，哪一個應當優先。儘管他們甚少全盤否認後果考量所扮演的角色，但要判斷怎樣才合乎公平，流行理論運用這一切以及其他考量，而一般人在個案中爭論著它們的正確混合比例。原則說詞僅僅認爲，法官對公平性的問題採取相同的一般態度，並以法官之間各自不同、時代之間也各自不同的方式與重視訴諸結果，就像它們在日常生活中也因人而異。社會人類學家可能堅持，這些關於公正性的理論生於社群對共同需要的某種理解，而不是任何更抽象的道德原則媒介；或者，如果他偏好馬克思主義的詮釋，關於公正性的理論就是階級對自身利益觀點的結果。但是，這些不同版本的人類學命題毋寧確認而不是挑戰原則說詞。

(二)反例

我不打算繼續處理霍維茲的法官是在原則或政策的基礎上，裁判臨河土地案件的歷史問題，儘管我當然認爲他們的基礎在於原則。相反地，我打算運用這些案例事實作爲一項乏味練習的題材。我將在某個程度上區分可能對這些情況提出的各種道德、政治與司法問題。A與B擁有相鄰土地；一條河流同時流經這兩筆土地，A的土地在B的土地上游。A打算建造水壩，或者灌溉他的土地，或爲他的工廠提供電力，或另有目的；但對B來說，不論就相同或其他目的而言，河川都會因此而較無用處。

(1)首先是密切相關的、涉及公平性的道德議題。如果沒有法律明文禁止A在河上築壩，B有沒有權利（我們或可稱爲「道德」權利）主張，A不得以這種方式干涉B對其土地的用益？如果B沒有請求A不在河上築壩的權利，B有沒有權利主張，A應將B因爲那條河對B的價值減損而遭受的任何損失回復原狀？如果B沒有權利主張A不得在河上築壩，也沒有權利請求A賠償他的損失，他是不是至少有權利要求，A注意不在追求自己的利益所必要的程度外損害B的利益？或者即使在道德上，B也沒有任何這些權利，從而在道德上與法律上，A都能完全自由地按照自己的意願使用他的土地，而應由B盡其所能地看顧自己的利益？畢竟，B確實買了下游土地，還因此付出較低的價金。

顯然地，人們對於這些私道德問題有不同答案，而不同的答案，將會反映他的道德或潛在倫理理論裡更重大或更抽象的差異。就像我剛才所說的，同樣顯然的是，願意略加思索這些議題的人們，可能會考量對當事人造成的後果，甚或對社會整體造成的後果。例如，他們會說，儘管人們原則上有權用益自己土地上的資源，那項權利不能擴張而阻礙社群整體的社會獲利，因爲這等於利用私人財產綁架社群以勒贖。

（我談到「許多人」會認爲的事情，因爲我急著區別「認爲某人的主張對他或她來說是權利的主張能不能言之成理」，與「這事實上是不是好的權利主張」這兩個問題。就像我們將看到的，當我們問道特定司法裁判算不算是權利命題描述面向的反例時，前面那個問題位處核心。當我們想測試權利命題的規範面向（從而想判斷，在那項命題下，哪些判決事實上是正確的判決）時，後面這個問題更重要。當我們考量權利命題是不是瑣碎無義，或（像某些人所說的）比表面上看起來的更溫和，這兩個問題都變得重要。當我說，許多人可能在他們關於特定權利的理論當中，賦予後果重要地位（這涉及前面那個問題），我既不主張也不否認他們這麼做是對的，不論是普遍而言，還是就這些特定權利而言。）

(2)現在我們面臨另一個問題，也就是，立法機關透過制定法，或者規定(a)賦予下游的所有權人阻止上游水壩的法律權利，或在水壩建造後請求賠償的法律權利，或更複雜的權利，像是提出「水壩基於一切考量必須是合理的」這種要求的權利，或者(b)規定下游的使用者沒有這種權利，從而推翻先前任何類似(a)的制定法或司法先例，這類做法適不適當。假設有位立法者判定B有獲得制定法(a)所規定之保障的道德權利，以回答我的第一組問題（上面的第一款）。在那項決定中，他有投票支持那項制定法的原則論據。他也可能認爲制定法(a)會促進社群的某種目標；實際上，如果他認定B享有這項權利的立論基礎是強烈的後果論，他可能（縱使不是必然）會認爲，那項制定法將有助於某種共同目標。如果是這樣，他就附加另有支持那項制定法的政策論據。但同樣地結果既出現在那項論據也出現在原則論據中，這件事實並不表示政策論據是相同的論據。

但現在假設他消極地回答第一組問題：他不相信B有權享有制定法(a)所規定的事項。在這種情形，他沒有支持那項制定法的原則論據，但他可能有完全相同的政策論據。如果是這樣，他可能適切地投票支持那項制定法，並在道德權利缺席之處創造法律權利，因爲，單是政策論據就已經是充足的正當化理由了（我認定，儘管立法者認爲A在道德上能自由地築水壩，他不認爲A有這麼做的政治立法權；也就是，他不認爲A享有政治權利，得以主張不制定任何禁止他這麼做的制定法）。

但假設所提出的制定法是(b)，它否認而非肯定B的權利，並且，假設我們的立法者相信，有投票支持**那項制定**法的、良好的政策基礎。如果他消極地回答第一組問題，在那項答案中，他就握有消極原則論據。B的支持者可能主張，既然B有權獲得制定法(b)所否認的東西，單獨以政策爲立論基礎而投票支持制定法(b)就是錯的。我們的立法者開展他那使B無從享有這種道德權利的原則論據，並接著在政策基礎上支持他對那項制定法投贊成票。另一方面，如果他肯定地回答第一個問題，而且，如果他相信這種道德權利供應政治立法權，也就是，請求立法機關支持道德權利的權利，他就握有反對制定法(b)的原則論據。如果他並不相信（他很可能眞的不相信）這點，他就不會認爲自己持有反對那項制定法的原則論據，而會認爲以政策爲立論基礎而投票支持那項制定法是適當的。

(3)假設A的行爲造成的議題沒有提交給立法機關，也沒有(a)或(b)那種制定法。同時也假設法律上並無效果等同於哪項制定法的清楚判例。現在B告A，請求禁制令或賠償或其他更複雜的救濟。這是個疑難案件。假設法官對於先前描述的公平性問題給了肯定的答案——簡要地說，他認爲B有獲得其所主張者的道德權利。同時假設法官對判決先例的觀點在於，先前提出的問題——B對抗A之道德權利的問題——對B的法律權利來說是決定性的（我希望〈疑難案件〉裡更一般的論據能說明，我們的法官思考道德問題時的情境，對法律問題有決定性的影響。）如果法官肯定地回答道德問題，並認爲基於一切考量，B有獲得如同他在法院所尋求者的救濟的道德權利，他也會認爲，B也有獲得那項救濟的法律權利。這樣，他就掌有一項原則論據，得以支持對B有利的判決，並支持宣布有利於將來處於B之地位者的新規則。他可能也找得到在未來支持同一條規則的政策論據。事實上，如果他支持道德權利的論據屬於強烈的後果論，那麼，（就像處於同一地位的立法者一樣）同樣地後果幾乎不可避免地將提出政策論據。但這兩項論據不是相同的論據，而只有原則論據會在實際的案件中，實質地支持有利於B的判決。

然而，假設他有支持相反規則(b)作爲未來規則的政策論據。這看起來不太可能，實際上卻可能發生，特別是，如果他用以支持B之道德權利的原則論據倚重非後果論式要素。如果法官宣布未來應適用規則(b)，並在目前的案件運用那條規則而做成不利於B的判決，他的判決顯然生於擊敗相競爭原則論據的政策論據。這項判決將是權利命題的反例。然而，如果法官宣布未來應適用規則(b)，而「僅在未來」向後生效地改變法律，卻在目前的案件做成有利於B的判決，這個案子就不是反例。但在這種疑難案件，極不可能發生這種事。

現在，假設法官消極地決定前面第一款提出的問題——他不認爲B有獲得他在法院所尋求者的權利。他也發現，在〈疑難案件〉的分析下，對法律權利而言，那項判決是結論性的：他因而不同意B享有得以獲得他所尋求的救濟的法律權利。他有支持有利於A的判決，並支持宣告應在未來適用規則(b)的消極原則論據。如果他的消極原則論據倚重後果論式考量，他可能也有支持規則(b)在未來適用的政策論據。但「找得到那項政策論據」這件事實，不表示原則論據不足以證立他的判決。原告透過法院這個機關請求國家干預；對原告來說，「他沒有權利獲得自己所尋求的」已經是充分的答案。但現在，假設法官有支持規則(a)作爲未來規則的政策論據。同樣地，這是可能的，特別是，如果對抗B之權利主張的消極原則論據並不倚重後果論考量。如果他宣告規則(a)作爲未來的規則，並將那條規則適用於目前的案件以允許B獲得他對抗A的救濟，那麼，這項判決就生於政策論據。這個案子也同時算是權利命題的反例（但同樣地，如果它選擇規則(a)「僅在未來的」，就不是這樣）。法院不認爲有任何出於公正性的論據能支持B所提出的「A做他所做的事情是錯的」這項主張，但法院仍運用它的權威來給予B向A請求的。

我警告過，這些論述會是乏味的，但它的意義至少在於，把可能成爲權利命題反例的案例分離出來。我們必須在其意見有賴於某種後果論式論據的案例中找尋這種反例，但也只能在這些案件裡的一小組找到它們。在這種案件裡，要不①原告勝訴，但即使基於一切考量，法院也不認爲原告有獲得他所請求並被給予的道德權利；或者②被告勝訴，但法院不認爲原告沒有獲得他所請求者的法律權利。在原告勝訴判決中，如果法院確實同意原告有獲得其所請求者的道德權利，那麼，這件案件對於權利命題將成反例，這點將難以置信。只在有理由能說明，爲什麼不能同時認定那項道德權利是法律權利時，它才算得上是反例；但如果背景法律材料足以允許原告勝訴判決，就不太可能強到足以排除與那項道德權利具有相同要旨的法律權利。當然，如果被告勝訴，而且法院的意見在於，原告沒有獲得它所主張者的權利，這種案件就不算權利命題的反例。權利命題假設，至少在私法上一般的民事案件，如果原告沒有獲得其所主張者的法律權利，這就是支持被告勝訴判決的決定性原則論據。

我承認，當法院沒有在自己的意見書裡說明它有沒有自問那個問題時，判斷法院是不是認爲原告享有某種權利，可能有所困難。問題在於，什麼能透過道德上的立場或前提假定而合理地歸屬給法官們，儘管法官們自己沒有運用我們做這些歸屬時必須使用的這些精確的辭彙，也沒有做成這些精確的區分。這必然是推測，但就像我們將看到的，在判斷任何這種歸屬有沒有道理時，也還有必須遵守的一般規則。

我們現在可以問道，格林瓦特的推測性反例如何合乎這些判準。首先，他提出一些假想的疏失案件：

小心駕駛的被告A，看到路上有活生生的孩子出現在他前方；他突然轉向以迴避他，而無法避免地與原告停在一旁的車撞得粉碎。也同樣小心駕駛的被告B看到路上有隻死兔子，因爲他討厭輾過死掉的動物，就突然轉向，並無法避免地與原告停在一旁的車撞得粉碎。被告A並不負擔疏失責任，而被告B負擔這項責任，這確實是因爲活生生的孩子的福祉合理化A突然轉向的行爲，而死兔子的福祉（！）不足以合理化B的行爲[8]。

在A的案件，被告勝訴，但將「原告有殺死那個孩子以避免對原告的車造成損害的道德權利」這種觀點，歸屬給假想中的法院並不合理。所以，這個案件不可能是反例。在B的案件，原告勝訴，但不將「人們有權主張，他們珍貴的財產不會只因爲神經質而受損傷」這種觀點歸屬於假想的法院，並不合理。所以B的案件也不可能是反例。

格林瓦特接下來轉向類似我先前已經討論過的氣響侵入案件：

某人在遙遠的區域著手必然造成令人不悅的氣味或空氣汙染的事業，他的行爲仍然完全合理。只要周圍人口尚少，對每個土地所有權人的損害也不太重大，就沒有人享有停止那項事業的權利。但是，即使出於偶然或不可預見的理由，當那個區域人口變得密集，那項事業就會轉而構成氣響侵入，而周圍每位屋主或市政當局就有權制止它，儘管與在人口甚少時對已住在附近的人所造成的損害相比，後來沒有對每個受影響的人帶來更重大的損害……說

「第二個案件」的強制禁令不過是適用「要求對他人之基本尊重」這項原則的結果，就是轉移話題[9]。

在第一個案件，在受影響的區域尚屬遙遠的情形下，原告敗訴，但認爲假想中的法院抱持著任何類似「原告享有請求工廠廠主住手的具體權利」這種想法，似乎不恰當。每一邊都享有免於外來干預地使用自己土地的權利，而這些權利之間必須有所妥協。在一切其他事項不變的情形下，被告在道德上得以自由地按照他認爲最好的方式使用土地。道德問題在於，在所有這些情形下，任何屬於極少數群體——如果被迫停手，他們每個人都會遭受更不利於被告的影響——的人，有沒有請求被告不使用自己的土地製造臭味的權利。我們那認爲「被告勝訴判決正確」的感覺——假設的例子所以立足的感覺——認定，我們要給那個問題否定的答案。然而，第二個案件則有另一種道德問題。現在，被告必須極力主張自己道德上的自由——也就是，以對很多人造成傷害的方式使用土地的道德自由，以對抗任何特定原告的主張。作爲道德主張而考量，這更沒有吸引力。事實上，表現出「對他人應有之尊重」的人們，必須同時考量將被他的行止損害的人數，以及每個人會遭受的損害程度，這點是具有相同內容的傳統道德的重要內涵。如果對他自己具有同樣利益的同樣行爲傷害更多人，即使受傷害的程度相同，比起受傷害的人數較少時，他的固執也對每個人表現出更少的尊重。所以，即使第二種案件的每位原告都只能主張第一種案件的原告所主張的利益，就他待其鄰人以尊重之一般義務來說，被告的道德自由會更少得多。在這些改動過後的狀況下，堅持每位原告受到該等程度上之尊重的權利，能在這個案件裡產生制止氣響侵入的具體權利，可能言之成理。如果我們認爲第二個案件的判決是正確的，這是因爲我們覺得確實是這樣。

格林瓦特關於氣響侵入案件的討論（以及他就第三人的利益可能如何影響私法案件判決的、更一般的討論）顯示，他沒有注意到政策論據與有賴後果考量之原則論據的不同。在這個環節，我沒有發展出下段提出的論點，以及他所引用的、我對漢德過失判準的討論，都可能對他造成誤導。我曾說，儘管漢德與其他按照他的建議裁判疏失案件的人們訴諸後果，但這些訴求是調和當事人相競爭權利的方法。我在那個環節裡指出，被納入考量的後果是兩造當事人承受的後果，而不是（在那項論據是政策論據的情形下）社群整體承受的後果[10]。我將漢德規則與想像的規則——如果某人不冒險拯救對社會來說比他自己更重要的人，就有疏失對比。我曾說，這條想像的規則只能是政策論據的產物，因爲它對原告規定並對被告要求的，是徹底的功利主義道德所規定與要求的。我本來應該在這裡更加仔細；我當時應該說明，認爲法院能基於原則論據採取那條想像的規則，是不可置信的，因爲，認爲任何法院會採取「人們享有單純的行爲功利主義道德理論所主張的道德權利及責任」這種觀點無法言之成理，而且，認定任何法院會認爲，在海格力斯的認知下，包含那項觀點的法律理論會是關於疏失的法律的適切正當化理由，也是不可置信的。因此，如果任何法院確實採取這種規則，這將不可避免地得出「它的判決生於政策論據」這項結論，這也至少將提出對權利命題的清楚的反例。

更抽象地說明涉及第三人利益之考量如何影響關於權利的主張，會有幫助[11]。儘管疏失案件確實涉及兩項相競爭權利的衝突，但就霍菲爾德[12]的目的來說，這些是典型屬於不同類型的權利。原告享有得以請求，別人加諸於他還有他的財產的行爲，必須帶有一定程度關懷與尊重的請求權；被告享有追尋自己的事務且毋庸過度關注影響他人之後果的自由權：必要的妥協在於，那項請求權之要求與那項自由權之涵蓋範圍之間的妥協。有時候，增強或減弱請求權的考量，自然就減弱或增強抽象自由權的考量。例如，原告遭受的潛在威脅特別嚴重，或被告避免威脅的成本特別高時就是這樣。在這種情形下，後果上的考量會以影響直接系爭當事人之利益考量爲限。但有時候，來自他造利益的、後果上的考量，要不影響請求權的力量，或者獨立地影響自由權的力量，因爲出於公正性而支持這些權利的論據使這種考量具有關聯性。剛剛討論的第二個氣響侵入案件就是一個例子：具有相競爭抽象請求權而將受不利影響的人們，他們龐大的數量，使被告製造汙染的具體自由權主張，在道德上不再能夠言之成理。有時候，其他人的利益就足以擊敗抽象權利，而不論任何相競爭權利的問題。但只有在這些利益非常重要，衝擊也非常嚴重時，這種事才會發生。想想下述在牛津課堂上花去許多時間探討的案件[13]。原告遭到匿名告發人向兒童虐待防治協會告發，而她現在向那個協會訴請名譽損害賠償，並請求揭露匿名告發人的名字，因爲她推斷，那是她提出控訴所必要的資訊。法院駁回她的請求，它承認，一般來說，原告享有獲得他們所需資訊的權利，但又主張，在這個案件裡，如果人們知道協會可能被迫透露匿名告發人的名字，它的效率就會減低。讓我們假定，原告享有某種得以請求揭露的抽象道德權利。這表示，對禁止揭露的規則來說，協會的運作會更有效率，而且，如果協會的紀錄完全不用對原告公開，社群整體將因而處境更佳等等，都不是充分的正當化理由。在這個案件裡，原告可能沒有請求揭露的具體權利。可能成功地提出的論據是，如果不必加以揭露則更能受到協會保護的兒童們享有相競爭權利，而在這些情形下，那些相競爭權利更具分量。然而，就算那項論據不成立，仍然可能主張的是，由於對這些兒童的損害很重大，從而原告請求揭露的抽象權利必然要屈服，因爲，儘管是權利，這項權利沒有重要或有力到足以壓倒特別重大的社會不利益。當然，對於原告請求揭露的權利所具備的相對分量，任何這類論據（不論有沒有運用相競爭權利的概念）都有它的假定。如果原告是遭受刑事追訴的被告，她——不論未來對孩童有何損害——請求揭露資訊的權利主張，就顯然會更有力得多。

格林瓦特就他其餘的反例提出更深入也更具體的法律議題。例如，他運用紐約上訴法院在國際私法[14]上更詭異的篇章[15]。一位紐約居民在發生於緬因州的車禍中，因爲他的兄弟的疏失而死亡，而他的兄弟當時住在緬因州，卻在審判前搬到紐約。紐約法院該不該適用在不法致死法中嚴格限制賠償責任的緬因州法？有一項很好的論據主張，儘管意外在別州發生，只要認定具有眞正利害關係的被告——一間全國性保險公司——受那項判準拘束的判斷並非不公正（它也就不會在那裡），那麼，身爲紐約州居民的生存者，就有權在紐約法院裡主張紐約的不法致死責任限制。我相信，不論這個案件的不同意見書怎麼說，國際私法上的有力學說都會維持那個結果。但多數意見基於紐約獨有的「利益中心」取向而說道，判斷哪項法律是「適當的侵權法」時，「被告在訴訟開始前搬到紐約」這件事實是它納入考量的因素之一。我認爲，這是誤解國際私法理論晚近發展之本旨的結果，而這已經備受譴責，不只是不同意見書的譴責，還有其他司法體系之判決的譴責[16]。但這是不是眞的讓這個案件成爲權利命題的反例呢？

如果可以將「名義上的被告將住所遷到紐約，這點應當影響這個案件的結果」這項論據的立足點理解爲下列理論，它就不是反例。「選法問題所問的，不是當事人彼此能在車禍當時或車禍剛發生時主張什麼權利。我們會說，原告基於紐約州法而享有某項權利，而基於緬因州法則享有另一項價值較低的權利。選法問題在於：這兩種不同的權利當中，哪一個在審判時向紐約法院提出制度性權利，從而能證立那個法院的特定判決。要回答這個問題（根據這套理論）必須考量許多因素，包括當事人在審判時的住所。『原告主張自己享有那項權利時，被告是紐約州的居民』這點支持著原告的主張，也就是『她享有得以要求法院實現紐約州所規定的、關於不法致死的請求的制度性權利』這項主張。」

事實上，晚近許多國際私法理論預設類似衝突法問題與實質問題之關連的理論，儘管幾乎沒有司法體系接受上一段提出的結論。遵守這一整套理論——包括最後一句——的法官沒有違抗權利命題，儘管他可能遭到完全相同的誤解。

對於這個案件，還能提出哪些別的論述呢？認爲這個判決生於政策考量似乎是荒謬的。紐約法院不可能認爲，特定案件所涉及的價額可能對那個州的集體福祉有任何影響。通常，當人們主張法院出於政策考量而造法，人們認爲具有這種有利效果的，是它們（譯按：指法院）所宣告規則的前瞻性效果。但這項主張的前瞻性效果——如果被告在意外發生後成爲紐約州居民，則紐約州法將被用以做成不利於他們的判決——是全然不確定的，無論如何也都是微小的。法官認不認爲，紐約州需要更多的——如果紐約州法對他們更有利，或像在目前的案件裡，如果他們希望幫助原告對抗眞正利害相關的當事人——寄居侵權人嗎？或者他們希望這會勸退其他可能搬到紐約的侵權行爲人，因爲，如果紐約州法對他們不利，他們就會躲得遠遠的（至少在審判結束之前）？或者，法官是不是眞的認爲，因爲金錢會從在紐約做大生意的保險公司移轉給紐約家庭，而新紐約家庭的保險費將會上漲，所以，姑且不論這種前瞻性考量，光是目前判決的效果，就在足以證立那個判決的程度上提升了紐約州的集體福祉？如果是這樣，法院最好採納我建議的原則，也就是，不管名義上的被告是不是確實搬到紐約來，都會證立紐約家庭就境外事故對全國性保險人請求賠償之權利的那條原則。這會帶來不具人口壓力且更加有利的人口移轉。事實上，就「法院以促進政策之方式裁判」這項命題來說，格林瓦特舉的例子尤其不佳，儘管基於理性來說，這個想法在通常的民事疑難案件不太可能更有說服力。

格林瓦特最後引用的這些反例附帶證實我的猜測，也就是，他混淆了政策論據與有賴於後果的原則論據[17]。如果對被告或社群整體來說，特定契約的履行是毫無意義的浪費，這就是基於公正性而反對原告享有請求特定履行行爲之權利的消極原則論據，就算被告確實有權請求賠償。普通法上的無實益規則，也就是**法律無關瑣事**這條規則，確實可能有賴於後果上的考量，包括我在〈疑難案件〉提到的那些考量[18]。當問題在於，就非常輕微的損害請求賠償或請求不再具有任何實際意義之救濟的背景道德權利，是不是足以支持請求昂貴聽審與裁判的制度性權利，特別是，對於可能花費的社群資源還有其他重要的需求時，這些後果上的考量可能改變一切。

（三）瑣碎

現在，我必須面對格林瓦特認爲我所碰上的第三項難題。或許剛剛提出的，正是他預見我回應他與其他人的挑戰時可能提出的論據。他預測，我的回應會使他既有的質疑變得明顯，也就是，原則與政策之間的區別不可能具有我所認定的、理論上的重要性。

然而，我們必須區分這項主張的兩種版本。第一種版本主張，至少在實踐上，我所描述的原則論據與政策論據之間沒有差異，因爲它們總是可以相互取代。這項主張可以用這種方式提出：對於法官的「在疑難案件，他總是必須找出原則論據來支持他的判決，而不能倚賴政策論據」這項指示對他不生影響，因爲，不管有沒有這項指示，他的裁判方式都一樣。第二種版本主張，不管是不是這樣，這項區分在法理學上都不可能具有我所宣稱的重要性，因爲，我認爲「認定法官是在原則的基礎上裁判，就能解決規範性法理學的難題」的理由，本身就有謬誤。

瑣碎主張的第一種版本必須與另一項主張區分，而我不曉得格林瓦特所要傳達的是不是後者。那項主張就是「一旦理解有多少不同種類的論據算得上是原則論據，權利命題就失去作爲關鍵工具的力量」這種指控。如果我們發現，所有種類的後果論式論據都是原則論據而不是政策論據，如果我們發現，除了罕見的例外，法官隨時都提出了原則論據，「法官無論如何都要按照他們所會做的與已經做的去做」這種說法，在規範性法理學裡就不怎麼重要。當我說權利命題的意旨既是描述性的、也是規範性的，我承認這項「指控」的實質內涵。如果我認爲自己的命題是號召革命的大旗，我就不太可能主張，法官的所作所爲典型地遵照它的建議。我費力地強調，我不打算提供什麼改革方案，而只是針對我們都曉得的、法官的所作所爲提出更好的特性描述，它之所以更好，是因爲它讓我們能夠了解，許多熟悉的政治性與概念法理學問題不是司法裁判的現實造成的，而是源自於我們那招致誤導的、描述這些事實的方法，就像我們因爲認爲 Jourdain 先生[19]念了無韻詩而栽進的概念性困擾[20]。如果第二種版本的瑣碎主張有道理，這種做法就沒有意義。在法律程序的理解上，對同樣地實踐選擇不同描述不會有所什麼幫助。但如果第二種版本爲假，那麼，就像我所說的，「權利命題裡，沒有任何革命性的影響」這種反對意見正好說明了它的成就。

然而，這並不表示權利命題中沒有任何關鍵的動力。現在有許多法官說，他們的工作就是在法律的隙縫中立法，意思就在於，他們採取與立法機關將會採取的相同的行徑，並在機會來臨時追尋政策。大多數這麼說的人只不過是以舊式法理學的語言說道，在疑難案件創造新規則是他們的責任，他們的意思，不是他們這麼做的時候確實受到我所謂的政策論據引導。但毫無疑問地，確實有人試著實踐他們看似宣揚的理論，而權利命題提供用以斥責他們所作所爲的錯誤的標準。然而，權利命題主要而關鍵的價值出現在不同層次的批評上。我們或許允許法官採納權利命題而仍然主張他們犯了錯，或者因爲他們立足於不好的背景道德理論或政治理論，或者因爲他們犯了更稀鬆平常的、分析上的錯誤。權利命題藉由揭露疑難案件裡的司法論證的深層結構——包括它所包含的權利原則，從而包括這些原則所預設的、更一般的政治理論與道德理論——以引導這項批評。它說明，有效的批評必須隔離並衡量這些原則與理論，並且，如果有必要，以他們認爲更細緻或更有道理的理論反駁它們。它鼓勵必然有利於兩者的、法律與政治哲學及道德哲學之間的連結。

然而，這是在繞遠路，而我們必須回到前面區分的兩項主張中的第一項。我們告知法官的，是他必須只在原則論據的基礎上裁判，或者我們告訴他，他在疑難案件也可以運用政策論據，兩者之間的差別是不是毫無影響？明顯地，所造成的差異必然取決於法官自己的政治理論與道德理論，特別是，他認爲在判斷人們享有什麼權利時，後果論式論據在什麼程度上是適當而有力的。如果法官採取嚴格的本務論式權利理論，這兩項指示將有非常不同的效果。儘管法官在什麼程度上能成功地在存在法的最佳正當化理由中找到他的本務論原則，有所疑問，不過，允許他透過政策論據而將後果考量在內，會使他免於——至少在某些時候，必然會阻止這些結果出現在他所接受的原則論據中的——本務論式限制。但就像我先前所說的，幾乎沒有人採取嚴格的本務論式權利理論。因此，大多數的法官會認爲，就算在涉及道德權利與政治權利的情形下，界定這些權利的面向時，後果論式論據也將扮演一定的角色。然而，對於後果論式考量所能適當地扮演的角色，他們可能採取大量不同的理論。在這各式各樣的理論中，畫出一些粗略的區分將會有所幫助。

(1)我假設，最極端的後果論式「權利」理論是行爲功利主義理論，它主張，在每種情形下，每個人都有責任採取特定行爲，以產生功利主義者定義的最佳結果，而時常會從這種行爲獲得好處的人們就有請求做成這種行爲的「權利」。

(2)更言之成理但相對來說仍屬極端的權利理論，可能從某種形式的規則功利主義建構而成。例如，或許有人抱持的理論是，每個人都有根據特定規則行動的責任，而那條規則就是，在處在類似情形的人們會合理地考量的一切行止規則中，如果那個處境下的每個人都接受那條規則，通常就會產生最佳後果的行爲規則。根據那套理論，打算在鄰近住宅區的土地上蓋工廠的人必須考量，每個處在他的處境的人可能合理考量的、關於氣響侵入的規則中，哪一條會在每個人都接受它並照著行止的情形下產生最好的結果。會從那項責任的履行而獲利的人們就享有相應的權利。

(3)較不費心勞力的權利理論會源自另一種形式的規則功利主義。可能有人相信，人們享有並負擔既存社會實踐規則所賦予的權利與課以的責任，但只有在比起任何其他可能被接受的規則，人們所接受的規則會產生出較佳的後果，或只有比起不存在任何規則時，它們會產生較佳的後果等情形下，才會是這樣。

(4)可能有人會拒絕所有形式的功利主義，但允許後果上的考量在關於權利的論據中占有顯著地位。我已經對這種理論提出一般的描述。可能有人認爲，人們有權獲得他人的關懷，這表示，其他人不能爲了自己相對較小利益就對他們造成重大傷害，或不能疏於拯救他們免於重大傷害，如果他們這麼做，不會對自己造成什麼危險。每當一個人的行爲或疏忽可能對別人的福祉帶來重大的影響，那項抽象權利就會使後果的考量相干，但這套理論可能堅持各式各樣的區分，而這些區分可能使後果在不同的情形下扮演不同角色。例如，當風險在於人身而不是財產的損害時，它可能就注意或犧牲設下較高的標準；它也可能規定，某些相競爭權利——像是在政治上表達自己的意見或選擇同儕的權利，就非常重要，從而在具體個案，只有行使這些權利將帶來立即且重大的後果時，它們才有退讓的必要，儘管它可能使其他權利，像是在自己擁有的土地上的特定角落經營事業的權利，變得遠較不重要，從而較輕微的後果就足以在具體情形下否定那項權利。

(5)可能會有人對制度性權利，像是土地財產之社會制度下的權利採取既屬後果論而又不是功利主義的特殊理論。對於這些社會制度，他可能採取〈疑難案件〉裡的西洋棋裁判對西洋棋採取的態度[21]。他同意人們享有這些制度所規定的權利，不是因爲他相信這些制度有助於一般利益，而是因爲，出於公正性的理由要求，既定制度根據它們的規則運作，並合乎這些規則所產生的期待——像是沒有人可以不經允許而以物理方法入侵別人的土地。但他相信，社會制度的本旨，就在人們普遍認爲它們將會達成的一般後果，而作爲公正性問題，應該把那項本旨造成的衝擊納入考量，以解決抽象權利在這個制度裡的衝突所呈現出的疑難案件。比方說，他可能相信，規定別人應該怎麼使用他們的土地的習慣法規則，其重點就在於減少土地所有權人之間的摩擦，並以他所設想的制度概念觀裁判關於氣響侵入的疑難案件，就像西洋棋裁判判決西洋棋賽裡的疑難案件一樣。同樣地，持有各式各樣後果論式理論的人可能抱持著並非源自於社會制度的另一種非後果論式權利理論，他也可能對其他社會制度的主旨採取非常不同的觀點。

關於公民們所享有而得以相互對抗之權利的樣本理論清單，只是要例示各種可能的理論以及它們各自潛在的複雜性。考量第一個版本的瑣碎主張時我們必須牢記，法官可能暗地裡持有任何這些理論，或任何其他我沒有描述的、各式各樣的理論。我必須小心不犯下我有時被指控的錯誤。我並不相信，所有甚或絕大多數法官把他們的時間花在抽象道德哲學上，或者他們採取某種明確的權利理論，某些人在法袍下帶著康德的複本，而其他人則是邊沁或德日進[22]。我僅僅認爲，對於權利這個概念，每個人都懷有一組不必然明晰甚或一貫的態度，也就是，當他必須說明他對於面前的人們負有什麼責任時，他所運用的態度。

各種不同形式的後果論式權利理論當中哪種比較普遍，我將不加以猜測，儘管我確實認爲，我描述的最後兩套理論比前面三套更普遍得多。如果法官採取某種類似後二者的理論，他對於「疑難案件必須基於原則論據裁判，並在原則要求時將後果納入考量」這項指示，比起被告知要基於政策論據裁判某些案件時，他會有非常不同的回應。例如，考慮採取第四節所提到的、某種形式的「尊重」理論的法官。他所設想的，是關於所流經土地部分爲農業用地、部分爲工業用地之河流的運作方案；如果他身處立法機關，他認爲那套計畫是這種河流在社會上最有效率的用法，並據以支持它。如果他被告知應該在政策的基礎上裁判臨河土地所有權人案件，爲未來選擇最有效率的規則，並宛如這些規則已然存在裁判他面前的案件，這樣，他可能設計出盡可能地接近他會向立法機關提出之計畫的規則。無疑地，他會簡化，因爲他不可能將一組複雜規範寫進一般篇幅的司法意見書（儘管沒有理由能說明，爲什麼他自己的意見不能看起來更像制定法，進而打破那項慣例）。但這樣的簡化會盡可能不觸及這套計畫的前沿。作爲指示的一部分，如果他被告知必須認爲自己是立法機關的小合夥人，並使自己的新規則合乎立法機關已然建立的準則，那麼，在立法機關已然將法律留待法院加以發展的情形，像是臨河土地所有權案件，這些限制幾乎就不會有效果。在其他情形，這項限制會要求他將立法者建立的某些策略當成是給定的，但他自己的方案因而該做多少退讓，這種決定與任何的公正性或權利的考量就沒有關係了。

但另一方面，假設他被告知必須在原則的基礎上裁判臨河土地案件，並將他自己珍視的方案擱到一旁去。比方說，他現在必須自問，原告農人獲得鄰人關懷的抽象權利是否賦予那位農夫權利，得以堅持他的鄰人不爲了建立將給予社群所需就業機會的工廠而在河上築壩。出於我稍早描述過的理由，我們的法官無疑會將這些工作對社群之重要性、使工廠在並無水壩提供的能量下運作的費用，以及因而造成的無效率、原告灌溉用水的替代來源，以及同樣影響尊重問題的非後果性因素——例如，當原告開始耕作的時候，相鄰土地是否已經用在製造業上——等等因素納入考量。然而，不但沒有理由認爲，更有相當的理由質疑，如果按照法官的一般公正理論適當地衡量，這些因素恰好會產生他爲了簡要與一貫而修正過的政策方案所規定的規則。例如，這套政策計畫可能把降低食物成本當成目標之一，而得以對抗所製造的商品。作爲策略問題，它可能將國家區分爲幾個臨岸區，在其中一區允許運用河川而不管對其他人造成什麼影響，但在別區則不這麼做。作爲另一項策略問題，在所開啓計畫的前面幾年，它可能規定某套機制，而在足以確保第一階段的獲利或預見情況改變時，在之後的幾年轉向另一套機制。這些都是立法計畫熟悉的目標或策略，但採取第四節所描述之權利理論的人們會認爲，就公正性要求鄰人怎麼對待別人來說，這種目標與策略並不相干。

因此，如果可以合理認爲，任何社群中，相當數量的法官要不採取非後果論式權利理論，要不採取某種形式的非功利主義後果論式理論，那麼，要求這些法官「在原則的立論基礎上裁判案件」的指示與要求這些法官「在政策的立論基礎上裁判」的指示就會有相同效果。這就足以排除第一種版本的瑣碎主張，就算我接著得承認，對功利主義法官來說，這兩項指示效果相同。但當然，情況也不是這樣。功利主義權利理論是權利理論，儘管對功利主義者來說，「人們可以基於公正性對別人要求什麼」這項問題，跟「立法機關爲政策設置的規則所能適切地加諸於他的是什麼」這個問題不一樣。現在豐富且細緻的功利主義文獻讓這點變得明顯[23]。規則功利主義者主張，人們所享有的權利，要不是像第三款說明的理論所要求的，規定在具有功利主義價值，並因而已經被確立爲社會規則的規則裡，要不就規定在儘管做成決定，卻沒有權力將規則強加在別人身上的、孤立的個體所認定的理想規則裡。不論是哪種情形，功利主義法官都不能自圓其說地認為，個體應該為自己的行為構築具有正當政策計畫之細節或豐富策略的規則，更別說經濟管理意義上的規則了。即使對規則功利主義而言，個體判斷自己對別人負有什麼責任時應當面對的問題，與立法機關應該以效益之名要求所有這種個體做些什麼，是不同的問題，而必然獲得不同的答案——理由至少在於，立法機關享有公告權，以及與並無任何個體所能或所應掌握的執行權。

所以，格林瓦特第一種版本的瑣碎主張可以輕易略過不談。第二種版本主張，儘管原則論據與政策論據不同，我也錯誤地安於「法官典型地基於原則論據裁判」，這種想法也是錯的，因為我用以支持那種說法的、政治上與法理學上的論據是荒謬的。格林瓦特在這個環節的論點之一，就像他所認定的反例那樣，挑戰著權利命題描述上的適切性，而我將首先考量這一點。他的其餘論點攻擊那項命題的規範性主張。

我曾說「法官基於原則論據裁判」這種想法具有法理學上的優點：它比任何相競爭的描述更佳解釋在後來的判決裡，為什麼判決先例具有我所謂的「引力」。格林瓦特從我的文章引用下列段落：

> 對於判決先例引力的解釋不能訴諸執行立法決議的學問，而應當訴諸「相似案件相似處理」的公平性……「法官」必須把先前判決的引力限縮到證立這些裁判所需要的原則論據上。如果認為判決先例全然由某種政策論據證立，它就完全沒有引力[24]。

他說，「德沃金在這方面的論述似乎顯然搞錯了，令人質疑有誰能完全了解它[25]。」

人們會質疑。就拿格林瓦特來說，他誤解它，因爲他忽略了它主要的分析機制，也就是我在判決先例的立法作用與引力之間的區分。判決先例的立法作用要求後來的法官遵守先前判決設下的規則或原則，宛如它們規定在制定法裡。引力牽引著顯然落在任何這種規則或原則的語言之外的後續案件。格林瓦特說，「法院遵守判決先例的理由有很多。除了類似案件應作類似處理的正義觀念外，其中某些原因，就像 Llewellyn 主張的，是方便、對累積經驗的倚賴，以及計畫能預測法院將做成哪種判決的利益[26]。」確實這些是判決先例具有立法作用的理由。如果認爲判決先例生於政策論據，就會有額外且更重要、而格林瓦特沒有提到的理由：除非要求後來的法官遵守這些規則，否則司法規則無法推展政策。

關於普通法裁判的特有事實——它引發我所討論的法理學難題——就是判決先例也被賦予引力。但格林瓦特從 Llewellyn 那兒拿來的那幾類理由不能解釋引力。惰性與方便無關於「一組判決在適切理解下要求著什麼」的苦痛且爭議性的爭辯；「累積的經驗」不能解釋，被遺忘的案件的新奇詮釋，被用來支持某個判決的情形；而格林瓦特自己主張，在預測法院將會怎麼做時，其引力並不確定或有所爭議的判決先例沒什麼幫助。顯然地，尋求對引力之實踐的正當化理由時，海格力斯必須走到這些先例說教的陳腔濫調背後。

所以，格林瓦特忽略這項主張的重點。然而，他也想從另一方面挑戰這項主張。我說過，如果判決先例具有引力，而且，如果必須在「公正性要求一貫性」的立論基礎上證立它，這就表示，就像權利命題所規定的，就必須認定這些判決先例生自於原則論據，因爲，就像我曾說過的：

> 如果認爲判決先例全然由某種政策論據證立，它就完全沒有引力。它作爲判決先例的價值就會縮減到它的立法作用：「因爲」不可能有出於公正性的普遍性主張得以要求，在某種狀況下、以某種方式追求某個集體目標的政府一定要以這種方式追求它，甚或每當相應的機會出現時也是一樣[27]。

格林瓦特不同意。他提出關於家庭生活的簡單故事以說明他的主張，也就是（至少在某些時候），基於政策做成的判決爲稍後的相應判決提供出於公正性的主張[28]。如果把較小的孩子先送上床具有政策基礎，例如想要避免就寢時間說話的噪音，那麼，那個孩子在之後幾年就能主張，自己可以比更小的孩子較晚睡覺，儘管政策上的理由消失了，比方說，因爲這個家庭變得更富裕還買了更大的房子。我相當同意較小的孩子可能會這麼要求，而對他解釋原則與政策之間的區別可能非常困難。相反地，出於政策論據，接受這項要求會是比較明智的做法。這不太可能表示，孩子的主張在道德理論上是正確的。如果父母成功地向孩子們解釋新情形的影響，孩子接著同意撤回自己的要求，我們就該額手稱慶。我們不太可能說，父母哄騙孩子接受不義。

格林瓦特這裡其餘的主張可以涵括在這項命題裡：「一刻的反思就足以說明，當立法機關賦予某一群人權利，儘管它基於政策才這麼做，針對類似的對待，無法正當區別的其他團體就能基於公正性而提出強烈的主張[29]。」當然，就它所以存立的模樣來說，那項敘述是自明之理。就其他團體在什麼時候才能夠「正當地」有所區別而言，這乞題了。我曾經指出，涉及政策時，團體之間可以正當地區別，而在這項論據是原則論據的情形下，它們之所以能正當區別的理由將會不恰當，因爲，它們之所以相干，不是出於公正性。這些論據包括了便利、管理的理由，或只因爲已然啓動的政策已經有了充分的成效。我引用立法補助作爲清楚的例子，但格林瓦特的反駁是，這些是特例，當立法機關在政策的基礎上創造權利或採納「普遍適用」的規則時，我所說的就不適用。我不了解格林瓦特在這裡打算怎麼區分，他也沒有就他所設想的舉例。一旦立法通過，補助就是權利問題，而我會認爲，規定它們的規則就是普遍（儘管當然不是普世）適用的規則。而且，我的論點就在於，在政策的基礎上賦予利益的決定都算是補助；每一次立法機關不因爲某個團體基於公正性而有權獲得它所收取的，而是因爲在那個團體當中創造權利有助於一般福祉，才賦予那個團體權利，這項賦予就是對那個團體的補助。但我們是不是在相對狹隘的意義上使用「補助」這個詞，一點關係都沒有。稅法裡用以促進特定形式之投資的資本利得條款是不是補助的例子呢？最初的效率減免提案，也就是卡特總統的節能計畫裡的低油耗汽車呢？針對這個事項提出的耗能特別稅，也就是，同一套計畫中的高油耗車呢？無論如何，如果採取那套計畫，我們就不該認爲，這套立法計畫所未涵蓋的、節能船舶的購買者，能夠基於公正性而主張自己也該獲得減免，我們也不該認爲，節能船舶的製造商有權要求，耗能船舶的購買者也該支付同等的稅金。機動車輛節省的能源暫時足供使用，這點已經算是充分的答案了。假設國會在某些產業裡建立附有官方審查的特別集體協商程序，以降低勞動摩擦或提高生產力。這是不是對一切偶然從那套特別程序獲利者的補助呢？無論如何，我們都不會說，只因爲同樣地管理時間與金錢投資會在那些產業裡帶來同等的獲利，其他產業的雇主與受僱者就基於公正性而有權獲得相似的機會。

在這裡，我們必須非常小心以避免混淆。我的意思不是基於政策而行動的政府不理性。我不是要否認我在別處耗費許多力氣說明的[30]，也就是，體現政策的規範如果侵犯了隱含對抗國家之權利的獨立原則，就可能是不適當的（通常也違憲）。我小心地說，政府負有不讓太多政策導向計畫的負擔落在任何特定個體或某個社會區塊上的一般責任，儘管必須犧牲技術上的效率以避免這件事。我現在要補充說明的是，政府絕不能使用它的權力來零碎一件件地推展政策，以對不受歡迎或政治上弱小的群體施加差別待遇[31]。任何綜合性的政府理論都必須包括這每項論點，它們每項都提出非常重要且複雜的理論性與實踐性問題。但不論單獨或結合，它們都不指控下述命題：如果某個立法上的決定之所以有利於特定團體，不是因爲認爲那個團體有權獲得那項利益，而是因爲認爲這項利益是能促進特定集體目標之計畫的副產品，那麼，其他人就沒有獲得相同利益的政治權利，**就算將對它們提供那項利益，事實上更有助於相同的集體目標**。這項命題是關於判決先例引力之論據的基礎，因爲，如果賦予那個團體利益，是因爲認爲某個團體的成員有權獲得那項利益，那麼，同樣地命題並不成立。就算那項權利是由後果論的考量所建立或限定的，它仍然是權利，而一旦精確地陳述了原則，基於公正性，每個爲這項原則的恩典涵蓋的人都有權獲得它所提供的。

或許有人會指出，這就一種集體目標，某種形式的功利主義所界定的、社群整體的一般福祉來說，並不成立，以反對這項關於政策的命題。功利主義者可能主張，立法機關有追求一般福祉的責任，從而，每個人都享有權利，能獲得他在事實上產生最高一般福祉的立法之下所會獲得的。我自己不太情願稱這項「權利」爲眞正的權利，但在這裡，這並不重要，因爲就算我們這麼做，一般福祉也不是這項關於政策的命題的眞正例外。訴諸他在一般福祉下的假定權利的人，不能引用任何——先前通過以確保那項一般福祉的——制定法以增益他的論據的效力。一切取決於「將他所要求的給他，現在能不能促進一般福祉」這項獨立且具決定性的議題。無論如何，對於我關於引力的討論，這項假設性例外算不上反對意見。如果有人認爲司法裁判生於政策論據，而且這些論據對未來的判決具有引力，他就必須認爲，在先前的判決中，這股引力是由某種比「促進一般福祉」這個目標更具體特定的、集體目標的選擇所施加的，像是減少意外、清淨空氣、降低失業率，或更和諧的勞資關係之類的目標，而一如往常，就算是這些更具體特定的目標，也被認爲是確保一般目標的工具。他認爲，後來訴訟的一造當事人訴諸先前更具體特定目標的選擇，作爲支持「在他的案件裡，應當塑造有助於相同目標且又（作爲副產品）賦予他利益的規則」的論據。所以，這項論據認爲，比一般效用更具體特定的政策，本身必然具有引力。

格林瓦特也打算批評我提出的其他主張。我說過，如果法官造法生於政策，「民主制度中，應由立法機關而非法院造法」這項熟悉的論據，對司法原創性，就會是有力的反對意見，但在原則問題上，它不能那麼有力地反駁司法原創性。格林瓦特反對道，立法機關似乎認爲某些法域根本事不關己，從而在這些領域，法院迫不得已必須做成所能做成的一切政策決定，而至少在做成某些政策決定時，法官可能與國會議員一樣地熟練[32]。至於其中的第一項論點，他反駁想像中我可能提出的回應，也就是，立法機關決定將某些領域留給法院，因爲立法機關有意地判定，透過原則而非政策上的關切，這些領域會發展得更好。他說，認爲立法機關因爲「模糊地感覺到，認爲那些問題由法院適當地處理」而放手，會更合乎現實[33]。沒錯，但這迴避了重要的問題。或許「模糊的感覺」出現，正因爲這些領域事實上透過原則的考量——包括後果論的考量，而適切地發展著，從而立法機關並無以政策之名介入的壓力。

在現實已然的程度上，所謂的「普通法」領域已能透過法官造法而非制定法而發展，對於這件事實的這種解釋受到兩項論點的支持。首先，普通法領域正是寇斯教授著名的定律最能發揮作用的領域[34]。寇斯指出，如果忽略交易成本，則不論侵權行爲法或契約法上的責任落在交易或事件兩位當事人的哪一方，對資源配置的總體效率不會有任何影響，儘管對於當事人當然有重大差異。當然，交易成本是眞正的成本，因此侵權法或契約法上規則的選擇，對總體經濟效益產生邊際差異，但是，就像評論者所指出的，平等的考量——就公正性而言，哪個經濟角色應承擔某種成本的考量——可能更加顯著[35]。其次，引發普通法問題的交易與事件，是從我們相對熟悉的情形抽繹而出的，而這些情形，就展示了社群成員從——其行爲影響到他的——他人獲得一定程度之關切的抽象權利，與其他打算追求其自身利益與企圖之成員的抽象自由權之間常見的衝突。因此，在這些情形下，對於公正性有何要求，社群當中已經發展出某種程度的道德共識——這種共識，不可避免地使後果的考量與那項決定相關。它在這裡有兩項密切相關的後果。這將意味著，法院將更可能作出似乎會更令社群整體滿意的原則判決——比起法院處理爭議或新奇權利時所能形成的判決，使所有團體都更滿意。這也意味著，當普通法案件確實提出某項問題，這項問題的解決方案又出於某些原因而在寇斯定理之外更有重大的經濟後果，像是製造汙染而又雇用大量工人的工廠，那麼，使這些決定性經濟上後果相關的原則論據就唾手可得。

格林瓦特的第二項論點，也就是「法官可以敏於政策」這項論點，全然不著邊際。流行的論據確實主張，法官沒有得以研究複雜經濟性主張或其他工具性主張的訓練與資源，但我認爲這項論據是錯的。我不知道有任何理由認爲，比起一般程度的國會議員，一般程度的法官更沒有進行這種研究的天分或時間，或者比起那些書籍的作者，他沒辦法從書中獲得充足的知識，以掌握國會議員無論如何都沒時間閱讀的委員會報告。

我的論點是另一項論點。認爲個別立法者以邊沁的一般利益概念觀衡量提交給他們的計畫，基於算計而判斷要在什麼程度上推行某項策略，又該在什麼情形下把它留給別人處理，並據以決定如何投票，這種想法是不切實際的。就一般福祉之追求而言，代議民主制度不是完美的機制；就它現實上運作的情形來說，它的運作就像某種黑盒子，各式各樣的政治壓力在其中競逐著，從而（如果社群夠幸運）看不見的手會產生近似於長期一般利益的結果，或至少是比我們能合理認定、別種制度所會產生的，還要接近的結果。這個制度是羅爾斯所謂的程序正義的一個例子[36]，而就像這項描述所指出的，或許儘管有福利經濟學家與功利主義黨派理論家的努力，對於一般福祉，我們還是提不出任何獨立的非制度性定義，反而必須仰賴某種直覺般的概念，也就是，一般福祉由種種設計良好的制度的產物構成。當然，還有其他支持代議民主之立法的論據，例如，這套制度提供公眾的政治參與，而這本身就是良善的，或因爲它所助長的社群共同感。但是，當我主張，民主理論對於在政策基礎上裁判的法官，提出了如果法官在原則基礎上判決，則將不會成立的反對意見，我所設想的是程序正義的論據。我不認爲政客的郵包給了他法官無法獲得的技術性資訊，或關於社會無異曲線之形狀的資訊，我毋寧認爲，這使他處於法官確實免疫的政治壓力的重擔之下。

現在，有待考量的就剩下格林瓦特最顯具規範性的立場。他相信，就算我正確地認爲法官典型以原則論據裁判疑難案件，事實上沒有什麼好理由能說明，他們爲什麼不能偶爾以政策論據裁判這種案件[37]。他主要有賴無關法律的古怪假想案例。假想的例子通常引出能以理論檢驗的直覺。但當例子怪誕，他們召喚的直覺常常也相應地不穩固，如果它確實召喚了任何直覺。部落議會是否相信，儘管在適切的理解下，社會的道德慣例允許吠犬殺死瘋狐狸，從眞正道德的立足點來看，他在道德上沒有這麼做的自由[38]？如果它這麼想，它所面臨的就是制度性權利與道德責任相互衝突的案例，而不只是制度性權利與社會福祉之間的衝突。另一方面，如果議會認爲，基於一切考量，吠犬在道德上與制度上都有爲其所爲的自由，我的直覺就會認爲他們處罰他是錯的，甚至要求賠償作爲懲罰也是錯的。議會採取立法姿態，並宣告一切他們認爲自己有權加諸於未來的、任何改革性的規則，這會是理想的做法。相似地，格林瓦特的首次向前傳球案例[39]呼喊著僅在未來適用的立法[40]。裁判假定傳球的那一隊沒有權利這麼做，而對那一隊有利的決定會侵犯另一隊的正當期待——正當，不是因爲這項議題免於質疑，而是因爲（就像裁判所相信的）那一隊事實上有權主張對手不能傳球。如果（不可置信地）除了官方的設定以外，沒有方法能改變商業上重要且吸引大量觀眾的體育運動，這就是個瑕疵，但我的直覺並不認爲防守那一隊因此就該承受不義。我懷疑格林瓦特沒有發現這樣的不義，因爲他認爲，權利所引起的注意，窮盡了制度性權利在道德上的相關性，從而，當權利存不存在有所疑問，就算它確實存在，忽略那項權利也不會造成任何不義（就像如我們將看到的，這個錯誤也支配著穆澤爾教授文章的後半[41]。）

格林瓦特在他文章的後段提出某些訴訟案例，他認爲在這些案件裡，法官可以適切地忽略法律權利，有時支持政策，有時支持相競爭的道德權利。就政策來說，他想像一件「不當起草的」反汙染法，這項法律在民事案件引發一項問題，也就是，某種特定做法適不適用那項法律[42]。他告訴我們，如果案件在那項制定法通過以後沒多久就起訴，法官就會「適切地」判定那種做法不適用，但在幾年以後，如果公眾的意見已經改變，但「所有相關的法律材料仍然維持原狀」，法官也能「適切地」做成相反判決。這是神祕難解的。如果法律議題取決於系爭做法對社群的後果（就像我們已經看到的，如果這個案件是普通法的案件，而且是適用制定法的案件〔在此處幾乎確實如此〕，這就不太可能[43]），這些後果就是「法律材料」的一部分；如果在接續幾年內，後果都沒有改變，我們很難理解爲什麼現在「適切」的判決到那時候不再「適當」。當然，可以理解的是，如果這個社群已經對它們感到憤慨，系爭特定法官與整體法律社群就更可能轉往不可欲的後果；但這只不過是主張，比起當時，那個判決現在更可能是適當的，而這是另一回事。同樣可能的是，社群先前在某方面抗拒適當的判決，但現在已經準備好接受它；但同樣地，這也是另一個議題。

格林瓦特也引用了眞實案例，也就是 *City of El Paso v. Simmons*[44]，就像他所設想的，在那個案件裡，最高法院「無疑地」爲了一般福祉而侵犯了憲法保障的政治權利，而他指出，布萊克大法官[45]先生在不同意見書中同意對法院意見書的上開特徵描述。當然，法院的多數意見相不相信這就是它的所作所爲是另一個問題。我認爲它不這麼想，而多數意見所使用的語言確實堅決否認這項指控，它主張，如果那項控訴爲眞，它就會是決定性的。但格林瓦特顯然認爲，就算持多數意見的大法官認爲德州所剝奪的受到美國憲法的保障，但假如他們支持德州的政策論據，他們袖手旁觀也還會是對的。我認爲這是反常的。

格林瓦特剩下的例子，是他認爲法院正確地忽略法律權利並支持相競爭道德權利的例子。當然，這種例子提出相當不同於所謂政策案例的議題。他運用南北戰爭之前關於脫逃奴隸的案件[46]，我在卡佛教授最近一本書的書評中討論過它們[47]。我曾說，這些案件當中，作爲法律問題，有很多（特別是涉及正當程序條款之詮釋的案件）是判決錯誤，而痛恨奴隸制度的法官未能形成有利於脫逃奴隸的正確判決，這件事實可以歸咎於法理學上的錯誤。格林瓦特顯然不同意，但在這裡的脈絡下，這並不重要，因爲我不想否認現實世界找不到任何呈現法律權利與道德權利之眞實衝突的案例，而法理學常常討論的，如果不是美國，就是專制國家，像是納粹德國與目前的南非。

在我看來，法律權利是制度性權利，它們是爲政治決定提供重要且通常非常有力的理由的眞正權利。當標準材料提供的指引不確定，背景道德權利就以我曾試著說明的方式，進入關於人們享有的法律權利之計算，而實證主義者「法律權利與道德權利在概念上各自分別」的命題，就因而錯誤。但當然也有一些案件，其中的制度性權利是由既存法律材料——像是制定法，清楚地確立，而且顯然與背景道德權利衝突。在這些案例，試著做道德上正確之事的法官就面臨一種熟悉的衝突：制度性權利爲判決提供眞正的理由——它的重要性隨著整體系統一般的正義或邪惡而異，但某些道德上的考量提供重要的反對理由。如果法官判定，背景道德權利支持的理由如此有力，以致於他負有必須盡其所能地支持這些權利的道德義務，那麼，或許他必須說謊，因爲，除非就他的官方角色來說，他的意思被理解爲「道德權利與他所相信的不一樣」，否則他將無能爲力。當然，他可以辭職以避免說謊，這通常也幾乎沒什麼幫助，或者他也可以繼續擔任那個職位，並無助地希望，他基於道德基礎而提出的訴求，在實踐上與謊言有同樣地效果。

然而，我同意哈特教授的說法[48]，也就是，主張在這種案件，法律權利事實上就等同於道德的要求，而使這個謊成爲法理學理論問題，這種做法並不明智。在這種案件，「法律道德權利在此衝突」這項精確的描述就夠了。在那個案件是疑難而非簡易案件的情形下，沒有必要拋棄那項描述。如果制度性法律權利確實與道德衝突，儘管道德對疑難案件的正確答案必然有所影響，法理學就必須精確地反映這項衝突，將必須做成的困難道德決定與被迫撒下的謊都留給法官。

我不太清楚格林瓦特打不打算對這點表示任何反對意見，或他在什麼程度上認爲我提出了什麼相反地說法。他說，在法律權利與道德權利衝突的案件裡，認爲法官有按照法律權利裁判的法律責任，這種想法是錯的[49]。他打算在這裡做出什麼樣的區分呢？我們或許想要區分他做成利於權利之判決的「法律」責任與他的「道德」、「整體」或「最終」責任——這要求他忽略法律權利，以描述法官在這種案件面臨的道德衝突。然而，這不是格林瓦特想要的區分，因爲他說，法官或許沒有執行法律權利的法律責任。或許他以「法律」責任指稱整體或最終責任，在這種情形下，儘管這種用法似乎有造成誤導之嫌，他與我並未意見相左。或者在這方面，他想要加入認爲法律與道德權利在適切理解下絕對不會衝突的陣營。但這樣一來，他又與自己的前提假定——它們恰好在那些案例裡確有衝突——相牴觸。

（四）自由裁量權

我要趁這個機會討論格林瓦特其他的主張，它們不是出自這裡討論的文章，而是在另一篇長篇論文中提出，而那篇論文討論我數年前發表的著作【50】。我在第二章區分「自由裁量權」的三種意義，並鑑別出「強」意義。就強意義而言，只在沒有哪方當事人有權獲得勝訴判決的情形，法官才有自由裁量權。本書好幾個篇章都主張，在一般的民事案件，裁判關於權利的主張時，不論這些主張多麼具有爭議性，法官典型地並無強意義上的裁量權。格林瓦特的論文主張，我提出的各種哲學論據附近有條捷徑。他說，如果我注意「裁量權」的「一般言說」用法，或在某些脈絡下，這麼說「很有意義」的說法，我們就會發現，法官在疑難案件裡典型地沒有裁量權，這想法「顯然錯誤」。

這是格林瓦特著作中關鍵的兩段。「在一般言說中，如果裁判者應對之負有責任的人們會認爲，有一個以上的適當判決存在，而且不論可供適用的外在標準是什麼，要不裁判者都找不到它，要不那些標準沒有對必須判定的問題提出清楚的答案，裁量權就存在。如果我關於一般言說的說法是對的，就沒有理由在描述法官在法律案件裡的責任時以別的方式使用『裁量權』一詞。」「當權威性規範無法推論出清楚的答案，當法官必須倚賴爭議性的個人評價以裁判案件，且當人們廣泛地認爲，有一個以上的結果能令人滿意地實現他的司法責任，那麼，說法官負有形成某個特定結果的責任就沒有道理；就法律來說，他就有在其間判斷的裁量權。」

這兩段話（我認爲是同一件事的不同說法）隱匿重要的模稜之處。假設有個案子，「權威性」或「外在」規範「得不到清楚的答案」，從而法官必須倚賴「有爭議的個人評價」（我假定這僅僅表示，用我的話來說，這是疑難案件）。根據這些說法，如果有一個以上的判決能被廣泛地認定為「適當」判決或「令人滿意地履行」司法責任，法官就有以其中任何一種方式判決的自由裁量權。模稜之處在於「適當」與「令人滿意的履行」這些用語。這些是否表示，應當認為這兩個判決同等地有效，或僅僅是都值得尊重，也就是，兩個都是適任、負責任且誠懇的法官可能會做成的判決？道德實踐區分這兩個概念。相信（甚至熱切地）食肉者侵犯了動物權利的人們可能會承認，他用以支持這項論點的論據當中，沒有哪個必定會說服任何誠實的人，因此他也會承認，對他的論據投以適切的關注，並且反思過這項議題，卻又不被說服且繼續吃肉的人們，他們的行為仍然是負責任的行為，儘管他確實侵犯了牲者的權利。

在法律的批判中，這項區分尤其重要。我或許認為，最高法院在（比方說）*Rodruiguiz* 案[51]作了錯誤判決，卻又打算否認法官所形成的判決顯然錯誤，或他們形成判決的方式顯然不恰當，從而，批評他們的行為不負責任是公正的。我或許會說，儘管在我看來，集團訴訟的原告有獲得勝訴判決的法律權利，但在這個意義上，不利他們的判決仍然是法院所能形成的適當判決。這項區分，以及公民們作這種區分的能力，在判決必然具有爭議的情形下，就確保對於法律的尊重而言，在實踐上具有非常重大的重要性。

所以，我們必須在格林瓦特關於「裁量權」之一般用法的理論以及「怎麼說才合理」的兩種詮釋之間選擇。(1)如果人們廣泛地認為，兩造都沒有獲得勝訴判決的權利，也就是，從當事人權利的立足點來看，兩種判決都同等地正確，強意義的裁量權就存在。(2)如果人們廣泛地認為，追求關於當事人權利之正確判決的、誠摯且負責任的努力，可能會達成一個以上的結果，強意義的裁量權就存在。

就我所謂第一種「弱」意義裁量權而言，詮釋(2)會是可以接受的論述（我曾說，法官享有弱意義上的裁量權，「如果他的責任是由合理的人們能夠加以不同詮釋的標準所界定」[52]。）但作爲強意義裁量權的論述，詮釋(2)是不融貫的。因爲，它放任人們說，儘管在一切考量下，一造當事人有權獲得他所尋求的判決，法官仍然享有裁量權。假設(2)的支持者打算主張(2)也是對「有權獲得某種判決」的正確「一般言說」論述以回應這項反對意見。基於這種論述，只有在其中哪個判決都值得尊重的情形下，一造當事人才有權獲得某種判決（當格林瓦特說「然而，在非常困難的案件，沒有哪一造『有權獲得』他想要的結果」，他就主張了這項推論。圍繞著「有權」（在原來的）的引文意味著，某種一般語言成果唾手可得）這只是徒增麻煩，因爲，如果法律人要做出剛剛描述的區分，並說道儘管 *Rodruiguiz* 案的判決並非不負責任，但基於一切考量，那個案件的上訴人仍然有權獲得勝訴，他現在不能既做成這項區分而又不自相矛盾。

所以，我們必須接受詮釋(1)。如果大多數法律人都相信，兩造都沒有獲得勝訴判決的權利，從而每個判決都同等地正確，裁量權就存在。當然，這與原來的陳述的第三種可能的詮釋不一樣：(3)如果有一個以上的判決會被某個團體認定爲正確，也就是，如果兩個判決實質上都受到法律人的支持，裁量權就存在。我認爲，**那種**情形在疑難案件裡典型地成立。但如果任何人提出(3)作爲「裁量權」的「一般言說」論述，他就會使每位律師想要在這種案件中主張的不融貫。每位律師都想要主張，儘管有一大群律師持相反見解，一造當事人仍有獲得勝訴判決的權利，而法官沒有對那位當事人下不利判決的自由裁量權。

如果⑴是裁量權的正確論述，我是否「顯然不對」（就我相信關於法律權利問題的判斷上，裁量權甚少存在而言）將取決於事實問題，也就是，在這種案件裡，法律人是不是常常同意兩造都沒有獲得勝訴判決的權利。我確定他們典型地不同意，儘管我可能有錯。然而，這並不重要，因為⑴不可能是裁量權的正確論述。它沒有在「法官享有裁量權」這個廣布的信念，與「法官確實有裁量權」這件事實之間作出自然的區分。相反地，它使這件事實由那項信念的流行性構成。但是，使某件事實的存在由相信那件事實確實存在之信念構成的理論，含有出了名的難題。基於這套論述，當他相信法官享有裁量權，他所相信的是什麼？他相信的是，其他人相信雙方當事人都沒有權利獲得勝訴判決。但這表示他相信，兩造都相信對造相信兩造都沒有權利獲得勝訴判決，以此類推。在這個明顯的邏輯難題之外，詮釋⑴牴觸通常的說法。因為，法律人說，這兩個判決都同等正確，因而法官有裁量權，儘管他曉得其他人都抱持著不同意見（或許因為他們是壞裁判理論的受害者），這也是全然合理的。但基於格林瓦特的命題（理解為詮釋⑴），那位法律人必定是錯的，而且，他其實是在胡說八道。

所以，對此必須加以修補。但只有一種修補行得通。我們必須放棄對「被廣為相信的事物」的參照，從而那項命題成為「如果兩個判決確實（不只是被認為）同等正確，因為在這個問題上，兩造都沒有獲得某種特定判決的權利，裁量權就存在」這種命題。我直截了當地贊同**那項**命題。這不過是開啓我所謂強意義裁量權的一種方法。但如果沒有進一步的論據，就沒有人能倚賴那項命題，以堅持「法官在疑難案件裡沒有裁量權」這件事顯然錯誤。支持這項主張的，要不必定是說明「**先驗**以論，疑難案件的雙方當事人都沒有權利獲得勝訴判決」的演繹性哲學論據，要不就必定是逐案地從內部說明「支持其中一造的論據不比支持他造的論據有力」的法律論據。我在第十三章與〈沒有正確答案？〉討論過這種論據的可能性。據我所知，格林瓦特還沒有提出任何一項。

三、穆澤爾與無正確答案

（一）沒有正確答案嗎？

當講理的人們爭論著某項法律議題，而如果一切物理事實與關於心理狀態的事實都已然知悉，但能夠解決此爭議的判準並無共識，他們的爭議可能是眞實的爭議嗎？或者我們毋寧該說，爭論中的問題沒有正確答案？後面這種觀點流行於學院法律人之間，而許多當代法理學理論也預設這種觀點。它在哲學上也有它的支持者，儘管我所知道的哲學家當中，沒有人認爲這個問題就像法律人所想的直截了當。我寫過一篇文章[53]以及本書的第十三章，試著說明這項議題有多複雜，並試著說明，對於法律上的「無正確答案」命題提不出好論據。我在前面那篇文章主張，法律人沒有區分他們的主張的兩種版本。基於第一種版本，爭論原告有沒有獲得特定判決的權利，或在另一方面爭論著被告有沒有權利獲得勝訴的兩位法律人可能都是錯的，因爲正確的答案是，兩造都沒有獲得勝訴判決的權利。基於第二種版本，兩位法律人都不正確，但兩個也都沒有錯；出於某些原因，各方所說的既不爲眞，也不爲假。

我舉出一項文藝演練爲例，說明人們有時認爲這項命題之第二種版本可能成立的事業，在其中，參與者爭論著大衛考白菲[54]是不是眞的愛他的母親，或者他的血型是不是A型。在第十三章，我在可能做出「某些議題沒有第二版本意義上的正確答案」這項判斷的兩種立足點之間，提出更進一步的區分。這項判斷可能作爲內在判斷而做成，它認爲「無正確答案」是與其他可能的答案相競爭的答案，但在一切考量下，它比其他答案更應獲得青睞。假設文學評論家說，儘管他相信大衛眞的恨他的母親，而不論絕大多數評論家的反對，他也相信大衛的血型是不是A型沒有正確答案，因爲故事裡完全沒有提到他是不是A型。在後面那種判斷，他從這個事業的內部，以按照自己的理解適用其規範的參與者身分，形成無正確答案的決定。但假設有位哲學家說，除非出於慣例或某種其他形式的共識，沒有任何關於虛構角色的命題可以爲眞或爲假，從而，評論者所爭論的陳述，像是大衛是不是眞的恨他的母親，都不可能爲眞或爲假。至少他意圖對這個事業採取外在立足點；他不認爲他的判斷，也就是「對於大衛的母親，並無正確答案」這項判斷，與其他兩種可能的判斷相競爭，並要求與支持其他判斷的人試著提供之同種論據的支持。他的論點在於，出於哲學上的理由，對關於虛構角色的命題提出這種論據的企圖是一種誤解，因爲，這種命題的眞假只取決於共識。

我的論述打算說明，在法律上，任何合理版本的無正確答案命題都不能立足於外在的批判性姿態，而必須立足於內在判斷，像是文學評論者可能就大衛做出的那種判斷。這表示，無正確答案命題涉及的是特定法律議題，它主張，在特定案件，就實質問題來說，「無正確答案」這項答案是優於競爭者的答案。我提出了認定「無正確答案」這個答案在先進法律體系中很少正確的理由，儘管我的一般裁判理論當然說明了，它有時會是正確答案的可能性。

我應當重複指出，這些議題極端複雜。我不是要用這項摘要取代那些論文所總結的論據，而我清楚地知道，那些論文只觸及語言哲學中困難且備受爭議之議題的表面。在我已經書寫的之外，我將對這項議題再寫更多。但我在這些論文提出的論據意在說明，某種支持無正確答案命題的論據過於簡單。到現在還沒有人說明過，基於「講理的人們對某項命題有所爭議，且對於那使某些更進一步的發現具有決定性的判準，也沒有共識」這件事實，這項命題因此而既非眞也非假。穆澤爾教授現在回應了。他說，我不可能是對的，因爲在我給的例子裡，講理的人們有所爭論，甚至對於使某些更進一步的發現具有決定性的判準也沒有共識[55]。

我承認自己不曉得怎樣與他繼續討論才好。我希望他已經注意到我先前提出的區分，要不告訴我們他所堅持的是哪個版本，或者爲什麼（如果他是這麼想的）我提出的區分沒有幫助。我希望他已經注意到，我對他的簡單主張——「關於原則的爭議意味著眞値不存在」——已經提出的反對論據。就問題本身來說，我只能說明穆澤爾的評論怎麼例示而不是反駁我已經提出的論據。

由於穆澤爾接受法律與文學評論之間的類比，至少在他提出的論據所預設的程度上，他可能打算支持第二種版本的無正確答案命題，並從內在立場爲它申辯。例如，他討論瑪姬曉不曉得夏綠蒂與愛默雷哥之間的新情事[56]，並說道：

> 文學評論家可能修改議題兩方的實質證據……關於文學著作所引起的這些與上千個其他的問題，很有可能都沒有正確答案……我們可以說，有其他的、可能的且具有可相提並論之可信度的假想世界，在其中，命題與它的反命題都成立[57]。

「實質」與「相當」這兩個字在這裡帶來麻煩。穆澤爾（他讀過那本小說也想過這個問題）自己認不認爲，基於一切考量，雙方的證據不但都是實質的，更具有同等效力，從而他所深思的兩個可能的世界，不但「相當」，更具有「平等的」說服力？我所謂「同等效力」與「平等的說服力」，不是量化尺度上的同樣數值，只是兩方的論據旗鼓相當而沒有支持其中哪一方的理由，這當然比「雙方具有相當的說服力」這種主張更有力。如果是這樣，穆澤爾就與他引用的所有文學評論家意見相左，這些文學評論家當中，每個人都認爲其中一方的論證較有力，儘管到底是哪一方，他們之間當然也有爭議。他可能是對的——小說的每個讀者都必須爲自己拿主意，而某些可能同意穆澤爾而不是那群評論家。但如果「某個立場不受歡迎」這件事就是那個立場的錯誤的明證，受到那項證據之害最深的就是穆澤爾，而不是聯合起來反對他的那群評論家們（就像穆澤爾所說的，每位評論家所將倚賴的都不只是一貫性的判斷，還有他所提到的、文學評論的這種爭議性要素，這點並無影響。大概當穆澤爾說雙方的論據是實質且相當的，他的意思是要包含這些要素的選擇與適用——立足於顯然愚蠢的文學理論的論據不會是實質的——我們還能問道，他認不認爲，如果把這些考量計算在內，雙方的論據具有同等效力。）

但假設穆澤爾不認爲這項論據具有同等效力。如果他是文學評論家，他會加入認爲瑪姬確實知情的那一邊，儘管他承認，另一邊的論據是「實質的」。（如果他是疑難案件的承審法官，他會判定原告有較好的原則論據，儘管他不能將被告的論證斥爲無關緊要。）從這個內在立足點，他現在不能說「哪邊的論據比較好」這個問題沒有正確答案，因爲他自己就認爲其中一邊確實較好。他現在能不能說，他打算表達的是外在而不是內在批判的立足點呢？他會說，當論據效力相當——儘管不必然同等，作爲眞值理論問題，或作爲其他哲學考量問題，它們支持的命題既不能爲眞，也不能爲假。但他接著必須回答幾個非常困難的問題，包括：關於虛構角色的命題（或法律命題）可不可以爲眞或爲假？如果是這樣，它們的眞假由什麼構成？是不是「共識」（如果共識存在）本身，還是「這項命題或它的反命題，在邏輯上源自人們有所共識的、更抽象的命題」這件事實呢？這些眞值理論能不能與法律人及文學評論家——他們認爲，在他們下判斷時，並不是直接或間接地陳述或預測共識的存在——的實踐相當？穆澤爾自己作爲參與者時，就曾說（或無論如何相信）其中一邊的論據較佳，儘管只是絲毫之差，他的意思能是什麼？我們如何能化解「他作爲批評者所說的」與「他作爲參與者所相信的」之間明顯的衝突呢？我的意思不是這些問題無法回答；事實上，我認爲有許多哲學家相信它們比我認定的更不具挑戰性。但如果我們要認定他在外在立足點上提出他的論據並據以檢驗他的論據，我就必須知道穆澤爾會怎麼回答。

穆澤爾在他用以支持無正確答案命題的論據結尾，提出我認爲具有啓發性且重要的陳述。他提到他所謂我的讓步，也就是，我承認「某些訴訟案件沒有唯一的正確答案，這在邏輯上是可能的[58]。」如果他的意思是，我認爲在某些案件，支持雙方的論據具有同等的力量，這點在「邏輯上可能」，他就是對的，儘管我不太會把這種說法稱爲讓步。但接著他又補充道：「無疑地，Dworkin 的立場（這種案件可能很少）與『講理的法律人之間只存在著少數爭議』這件事實相容。但重要爭議的龐大數量，對於『在疑難案件，常常沒有正確答案』這項命題，是有力的經驗性證據[59]。」

他在這裡運用「經驗性」這個詞的方式支持了我的認定，也就是，他從內在而不是外在立足點發言。但從內在立足點來看，關於法律命題長久且激烈的爭議不太可能是反對「Dworkin 立場」的有力證據。穆澤爾顯然認爲，如果兩位法律人誠懇地爭議著，而兩個人都沒辦法說服對方，這就是證明雙方均爲錯誤的證據，因爲雙方甚至連邊際上更好的論證都提不出來。但穆澤爾自己大概會面臨的麻煩是，沒辦法說服這兩位法律人中的**任何一位**相信**那位**法律人自己是錯的，穆澤爾與他之間的爭議還會長久可能還更激烈。這是不是表示，基於穆澤爾的前提假定，穆澤爾的第三個論點也是錯的呢？那的確會讓他一無所有[60]。

（二）有關係嗎？

然而，有個理由可以說明，爲什麼穆澤爾探討法律問題有沒有正確答案的問題時，沒有對我的文章投以我認爲必要的注意。就像他在論文後半部所解釋的，他認爲這個問題沒有實踐上的重要性。他對這點提出的論據「取決於⋯『除非原則上可能確立它的預先存在，否則，將某項權利歸類爲事前存在的權利，沒有實際上的利益』這項中肯的前提假定[61]⋯⋯」而「確立」的意思是，以任何講理的法律人都不會反對的方式展示。他出於論述的目的而承認，在像是上一節討論的疏失案件那種疑難案件，原告可能有就所受傷害請求賠償的法律權利，儘管他是不是眞的有這項權利，講理的法律人將有所爭論，但在這種案件裡，「他確實享有權利」這件事實其實沒有實踐上的重要性。這項結論又以一項令人驚訝的前提假定爲基礎，也就是，某項權利在任何判決實際宣判之前存在，這種說法唯一的好處在於，如果有預先存在的法律權利，被告就會注意到，他絕對不能侵犯它。既然在「原告有沒有應受保障的法律權利」這個問題上，這是我們唯一感興趣的地方，當權利（如果有任何權利存在）有所爭議，而被告不曉得原告有這項權利是可以諒解的，這個問題就失去任何意義。

權利的主張究竟涉及什麼，這項論據有所誤解。它涉及權利。如果某人享有獲得任何種類的政治決定的權利，這件事情本身就是強而有力、通常也是決定性的理由，得以支持賦予他損害賠償的司法判決。「某人享有獲得某個判決的權利」與「支持那個判決的理由存在」兩件事之間的關連不是偶然的，而是概念性的。沒有任何得以自圓其說的論述能說明，權利的概念不包括「如果某人享有權利，別人以權利指定以外的方式對待他就是錯的，至少在找不到這麼做（譯按：指以其他方式對待他）的強烈相抗衡理由時如此」這種內涵。任何其他關於「權利是什麼」的論述——認爲某人有沒有權利是一回事，而「他享有那項權利」這件事實又要不要求任何人以不同方式對待他，則是另一回事（這都對權利犯了具體化的錯誤〔62〕）。

當然，某人有沒有特定權利可能是複雜的問題，而任何答案可能都有爭議。但「什麼政治決定是正確的決定」這項問題，不是**獨**立於「某人有沒有獲得那項決定的權利」之外的另一個問題。如果後面這個問題有爭議，就因爲這個理由，前者必然也有爭議；如果有人相信疏失案件的原告有獲得損害賠償的權利，就算別人不同意，他也必然因而相信支持原告勝訴判決的、最強而有力的論據存在，儘管別人也將會爭論這點。即使是出於論述的目的，如果他認為原告享有法律權利，但法院不會因而必須有所作為，以試著分離這兩項信念，他所說的就不融貫了。「疑難案件的原告有沒有法律權利，這個問題不可能有實踐上的利益」這項主張就到此為止。這個問題所牽涉的，除了實踐上的利益，沒有別的。

這麼能幹的法哲學家為什麼會錯得這麼離譜呢？某個層次上，答案似乎很清楚。他把「注意」的問題——它往往是判斷特定司法判決公不公正的因素之一，與公正性本身的問題搞混了。即使在疑難案件，關於法律權利的主張通通都涉及公正性；如果法院相信原告享有權利，它也就相信，在一切考量——包括突襲的問題之下，不利於原告的判決並不公正，至少表面看來是這樣。當然，凡是涉及權利從而涉及公正性的問題，可能都有爭議。但如果法院負責下判決，法院關於「基於一切考量，怎麼做才公正」的決定，必然是將這個案件當成實踐的問題來處理。我在〈疑難案件〉裡談到這項議題，也預見穆澤爾目前的主張，而我將不在此處重複我在那裡說過的。但是，看看穆澤爾的主張放在道德的脈絡而不放在司法的脈絡下會有多荒謬，或許有所幫助。假設我因為自己的粗心損害你的財產，而你現在說我沒有權利這麼做，而且現在我有責任回復我所造成的損害。我們討論這項議題，而我現在同意你的兩項主張都是對的，但我說這只有學術趣味，在實踐上並不重要，因為你的權利與我現在承認的責任都有爭議，從而，不能因為我在行為當時沒有認知到它們就譴責我。我被搞混了。我所說的可能就表示，我不該因為按照我的做法而去做，就受到譴責或被認定為邪惡。但我絕不能說我所做的沒錯，或說你沒有要求我承擔損失的權利，因爲這正是我認可你的主張時所承認的。

但是，以這種方式解釋穆澤爾的錯誤，只是在不同層次上引發相同難題。穆澤爾爲什麼在他的法律權利理論中混雜了爭議性問題與公正性問題，儘管他大概不會就道德權利犯同樣地錯呢？我認爲答案在於，對於「法律權利是什麼」所犯下的、更一般且更普遍的錯誤。在簡單的案件，法律權利都能透過近乎邏輯三段論的方式，從記載在公眾接觸得到、公眾能夠僱用的律師更能接觸的書籍裡的命題推導而出。這極度引誘著人們從這點抽繹出兩項結論。首先，法律權利爲司法判決提供理由，因爲它們來自書本，也就是，因爲將它們創造出來的命題也讓人們注意到它們的誕生。其次，則是更進一步的結論，也就是，在疑難案件，如果原告眞的享有他極力主張的權利，既然那項權利不能從公開的書籍裡記載的命題推導而出，它必然是從寫在某種大眾、律師或法官都接觸不到的**祕**本裡的命題推導而出。在這種情形，試著基於法律權利的主張裁判疑難案件時，法官可能只是在猜測，如果他們能把祕本弄到手，會在那裡面看到什麼（與穆澤爾共享這幅圖像的布里麥爾教授運用了無異原則，並得出「法官猜對的機會只有一半」的結論。）[63]我認爲，這幅圖像已經纏上法理學。它藏在霍姆斯「法律權利必定只是存在於現實的、地上的書籍裡的權利，因爲法律不可能是『徘徊不去無所不在的存有』」這項著名的見解背後。它也藏在「非實證主義者必定相信所謂自然法，人們認爲那就是天上祕本的內容」這項前提假定背後。

如果有人認爲，在疑難案件裡，權利之所以是權利，只因爲它們被寫入了祕本，這似乎表示，這些祕密規則在裁判中之所以相關，只因爲它們所提供用以指引行爲的通知，而這種東西並不存在。但祕本圖像無法適切地說明爲什麼人們能夠享有法律權利，就算對於他們是不是眞的享有權利，講理的法律人們有所爭論。人們享有這些權利，是因爲我在〈疑難案件〉描述的那種公正性的理由。如果穆澤爾承認他們享有這種權利，即使是出於論述的目的，他就不能否認，同樣地公正性的理由，也支持實現這些權利。

但或許我應該在這裡重新詮釋穆澤爾的論述，從而，它們就要求著我們的法律體系的改革。我們可以認爲，他主張新的法律權利理論，根據這套理論，除非一造能以讓所有講理的法律人滿意的方式，展示「他確有那項權利」這件事實，否則他就沒有法律權利。在這種情形下，就不會像現在這樣，通澈甚或苦痛地試著判斷，基於一切考量，原告有沒有他所主張的制度性權利之後，才能就疑難案件下判決。如果原告無法爲他的權利提出壓倒性的論據，他就沒有權利，不過是這樣而已。不清楚的是，穆澤爾會以哪種判決程序取代它，從而我們將從這項改變獲得什麼。但相當清楚的是，我們會有所損失。

在目前的體系下，我們希望司法裁判是原則問題。這個希望無法全然實現，因爲我們每個人都將認爲，法官有時甚或常常會提出錯誤的原則論據。但我們透過這種企圖而打成平盤。我們鼓勵公民們認爲，每個人都享有權利並負有責任，得以對抗其他公民與他們共同的政府，儘管這些權利與責任不是全都寫在白紙黑字的法典裡。我們因而鼓勵他們，就這些權利是什麼，架構並檢驗他們的假設，並以「他們的主張也總是涉及正義，即使正義要求什麼並不清楚」這有利且一統的前提假定對待彼此，並要求國家以這種方式對待他們。法院藉由對這些關於正義的爭議性議題的公眾考量提供非常態論壇，並提供其權力正當地受它所能支配之論據的力量限制的領導地位，以參與這項程序。

如果我們認爲，這套實踐的價值，只在就公權力機關將會如何運用它的權力提供可靠預測，那麼，我們就是以邪惡的眼光看待自己。當然，這套實踐可能被已經被奉法律之美名濫行暴政的政府濫用。有些國家裡，如果不能以法律之名提出無從出自公開書籍的主張，公民們會過得更好，而我曉得確實有些人認爲，英國與美國也在這些國家之列。但即使他們也必須承認，改變將會使某些東西喪失。比起法律文件之治，法治是更高尚的理想。

四、理查斯與復興的實證主義

理查斯教授的論文【64】主要不是批評我的觀點，而是一篇對法律與道德之間的關連具有更廣泛興趣的文章。然而，他急切地要把他的觀點與我對那項問題的觀點分開。根據我的理解，他認爲，儘管在實踐上，我的著作遵從他所謂「方法論自然法」的教義，在我所提出更概念性的主張中也有一些瑕疵，幸好並不影響那種實踐。我認爲，即使在概念層次上，我們相左的程度比理查斯現在所認爲的還小，因爲，他看到的歧異似乎口語多過實質。在我看來，我們之所以有這種爭議，是因爲理查斯沒有充分理解正統自然法理論與我試著申辯的另一種理論的不同。像後面這種理論，儘管確實需要改進與澄清，但比起法實證主義，對理查斯建議並做得有聲有色的所謂「方法論式自然法」，它更能提供實質的幫助。

理查斯的批評針對我的一般主張的兩點。他同意我的觀點，認爲我所謂的原則（這裡泛泛地使用這個辭，不區分政策與更狹義的原則），就確立法律就某個問題怎麼規定而言，扮演重要的角色，而這些原則的角色因而不侷限於關於「法律應該是什麼」的論據。但他相信，堅持法律就是事實問題的傳統法實證主義仍然有效。實證主義可以承認原則的角色，因爲哪些原則確實是任何特定法律體系的原則，這個問題本身是個事實問題，而這些原則在具體個案提出什麼要求，也只是普通的專業判斷問題。理查斯的相關論據表現在這些陳述上：

> 畢竟，法律原則是法律上的原則；爲了要具有拘束力，它們必然隱含於過去的司法傳統與實踐，能夠從類比的法律通常論證方法推論而得……法律原則就像法律規則，終究取決於一件事實問題，也就是，法官的批判性態度……實際上，對法官有法律上拘束力的原則，可能具有道德上的瑕疵，致使這些原則不經修正的適用會違反法官的道德責任。我們仍然可以這麼區分，而道德問題必定總被獨立地提出。

我在其他場合已經討論過「法律原則的鑑別能不能說是單純的一般事實問題」[65]。我說它不能，而我感興趣的是，爲什麼理查斯認爲我的論證無法令人滿意。或許困難來自前面引文裡三段陳述中的第一段。他說，如果原則應當出現在司法裁判當中，這些原則必然「隱含」於「過去的司法傳統與實踐，能以不尋常的方法推論而得」。但這是什麼意思？如果它像理查斯對「批判態度」的訴求所暗示的，意指除非存在著實際引用這些原則的傳統，否則原則就不算數，他就錯了，因爲運用原則的實際做法常常忽略那種責難。就像「得推論而得」這個詞可能的解讀所顯示的，他的意思，不是原則在推論上源自於一批判決先例，從而如果兩位法律人爭論著某項特定原則是不是「具有法律上的拘束力」，其中一人必定犯了邏輯上的錯誤。這項主張是愚蠢的，而且，如果接著堅持，除了內容，原則的分量也是推論問題，還會更愚蠢。理查斯說，內容能「透過類比的法律通常論證方法」推論而得。但這沒有幫助，因爲系爭議題恰好在於，疑難案件中的「通常論證方法」，也就是法律人所謂的類比論證，是不是讓這些案件呈現的議題成爲事實問題，而這取決於對究竟什麼是「類比論證」的深入分析。

在〈疑難案件〉中[66]，對於說某項原則「根植於」或「隱含於」一組較早的案件，或從那組案件中「得自類比推論而得」是什麼意思，我提出一項論述。我說，如果原則出現在我所謂那些材料的最佳正當化理由，原則就與較早的判決或其他法律材料具有那種關係。當然，這使特定原則是否眞的從先前材料的判斷「能推論而得」成爲判斷問題，而法律人對這點可能且將會有所爭議。一項正當化理由可能（我也說過）在兩個面向上好過另一項：就它要求將較少的材料認定爲「錯誤」而言，它可能更加契合，或者它是道德上更有說服力的正當化理由，因爲它更能掌握有效的政治道德。如果包含某項原則的理論在契合面上較佳，但包含相反原則的理論在道德面向較佳，「判斷這種案件裡的制度性權利時，哪個面向比較重要」的法理學問題就出現了。對這項法理學問題的一種答案（以粗糙簡單的形式說）是：沒有哪種理論能算是制度史的適當證立，除非它能更妥善地契合與那段歷史；它揭示爲錯誤的判決，數量上絕不能高過某個低門檻，特別是最近的判決；但如果基於那項判準，兩個或兩個以上的理論各自適切地契合，那麼，這些理論中，道德上最有力的理論就提出了最佳的正當化理由，儘管比起另一項理論，它將更多判決揭示爲錯誤。這項答案還有待進一步闡述，但它在某個方向上例示，一套完整的裁判理論可能如何從我所說明的方案理論發展而來。

但那種類比論證的論述——它在原則的判準中包含道德的面向，沒辦法以理查斯所希望的方式調和實證主義與原則。或許理查斯想在這裡加入薩托流斯教授的觀點[67]。薩托流斯說，我應當滿於我所描述的這兩個面向中的第一個，而不應加入第二個，因爲，光是基於科學所運用的最佳解釋標準，理論幾乎將不可避免地提供與資料之間的最佳契合，而法官確實也應當選擇那套理論。我一度認爲這就是我的觀點，但我花去許多篇幅說明的考量說服我採取相反觀點[68]。即使在科學解釋當中，我也不認爲有什麼優等理論性解釋的共認要素，經驗也顯示，在法律案件裡，在現實的理解上，某項論述好過另一項的理由，往往無法縮減爲所能解釋的早先判決的相對數量，或解釋的簡要性或優美性，或諸如此類的理由。沒有任何熟悉司法意見書之運作的人們可以認爲，比方說，法官在證立理論上的選擇，就像法史學家在判決型態的歷史解釋之間的選擇。如果法官確實引用理論建構的準則，計算相競爭假設所能解釋的判決先例數目，並對比這些假設在理論上的優美性以做成判決，我們最後會得到「機械性」裁判的實例，一項長久以來在法律裡廣受貶抑的描述，儘管就我理解，在其他不具道德面向的領域，像是工程學中，情況並非如此。

所以，根據實證主義者對於「事實是什麼」的概念觀，過去的傳統在實踐上「隱含」了什麼原則，這項問題爲什麼能是事實議題，將神祕難解。爲什麼理查斯堅持這項問題只是事實問題呢？他在我引用的那組陳述中的第三段，也是最具啓發性的那段告訴我們。他正確而急切地抗拒「法律在道德上總是合理的」，或（以更革命性的方式說）「道德上不良的法律不可能是法律」這種荒謬觀點。他所要主張的是，對法官「在法律上具有拘束力」的原則可能是非常骯髒的原則，骯髒到法官的責任可能其實是拒絕適用它。我在幾頁之前說過大致類似的話。我曾說，在某些案件，法官的責任可能是說謊，並就「法律是什麼」作出虛假陳述，而這種描述預設法律可能不是它應有的模樣。理查斯顯然認爲，我不知怎地被迫接受這種荒謬觀點，因爲他認爲，在這裡，法律哲學只有兩種選擇。我們必須站在實證主義者那邊，他們堅持「法律是什麼」總是事實問題。或我們必須隨著最極端自然法學者起舞，他們認爲，法律原則與道德原則之間不可能有所差異。但這兩種極端都錯了。在某些情形，對於「法律規定什麼」的答案可能取決於（儘管不可能等同於）「背景道德要求什麼」，從而，說第一個問題——在那種說法的休謨[69]式意義上——僅僅是事實問題會是錯誤的。不只在立法上的法源刻意將道德判準體現在法律規則的情形是這樣，當立法上的法源根本沒有任何決定性的規範，因而法律規定什麼有所爭議時，也是這樣。不只是當體現道德概念的法律原則明白地對法律論據具有決定性時是這樣，應該被認爲具有決定性的是什麼原則恰好是問題所在時，也是這樣。

但任何這些當然都不表示法律在道德上總是正確，或在道德上正確的都同時是法律，**即使在疑難案件也一樣**。考慮我剛剛描繪的那項言之成理的觀點。它說，沒有原則能算是制度史的正當化理由，除非它提供某種最低限度的契合，儘管在合乎這項限度判準的原則當中，應當選擇道德上最有道理的。如果那項判準適用在邪惡的法律體系上，結果必然是，我們找不到能通過那項低標判準，而在道德立場上也可接受的原則。在這種情形，這項一般理論必須認爲，某種不具吸引力的原則提供了制度史的最佳正當化原則，並提供判決給法官，或許還有道德問題。實證主義運用事實性議題與規範性議題之間的簡單區分。如果我們接受那項區分，我們就必須說，某條原則在裁判中是否算數、又具有多少分量是規範性問題。但我們必須小心，不要認爲（像是某些哲學家似乎常常認爲地）只有一種規範性問題，也就是「該怎麼辦」這項最終的問題。特定原則（在決定「法律是什麼」時）算不算數，這項議題有一部分是規範性的，因爲它包含了對政治道德原則的有效性的判斷。不過，它與另一項規範性議題不一樣，也就是「如果情況顯然呈現僵局，某項原則縱使算數，又是不是法律體系得以立足的最佳原則」這項議題，它與第三項規範性問題也不一樣，也就是「原則是不是過於不義，因而法官實現它所賦予的任何法律權利就是錯的，爲了避免這麼做而撒謊就是正確的」。

在這裡，我應當提及兩項只有附帶關係的附加議題。理查斯指控我犯了這種錯：「他從『法律原則有時是道德原則』這件事實，毫無根據地推論而認定它們都是道德原則[70]。」當然，這項推斷是錯的，但我認爲他想要指控我的信念而不是推論。我是不是認爲法律原則都是道德原則呢？這裡有個模稜之處。這項命題的意思可能是，法律原則總是合理或正確的道德原則，而如果這就是它的意思，那麼，就像我剛剛才費力重複的，我不認爲是這樣。但它的意思可能是，法律原則在形式上都是道德原則（不論作爲道德原則，它們合不合理、有沒有說服力或可不可鄙），而不是，比方說，明智的判斷或歷史的歸納。這是個更有趣的主張，而至少在下列意義上，這確實是我的主張。一如往常，「道德」這個字在這裡可能會製造麻煩，但我認爲這項命題的意思是，出現在法律論證中的原則提出關於市民與其他法人的權利與責任的主張，而不是陳述，比方說，明智的判斷或歷史的歸納。就像我曾經說過的，我認爲這項從制度史「抽繹」原則的過程，是判斷那段歷史之正當化理由的過程，在這裡，正當化理由與解釋相互區隔。儘管某個時期內，所有在威斯康辛州做成的契約法判決有利於當地的共和黨人，不論那件事實對於歷史學家、社會學家或批判者來說有多重要，人們都不會認爲它對這些判決提供正當化理由（就算作爲爛理由），從而也不會要求法官基於「對共和黨員有利的就有助於正義」這項原則裁判未來的案件。我可能補充道，法律原則在剛剛所說的意義上必定是道德原則，這件事實與本節先前的討論關係不大。在某些情況下，這或許排除在邪惡法律體系中支持所謂原則的論據[71]。但我不想過度倚賴道德原則概念的阻隔力。對於那項概念，沒有什麼有說服力的分析，能確保「黑人比白人更不值得關懷」這項原則被斥爲根本不是原則。

然而，我確實要拒絕我先前描述的「存在法」圖像，我認爲，急著要否認法律原則都是道德原則的人們通通抱持這種看法。他們認爲，一個社群的法律是特定規則與原則（天曉得還有什麼）的獨特集合，從而，問道在任何給定的時刻，特定規則或原則屬不屬於那個集合，是有意義的問題。如果某條原則確實屬於那個集合，它就是法律原則；如果它也屬於另一個集合，也就是有效道德原則的集合，它就同時是道德原則，從而我們能問道，這兩個集合是不是同一個集合，它們有沒有重疊或相互分離。如果有人確實對這項問題採取這種觀點（我認爲，這種觀點是我先前討論的祕本理論的表親），他將會認爲，法哲學家提出法律原則集合之成員資格的必要與充分條件很重要，回答這些條件是否包含或排除這另一個集合——「有效道德原則」集合的成員資格也有必要。就我來說，我不認爲我們需要以這種方式將具體特定原則個化，並將它們分派爲集合，就像我們不必個化並分派特定科學的「原則」一樣。拒絕「法律是規則體系」這種想法時，我的意思並不是要以「法律是規則與原則體系」這種想法取代它。「『法律』作爲各有正統形式之各別命題的集合」這回事，根本不存在。人們享有法律權利，而在判斷他們享有什麼法律權利時，政治道德原則以我試著描述的方式占有一席之地。如果我們所謂的「法律原則」，意指原則上適於擔當這種角色的原則，那麼，至少流通於系爭社群的所有政治道德原則都是法律原則。我們有時以不同方式使用「法律原則」這個詞，指稱事實上常爲法官引用、從而進入教科書與法學院課堂的原則。但沒有人認爲，只有那種限定意義下的法律原則，也就是，那些我們已藉由這種方式而熟知的原則，可以適切地出現在法律論證中的原則。

所以，理查斯錯誤地認爲，實證主義法理論，像是哈特的理論，可以輕易地改造以掌握原則在法律論證扮演的角色，他也錯誤地認爲，實證主義以外的唯一選擇，就是在疑難案件拒絕法律論據與道德論據之區分的極端自然法理論。他也不同意我所支持的權利命題，那項命題主張，疑難案件應當、事實上也典型地基於原則論據而不是政策論據而判決。他所設想的反例就像格林瓦特引用的那些案件，而我不必重複先前對這些案件提出的看法。理查斯也提醒我，法院適用它們認爲生於政策的制定法時，確實考量了政策議題，而我必須重複我相信自己已經在〈疑難案件〉說明過的[72]。然而，他在別人提出的這些論點上參酌別組案件[73]。那些案件中，法院宣告有時簡單——像在 *Mapp* 案[74]——有時複雜——像在 *Miranda* 案[75]，的行政規則，不是因爲法院認爲任何個體有權獲得他們基於這些規則所能獲得的，而是出於另一種理由，也就是，這些規則提出一套方案，儘管不是唯一甚或最好的計畫，但透過這套計畫，個體其他的權利能獲得保障或確保。切耶斯教授最近發表一篇很可能會極具影響的文章[76]，在其中，他出於不同目的而更廣泛地考量這種案件；他正確地讓我們注意到，法院在型塑並執行複雜反托拉斯法令、錯綜的企業重組，以及最值得注意的，有時使法院陷入學校董事會日常事務的、反校園種族隔離命令時所扮演的角色。

法院的行政事業——切耶斯認爲，它提供新的司法裁判風格——對法理學與政治理論提出眾多問題，而雖然僅僅側面地觸及權利命題，它們仍是任何裁判理論總有一天必須面對的問題。然而，就這份附錄而言，我只需要指出兩件關於權利命題而又似乎被忽略的事實。首先，這項命題並不禁止法院基於不認定個體享有獲得特定判決之權利的立論基礎，而在刑事案件或公法案件中，做成支持個體對抗國家或國家某部門的判決。我曾說過，權利命題在這方面是不對稱的，而我舉了理查斯所引用的 *Mapp* 案作爲我的例子。其次，這項命題並不禁止通常所謂「法院僅向未來生效的立法」，只要這些規則僅爲未來創設而不反映既存權利，且不溯及既往適用以證立系爭案件的准駁。很清楚地，如果認爲僅向未來生效的立法是保障個體權利所必要的，就像在理查斯提到的案件那樣，那麼，它們就沒有違反我用以支持權利命題的政治道德；實際上，在憲法案件，可以認爲這些正是此等考量的要求所在。然而，我應當重複說道，法院目前似乎承擔的活躍行政角色以及這種實踐對權利命題的衝擊，還有許多有待討論。

五、索珀與重新界定的實證主義

（一）沒那麼實證的實證主義

索珀教授傑出的論文【7】討論我的主張與各種形式的法實證主義之間的關連。作為修正，他提出一種形式的實證主義，它能揉合我關於法律實踐的所有主張——如果它們站得住腳。基於這種觀點，實證主義堅持，法律命題如果為真，就是因為某種指明它的真值條件的社會實踐而為真。但它並未堅持，以這種方式指明的真值條件不能包括道德考量。例如，假設我正確地認為，法官典型地訴諸本身出現在既存法律的最佳正當化理由中的原則以裁判疑難案件，而且，這項證立過程包括第四章與本附錄第四節描述的道德面向。我所描述的整套判決方案本身就是一種社會實踐，它認定由提供最佳正當化理由的原則支持的法律命題為真。假設兩位律師或法官爭論著某條法律命題，因為他們對某條政治道德命題觀點不同。基於這種實證主義論述，他們可能都是實證主義者，儘管他們都認為，某項不可能訴諸譜系以證明為真的法律命題確實為真，儘管他們都主張自己的命題的真值取決於某項道德原則的真值。他們都是實證主義者，因為每個人都承認，社會實踐——也就是我所描述的那種社會實踐，使道德具有關聯性。

索珀指出，哈特教授自己就提到，某些制定法與憲法條款，像是美國憲法的某些條款，就「藉由參照而揉合道德」。目前的提案不過是認定道德的揉合不只發生在立法或憲法條款的特定片段上，還出現在系爭社群中界定「什麼才算是裁判」這更一般的社會實踐中，進而擴充潛藏於那項論點下的想法。

里昂斯教授在他對我的書評裡【78】提出非常類似的論點。他也認爲實證主義的命脈在於「法律上每項主張的背景都包含了某種社會實踐，儘管那種實踐本身有時——甚或總是——使道德具有決定性」這項主張。當然，我不打算與索珀或里昂斯爭論名稱。然而，我曾認爲實證主義應提出他們那種版本的實證主義並不提出的兩項重要且相關聯的主張，我跟這些主張爭論，而不是標籤。第一項主張宣稱，法律體系的特徵在於，某些或多或少機械性的判準，對有別於「法律應當是什麼」這項命題的「法律是什麼」這項命題的眞値，提供必要且充分的條件。在第二章，我將這點描述爲有別於內容的譜系判準；我的意思是，實證主義堅持，法律的判準應該是社會史問題，而不是天生就可能有爭議的政策或道德問題。例如，哈特不只把他的承認規則描述爲另一項使人負擔義務的規則，而是描述爲規定某些公共特徵——在鑑別其他規則是不是法律規則時，它的存在或缺席將具有決定性的次級規則。他說，這種次級規則的接受，標誌著從前法律社會到有法律的社會的變遷，因爲，基於次級規則而具有決定性的公共特徵，會治癒潛藏於前法律實踐的不確定性。無疑地，次級規則本身可能包含模糊條款，或在其他方面包含某種程度的不明確，這點與這幅圖像相容。但是，僅僅將所有義務問題直接推回關於義務的既存社會實踐的次級規則（就像哈特在他關於國際法的討論說明的），沒有在現狀中帶來任何改變。這種次級規則不會引入更進一步的明確性，也不能標誌任何變遷。我會認爲，當索珀想像了僅僅命令「照正義所要求的做」的主權者，這些反對意見將理所當然地適用於索珀設想的那種次級規則。

然而，重要的問題不是哈特或其他特定法哲學家採不採納「法律的判準必須使法律能合理地展示」這項命題。那項命題與更一般的法律理論相連——特別是與某種法律功能圖像關連。這項理論就是：法律爲私人與公權力機關的行爲提供一套既定、公共且可靠的規範，這套規範的效力不能因爲某些個別機關的政策或道德感知而有所疑義。這項法律功能理論承認——就像它必須承認的沒有哪組公共規則能是完整或完全精確的。但它因而堅以這種方式理解的「法律確實指向某個判決」，與——套用實證主義者的說法——「法官僅僅由於法律沉默而必須行使其自由裁量權以制定新法」這兩種情形的區別。基於這種法律功能觀點，這項區別至關緊要，因爲重要的是，承認在講理的人們能爭論著法律怎麼規定的情形下，司法判決不可能是這種法律概念所保證的中性判決。承認判決在這種情形下根本不是法律判決，會是更誠實的做法。

所以，「某種或多或少機械性的譜系判準鑑別了法律」這項命題，在這方面與關於法律之本旨或功能的政治理論相連，也與必然包含在那套理論裡的司法裁量權理論相連。相反地，我所申辯的理論爲法律預定另一種更具企圖心的功能，也就是我在本附錄第三節結尾描述的功能。如果實證主義在索珀與里昂斯建議的方面退讓，從而容納我提出的法律實踐描述，那麼，支持關於法律本旨之正統理論的論點就會相應地弱化，而支持我主張的觀點的論據就會強化。

我認爲實證主義會提出的第二項主張，也與如果拋棄這項主張，則必須修正的、更一般的理論性立場相連。以下述方式提出，第二項主張將會最清楚。我們可以認定法律命題爲眞或爲假、精確或模糊，而不必因此在經驗主義者的本體論外接受任何的本體論。當法律命題爲眞，它的眞值是由關於個體或社會行止的普通歷史事實構成，或許包括關於信念與態度的事實，但不包括任何在形而上學上更可疑的東西。當奧利佛．溫岱爾．霍姆斯說，法律不是天空中的徘徊不去無所不在的存有，他就提出了這項主張。實證主義者不必是語意學意義上的還原主義者：他們不必主張，法律命題的意義等同於關於信念或態度之行止的歷史命題。但在他們的方案要求他們成爲（或我這麼認爲）——「在這種歷史條件之外，法律命題的眞值條件不包括任何其他東西」這項主張所掌握的——弱意義下的簡化主義者。

當然，這項主張與「關於正義的信念在因果上常常導向構成法律的行止」這項顯然爲眞的因果命題相符。例如，立法者常常因爲一項法律看似合乎正義而制定那項法律。這項主張也與另一項命題，也就是「關於正義的**信念**可以是法律命題眞值條件的一部」這項命題相符。實證主義者可能採取某種制定法詮釋理論，從而，如果某項制定法規定，契約在契約過分無度的情形下無效，而且大多數的人們認爲特定種類的契約是不義的，從而作爲法律問題，這種契約無效。這套理論提出對法律命題而言具有決定性的、關於道德事實的信念，而不是道德事實本身。但對索珀——里昂斯式的實證主義者來說，契約在法律上的有效性所可能取決的，不是人們認不認爲契約不義，而是它是不是眞的不義。這套理論**就是**不符合還原主義的主張，因爲它使道德事實本身成爲法律命題眞值條件的一部。

弱版本的還原主義計畫並不滿於說明法律命題有時僅僅因爲歷史事實而爲眞。尚且必須說明的是，那套理論認定爲眞的所有法律命題，都是因爲這種事實而爲眞。索珀——里昂斯式的實證主義不可能提出這種主張。如果社會實踐使道德系統性地與法律議題相關（索珀與里昂斯各自承認，出於論述的目的，我們的法律體系可能就是這樣），那麼，法律命題的眞值將會系統性地取決於道德命題的眞值。前者的眞值至少將部分地由後者的眞值構成。所以，實證主義所保證的、法律與道德之間在本體論上的分離並不成立。要認定這種體系裡存在著法律事實，就必須同時認定其中也存在著道德事實。

這解釋了哈特「實證法有時使用明白的道德語言」這項觀點，爲什麼不是能收納使道德系統性地具有關聯性——即使不是任何明確的揉合——的一般法律理論的口袋。哈特大概會將他對法律語言的「開放結構」的討論（他把那些討論運用在像是「合理」這種詞彙），延伸到出現在實證法的道德詞彙（像是美國憲法的「殘酷與異常」條款）上。他接著會說，「殘酷」這個詞在美國有既定的適用核心（它適用於笞刑），但也有不確定性的陰影（對於死刑本身殘不殘酷，講理的人們會有不同意見）。當案件（像是 Furmsan v. Georgia[79]）落入陰影，法官就必須運用自己的裁量權下判決，儘管在這之後，他的裁判出於法律上的目的而擴張這項概念的核心。

這項對於道德語言在法律條文裡的角色的分析，與我先前所說的弱還原主義方案全然相符。它使「笞刑違憲」這項法律命題的眞值由「它確實殘酷」這項信念構成。但它不能擴張而涵蓋我所說的那套司法裁判理論。然而，假設我理解錯誤，假使哈特會拒絕法律上道德語言的這項分析。假設他會說，死刑違不違憲全然取決於它作爲道德事實問題殘不殘酷，而不只取決於它是不是被充分且廣泛地認爲殘酷，或法官行使他的裁量權時是不是這麼裁判（我們接著應該懷疑，爲什麼他沒有對所有「開放結構」語言提出平行的分析，並從而縮減司法裁量權的角色）。但如果這項區分說得通，而且，如果關於刑罰合憲性的命題可以爲眞，（以傳統方式說）道德事實的客觀領域就必定存在。我曾經認爲，使法律命題客觀上的存立獨立於任何後設倫理學或倫理本體論的爭議理論，也是哈特的企圖心（以及實證主義者普遍的企圖心）所在。

當然，如果哈特不堅持關於死刑的命題能在其他——不取決於道德語言之正確理解的——命題可能爲眞的意義上爲眞，他就不需要接受關於「殘酷」的事實客觀領域。他可以說，一旦憲法使刑罰的合憲性取決於它殘不殘酷，那麼，在文義上，所有這種主張要不爲假，要不就既非眞亦非假〔80〕。但只有在「道德語言的運用是我們熟悉的司法體系的偶然特徵，而不是系統性特徵」這種前提假定上，以這種方式擴張哈特的一般理論，才能言之成理（如果它可以言之成理）。如果我對我們自己的道德實踐的論述是對的，而哈特試圖在他自己的體系中以這種方式擁抱這套理論，他頂多只會主張，對我們來說，根本很難有任何命題爲眞。無論如何，索珀所深思的、這兩套理論的聯姻，會被最後這項基進主張消解。

（二）概念性或描述性？

索珀在他論文的開端提出另一項有趣的議題。他區分概念性法律理論與描述理論。他說，實證主義理論是概念性的，而我的理論是描述性的，理由如下。實證主義者提出對所有法律體系（如果它們正確）都成立的主張，而這項主張不只是歸納問題，而是必要性問題。另一方面，我僅僅提出關於特定法律體系的主張。我主張，在我們自己的法律體系裡，法官的典型實踐並不符合實證主義者對「所有法律體系都必須具備的模樣」所做的論述。如果我是對的，實證主義者的主張——這是個普世性主張——就是錯的。但這並不表示我的描述因而在我們自己的法律體系外爲眞。因而我的立場必然是描述性的，而他們的立場是概念性的。

我很高興索珀提出這項議題，因爲我常常被問道，我認不認爲我的理論像實證主義一樣是概念性的，或者僅僅是描述性的。我是不是要就「法律必須像什麼樣」提出一般理論，或僅僅對特定版本的法律提出較佳的論述？我恐怕我並不了解這項區分在這個脈絡下的作用。在某種意義上，實證主義者的法律理論確實是概念性的。但在什麼意義上呢？索珀認不認爲，實證主義者的理論（法律命題不能因道德而爲眞），是關於「法律的」或「法律」這種字眼的「標準」或「一般語言」用法的語言學理論？基於那種詮釋，實證主義者主張，基於「法律的」這個詞的用法，法律權利不能像我主張地那樣取決於道德事實，就像別人會說，基於「姊妹」這個詞的用法，姊妹不可能是男人。但如果我提出假設性反例——如果我提出法律權利的例子，並指出這就是我所說的，基於道德權利而成立的法律權利——那麼，我的主張必然也是語言學的主張。我必須主張「法律的」這個詞的適當用法要包含這個例子。我的主張跟他的主張一樣，都是語言學上的主張，儘管它可能更謹慎。它不可能像經驗性歸納的反例那樣「僅僅」是描述性的，或僅僅涉及引爲反例的案例事實。假設我主張自己找到雄性的姊妹，從而對「姊妹不可能是男人」這項主張作爲語意用法問題提出反例。我不只是主張自己發現了反駁某套語意學理論的、新的非語意學事實。除非我說明語言學理論在語言學上不正確，我就無法發現我聲稱自己發現的事實。假設我找到一個男人，而某個言語社群（知道他是男的）有稱他爲姊妹的習慣。如果我引用他作爲反例，我這麼做，是因爲我認爲這項語意學上的實踐，是對「姊妹」這個詞提供正確用法的實踐之一。這項論點涉及文字的正確用法，而不只是涉及孤立案例的事實。如果實證主義之所以是概念性的，是因爲它是語言學式的，而且，如果我的理論提出了反例，我的理論也必然是概念性的，因爲它也是語言學式的。

我假設性地提出此點，因爲我不接受「實證主義是關於語意學實踐的理論」這種說法。

（我懷疑「法律的」或「法律」具有實證主義者得以訴諸的標準用法。無論如何，在他的論據中，他並不倚賴字典上的定義或語意用法的統計資料。）但我們應該在其他哪種意義上理解，以認爲實證主義者提出了概念性主張，而不只是描述性歸納呢？如果實證主義者僅僅說，在他研究過的每個國家或政治分支中，人們並不認爲法律權利是由道德論據確立，他因而相信絕對不能認爲它們是這麼確立的，那麼，他的主張似乎根本就不會是概念性的。有人會主張，實證主義是概念性的，因爲它**提出**這樣的看法，也就是，出於清晰、方便或其他政治上的動機，應該以特定方法運用法律概念。但如果實證主義只在那個方面是告誡性的，而且，如果我的理論確實在我們自己的法律體系中提出「反例」，這必然是因爲我已經說明，更佳的相競爭動機推薦這些概念的相反用法。如果是這樣，我必然有賴於與他所倚賴的理論同種的、關於可欲概念區分的理論，儘管我的理論沒有他的理論來得明晰。同樣地，如果由於他的理論具有告誡性，稱它爲概念性理論因而是適切的說法，我的理論也是。

同樣地，我假設性地發言，因爲我認爲，稱實證主義爲爲告誡性理論，跟稱它爲語言學式理論一樣，同等地誤解了實證主義。法律理論是概念性的，但它的概念性不在這兩方面。在本書早前的篇幅中，我描述了一種特別的智識活動，我稱之爲「支持某項概念的特定概念觀」。我並不假裝自己已經對那種活動提出適當甚或清楚的論述，但我希望我提出的例子能說明，爲什麼這種活動不同於經驗歸納、語言學研究與語言學上的告誡。我們——至少所有法律人——全都共享法律與法律權利的概念，而對於那項概念的不同概念觀，我們有所爭議。實證主義者爲特定概念觀申辯，而我試著爲相競爭的概念觀申辯。我們關於「法律權利是什麼」的爭論，與討論正義的哲學家爭論「正義是什麼」的方式大致相同。我把焦點放在我特別熟悉的特定法律體系的細節上，不只是要指出實證主義對那套體系提出壞論述，我更要說明，實證主義對法律權利概念提出壞概念觀。我的主張不是實證主義作爲對我們法律體系的論述有錯，儘管作爲其他法律體系的論述可能正確，就像會有歷史學家主張，某項關於戰爭原因的理論，就解釋奧國王位繼承戰爭而言是錯誤的，儘管對於其他幾次戰爭則會是正確的。

與關於正義概念的討論類比會有所助益。假設有人藉由說明，在奴隸制度確實使效用最大化的實際或想像情形下，各種功利主義正義理論也沒辦法解釋奴隸制度爲什麼不義，以反對那些理論。他會承認，在其他實際或想像的情形，奴隸制度牴觸功利主義，但他的主張只是要說明，即使在這種情形，奴隸制度也不會因爲它牴觸功利主義而不再違背正義。他企圖說明功利主義不是令人滿意的正義概念觀；如果這是對的，沒有任何東西會只因爲牴觸功利主義而不義。我的主張有相同的企圖心。我訴諸複雜的現代法律體系以說明，既然在這些體系中，關於法律權利之命題的眞値是由某種道德事實構成，那麼，實證主義的法律權利概念觀必定爲假。我的結論是，我們必須拋棄實證主義概念觀，轉而支持另一種概念觀，也就是我在第四章與本附錄稍早之前描述的那種。這項概念觀使每個司法體系的制度性實踐及歷史與關於法律權利之命題的眞値相關，儘管未必是決定性的。這也表示，在某些司法體系，法律權利與任何站得住腳的背景政治道德針鋒相對。儘管有這樣的歧異，它們因爲制度性的批准而成立。然而，這不是因爲實證主義對這些司法體系提供好的法律權利概念觀，而毋寧是因爲，在這裡，正確的概念觀導向那個結論。

索珀在他最後的段落中主張，如果我的理論更具規範性，不再那麼偏重於「我們的實踐其實是怎麼一回事」，我的理論會帶給實證主義者更重大的難題。但他用以區分我們的議題——我們的法律實踐其實是什麼樣？——不是涉及這種尋常事實的爭議。實證主義者與我所爭論的，不是仔細參酌書上所寫或爲法官設計更聰明的問卷就能夠解決的、實踐上的細節。我們可能會爭論這種問題，但這不會是最根本的爭議。我們根本的爭論在於，我們的實踐的成果是什麼，也就是，對於這項實踐的哲學論述中，哪一個較爲優越。我在第四章最後一節試著解釋，公民之間對於「他們的社會的道德究竟是什麼」的爭議爲什麼具有這項特徵，而認爲這種爭議僅僅涉及流行道德，也就是，僅僅涉及特定個體抱持的道德信念的統計學式功能，又錯在哪裡。如果我們堅持這項對比，那麼，「社會道德是什麼」這項爭議，就是規範性而不（僅僅是）事實性的。本書主張，對於律師與法官之間「關於制度史在某項議題上其實達成了什麼」的爭議，應當採相同的觀點。哪些原則「根植」於制度史，這類問題是規範性問題而不只是歷史問題。「總體而言，我們的法律實踐其實是什麼」這項問題也是一樣。法理論之間的爭執，與平等保障條款諸理論之間，或各種關於疏失的理論之間的爭執，形式相同，儘管前者在形式上更具一般性。

六、尼克爾與短視

尼克爾教授在他深思熟慮的論文裡關於政治權利的討論，我大半同意。比方說，他在一篇以羅爾斯的正義理論爲主題的論文裡，探討我就道德理論中的融貫「建構式」模型提出的論述[81]。我說，比起許多批評者認爲羅爾斯預設、而我稱爲「自然」模型的那種模型，那種建構式模型爲羅爾斯對反思均衡的運用提供較佳的正當化理由。尼克爾相信，我沒有提出得以認定建構式模型對私人的道德論理提供較佳論述的理由，我也同意。其實，就那項作用來說，我不清楚有任何形式的融貫論是合適的，不論以建構式模型或自然模型為基礎。

對於我用以反對「判斷個體的重要政治權利是否必須在特定個案退讓時，應衡量個體權利與整體社群的『權利』」這種流行想法的論據，尼克爾感到懷疑。他沒有主張社群享有——能與個體的權利相競爭的——獲得總體福祉在邊際的增長的權利，不論那種權利怎麼界定。他說，這種權利的概念「不過是保守立場的諷刺畫[82]。」（我不同意——我認為許多保守份子說得像是社群確實享有這種權利，儘管他們之中當然沒人認為，社群權利總是應該壓倒個體權利。）不過，他似乎認為，為了要「在個體權利的保障將使其他價值付出重大代價的情形下，限制個體權利的範圍」，某種與個體權利相競爭的社群權利概念是必要的[83]。但事實上，即使沒有我認為令人疑惑的——「像這樣的社群享有權利」這種概念，我們也能提出我們所要提出的一切看法。例如，尼克爾就談到公正選舉中的多數群體使它的候選人就任的「權利」[84]；但就它作為權利問題而言，這是構成多數群體的個體的權利問題。我們稱它為多數群體的權利，僅僅是要指稱個體享有權利的基礎或條件，這項條件就是「當他們是多數群體的成員時」。而且我承認，就算是這些重大的個體權利也不是絕對的，而會退讓於特別強大的、後果上的考量，我過於戲劇性地稱這種考量為「急迫」。確立作為抽象權利之個體權利的原則論據，必須在更具體的狀況下承認可能隨之而來的消極原則論據，例如，「當結果會癱瘓國防能力，就沒有人有自由地說出自己的想法的權利」。不必假定國家——外於組成它的個體而考量——享有與有話想說之人的權利相競爭的權利，我們也能接受或爭執那項消極原則論據。

尼克爾對於我「如果個體享有政治權利，得以主張政府不得將某種行爲入罪化以阻礙他做那種行爲，他就有違反那項法律的政治權利」這項主張也有疑問[85]。他說，我似乎認爲，在這種狀況下，這甚至與「某人有沒有做違法行爲的道德權利」這個問題不相干，他認爲這違反直覺也不能言之成理。在系爭論文裡，我小心地區分人們享有做什麼事的——在那裡所界定的強意義上的——政治權利，與什麼是正確的做法等問題，而我小心地指出，行爲的不法性確實涉及後面這個問題[86]。但除了一開始制定那項法律的理由，政府有沒有更多的理由，能證立執行侵犯基本政治權利的法律？我當時認爲沒有，現在仍然認爲沒有，儘管我提出這項論點的方式或許應該略作修正。我可以想像一些情形，在其中，由於「某項法律已經通過」這件事實，如果不執行不正義的法律，就會造成重大損害——緊急情況將會產生——如果從來沒有通過那項法律，就不會發生的緊急情況。如果尼克爾堅持，在這種情形下，法律所帶來的改變在道德上確實相關，還可能決定性地反對在這些狀況裡違反法律的具體權利，這會是正確的。當然，這不是我先前設想的情況，而認爲這種情況在可預見的未來會在美國發生，並不合理。我所設想的是「在民主國家裡，當法律不被執行，就總是會造成某種損害」這項流行主張。那項性質上有限的損害，不可能提出論據反對在法律侵犯基本政治權利從而不具正當性的情形下，違反法律的政治權利。

尼克爾對我的權利理論的主要反對意見，與他正確地提出的議題相當不同。他認爲我的信念是「唯一能夠支持任何政治權利的論據在於，這種權利是保障我所謂受平等關懷與尊重的基本權利所必要的」，而這項想法讓他擔憂。「我懷疑，Dworkin 在這裡的短視，衍生自將人權議題全然等同於政治平等議題的想法。」[87]我們該把他提出的兩項議題擺到一邊去。他懷疑，關於個體所享有、有別於政治權利而得以對抗公民同胞的權利之理論，能不能被闡釋爲源自平等關懷與尊重的權利。我從沒說它能，儘管顯然地，任何個體受到「某種」尊重對待的權利——我在本文早先討論過——都是相關的。其次，他懷疑，藉由我在個人偏好與涉他偏好之間的區分，能不能爲我自己所要承認的所有政治權利申辯。同樣地，我同意。比方說，我在最近的論文中試著說明，應該怎麼解釋受平等關懷與尊重的基本權利對經濟權利的退讓，而那裡的論證沒有運用這項區分[88]。

尼克爾更根本且重要的批評出自他對我的短視的說法。他擔心，我的權利理論與我們所認定的、對抗民主國家中的多數群體的權利過於緊緊相繫，並全然忽略了我們直覺地認定的、能對抗任何形式的政府的權利，像是不受刑求的權利。確實，如果政府刑求每個人，而且平等地刑求他們，它就算不上尊重基本人權。而且，即使只刑求某些人，我們的反對意見也並不針對差別待遇；我們不相信對更多人施以刑求就能改善這種情形。

然而，對我來說似乎不太清楚的是，我們「不管有再好的理由，人們都有不受刑求的權利」這項信念，爲什麼最終不是衍生自某種平等概念觀。但在我試著爲那項判斷申辯之前，讓我重複道——只是爲了澄清，我從來沒有主張，我用以支持政治權利的論據是唯一能成功地支持任何權利的論據。我在本書前言與第十二章小心地否認這項主張：

我這麼模糊地提出這點，因爲沒有理由在事前就認爲，只有一種理由能支持那種道德立場。或許正當的社會會承認許多個人權利，其中某些的立論基礎，是與其他權利極其相異的道德考量。在本章剩下的篇幅，我將只試著說明一種可能的權利基礎。這並不表示文明社會裡的人們只享有我提出的論據所支持的權利；但這確實表示，他們至少享有這些權利，光是這樣，這也夠重要了[89]。

在這裡重複我在（尼克爾討論的那章）所說的，會是明智的做法，也就是，那裡所敘述的權利，以及用來支持這些權利的方法，都不打算排除其他權利或其他論證方法。一般權利理論允許不同種類的論述，它們各自足以確立某些理由，以說明通常對政治權利提供正當化理由的集體目標，爲什麼並不證立加諸於某個個體的特定不利益。

不過，對於政治權利，本書提出受到偏好的論證形式，也就是，從被認定爲根本且公設性的抽象關懷與尊重權，衍生出具體權利[90]。

那項抽象權利確實要求，公權力機關與掌握公權力機關的人，不能藉由拒絕給予某個團體平等關懷或尊重以偏袒其他團體之方式，對公民們施以差別待遇。這是非常抽象的要求，而我試著在我提到的晚近論文裡說明，基於「關懷」這項概念的不同概念觀，這條抽象原則在更具體的情形下會要求什麼。在民主制度裡，這項基本要求的不歧視面向將會非常重要。但平等關懷與尊重原則，當然要求公權力機關與掌握它們的人們，以他們對待自己的同等關懷與尊重對待公民們，而在集權國家，這條原則的那個面向甚至更重要。可以說，在那種狀況下，對原則上平等的指涉並不必要，甚至令人疑惑；更好的說法是，公權力機關必須以尊重與關懷對待所有公民，或把他們當成自主的人類，而這將會禁止刑求。或許是這樣，但平等概念的意旨，在於為尊重與自主的概念提供內容：當權者應待人如待己，而這種說法的意義，不是給予公民他們給予自己的同等利益與機會，從而受虐狂暴君可以正當地刑求每個人，包括他自己；而是在更根本的意義上，也就是，盡可能地，看待透過那個人的企圖心與價值而界定的處境，就像他為了掌握作為實體的自己，而看待必須透過自己的企圖心與價值而界定的處境——對自覺從而對自我同一性來說，這是必要的[91]。我現在沒辦法進一步發展對於這項可能令人疑惑的意義——我認為，在這個意義上，平等概念的力量延伸到通常人們認定的範圍之外的陳述，儘管如果我打算將我對基本原則的主張擴張到我所引用的前言之外，我當然必須這麼做。我現在只想指出，在「刑求是錯的」這種信念背後，就算發現平等概念也不荒謬。

這是提及尼克爾並未做出、別人卻已犯下的錯誤詮釋的適當時機。他們說，我在第九章與第十二章中，藉由個人偏好與涉他偏好的區分而提出的主張，構成支持除去涉他偏好的功利主義的一般理由，從而，我打算支持這種不倚賴這種偏好的功利主義論據所支持的任何政治主張。我在自己的文本裡找不到任何東西得以支持這種立場，我也沒有抱持這種立場。我的論據是反對無限功利主義的論據，而不是支持有限功利主義的論據。我主張，如果功利主義論據有賴於涉他偏好，它就不會是好論據[92]；但這並不表示，功利主義論據會只因為不以涉他偏好為基礎而成為好論據。我確實相信，包括功利主義論據在內的交換論據在政治理論中有它的重要角色，不是因為總體的愉悅本身就是好的，而是因為它們是有助於平等的論據，而且，也僅僅在它們有助於平等的程度上扮演重要角色；就像我在〈自由主義〉所指出的[93]，功利主義論據會因為涉他偏好以外的理由而悖於平等主義。

也曾經有人對我的詮釋是——儘管不那麼言之成理——我主張涉他偏好本身就是壞的，人們應該盡量不要有這種偏好，而且應該在投票時忽略他們確抱持的這種偏好。我從來沒有運用個人偏好與涉他偏好的區分說明人們應該怎麼行動或投票。從我的見解推論不出「人們只應為了自身利益而行動，絕不能為兒童、情人、朋友或人性的利益而行動」，或「他們的選票不該體現他們的正義理念或其他政治理念，就像它也不應體現他們自私的利益」這種看法。這項區分是偏好之間的區分，而且是在探討偏好功利主義的脈絡下做成的。我所反對的，只是將涉他偏好——不論惡意或利他、是好是壞——列為政治決定之考量的功利主義式正當化理由。人們不可避免地具有各種涉他偏好，還會在他們的個人生活中基於它們而行動。好人有好涉他偏好，壞人有壞涉他偏好。他們會根據涉他偏好投票；比方說，他們會投給共享他們的政治正義理論的議員。他們還能怎麼決定投給誰？但是，選出這些議員之後，就偏好功利主義在什麼程度上對他們的決定提供正當化理由而言，他們受到限制；也就是，「多數群體偏好特定（與多數群體所欲者正不正義無關的）事態」這件事實，在什麼程度上算是支持促成這種事態的政治決定的論據上，有所限制。在我看來，「多數群體認為同性戀不道德或虐待兒童是錯的」這件事實，算不上支持任何事情的論據，儘管「虐待行為傷害了兒童」這另一件事實當然分量頗重。

這項區分是不是沒辦法自圓其說？考量兩個社會，每個社會都有少數的肢障人士無法維持自己的生活。在第一個社會，多數群體毫不關心肢障人士的命運，而在第二個社會，多數群體具有涉他泛愛偏好，認爲肢障人士的厄運應當受到救濟。我主張，在其他事物不變的情形下，支持以政治行動幫助肢障人士的正當化理由，在第二個社會的力量不會強過它在第一個社會的力量，儘管第二個社會當然更可能採取行動。我希望沒有必要補充說明，第二個多數群體所相信的正義原則確實爲政治決定提出好理由。但既然提供理由的，是原則的合理性而不是它的普遍性，這項理由在這兩個社會裡的力量就是相等的。

最後，我要提到尼克爾就我在第四章〈疑難案件〉[94]對於法官如何且應當如何裁判案件的描述所提出，而無關前述的反對意見。我說過，具有超人技術從而動作迅速的海格力斯，能事前發展出一整套細節豐富的政治理論，他能用它來面對具體疑難案件。我的意思不是更普通的法官事實上做著同一回事，儘管他們只在自己更有限的技術與時間已經充分運用的情形下所允許的，盡可能地進行這項工作[95]。我的意思毋寧是，他們所做的是同一件工作的很小一部分，從而在必要時，他們提出的不是一般理論，而頂多是一般理論的一小部分，或者（就像無疑常見的情形）是不同理論的一小部分。即使只是這麼做，他們所倚賴的也不是正式的哲學訓練，而是更一般的方案所會證立的直覺概念，基於實踐提出的眞實或假想案例的經驗爲他的直覺申辯，使它更加清晰。就像我就相對應的例子，也就是，就具有哲學智巧的西洋棋裁判所說的，「當然，這只是對未眞實發生的計算所做的、想像的建構；任何機關對遊戲的認知都是在生涯中逐漸建立的，而他會在判斷中運用而非暴露這些認知。」我在這裡重複這點，因爲除了尼克爾，還有別人反對我的描述，而他們的立論基礎在於，司法意見讀起來不像政治哲學論文。其中某些讀起來像，而我希望有更多判決是這樣，但作爲理解司法意見背後基礎的模型，我不想讓權利命題的可信度取決於這組模型躍然於其上的意見書數量。

七、麥基與玩弄

約翰・麥基對我的裁判理論的主要評論[96]是政治性的，但陳述他在政治上的懷疑前，他提到就他而言可能對我的觀點有所疑問之處。其中某些別人已經提到，也已經在這份附錄裡討論過，但有個問題只有麥基提出。在本書第十三章，我同意在某些（我認爲在複雜的法律體系裡非常罕見的）案件裡，支持一方的論據可能跟支持他方的論據一樣好。我稱這種案件爲「平手」。麥基主張，「平手必定罕見」這種說法，建立在他所謂過於簡單的「度量」上。它認定，兩個重量之間一般所稱的平衡，是精確的相互平衡，所以，如果最低限度的額外重量加到任何一邊，就會破壞平衡，尺度就會傾斜。但麥基主張，在並無正確答案的案件，人們之所以沒辦法在兩邊之間選擇，可能不是因爲它們在這個意義上恰好勢均力敵，而是因爲這些案件不可共量。他在書面上提供表面上相似的例子，但麥基在對話中提出的論點更有力地直接觸及疑難案件。讓我們假設一件看似形成我所述意義上平手的案件。我們相信，兩套通往相反判決的法理論，對先前的制定法與判決先例提供恰恰一樣好的正當化理由。但現在假設我們發現了一件老舊、不重要且晦澀的判決先例，它可以被其中一套理論證立，而另一套理論無法證立它。如果這兩套理論處於精確的平衡，新發現的判決先例，不論多麼晦澀，也都必然是決定性的。但事實上，新發現的判決先例可能不會影響我們「理論之間沒什麼好選擇的」這種信念。我們可能不情願聲稱發現這種案件就會改變一切。麥基主張，如果是這樣，原來的和局就不是精確平衡的平手，而是不可共量性的案例，而我的主張，也就是「眞正的平手必然罕見」這種說法，就不表示不可共量性必然稀少。

然而，對於理論證立制度史的方式，麥基的主張假定了某種論述，而它在兩方面跟我提出的論述不一樣。首先，他認爲，一群材料的正當化理由，如果證立了較大比例的——即使是邊際上較大的比例——材料，那麼，作爲正當化理由，它當然比較好。我看不出理由能說明理當如此。當兩套理論沿著我所謂的契合面向相互競爭，這種競爭不是要判斷它們各自解釋了制度史的多少個別片段（事實上，我們沒有這種競爭所需要的、歷史片段的個體化原則。複雜的制定法上有多少歷史片段？有多數當事人的案件或集團訴訟，是否比簡易案件要算上更多片段？）那個面向上的競爭預設了一種度量，它較不精確，也較傾向於特徵描述問題。兩套理論可能各自「合理地」但並非妥善地契合於「一大群」判決先例，但人們偏好其中一套理論，因爲可以合理地認爲，那套理論解釋了晚近裁判的「潮流」。在這種情形，兩套理論的正當化理由，都不能只因發現一兩個其中一套理論得以解釋、而另一套理論無法解釋的較舊判決而有所增益。其次，我所描述的正當化理由概念觀，沒有規定契合面向上的任何增益都當然等同於整體正當化理由的增益。它規定任何最終合格的理論都必須滿足的、契合的最低限度，但又主張，如果兩套理論各自通過這項最低限度，它們之間的選擇就受到政治道德的支配（最近在〈沒有正確答案？〉[97]的進一步推論中，我承認「平手會是罕見的」這項命題預設了某種道德概念觀，而不是認爲不同道德理論往往不可共量的概念觀）。

就像我所說的，麥基主要的反對意見是政治上的反對意見。他提到，我在一篇簡短的書評裡說過，南北戰爭前某些關於奴隸制度的案件（我設想的主要是涉及正當程序的案件）裡，較佳法律論據證立不利於奴隸追捕者、而有利於被稱爲奴隸者的判決，儘管法官做成相反判決。麥基有意遵守我建議的論證形式以建構一項法律論據，那項法律論據將證立法官所形成的裁判，他還評論道，具有良善意志而講理的法官都能輕易接受他的論據，跟接受我的論據一樣容易。他的意思（我認爲）不是這兩個論據事實上等重。無疑地，他認爲在系爭個案裡，他的論據事實上好過我的。但他的論點不過在於，必須判斷這些問題的法官會不會認爲我的論據比較好，並不確定，從而，讀者不該認爲我建議的司法裁判方法必然提供較有吸引力的判決，就算是在美國或英國。

即使是這項更限縮的主張，我也難以苟同。身爲公民，裁判這些案件的法官們在政治上心有所屬：他們基於原則立場而反對奴隸制度。因而，他們對個體權利各有觀點，特別是作爲人民的黑人的權利，而我認爲，如果他們當時承認這種原則在法律論證裡的角色，這些觀點會使我的論據——作爲法律論據——受到他們的青睞。我的歷史性主張假設了我與卡佛教授（評論我的書籍的作者）共享、但麥基有所爭執的法律立場：它認定，關於正當程序的奴隸制度案件是疑難案件，憲法條款與制定法的顯明意義事先並未有所決定。但當然，如果法官們認爲這個問題已經由這種實證法預先決定，他們也不會採納麥基爲他們建構的論據。

然而，這只是歷史個案的爭辯，沒有觸及麥基更一般的論點。那項論點就是，比起實證主義，我的裁判理論賦予法官更強大的政治權力，因此，僅若（或僅當）我們滿於讓法官而不是立法者或其他機關享有這種權力時，才應該推薦我的理論。這對嗎？麥基預見我會提出下列回應：「實證主義賦予法官的政治權利與我的理論所賦予的相等。實證主義也承認簡單案件——法律已然明確，而法官的責任就是按照法律的指示裁判，與疑難案件——法官得以自由行使立法裁量權的案件之間的區別。我的理論僅僅建議法官在疑難案件做成政治判決，而實證主義者也指出這點，因爲立法裁量權的行使也是政治權力的行使。」麥基事先回應道，我的回應不能成立，因爲比起實證主義，我的理論認定爲疑難案件的案子更多——允許更多得以挑戰所謂既定法律的空間。在這裡，他提出的論據只不過是引用我的觀點：涉及正當程序的奴隸制度案件不受既存法律支配。但這是個爛論據。在同一個論點上，麥基自己也僅僅說道：「（相關）條款有沒有侵犯正當程序，遠不清楚。」意思不是它們顯然沒有侵犯它。但假設就這項問題來說，他是比卡佛與我都更好的美國憲法學者，而他是對的。這不過表示我們在自己的法律分析上犯了錯，並不表示我的司法裁判理論在某方面將那項錯誤正當化。法律史也沒有顯示，自稱爲實證主義者的法律人——像是霍姆斯——特別不情願認爲別人看來清晰既定的事項尚有疑義。

我的理論是不是允許更多對「既定」法律的挑戰，其實是個難題。許多問題取決於特定司法體系裡法理與實踐的細節——例如，它們允不允許推翻不可欲的判決先例。但麥基原本可以提出比他已然提出的更加有力的論據。他可以說，實證主義者允許法官在疑難案件創造「新法」時更服從其他組織，甚或鼓勵他這麼做。既然實證主義主張，在疑難案件，沒有哪造當事人有權受任何特定判決，實證主義法官就能承擔一項普遍的責任，也就是，形成他認爲立法機關本來會形成的決定，不論是出於對某種民主理論的服從，或是出於「安定的政府」這種利益（我在書評中認爲，南北戰爭之前的法官們可能受到那種責任感影響）。另一方面，我的裁判理論堅持，疑難案件的當事人享有法律權利，而民主或效率政府等任何相競爭考量，都不能動搖承擔——試著基於他對當事人的權利所採取的理論——鑑別這些權利之責任的法官。所以，基於這項理由，麥基認爲，在我的理論下，法官的政治信念更加重要，這種假設可能是對的。

但這裡有兩項相互抵銷的考量。首先，法官在發現立法機關的「眞正」意圖或「如果知悉這項問題就會做什麼決定」這種僞裝下，將政治信念偷渡進判決，這對英美兩國的法官是惡名昭彰的指控[98]。有些批評者指控這是明知故犯；其他則說這是無心之過。事實上，在許多案件，顯然服從的法官訴諸立法意圖，或訴諸關於立法機關本來會怎麼做之類的假設性問題，而認爲他們成功地發現這些問題的答案，是愚蠢的想法，因爲，根本沒有等著被發現的正確答案。

這些虛僞或自我欺騙的控訴有效地制衡麥基自己的指控，也就是「我的理論玩弄法律」這項指控（我感謝他爲我解釋後面這項指控的眞正意義。我本來認爲，這是暗指同時既迅速又放蕩的女人，而這種理解也完全一貫）。他認爲，我的理論會增加欺騙，因爲，當法官其實將他們的個人信念制定爲法律時，他們會假裝自己正在發現法律議題的確切解答。當然，就我的建議的理論背景成不成立，這項指控乞題了。如果它成立，法官就是在盡其所能地發現當事人的權利，毫無欺騙可言。但即使我的理論性主張無法成立，詐騙，如果有任何詐騙，似乎在是另一種法庭。海格力斯在他的意見書裡說明政治道德對他的判決的影響。訴諸立法意圖或假設性因素的實證主義者，卻往往將他們自己信念的影響藏在點綴著胡言亂語的屏幕背後。

第二項相互抵銷的事實則有更複雜的言外之意。實證主義主張，法官在疑難案件行使他們的裁量權以創造新法時，得自由地以政策與原則的名義創造它。我的理論包含了權利命題，它主張，既然法官的責任是鑑別當事人的權利，即使在疑難案件也一樣，那麼，在這種案件，法官就應該訴諸原則論據而不是政策論據。本附錄第二節討論，權利命題在實踐上是不是影響重大。我主張，它將總是有所影響，而影響程度取決於，所涉及的是哪個法律領域——特別是，法官對於構成那個領域的權利，是不是採取後果論式權利理論。這項議題現在是相關的，因為我認為，當法官獲邀基於政策的判斷而創造新法（例如，某類行為損害公共福祉，或應增加處罰以施以更強的威嚇之類的判斷），比起要求法官保障他的社群的公民們所享有的道德與政治權利，對個體自由的風險更重大。前者的風險在於，法官腐蝕個人自由，而腐蝕的程度高於普通政治程序，以及它的制衡與惰性，在未受外力所助的情形下造成的侵害。在後者，風險大半是消極的：法官會變得保守，還會藉由拒絕承認政治程序還沒在實證法中確立的個體權利，而較少運用他們的權力。這些是概括歸納，兩者都不必然或絕對為真。即使在民事案件，也不難想像法官執行錯誤的財產權概念觀而造成重大傷害的案例。但權利命題提出實際的問題，這項問題，麥基至少應該把它加到與我的理論有關的政治問題清單中。如果適用權利命題的法官們確實抱持保守政治信念，那麼，在立法機關已經加上的限制之外，他們確實不太可能實質地限制個人自由，但如果他們抱持著開明的信念，就會增進個人自由。自由主義者至少會認為，比起麥基古老的詐騙，在這個命題上下注會是更好的選擇。

八、拉茲與權利的陳腔濫調

拉茲博士在他高度壓縮的論文裡提出眾多議題[99]。其中許多已經在這份附錄裡討論過了[100]；但我還沒有觸及他最關注的議題，而他的論述揭示了別人可能共享的、重要的誤解。我聲稱，必須將政治權利的主張功能性地理解為，壓倒通常具有決定性的、背景集體正當化理由的主張。權利的主張在政治上的效力，取決於它所由提出的政治社群的一般結構。特別是，取決於哪種集體主義式正當化理由，在那個政治社群裡被認定為一般性的背景正當化理由，不論彰顯於那個社群的共享政治道德（只要它存在）上，或隱含於其主要立法制度的設計裡。

在當代的美國與英國，對於一般福祉的訴求，被理解為對功利主義式偏好最大化的訴求——為政治決定提供了一般正當化理由，而立法機關與議會的結構正是用來決定並實現一般福祉。所以，政治權利的主張，就是用來為特定個體壓倒一般福祉的主張。例如，當某人主張言論自由權，他所主張的，就是國家禁止他就某些事發言是錯的，就算禁止他發言將有助於一般福祉。這種主張的這項假設性本質是重要的。比方說，當我們談到不受刑求的權利，我們強調刑求的不義，因為我們主張，就算合乎一般利益，刑求也是錯的。但即使刑求僅僅有助於私人的利益或不合法的利益，談論不受刑求的權利也是適當的。在後面這種情形，刑求的錯誤就更不在話下。

在本書顯然具有政治色彩的那幾章裡，我賦予作為壓倒一般功利主義正當化理由之王牌的權利主張特殊地位，因為我所討論的，就是在以功利主義式正當化理由作為一般集體正當化理由的社群中做成的政治決定。我的意思，不是只有身處這種社群的個體能享有權利。假設有個政治社群，其中的一般背景正當化理由，就在於對那個國家的榮光或軍事力量的增長，或某個階級的勝利或國家絕對財富的訴求，而這每個例子都是因其自身而具有價值的目標。在這種社會裡，權利主張的實際力量，是由「某些不利於個體的決定是錯的，就算它有助於這些政治目標」這種主張構成。然而，第十二章的論證顯示，即使是權利的內容，也會隨著背景正當化理由而改變，或隨用以執行不同背景正當化理由的政治制度結構而改變。因為，在一個立法結構上預設功利主義式背景正當化理由，且其成員更普遍具有偏見的政治社群中，將涉他偏好排除在政治程序外的權利可能必要，但在別的地方可能不必要。少數群體的成員在這種社會裡享有特定權利（可能像是整合式教育的權利），這項主張會訴諸不必然出現在別的地方的特徵。但許多權利是普世性的，因為，在任何情形下都支持這些權利以對抗任何集體正當化理由的論據，很可能在政治社會裡都找得到。這正是可以言之成理地稱為人權的權利。

拉茲指出，「權利作為王牌」這種想法可以這麼運用，以怪誕地膨脹權利的數量，從而使權利的訴求貧乏無味。確實可能是那樣——我們可以規定，如果某人的不利益所能提出的理由，比其他某種可能存在而支持這項不利益的、任何種類的理由還要有力，就能說某人享有權利。大多數的權利（基於這項論述）在實踐上就不會有任何重要性。對於作為壓倒重要集體正當化理由之王牌的權利，我們接著就需要新的概念，也就是我一開始提出的那種。沒有人（基於我的論述）能享有政治權利，除非給與所請求事物的理由，強過那種——通常為決定（譯按：指政治決定）提供完整政治上正當化理由的集體正當化理由[101]。某人對開心果冰淇淋的強烈偏好，確實是社會生產開心果的理由，這項理由強過其他可能發現或發明以反對生產它的理由——像是別人對香草的些許偏好。但談論享有開心果的權利（或「滿足強烈偏好」這更一般的權利）毫無意義，除非我們的意思是，那項偏好爲製造開心果冰淇淋提供理由，就算製造香草更能滿足社群的集體偏好。我說「毫無意義」而不是「錯誤」，因爲我沒有主張（就像我曾經小心翼翼地說）我的權利論述精確或完整地掌握日常語言。在那個意義上，我的論述是一項條件（它確實不是像 Raz 有時主張權利理論可能是經驗性的探索）。但這項條件（或我認爲）隔離出政治理論當中的一項重要概念，也就是，個體壓倒集體地證立的（政治）決定的王牌。這也是掌握美國憲政實踐中所使用的個體權利概念的條件。

我應該在這裡補充說明（儘管只是重複本書中已然明白的），我所提供的權利理論並不否認某些權利比其他權利重要。沒有任何假定的權利能是權利（基於我的論述），除非它至少推翻一般集體正當化理由的邊際案例；但如果某種分外戲劇性或急切且高於那道門檻的集體正當化理由，能壓倒其中一項權利而無法壓倒另一項權利，前面那項權利就比後面那項權利重要。

拉茲的誤解導致他關於所謂「福祉權」的討論中的混淆。他說，我否認人們有權享有福祉，而這背離許多人的想法。但他把種類極異的主張一起擺在「對福祉的主張」這套範疇底下。我所主張的權利論述確實表示，在以功利主義式正當化理由作爲一般背景正當化理由的社會裡，「某人有權享有那種一般背景正當化理由所建議層次上的福祉」這種說法是愚蠢的。這是愚蠢的，因爲這項假定權利的功能，只在確認而不在壓倒集體正當化理由。它所主張的，不過是未藉助任何個體權利的集體正當化理由所會提供的。但假設享有功利主義建議福祉的權利主張，是在別種集體正當化理由的背景下做成，像是就它自身來說就具有意義的軍事力量，或民族榮光這些正當化理由。現在，這項主張太強烈而算不上那套理論所思索的那種權利主張。它主張，應該在適當之處消滅背景集體正當化理由，並以功利主義取而代之，而不只是這項背景集體正當化理由有時必須退讓於作爲王牌的權利。因爲，一旦承認「拒絕給予個體功利主義論據所建議的任何福祉都是錯的」這種想法，就沒有爲就其自身即具有意義的軍事力量或民族榮光這項面臨挑戰的目標留下任何空間。因此，主張這種權利的人並沒有以我所建議的方式運用權利概念，而且，（就像邊沁所堅持的）他可能只不過是以迴避一切權利概念的方式提出他的論點。

然而，當拉茲談到「福祉權」，他所設想的不只是享有功利主義式背景正當化理由所要求層次上之福祉的假定權利。他所設想的，還包括「某人（或某團體）有權獲得最低層次的福祉」這項主張；或不少於處境最佳的人（或團體）之福祉的特定比例的福祉；或也可能是與別人（或別的團體）所享有剛好同等的福祉。但這些流行的主張，跟「某人或某團體有權獲得某種總體集體正當化理由所要求的福祉」很不一樣。例如，「某人有權享有最低層次的福祉」這項主張，可以輕易地理解爲：在某種經濟體系下，某些個體或家族或團體的處境會低於最低福祉，那麼，政府堅守這種經濟體系就是錯的，即使比起其他體系，這套經濟體系會產生更高的平均效用（更大的總體集體福祉）。我所提出的權利論述沒有排除這種主張。相反地，我認爲這項論述的長處，就在於它清楚地指出，涉及這種福祉「權」的爭議時，爭執所在正是最低層次福祉與總體集體福祉之間的競爭。

拉茲相信，本章前面幾章預設的政治理論，與第十二章所提出的理論之間有重大變更。前面幾章提出我現在正在申辯的權利論述，在其中，權利作爲壓倒訴諸集體福祉的背景正當化理由的王牌。他說，在第十二章，具體特定權利與集體福祉之間的對立關係消失了，因爲具體特定的權利與集體福祉，都被認定爲一項非常抽象的權利的產物，我稱之爲政治社群所有成員作爲平等者對待的權利。但這裡其實沒有不一致。

就像我曾說過的，藉由關注這些權利在政治程序中的角色，具體特定的政治權利可以只作功能性的理解。在我們的政治社群裡，這項角色假定了權利訴求與福祉訴求之間的對立關係。但這項描述引發下列重要問題。這種政治論述層次上的對立關係，是不是反映層次上更根本的深層對立關係？特定權利是不是反映某種深層的政治理念，像是個人尊嚴或自主的觀念，而集體福祉反映了別種相競爭的政治理念，像是「快樂本身就是一種利益」這樣的想法？如果是這樣，這套政治理論（或至少，證立同時訴諸權利與集體福祉的政治制度——像是我們的政治制度時，所必要的政治理論）在根本層次上就是多元的。或另一方面，權利與集體福祉之間的表面對立關係，是在更深層次上一統的政治理論的產物？第十二章以及前言與本附錄的一部分支持後面這種假設，而且，在我已經提及的〈自由主義〉這篇晚近的論文裡，我進一步爲它申辯。我主張，特定政治權利，以及集體福祉的概念，以及它們在政治爭議層次上相互對立的功能，都是「作爲平等者之社群的政治社群」這項根本理念的產物。我確曾談到作爲平等者而對待、以平等關懷與尊重對待的「權利」，但我也指出，這是「層次上過於根本，從而除非作爲限制性案例，否則沒辦法爲『作爲王牌而壓倒集體目標之權利』的一般特徵描述加以掌握的權利，因爲它既是集體目標的一般權威的來源，又是對它們的——證立更具體特定權利的——權威之特殊限制的來源。」

[102] 然而，拉茲的評論表示，說「作爲平等者受而對待」這項概念算得上是「權利」，根本就是誤

導。

不論是否說成權利，對於「作爲平等者而受對待」這項概念的內容，拉茲有話要說。他追隨本恩教授的見解【103】而主張，這項概念其實根本不訴諸平等（我先前提到並評論過這項主張【104】）。他也說，這項概念是空泛的，因爲它與任何不同形態的分配都相容。但這在兩方面有錯。首先，即使作爲抽象陳述，「政府必須對它宣稱爲其權威所及者，待以平等關懷與尊重」這種說法也不是空泛的，因爲它排除了曾經具有支配性，在某些圈子裡也仍然流行的政治立場。其次，拉茲的指控所以立足的推測——如果抽象概念的兩種不同概念觀，在某個程度上各自都能言之成理，那麼，那項抽象概念就不推薦其中任何一種概念觀——誤解了抽象概念在政治理論與爭論裡扮演的角色。我在〈自由主義〉主張，認爲最流行的政治立場各自支持抽象平等之要求的不同概念觀，就能理解它們，並認知它們之間的重要區別。確實，這些不同的概念觀相互競爭，因爲，一如事理所常，它們建議著不同的經濟分配方案。但這不太可能表示，作爲概念觀，某種概念觀不可能優於別種概念觀。

◆注釋◆

【1】'Liberalism' in S. Hampshire (ed.), *Public and Private Morality*（即將出版）。

【2】H.L.A. Hart, 'American Jurisprudence through English Eyes: The Nightmare and the Noble Dream', *Ga. L. Rev*. 968, 983 (1977).

【3】*Ibid*., 983.

【4】Greenawalt, 'Policy , Rughts and Judicial Decision', 11 *Ga. L. Rev*. 991, 992 (1977). 譯註：肯特・格林瓦特（Kent Greenawalt），哥倫比亞大學法學院教授。

【5】M. Horwitz, *The Transformation of American Law*(1977), Harvard University Press. 譯註：莫爾頓・霍維茲（Morton Horwitz），法史學家，哈佛大學法學院教授。

【6】見前面的第四章。

【7】譯註：指一九七六年間，英法兩國與美國之間，就協和號（Concorde）客機登陸美國之權利的爭議。

【8】Greenawalt, op. cit.('Policy' etc), 1012(exclamation mark added).

【9】*Ibid*., 1013(footnote added)

【10】見前頁九九。

【11】在第四章第三大點「權利與目標」中，我僅僅討論（像是 Hand 的過失判準）運用對於案件當事人的後果以調整相競爭權利的案例。我沒有提到（儘管我並不排除）這裡討論的案例，也就是，在判斷當事人享有什麼權利時，出於不同理由，對造成第三人的後果有所關係的情形。我確實在前面註二的 Rosenthal 講座頁九八處討論過這種案例，而目前的段落是從講座內容抽繹而來。另參見我對功利主義權利理論的討論，頁九五。

【12】譯註：霍菲爾德（Wesley Newcomb Hohfeld，一八七九至一九一八），美國法學家，曾任教於史丹佛大學。

【13】見D. *v. National Society for the Prevention of Cruelty to Children* (1977) I All E.R. 589.

【14】譯註：指在涉外民事案件，個案事實跨連眾多法律體系時，據以判斷應適用哪一套法律裁判之法律。

【15】見 *Miller v. Mill*, 22 N.Y.2d 12,237 NE.2d 877, 290 N.Y.S.2d 734(1968)。在 Greenawalt, op. cit., 1014討論到。

【16】見 *Reich v. Purcell*, 67 Cal.2d 551, 432 P2d 727, 63 Cal. Rptr. 31(1967), 在 Greenawalt, 1014, n. 64引用。

【17】見 Greenawalt, 1015.

【18】見 above, p.100.

【19】譯註：指法國作家莫里哀（Molière）《平民貴族》（*Le Bourgeois Gentilhomme*）一書的主角。

【20】見 above, p.90, 123.

【21】見 above, pp.101-105.

【22】譯註：德日進（Pierre Teilhard de Chardin，一八八一至一九五五），耶穌會教士，法國哲學家、神學家。

【23】見 Lyons, 'Human Rights and the General Welfare', *6 Phil. &pub*. Aff. 113 (1977)與那裡引用的文章。

【24】見前頁一一三：在 Greenawalt, op. cit., 1008引用。

【25】Greenawalt, 1008.

【26】*Ibid.*（註腳省略）。

【27】見前頁一一三。

【28】Greebawalt, 997-998.

【29】*Ibid.*, 1009.

【30】見第七章。

【31】這句與接下來的幾句，引發了美國憲法第十四增修條款之「平等保護」條款的適切涵攝範圍。那條條款在什麼程度上禁止生於政策之立法對利益或負擔的不平等分配？它的範圍是否只在它侵犯獨立政治權利——包括不因身為不受歡迎的群體而遭到歧視的權利——的程度上，限於政策問題上的不平等立法？我有意在前面的簡短註腳中提出那個問題，見頁一一三註1。格林瓦特說，那個註腳「搞混」了：我承認它至少是模糊不清的。它沒有提出對抗更平常的平等保障條款觀點的論據，也就是格林瓦特現在再次確認的觀點，卻僅僅認定平常的觀點無法令人滿意。

【32】見 Greenawalt, 1004。

【33】*Ibid.*, 1005.

【34】見 Coase, 'The Problem of Socil Cost', 3 J. L. & Econ. I, 19-28 (1960)。

【35】例如，見 Baker, 'The Ideology of the Economic Analysis of Law', *5 Phil. & Pub. Aff.* 3(1975).

【36】見J. Rawls, *A Theory of Justice* (1971).

【37】見 Greenawalt, 1052.

【38】見 Greenawalt, 999-1001.

【39】譯註：在美式足球，進攻方原本禁止向前傳球，後來改變規則，允許在每次進攻機會從開球線後方向前傳球一次。

【40】見 Greenawalt, 998-999.

【41】見下列第三節。

【42】見 Greenawalt, 1048.

【43】Greenawalt 在他的文章裡主張，法官詮釋制定法時必須運用政策論據。他似乎不曉得我具有相同效果的主張。見 above, p. 107.

【44】375 U.S.(1965), 在 Greenawalt, 1049討論到。該案涉及德州州法上土地買賣契約效力相關規定之修正，該等修正影響契約當事人之權利甚鉅。美國聯邦最高法院判定，州政府在憲法的界限內，得為保障各州居民的重要利益（vital interests）而以法律變更契約的效力：德州州法的相關修正有助於地權的明確、地權訴訟的大幅紓解、地產的有效利用，而合乎州政府的重要目標，並不違憲。

【45】雨果・拉法葉・布萊克（Hugo Lafayette Black），美國政治家、法學家，曾任美國聯邦最高法院大法官。

【46】見 Greenawalt, 1048。

【47】見 Dworkin, 'The law of Slave Catchers'（R. Cover 的 *Justice Accused*, 1975 一書的評論），*Times Literary Supplement*, 5 Dec. 1975, p. 1437. 譯註：羅伯特・卡佛（Robert Cover），法學家、社會運動者，曾任教於耶魯大學法學院。

【48】見 Hart, 'Positivism and the Separation of Law and Morals', 71 *Have. L. Rev*. 593 (1958)

【49】見 Greenawalt, 1051.

【50】Greenawalt, 'Discretion and Judicial Decision: The Elusive Quest for the Fetters that Bind Judges', 75 *Colum. L. Rev.* 359(1975).

【51】譯註：指 San Antonio Independent School District v. Rodriguez, 411 U.S. 1 (1973)，該案判定，以當地物業稅（property tax）為基礎的校務財政系統，並未違反美國憲法第十四增修條款（即平等保障條款）。

【52】見頁六九。

【53】見 Dworkin, 'No Right Answer', in P. Hacker and J. Raz(eds), *Law Morality and Society: Essays in Honour of H. L. A.*

Hart，頁58以下，在 *New York University Law Review* 即將出版的一期中重印並擴充。

【54】譯註：指英國作家狄更斯（Charles John Huffam Dickens）《塊肉餘生錄》（The Personal History, Adventures, Experience and Observation of David Copperfield the Younger of Blunderstone Rookery [Which He Never Meant to Publish on Any Account]）一書主角。

【55】見 Munzer, 'Right Answers, Pre-existing Rights and Fairness', 11 *Ga. L. Rev.* 1055, 1060(1977).譯註：史蒂芬・穆澤爾（Stephen R. Munzer），加州洛杉磯大學法學院教授。

【56】譯註：此例出自英國作家 Henry James 的小說 *The Golden Bowl*。

【57】*Ibid.*, 1057.

【58】*Ibid.*, 1059.

【59】*Ibid.*, 1059-1060.

【60】如果這是外在的批評，並以某種關於真理的哲學理論為基礎，那麼，大量不可分解的爭議將不是證明「疑難案件往往沒有正確答案」這件事實的證據，而會是那件事實本身。

【61】Munzer, *op. cit.*, 1063.

【62】譯註：實體化謬誤（reification fallacy），指將抽象信念或假說當成實在事物的謬誤。

【63】見 Brilmayer, 'The Institutional and Empiracal Basis of the Right Thesis', 11 *Ga. L. Rev.* 1179, 1198-9(1977)

【64】Richard, 'Rules, Policies and Neutral Principles: The Search for Legitimacy in Common Law and Constitutional Adjucation ', 11 *Ga. L. Rev.* 1069, 1095-6(1977). 譯註：大衛・理查斯（David A.J. Richards），紐約大學法學院教授。

【65】見前頁六四至六八。譯註：里厄・布理麥爾（Lea Brilmayer），耶魯大學法學院教授。

【66】見前頁八一。

【67】見 Sartorius, 'Social Policy and Judicial Legislation', 8 *Am. Phil. Q.* 151(1971).

【68】見前頁六四至六八。

【69】譯註：大衛・休謨（David Hume，一七一一至一七七六），英國經驗主義哲學家。

【70】Richard, op. cit., 1096.

【71】見前第十章。

【72】見前頁一〇七至一一〇。

【73】見 Richard, 1098.

【74】*Mapp v. Ohio*, 367 U.S. 634(1961).

【75】*Miranda v. Arizona*, 384 U.S. 436 (1966)

【76】Chayes, 'The Rol of the Judge in Public Law Litigation, 89 *Harv. L. Rev*. 1281 (1976)譯註：阿布蘭・切耶斯（Abram Chayes），哈佛大學法學院教授。

【77】Soper, 'Legal Theory and the Obligation of a Judge: The Hart/Dworkin Dispute', 75 *Mich. L. Rev*. 473(1977). 譯註：菲利浦・索珀（Philip Soper），密西根大學法學院教授。

【78】Lyon, 'Principles, Positivism and Legal Theory-Dworkin, *Taking Rights Seriously*', 87 *Yale L.J.* 415(1977). 譯註：大衛・里昂斯（David Lyons），康乃爾大學哲學教授。

【79】譯註：408 U.S. 238 (1972)。該案判定，允許基於隨機的，種族上的因素而判處死刑的州法違憲。

【80】見 Mackie, *Ethics: Inventing Right and Wrong* (1978), Chap. 1.

【81】見第六章。

【82】Nickel, 'Dworkin on the Nature and Consequence of Rights', 11 Ga. L. Rev. 115, 1137(1977).譯註：詹姆斯・尼克爾（James W. Nickel），邁阿密大學法學院教授。

【83】*Ibid*.

【84】*Ibid*.

【85】*Ibid*., 1140.

【86】見第七章。

【87】Nickel, 1129.

【88】見 Dworkin, 'Liberalism', in S. Hampshire (ed.), *Public and Private Morality* (1978)

【89】見前頁二七二。

【90】見前頁（前言）xiv-xv。

【91】亦見 Williams, 'The Idea of Equality', in P. Lastt and W. Runciman(eds), *Philosophy , Politics and Society*(1962), 重刊於B. Williams, *Problems of the Self*(1973).

[92] 第十二章寫成之後，在我發現我在涉他與個人偏好之間的區分，是避免經濟學所謂「Sen 的悖論」所必要的。見 Sen, 'Liberty, Unanimity and Rights', 43 *Economica* 217(1976)以及那裡討論的文獻。

[93] In S. Hampshire(ed.), *Public and Private Morality*(1978).

[94] 見前頁八一。

[95] 見 Nickel, 1135.

[96] J.L. Mackie, 'The Third Theory of Law', *Phil. and Pub. Aff.*, vol. 7, n.1(1977)，p.3. 約翰・麥基（John L. Mackie），澳洲哲學家，曾任教於牛津大學，並曾為英國國家學術院之成員。

[97] 即將發表於 *New York University Law Review.*

[98] 例如，見 Griffith, *The Politics of the Judiciary*(1977).

[99] Raz, 'Professor Dworkin's Theory of Rights', XXVI *Political Study* 123 (1978).

[100] 例如，關於他對涉他與個人偏好的討論，見前頁三五七至三五八。他的評論裡，許多地方討論外於政治理論的法律理論。拉茲主張權利命題「內容空泛」。但他把這項指控奠基在他對我的權利論述的錯誤詮釋上——這點在文本下面討論——此外，還奠基在本附錄第二節花去漫長篇幅討論的認定上，也就是，如果權利有時取決於後果，所有後果的論據就都是關於權利的論據。他對於他所謂我的「保守命題」（這項描述，我認為它是對類似於麥基的批評所反映的、認為我的法理論是基進理論的常見認定的解藥，我也樂於接受它的描述）的討論，忽略了我在法律權利與法律權利可能反映的背景權利之間的區分，以及這項區分對「身處不道德法律體系中的法官應在長日之終做些什麼」這項問題帶來的衝擊（見前頁三二六至三二七）。對於他所稱我提出而出於公正性之論據的討論（見前頁三二〇至三二二）。他將我「法律命題的真值條件有時包含道德條」這項主張描述為「自然法命題」。但他錯誤地陳述我用以支持那項主張的不同論據（見第二章、第四章與第十三章，以及本附錄的第三節、第四節、第五節），並僅僅引用他先前的文章，還提出法實證主義特別簡單版本的平淡描述，以為他的相反主張辯護，而沒有討論我在第三章對那篇文章的回應。

[101] 例如，見前頁九二、二六九。

[102] 見前頁 xv。

[103] 見 Benn, 'Egalitarianism and the Equal Consideration of Interests', in Pennock and Chapman(eds), *Nomos IX: Equality*(1967)pp. 66-7. 譯註：史坦利・依薩克・本恩（Stanley Isaac Benn），澳洲哲學家，曾任澳洲國立大學哲

學教授。

【104】見前頁三五六至三五七。

朗諾・德沃金年表

年代	生平記事
一九三一	十二月十一日，出生於美國羅德島州的普羅維登斯（Providence）。
一九五七至一九五八	擔任漢德法官的助理。
一九五八至一九六二	在紐約市的Sullivan & Cromwell事務所擔任律師工作。
一九六二	應聘擔任耶魯法學院的副教授。
一九六七	發表了讓他一舉成名的論文「規則的模式」（The Model of Rules）。
一九七五	同時合聘為紐約大學的法學與哲學教授。
一九七七	出版第一本著作《認真對待權利》（*Taking Rights Seriously*）。
一九八五	出版《原則問題》（*A Matter of Principle*）。
一九八六	出版《法律帝國》（*Law's Empire*）。
一九九三	出版《生命的自主權》（*Life's Dominion*）。
一九九六	出版《自由的法》（*Freedom's Law*）。

年代	生平記事
一九九八	從牛津大學法理學教席的位置退休。
二〇〇〇	出版《至上美德》（*Sovereign Virtue*）。
二〇〇六	出版《法袍正義》（*Justice in Robes*）及《人權與民主生活》（*Is Democracy Possible* Here?）。
二〇一三	二月十四日，因白血病在英國倫敦逝世。

名詞對照表

《平民貴族》（Le Bourgeois Gentilhomme）
《法律的概念》（The Concept of Law）
《法律的道德性》（The Morality of Law）
《法律程序》（The Legal Process）
《法理學》（Jurisprudence or the Theory of the Law）
《法理學教程》（A Text-Book of Jurisprudence）
《洞穴奇案》（The Case of the Speluncean Explorers）

二劃

人性尊嚴（human dignity）

三劃

乞題（beg the question）
大衛・休謨（David Hume）
大衛・里昂斯（David Lyons）
大衛・理查斯（David A.J. Richards）
山繆・泰勒・柯立芝（Samuel Taylor Coleridge）
山繆・華倫（Samuel Warren）

四劃

不可共量的（incommensurable）
內存價值原則（the principle of intrinsic value）
厄文・葛里思華（Erwin Griswold）
厄爾・華倫（Earl Warren）
尤金・羅斯托（Eugene Rostow）

五劃

卡爾・羅威廉（Karl Llewelyn）
史坦利・依薩克・本恩（Stanley Isaac Benn）
史蒂芬・穆澤爾（Stephen R. Munzer）
平等自由主義（egalitarian liberalism）
平等論者（liberal egalitarian）
平等關懷與尊重（equal concern and respect）
平權行動（affirmative action）
本旨（point）
正當化理由（justification）
白人盎格魯薩克遜清教徒（White Anglo-Saxon Protestant）

六劃

七劃

八劃

九劃

威廉・歐維爾・道格拉斯（William Orville Douglas）
威廉・藍奎斯特（William Hubbs Rehnquist）
威摩爾・坎達爾（Wilmore Kendall）
建構性詮釋（constructive interpretation）
急切的危險（imminent dange）
政治道德的詮釋事業（the enterprise of interpreting political morality）
派崔克・阿圖・德福林（Patrick Arthur Devlin）
約瑟夫・亨利・比爾（Joseph Henry Beale）
約瑟夫・拉茲（Joseph Raz）
約翰・奇普曼・葛雷（John Chipman Gray）
約翰・馬歇爾（John Marshall）
約翰・斯徒亞特・彌爾（John Stuart Mill）
約翰・奧斯丁（J. L. Austin）
約翰・奧斯丁（John Austin）
約翰・羅爾斯（John Rawls）
紅鯡魚（red herring）
重要利益（vital interests）

十劃

個人責任原則（the principle of personal responsibility）
個體主義（individualism）
朗・富勒（Lon L. Fuller）
格特魯德・希梅爾法布（Gertrude Himmelfarb）
格蘭登・舒伯特（Glendon Schubert）
班傑明・內森・卡多佐（Benjamin Nathan Cardozo）
班傑明・史波克（Benjamin Spock）
真值（truth）
馬加比講座（Maccabaean Lecture）
馬庫色・拉金斯（Marcus Raskin）

十一劃

理查・尼克森（Richard Nixon）
符合（fit）
莫里哀（Molière）
莫爾頓・霍維茲（Morton Horwitz）
規則拘束（rule-bound）
規則模型（model of rules）
規範性規則（normative rule）
麥卡錫（Joseph Raymond McCarthy）
麥爾・麥克杜噶爾（Myres McDougal）

十二劃

傑拉德・魯道夫・福特（Gerald Rudolph Ford, Jr.）
傑洛米・法蘭克（Jerome Frank）
傑洛米・豪（Jerome Hall）
傑洛米・邊沁（Jeremy Bentham）
喬治・桑塔亞那（George Santayana）
喬治・懷德克羅斯・巴頓（George Whitecross Paton）
斯皮羅・阿格紐（Spiro Theodore Agnew）
斯徒阿特・耐格爾（Stuart Nagel）
湯瑪斯・潘恩（Thomas Paine）
湯瑪斯・霍布斯（Thomas Hobbes）
華倫・柏格（Warren E. Burger）
菲力克斯・柯亨（Felix Cohen）
菲利浦・索珀（Philip Soper）
費利克斯・弗蘭克福特（Felix Frankfurter）

十三劃

奧利佛・溫岱爾・霍姆斯（Oliver Wendell Holmes）
愛德蒙・柏克（Edmund Burke）
概念觀（conception）
詮釋性概念（interpretive concept）
詹姆斯・尼克爾（James W. Nickel）
詹姆斯・菲茲詹姆斯・史提芬（James Fitzjames Stephen）
路易・布蘭戴斯（Louis Brandeis）
路易斯・鮑威爾（Lewis Franklin Powell, Jr.）
隔離但平等（separate but equal）
雷恩德・漢德（Learned Hand）

十四劃

實體化謬誤（reification fallacy）
精神科學（Geisteswissenschaft）
赫伯特・馬庫塞（Herbert Marcuse）
赫曼・普里謝（C. Herman Pritchett）

十五劃

德日進（Pierre Teilhard de Chardin）
德拉古（Draco）
摩里斯・柯亨（Morris Cohen）
適切感（sense of appropriateness）

十六劃

整全性（integrity）
穆罕默德・阿里（Muhammad Ali）
霍菲爾德（Wesley Newcomb Hohfeld）

十七劃

賽亞・柏林（Isaiah Berlin）
魏思禮・斯特格斯（Wesley Sturges）

十九劃

羅伯・詹姆士・費雪（Robert James “Bobby” Fischer）
羅納・賴因（Ronald Laing）
羅斯科・龐德（Roscoe Pound）
證立（justification）

二十一劃

屬天婚姻（celestial marriage）

二十二劃

權利作為王牌（right as trump）
權利命題（right thesis）

經典名著文庫 071

認眞對待權利

Taking Rights Seriously

作　　者 — 朗諾・德沃金（Ronald Dworkin）
譯　　者 — 孫健智
發 行 人 — 楊榮川
總 經 理 — 楊士清
文庫策劃 — 楊榮川
副總編輯 — 劉靜芬
編　　輯 — 林佳瑩、張婉婷、游雅淳、黃麗玟
封面設計 — 姚孝慈
著者繪像 — 莊河源
出 版 者 — **五南圖書出版股份有限公司**
地　　址 — 臺北市大安區 106 和平東路二段 339 號 4 樓
電　　話 — 02-27055066（代表號）
傳　　眞 — 02-27066100
劃撥帳號 — 01068953
戶　　名 — 五南圖書出版股份有限公司
網　　址 — https://www.wunan.com.tw
電子郵件 — wunan@wunan.com.tw

法律顧問 — 林勝安律師事務所　林勝安律師
出版日期 — 2013 年 7 月初版一刷
2018 年 3 月二版一刷
2019 年 5 月三版一刷
2023 年 1 月四版一刷
定　　價 — 580 元

國家圖書館出版品預行編目資料

認真對待權利 / 朗諾．德沃金(Ronald Dworkin) 著 ; 孫健智譯．— 四版．— 臺北市 : 五南圖書出版股份有限公司，2023.01
面 ;　公分．—（經典名著文庫 ; 71）
譯自 : Taking rights seriously.
ISBN 978-626-343-583-4(平裝)

1.CST: 法律哲學 2.CST: 法理學

580.1　　111019820